2012.3~2013

王晓 / 著
(带头大哥777)

驿路风云 III

博客全集

吉林人民出版社

图书在版编目(CIP)数据

驿路风雪.Ⅲ / 王晓著.
长春:吉林人民出版社,2013.6
ISBN 978-7-206-09909-0

Ⅰ.①驿…
Ⅱ.①王…
Ⅲ.①金融—文集
Ⅳ.①F83-53

中国版本图书馆 CIP 数据核字(2013)第 141810 号

驿路风雪Ⅲ

著　　者:王　晓
责任编辑:陆　雨　　　　封面设计:刘　陶
吉林人民出版社出版 发行(长春市人民大街 7548 号　邮政编码:130022)
印　刷:吉林省良原印业有限公司
开　本:787mm×1092mm　1/16
印　张:18.5　　　　字　数:363 千字
标准书号:ISBN 978-7-206-09909-0
版　次:2013 年 7 月第 1 版　印　次:2013 年 7 月第 1 次印刷
定　价:77.70 元

contents

目录

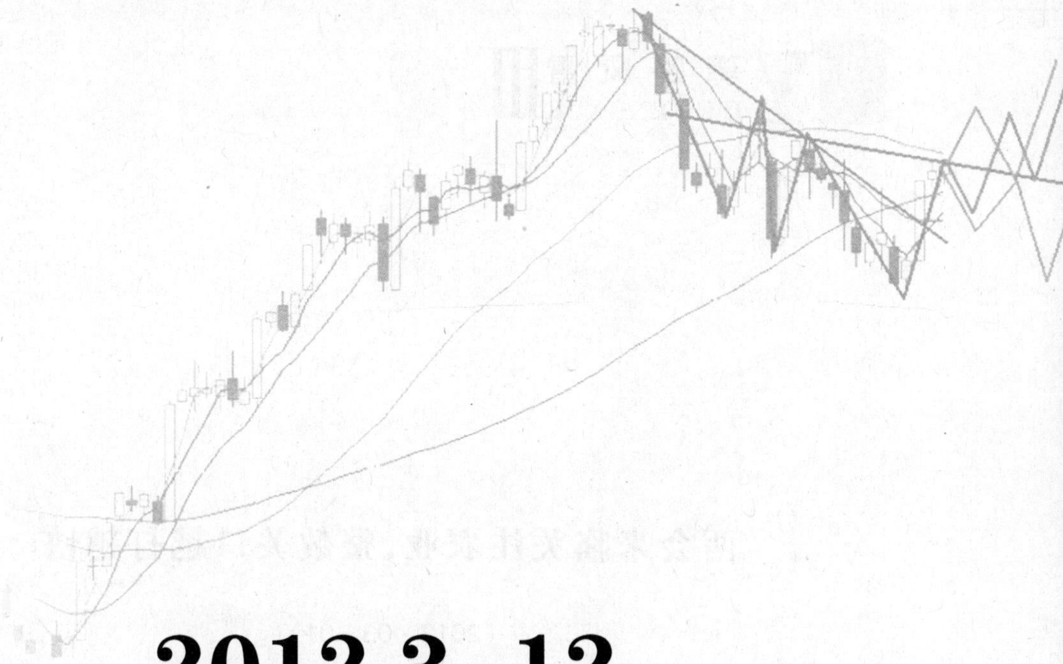

2012.3~12

2012 年年初我就已经说过,2012 年一定是个反转年,3 年内 QFII 会扩张到 200 家,资金会上 500 亿元,我们的市场绝对有大行情。但是 3 月份大盘没能延续前两个月的强势,出现大幅调整。

第二季度,市场基本都处在盘整当中,振幅也慢慢减小,成交量出现萎缩,大多数资金都选择观望,所以平稳度过。第三季度市场加速寻底,盘中最低点位已经跌破 2000 点整数大关,消息面更是利空不断,所以整个第三季度惨跌不止。这个时候我们当然不应撤退,而应在底部逐渐加仓。我多次建议大家加仓低价低市盈率股票,现在看来是完全正确的。

随后大盘继续下行,最低到达 1949 点。期间我建议的奢侈品概念股、次新股等大放异彩,完全逆势而行。大盘走到 1949 点位置时,我明确告诉大家底部已出现,随后谈到的次新股及高送转股票再次成为市场的热点。奥瑞金、腾新食品等股票的翻倍走势,更是验证了我的分析能力。

2012 年我的技术全部回归,更加适应市场的走势了。

两会来临关注农业，整数关口越打越快

（2012-03-01）

今日大盘剧烈震荡，收盘跌23.37点，收2428.49点，成交缩小到919.08亿元。两市双双跌破5日线。除黄金板块上涨外，其余板块全部下跌。大盘调整意味明显。

我上周末到昨天的文章连续提示2470点的压力风险，而且明确指出这次调整的极限是2380点，正常在2400点就该止跌了。同时指出2427点以下就可以逐渐进入。而在实际操作中我准确把握了上海本地股的上涨，在大盘剧烈震荡的情况下，3个交易日照样拿走12%以上利润。2月27日和今天上午10点都进行了风险提示，同时也给出了可以操作的板块。事实证明是完全准确的。我还是以前那句老话："路遥知马力，日久见人心。"从年初牛市开始到今天无论是大盘还是板块个股，完全如我所说，可谓丝毫不差。我完美地为大家展示了我的资金流技术以及老道的看盘经验，相信对大家以后的操盘之路会有所帮助。

3月3日和5日两会召开，而作为两会第一号文件自然是农业。所以今天的下跌正好给了我们短期进入两会大农业概念股的机会，实际把所有的农林牧渔类股票全部调出来看，只有79只，而符合我说的"不买种子、粮食、林业股，只买饲料、猪肉、蛋禽水产股。另外价格每股13元以下，市盈率40倍以下，流通盘不超过2.5亿股的品种。属于农林牧渔，高价的不要，亏损的不买，找业绩好、价格低、盘子小的品种。主板和中小板的都行，创业板的坚决不玩"这些条件的实际上只有5只不到的股票。可是从我发博过后，短短5小时，我信箱里起码堆积了1.5万封信。我看了大约300封，全部找到的人只有1个。90%的人直接问是哪几只，我真的很伤心。这么简单的东西竟然都不去找，我想知道一旦我退役后，你如何战胜市场？你具备这个能力吗？我今天先说2只，我希望再给我写信的朋友把另外3只找出来。这2只分别是600975新五丰，该股是猪肉养殖和销售企业，是湖南省目前最大的外向型农业产业化龙头企业，也是国内供港澳最大活畜出口商。通过收购广联公司，彻底打通产业链，2011 年业绩大幅增长，预计收益为 0.32 元/股，现在市盈率不足 31 倍。加上实际流通盘不足 1.2 亿股，且 5 年没有送股。同时从接近 15 元一直跌到 7.29 元才止跌，刚从底部启动，对比农业板块 40 倍、猪肉板块 45 倍的平均市盈率明显偏低。该股今天借助肉类工业“十二五规划”快速启动，上行基本没有任何压力。短期压力 12 元，可以重点关注。另外一只是 600097 开创国际，公司主营远洋捕捞，产品为金枪鱼、竹荚鱼、磷虾等，也是流通盘不足 1.2 亿，且市盈率不足 14 倍。短期压力在 12.5 ~ 13 元，一旦穿越重压力，目标直接到 15 元。今天同时与 600975 一起启动，一猪一鱼携手闯天涯。

我的技术书《操盘之王Ⅲ：图霸天下》已经开始预售，预计明日开始正式销售，里面最大的看点就是我技术中最高端的资金流了，我希望已经读完《操盘之王》前两本的朋友尽快去看第三本《操盘之王Ⅲ：图霸天下》。因为它可以让你的技术从量的积累到达质的飞跃。关于资金流只有区区 4 页，但是能读懂的话你就可以战胜市场。熟悉我的人都知道，大哥写东西从来不糊弄人，简单实用而且要能直接实战，实战还要能战胜市场。股票实际很简单，赚钱就好，不赚钱说什么都没有用。字不在多而在精，写 100 万字，说不明白就是废纸，写 10 个字写明白了能赚钱就是好书，就是黄金。我还能陪伴大家的时间大约还有 4 个多月，我会拼命展示我的资金流技术和各种操盘手法，不为别的，就是为了那么多喜欢我的哥迷。

这段时间我一直打短线，而且越打越快。能跟住的尽管跟上，跟不住的，买了我谈过的到了 10% 以上随时卖出，把 5% 作为止盈点。从年初到现在我谈的股票没有一只盈利没超过 10%，如果没做明白或者亏损的我请你自己找下原因。我不会像以前那样苦口婆心般地劝说，因为有些人就是占了便宜还骂人的主，所以我不会回答任何问题，也不会开放评论。有能力的自然跟得住，赚得到，没能力的就是我手把手教也没有用。这两周来如果完全按照我博客操作，盈利 30% 的只能说是一般，盈利 50% 以上才叫合格。不多说，自己想吧。

有位朋友刚刚留言给我，原文如下：“大哥您好，早上顺着你的思路，11.18 元买了 600097。牛！找股票容易，先知先觉难。”看到这段话我很欣慰，起码这是个善于思考的朋友，而很多人还停留在连找都不找的阶段，只靠我喂，早晚还是要输给这个市场。我已经用资金流准确地判断出资金流向的板块了，而且提示得要多清晰就多清晰，还要我如何？

预计明日大盘下探 10 日线 2400 点一线。2427 点下就可以大胆进入了，而目标就是农业股。我谈的 600975 新五丰和 600097 开创国际会是“两会”概念股的龙头，多关注吧。

大农业概念整体起飞,上海本地股再现妖娆

(2012 - 03 - 01)

今日大盘继续震荡。收盘小跌 2.37 点,收 2426.11 点,成交再次减少到 710.68 亿元。盘中 9 只股票涨停,1 只股票跌停。创业板经过 3 连阴后今天收红,而两市主板均未跌到 10 日线位置,但是由于成交已经极度萎缩,因此短线基本调整到位了。

我昨天中午提前把资金流的方向告诉大家,很多有心人两天内赚了起码 7% ~ 12%,资金流技术相当强悍。很多操盘手一直窥探我的资金流技术,我把这个技术已经写在了我最新出版的技术书《操盘之王Ⅲ》里面了,至于能看明白多少要靠你自己努力了。在这 3 周左右的时间,我用资金流技术起码谈了大概十几只股票,全部取得 10% 以上利润,最快的时候 5 天 7 个涨停。可以说资金流基本上是战无不胜的,起码在国内我不知道谁比我的技术更强大,因为很多所谓的高手谁也没见过他们的身手,而我的身手大家看得清清楚楚。昨天我谈了农业概念中的 2 只股票,600975 和 600097,其余的 3 只很多朋友都已经找到了,我真的很高兴,因为起码大家有自己动手丰衣足食的行动了。另外 3 只的确是正邦科技、天邦股份以及大康牧业。而在这 5 只股票中,我个人最认可的只有 600975 新五丰、600097 开创国际和 002505 大康牧业。前 2 只我昨天已经说过,不再重复,大康牧业地处湘西地区,本身具备很强的少数民族概念,加上业绩优良同时偏小的流通盘、低廉的价格,最重要的一点就是下跌得足够多,16 元以下基本没有任何压力盘。因此现在 13 元附近的价格相当具备投资价值。农业股是一号文件的最大受益者,而我甄选的这 3 只农业股完全可以反复操作,也明确地告诉了大家它们的压力位置,所以起码在会议期间这 3 只农业股都会有更突出的表现。

除了农业股外,上海本地股也全线启动。我前面已经多次提醒大家注意了。也告诉过大家上海本地股有逆市拉升的习惯。当时我谈过 2 只上海本地股,分别为 600629 棱光实业和 600640 中卫国脉。后者由于重组停牌,我估计该有好消息出来了。而 600629 今天盘中再次创出新高,该股曾经向其大股东上海建筑材料(集团)总公司以 12.19 元/股定向增发了 2099 万股,同时收购了其大股东的优质资产——上海玻璃钢研究院,而上海玻璃钢研究院是国内该行业的龙头,其主要进行玻璃钢/复合材料和特种无机非金属材料新产品的开发,涉及航空航天、石油化工、交通运输、能源电力、建筑环保、轻工冶金及体育运动等各个领域,属于新材料

行业,同时介入风力发电领域,转型明显。我前面谈过该股短期压力是 8.3 元左右,而一旦该压力被突破,目标直接指向 12 元以上位置。因为其大股东增发的价格为 12.19 元/股,现在被套接近 40%,根本无法卖出,可以说 12 元以下对于 600629 来说就是无风险套利的机会。我们不必那么贪心,看到 10 元是没有任何问题的。那么从今天其逆市新高来看,到达 10 元以上的应该就是 2 周内的事情了。上海本地股中的上海贝岭已经 2 个涨停板了,而今天上海本地股的整体启动大家有目共睹。600629 作为本地股的龙头自然有极大的上升机会,多关注吧。

2 周内我只会在农业股和上海本地股上寻找机会,因为前者是我国经济的重中之重,属于必须炒的板块,而后者则是逆市飞扬的主儿。现在低价而且跌得都足够多,不涨都没天理。我的思路已经摆在这里,就看大家如何把握了。

大盘已经基本调整到位了,短期大盘已经具备冲击 2500 点的能力。"两会"即将召开,农业股和上海本地股就是不死鸟,也是我用资金流技术选择出来的最安全的板块,请大家跟住我的思路,赢利就是必然的了。因为我不知道还有谁可以战胜我的资金流技术。

大盘要冲 2500 点了,热点依然是上海本地股和农业股

(2012 - 03 - 02)

上海本地股全线启动,注意三无板块,尤其风向标大小飞乐双雄。另外农业股调整就是低吸的对象。

大盘要冲 2500 点了,热点依然是上海本地股和农业股。

白天不懂夜的黑

(2012 - 03 - 02)

大盘和我昨天预测的基本一致,高开高走,用一根 34 点光头光脚的长阳踹了空方一个窝心脚。收盘涨 34.58 点,收 2460.69 点,成交量放大三成多至 964.54 元。地产股爆发。上海本地股和畜牧类股票大涨。

我昨天明确地告诉大家,两会期间最有炒作价值的板块就是农业股中的畜牧

股，还有就是上海本地股。大康牧业今天领涨，而上午10点多再次提示关注三无概念。上海本地股已经全面开花，而最具妖股气质的飞乐两兄弟倒还没表现是相当不正常的。上海本地股的重组进行的如火如荼，广电信息重组为百事通后，1个月股价翻倍，可见重组的魅力了。从历史上看，一旦上海本地股启动，飞乐两兄弟必有表现，但是这次600654明显走势很强。以上2股均归属仪电系。从最近的公开信息看，仪电系增持600654接近上限5%，到达17.82%，号称是怕被别人恶意举牌，这个借口我觉得有些牵强。要知道2006年1.96元/股和2008年2.02元/股都没有增持，怎么现在4.5～5元/股就怕恶意收购了呢？随后其股权又被无偿划转至上海仪电电子有限公司。然后公告增持后的股份12个月内不在二级市场抛售，但是可以处置。同时2011年年底前公司收购上海德科电子仪表有限公司，收购价格偏低，有一定的利润。这一系列眼花缭乱的操作，可以说明两点。第一，600654要重组了，至于什么方式不好说。第二，应该有另外的实力机构对其虎视眈眈，也具备了一定的举牌能力。否则无法解释其大股东增持的动机。那么我们不必管其大股东目的是什么，对散户来说，市场上又少了起码3700万股的筹码，盘面轻了不少，其重压力在6.5元一线。今日放量启动攻击前高，加上年底前收购企业必然增加其业绩，多加关注吧。股票市场就这样，越复杂的变化就越有上涨的能力。一只集3G、参股银行、证券并且涉及控制权的公司，每股5元多的价格毕竟是极度低估的。

今天畜牧业的崛起正应验了我对前几天“两会”关注农业的判断。要知道去年到年底物价依然没有完全调控下来，而且猪肉、鸡肉、禽蛋以及水产品的价格高高在上，那么这类企业的年报会非常好看，也自然吸引资金的介入。而上海本地股受益于资产重组，这个重组基本都是副部级单位的重组，是国家支持的。另外百事通股价的乌鸡变凤凰，更让资金垂涎三尺。所以到下周三之前，主线不会发生任何变化，依然是在农业股和上海本地股上面。

年初到现在大盘和板块完全按照我博客所写的运行着，可以说无论是机构和私募都看不清楚市场了，这和2006～2007年那轮牛市初期极其相似。我记得当年从1100点上到3000点的时候全国的评论者都完全看不明白市场，而深圳地区13家券商总部的操作室电脑首页无一不是我的博客，因为他们没有方向感了。今年和当年一样，评论者被大盘折磨得胡言乱语的。大家可以把你认为不错的评论者的文章从年初看一遍，如果准确率超过60%，我马上放弃写博客。而把我年初到现在的博客看一遍，无论是大盘还是板块，或是个股，如果准确率低于90%，我就直接放弃写博客。有时候我也觉得奇怪，可能我真的是为牛市而生的人，我完全地把握了市场资金流的主线，可以说一步没错。实际上是因为我经历过所有的牛市，所以我熟悉牛市启动的整个板块变化，加上我独有的资金流技术，合二为一，自然事半功倍，而很多人接触股票时间短，自然不可能知道那么多，这就是历史造成的差异了。实际到了现在市场主力依然没有摸清楚大盘和板块的命门，很多证券人士都靠我的博客中对资金流变化的阐述做股票呢，这就是典型的后知后觉，高手低手已经显而易见了。而这轮大盘的上涨，只要踏错一步不但赚不到钱，反而亏损累累，大家看看自己的账户就知道我说的是不是这么回事了。因为市场不是普涨，所以盈利天地之差，这恐怕就是股票上的“白天不懂夜的黑”吧。

下周三左右，资金流会再次变化。今天已经露出部分端倪，我在下周三的上午10点30分前会发文章告诉大家资金流向什么板块运行。我很少上午发博客，但是一般有突发情况我会在9点40～10点30分之间发博客。例如2月27日的2470点要调整，我起码让大家避免了60点以上的损失。而前天和今天上午10点的博客无疑都明确地指出了资金流的方向，单单前天因此获利平均在7%～12%，这就是技术流的强大之处了。这3周内如果完全按照我博客的思路进行操作，50%利润都算少的。因为我每一步计算的都没有任何误差，但是操作上的差异会出现盈利的多寡。大家看着股指涨了300多点，可是账户资金却不增反减，那么多学习学习技术吧。我多次谈过这轮牛市是人造的，那么就不可能如2006～2007年那轮大牛市什么都涨。涨的只有部分股票，把握住了，一夜暴富；把握不住，生不如死。

今天地产股的再次异动，不是地产股的春天来了，而是市场主力在赌“两会”放松地产打压。所以一定要区别对待。我年初到现在只谈了1只地产股，就是在2月16日博客中写的000616，而这轮地产股上涨中涨得最多的恰恰就是该股，涨了30%，这就是活生生的事实。大家可以翻阅我2月16日的博客看看是不是我当天谈了000616亿城股份，可以说我把握住了最近上涨300点的全部板块的龙头股。这个不是蒙来的，这需要真正的技术。我的技术书《操盘之王Ⅲ：图霸天下》今天正式销售，我奉劝一些喜欢技术的，还有喜欢我技术中最高端技术资金流的朋友可以买本来看看，毕竟技多不压身。账面一亏都是几万十几万，却舍不得花几十元钱买本技术书，本身就是很可笑的事情。我无意推销自己的书，因为我的书本身就卖得很好，而且就是卖得再多我也赚不了几个钱，大部分利润都让出版方和销售商拿去了，靠稿费我得饿死。但是里面的技术你真正学会后就是你自己的了，在我谈技术的时候你也知道我说的是什么啊。现在还有看不明白宝塔线和支撑压力线的呢，让我给你解释，我真的没那个时间，就算有时间我也不可能去解释初级问题。用点心吧兄弟们，这博客不收你钱，你赚了钱也一分不用给我，但是不停地亏损是不是起码对不起自己呢？

大盘下周将攻击2500点整数关口，而一旦站上该位置，压力就在2585点一线，但是此位置会很快被穿越，再向上就是2650点，压力相对比较大，需要点时间，而再向上就是2850点，此位置一旦被穿越，3000点就是主力的囊中之物了，至于现在的2470点已经不是什么压力了。下周三前依然是农业畜牧股和上海本地股的天下，继续关注我谈过的3只畜牧股和今天谈的600654飞乐股份以及其同门兄弟600651飞乐音响。

邮票、股票

（2012-03-04）

前段时间走了趟上海和北京的邮票市场，发现炒新的状况比股票有过之而无不及。新版大龙被炒高数十倍，而老邮却被冷落，完全的投机炒作。很多朋友都认为“带头大哥777”是个职业的股票炒家，名气甚大，却不知道我在邮票市场的地位远高于股票市场。“啸聚英豪”名满天下，大邮商叫声老啸，一般人得叫啸哥，新人要叫声啸爷了。我最早在1990年就参与邮票的炒作。2001年成功操作《许仙白娘子》小本，期间3次发表署名文章，已被事实验证，我预定的目标完全实现，从14元到达32元仅仅用了16个交易日，一战成名。2004年操盘青铜器获得成功，将其价格从12元狂拉到72元。后期再次炒作绿绒蒿小版和艾滋病小版，均获得成功。足球A崩盘事件我提前12小时预警，12小时内该品种从44元狂跌到10元以下，更是奠定了我邮票市场五大高手第一的排名。2004年我成功预测04小版大全套会跌到120元，然后会上涨到500元以上。2007年我再次预测，一轮生肖大版以及后面的生肖大版会成为新的投资热点，5年之间该品种全部上涨超过20倍。可以说我在邮票市场从来没有错过，百战百胜。2007年我出了事，有人出来诬陷我，为的就是提高他自己网站的点击量。我回来后想找此人打官司，此人却因为诈骗邮友的巨额钱财而被列为网逃。当年和我同期的高手大多数跑路或者销声匿迹，而我却依然活着，投机市场活着比什么都重要。看着现在被忽视的2003小版，真的很悲哀。邮票炒新风险巨大，而且违法。邮人如切瓜断菜般地被淘汰，却从来不知道总结。在此我大胆预言，2003小版各品种按照现在的价格，3年内起码有5～50倍的上升空间。而我当年操作的03小版青铜器现在只有区区110元左右。55万版的量，10年的沉淀，这个价格真的让人无语。周一后我会逐渐吸纳该品种，目标为800元/版～5000元/版。如果问我为何操作2003青铜器小版。原因有三：第一，明年是2003小版发行10周年，有一定的历史意义，会引起炒作，现在场外已经有不少资金开始进入。第二，东周青铜器邮票是继殷代铜器、西周青铜器后发行的第三套青铜器邮票，也是唯一青铜器系列的小版张。青铜器小版消耗比较大，沉淀也比较好。邮总手上货源很少，现在想在市场上拿2000版的货都很困难。第三，该品种的版面设计在国内是首次，为了降低发行价格，只截取第三枚作为主图，而其余7枚做边，完全不符合正规邮票的版式。你说它缺憾也好，说它错品也好，青铜器小版的这种版式设计在所有小版中不敢说绝后但肯定是空前的！这也是为何当年我选择它进行炒作的原因。同时它与主席小版均为影雕,这在2003小版中属于比较少的。另外8张取一张做主图,这种缺失是一种建立在完美基础上的缺失,是太完美,是十全十美。1年内该小版价格应该在800~1200元,而3年内该品种很可能是2000~5000元/版的天价邮品,也就是预期升值20~50倍。有朋友问我6月底后离开市场做什么,我想,我该去玩点邮票了,即使我离开那个市场已经5年了。下周一我会下场买进2003小版青铜器。我是实战派,不是忽悠派,我从来不100版200版的玩,起点一般都是500版,然后递增。投机市场,尤其是邮票市场不是靠嘴,而是靠真金白银的投入和庞大的邮识知识取胜的。

2003青铜器小版张

股票上下周我不想说太多,我想说的是短期虽然官方看好蓝筹股,但是现在的市场资金是不足以支撑起蓝筹行情的,沪市日成交1500亿以下,就只能炒作小盘子低价格低市盈率的股票。而1500~2000亿元的日成交才能进入二线蓝筹股。超过2000亿元后,则是大蓝筹的天下。管理层的想法是完全对的,但是在实战市场中并非如此。"理想很丰满,现实很骨感"就是这个道理。因此日成交低于1500万元我绝对不会进入二线蓝筹股。从年初到现在我对大盘、板块以及个股的把握基本没任何错误,这就说明我是很适应市场的。这个市场不以任何人的意志为转移,它有自身运行的规律,我们顺势而为就可以了。下周板块资金流会有变化,请关注周一至周三我10点左右发出的文章。

周末了,大家都轻松些。我写点东西,大家高兴就好。也请继续关注我的技术书《操盘之王》系列的终极版《操盘之王Ⅲ:图霸天下》,它已经正式销售了,里面最大看点就是我百战百胜的资金流技术了。

关注深圳本地股

（2012 - 03 - 05）

上海本地股一般动作之后，就该深圳本地股了，流通盘3亿股以下的、价格10元以下的、主板的，不要创业板、中小板和ST的，业绩无所谓，只要价格低就行。不要地产股、钢铁股，商业地产除外，其余行业均可。上海本地股600654依然可以关注，农业股不亏可以走了。市场资金明显转移到深圳本地股了。符合要求的实际一共才6只，找得还那么艰苦，我服气了。如果为了安全再扣除亏损的就剩下不到4只了。像有的公司总股本5亿股，而其大股东有2亿多股，那么它依然是流通盘低于3亿股的。

我昨天谈了一下邮票，不是建议大家都去玩邮票，毕竟我们都是玩股票的人。如果有钱想做点长线投资，我指的长线是3个月到1年半左右的投资，可以跟我买点2003小版青铜器。邮票和股票比前者是实物的，后者是虚拟的。我个人看好青铜器小版的未来走势。如果有闲钱就买上100版或者几百版是完全可以的，也就1万多块钱。不建议大笔买，抱着玩的心态最好。中国最大的4家邮票市场是北京马甸市场、上海局门路市场、广州顺义坊和顺邮坊和成都冬青树市场，一般北京和上海为主要炒区。

个人认为130元/版以下进入03青铜器小版是相对安全的，高于这个价格有风险，超过135元/版就不要买了。

谈谈操作

（2012 - 03 - 05）

大盘在温总理谈及GDP下调到7.5%以及继续调控房地产，加之本周10股同发的三重打击下微跌。收盘跌15.69点，成交1076.04亿元。上海和深圳本地股大涨，地产股，银行股下跌。

今天我首先要讲一下操作。现在很多朋友相当浮躁，别说跟不上我的节奏，连大盘都跑不赢。实际上我谈过的股票无一不是上上之选。而操作这么好的股票都能造成亏损，我真想骂人。我在4周的时间里不断为大家展示我的资金流技术。今天上午10点直接告诉大家资金向深圳本地股靠拢，并且给出该操作什么样的股票。很多朋友跟不住我的节奏，又不敢拿住我说过的股票，你如何能战胜市场？而更多人是没有了思维，又不去学习技术。请大家看看我前面谈的002646、600439、000062、000616等今天是否都走出新高？今天我谈完资金流向了深圳本地股，到收盘，资金流入最大的就是深圳本地股，我的技术怎样？我记得前面我谈002646的时候价格是每股16元多，我说的这个青海股，只要动就不得了。今天收盘23.62/股元，涨了40%，当时骂我的人不计其数。短短2周时间40%利润啊，你怎么的能骂人呢？再好的股票也要肯学习技术的人才能赚钱。股票在我手上千变万化，在你手上废纸一样。今天收盘该股涨停，还有人问我能到多少，你马上去买本《操盘之王》看看，上面清楚地写着，突破历史高点，向上运行20%～25%，该股目标在26.5元呢。你问什么啊？让你买我的书不是当摆设的，是要实战的。我一直认为我的书是全国最好的，这也是为什么一本股票书可以占据全国股票类图书销售排行榜前列的原因。因为我的技术书的确可以让人赚钱。《操盘之王Ⅲ:图霸天下》很多朋友认为很好，也有位兄弟给了个评语说:“资金流秘笈部分根本就是笼统的说说，没有看点。”我只能说你根本就不会炒股票。我写东西历来不留后手，如果这个资金流不能盈利，我这4周20多个交易日对板块轮动判断100%准确是哪里来的？

什么叫深圳本地股？从000001～000099就是深圳本地股，完全符合我上午10点说的股票只有区区6只，而扣除亏损的实际只有4只，我今天先说2只。第一只000019深深宝A，该股是茶饮料的上游企业，完全覆盖全国各大茶饮料产品。说简单点，现在市面上所有的茶饮料都要向000019买浓缩剂。前期重大重组刚刚获得批复，业绩开始进入拐点。市盈率不过30几倍，食品类平均45倍，短期压力在11元，可以关注。第二只是000099中信海直，该股是海洋石油服务运输业龙头，在海洋石油服务运输业具有垄断优势，公司目前已占有南海东部、东海地区100%的市场份额和南海西部、渤海地区50%以上的市场份额，为中国航空服务三强企业之一。公司还是国内第二大直升机运营商，拥有亚洲最大的直升飞机基地，有4个近海直升机场，海上石油直升机服务市场占有率在80%以上，在国内同行业处于领先地位，具备军工概念和开放低空概念，同时是标准的央企背景和垄断经营。该股从15.24元/股跌到6.79元/股才止跌，现在每股8元多的价格完全滞涨。最近底部区域换手频繁，明显有大主力介入，按照现在价格计算，市盈率不足28倍，具备很大上升空间。今天放量高开高走，在大盘下跌情况依然站在均价线以上，攻击形态已成，压力在11.6元一线。由于其13号公布年报，该股含权，已经8年没有送股了，后市会继续快速上行。有朋友问我000099的盘子不是5.14亿股吗？不符合你说的3亿股以下流通盘，我很无语。该股大股东持有接近2.4亿股，实际能流通的不过才2.7亿多股，完全是符合的。

我上周明确告诉大家地产股主力就是赌消息，绝对不可以进入。今天"两会"继续维持紧缩政策，地产股应声而落。我相信不听话的那些人已经咎由自取了。今天唯一整体上涨的板块就是深圳本地股，资金流技术被我运用得出神入化。今天大盘的确跌了，马上又有些评论者喊什么双头了、顶部了。连5日线都没击穿，顶在哪里呢？今天就是借助消息调整，5个交易日内必然站上2500点。

我不想多说什么，6月底大盘4000点上就是我退出股市的时候，实际现在利好也不少，戴相龙理事长已经明确谈到了养老资金入市的问题，现在已经进入选择私募或者公募资金进行操作的过程。相信未来资金不是大问题，这也是牛市的根基。管理层也一直试图把市场向大蓝筹方向引导，但是在实战中却不行。成交量在1500亿元以下我只考虑低价、低市值、低市盈率的品种、1500亿元以上我进入二线蓝筹，2000亿元以上我进入大蓝筹。这就是我的操作思路。我也只按照自己的思路进行操作，因为时间证明我的思路是正确的，这就足够了。

大盘攻击2500点的进程不变，5个交易日内必然攻破，现在股指期货上已经明显向有利于多方发展。空方已经快被彻底打倒了，减仓迹象很明显。现在就该满仓操作，快速进行的运动战。短期农业股有调整，已经获利的尽量进入深圳本地股，没有获利的依然可以坚守。"两会"期间农业股是有机会的，但是短期资金已经在深圳本地股上了，起码3~5个交易日内风向都不会变化。所以多关注000019和000099这类基本没怎么涨、刚刚启动的好股票吧。

我的技术书《操盘之王》系列第三部，也是终结版《操盘之王Ⅲ：图霸天下》已经连续3天站在全国财经类图书和股票类图书榜首了，想对我独有技术——资金流进行了解的请尽快购买，本周末我会谈一下关于资金流方面的一些要点。请买完后尽快阅读，尤其是资金流部分，否则我讲解的时候你也听不明白。

大盘没事，部分资金回马枪杀回农业股

(2012-03-06)

介入深圳本地股的资金非常强劲，没有出逃的意思。而现在有些资金向农业股进军，注意我以前谈过的一猪一鱼闯天涯，主力明显杀个回马枪。大盘基本整理完毕了，就是洗盘。现在资金在深圳本地股和农业股上，农业股依然是猪肉股、鱼类等。

深圳本地股一骑绝尘，猪和鱼再现生机

（2012-03-06）

今日大盘继续下跌，收盘跌至2410.45点，成交1006.74亿元。水泥、水利、钢铁、券商等股票大跌。整体上涨的板块基本没有。家用电器、深圳本地股以及农业股中的猪肉、鱼肉、蛋禽等上涨。

我昨天指出资金向深圳本地股进发，今天000019和000099逆市而动，未来依然还有上升空间，注意获利了结。而今天主力在农业股中的猪肉、鱼肉等股票上玩了个漂亮的回马枪。我前几天谈过的600975新五丰和600097开创国际均再次受到前期进入资金的追捧。我当时说过一猪一鱼携手走天涯，今天再次联袂上行后市相当乐观。毕竟去年猪肉和鱼肉的价格飙升，甚至猪肉决定了CPI的走向。由于库存依然不足，起码到今年6月猪肉价格和鱼肉价格依然会坚挺，那么它们的业绩提升自然也会表现在股价上涨里面。同时这两只股票流通盘均不足1.2亿股，市值都很小，主力资金一介入，价格就被打飞。加上前期调整充分，两只股票短期目标分别为12元和15元。两只股票前者5年没送股了，后者基本就没送过，本身就含权，自然有想象空间了。

我看好的股票都是可以抵御下跌的，看看今天大盘跌成这样，我的股票哪只不是红彤彤的？股市就这样，历来成败论英雄。水平行不行盈利上见，说别的都是废话。股票也是做个心境，有本事自然不怕下跌。大盘走得也很正常。前几天我也谈过，这次调整的目标是20日线，极限是2380点。这就是大涨后的洗盘，没什么可恐慌的。何况你按照我的思路走，哪周不拿到30%以上的利润，怕什么啊？有些评论者说现在是管理层希望蓝筹股涨可是都没涨，涨得都是垃圾股。那么你自己拿的是蓝筹就必须蓝筹涨才行啊？单日成交低于1500亿元，资金根本就支撑不起二线蓝筹行情，低于2000亿元也自然无法支撑大蓝筹行情。再说蓝筹都在你们手上，你让主力给你抬轿子不成，不是主力脑子坏了，就是你有问题。我们都是市场的参与者，那么就要顺势而为，无论什么方法只要能战胜市场就是好方法。我还是以前那句老话，1500亿元以下，我就在低价低市盈率、低市值的品种上。这轮300点的行情我都翻倍了，靠的就是真本事。市场永远是对的，错的只能是我们。别喊冤，死在期货权证上的冤鬼多了去了。

养老资金会进来，很多资金都会进来。调整是为了更好的上涨，所以别怕调整，不调整哪里来的机会呢？6124点跌到1664点都能扛过来，现在才涨300点紧张什么？新三板要发，新股要发，国际板要发，没有大牛市能发出去吗？道理就这么简单。3000点下没有大的战事，只有这沟沟坎坎的小折腾。现在还敢说大盘M头，还说顶部我就彻底无语了。大盘跌了快2%了，你看有跌停的吗？

预计明日大盘再次探底2400点，极限位置2380点，随后开始上涨。资金流我已经谈得很清楚了，关注600975和600097以及深圳本地股。

另外我看好的邮票2003青铜器小版涨得很快，到今天已经150元左右一版了。我认为这东西大家想玩就买个100版左右玩一下，1万多块钱当娱乐了。大家毕竟不是专业的，当作收藏也好，炒作也好，都别大笔的操作。毕竟邮票不是股票，涨的时候好出货，跌的时候不好出。包括我自己也是这样的心态，拿个几十万玩一下。不建议高价买这东西，就像股票一样，明明值11元，你15元买了还勉强，要是20元买上自然是完全错误的。因此希望大家本着平常心少量玩一点，别当主业。不要在淘宝上买，不好鉴别真假，也不好卖出。

大消费刺激酒店业，扩内需提振连锁店

（2012-03-07）

今日大盘果然向2380点逼近。在美国暴跌的影响下，中国股市还算顽强，全天呈现震荡整理。收盘跌15.65点，成交917.31亿元。黄金、有色金属大跌，商业贸易和连锁企业上涨。

大盘短短3天跌去接近90点，幅度看似不大，但散户损失惨重。实际上从我得到的信息上看，2132点涨到短期最高2478点，虽然上涨超过300点，但是如果操作错板块一定是亏损的，而踏准节拍的资金可以翻倍，可谓冰火两重天。而从年初开始无论大盘还是板块，个股我都把握得非常好，基本没出现过任何失误。但是能跟住我节奏的人却不多，跟得住的也大多数是2005～2007年的曾经跟过我的老股民了。大家可以按照我博客年初到现在仔细核对一遍，如果跟得住起码利润超过150%才算正常。但是这轮小上涨80%的人亏损，亏损超过20%的也有一半股民，这是谁都没办法的事情。我只能按照市场资金流动来写博客，毕竟我不是神仙，不能普度众生。我前天真的非常生气，有些人写信给我，就像我欠他钱一样，质问我某只股票为什么不涨，而昨天一涨上来马上又变了一种口气，弄得我都不知道说什么好。这是个投机市场，不可能每个人都是胜利者。有技术的或者有经验的就占据天然的优势，而一穷二白的自然也就是被鱼肉的对象。这样的世道，谁也无法让所有人都赚钱，兄弟们，你们的要求太高了，大哥没那个能力。

我多次强调过 2500 点下就是打快，而我谈的股票都具备这个特征。同时我谈的股票都是基本面和技术面都不错的品种，盈利只是 1 天还是 5 天的差别。有些朋友又想打快，又跟不上，又不能坚守，你如何能赚钱呢？记得我谈过的 600640 中卫国脉，当时都涨了百分之十几了，就该出局了，有的没出，被停牌了一天问我几十遍能不能跌，我就告诉他重组成功起码 1 个涨停，不成功最多跌 3%，而他成本只有 9 元/股，怎么都是赚钱的。今天消息兑现，盘中封涨停，放量没站住，你当然该走，随便都拿 15% 利润了。

今天资金流分了三部分：一部分依然在深圳本地股上，一部分也依然在农业股上，而另外一部分进入酒店业和商业连锁里了。由于"两会"不断传出新的消息，资金也跟着消息走。温总理的讲话把促进消费当成今年的工作重点之一，因此引发了上海九百、景兴纸业等的大涨。而今天商业部部长陈德铭说将出台鼓励消费新政，那么对家电下乡、农业中的畜牧、百货、旅游以及连锁企业就形成了利好。而今天资金很明显地流入了酒店连锁和百货连锁里面，苏宁电器今天的启动就是最好的例子。而我比较看好同行业的 2 只股票、第一只 000419 通程控股，这是一只商业连锁和旅游酒店经营的湖南股。业绩相当好，预增 30% ~50%，预计业绩为 0.39 ~0.45 元/股，动态市盈率不足 15 倍，而流通盘只有区区 2.5 亿股，市值很小。同时拥有长沙商业银行 10% 的股权，再加上本身商业地产的升值，以及 5.69 元/股的配股价大股东全额认购。这些累计后，净资产接近 10 元/股，处于绝对低估状态。另外从 12.47 元/股跌倒 5.06 元/股，股价基本打了 4 折，这轮大盘上涨，其累计涨幅不足 20%，属于滞涨明显的股票，主力从 5 元多开始收集，现在成本都在 6 元/股以上。那么现在价格是非常有投资价值的，重压力在 8 元附近，一旦拉升会很凶猛。今天逆市放量创出短期新高，同时 20 日线上穿 60 日线，攻击形态已成，大涨可待。第二只是深圳本地股 000033 新都酒店，该酒店是深圳最具知名度，也是最老牌的酒店之一。光耀地产集团入住后一直有借壳的意图，光耀地产集团已经在香港 H 股提交了上市申请，因此 000033 很可能是其在内地上市的资源。该股流通盘比较小，价格只有 4 元/股出头，加上旅游、宾馆以及资产注入概念，现价偏低。6.5 元下没有任何阻力，可以关注。以上 2 股均符合我现在的操作策略，盘小、低价、低市盈率，容易被主力看重，实际已经被主力看重并且处于启动初期。因此多留意吧。

大盘走得还算正常，虽然今天沪指击破 20 日线，明天大盘最多再调整一上午，下午就会开始反攻，这次是要过 2500 点的。这次调整的位置跟我预测的基本一致，就是 2380 点附近。明天开盘再回踩一下此位置，调整就该结束了。关注 000419 和 000033，关注畜牧股。深圳本地股中的 000019 早就盈利超过 10% 了，也提醒过出局了，如果还没赚到钱请自己检讨吧。明天大盘会上涨，重新站上全部均线，也就是过 2430 点。

注：我谈过的 2003 青铜器小版涨得比较好，现在价格在 150 ~160 元之间。由

于货源少，所以每天成交也就2000～3000版。150元以下先下手的买到了，后下手的基本买不到，可以说160元以下都可以买一点，未来是看好的。但是提醒大家的是这东西不要多玩，随便买个100～200版的当适应场地了，或者涨到200以上做短线也行。不要在淘宝上买，因为不好辨别真假，注意品相要好。很多朋友很感兴趣，我就多说几句，这个品种没有什么绯闻，同时历史上除了我炒作过基本没被别人炒作，因此品相大多不错，加上当时价格接近，一起上涨的毛主席小版张现在都210元了，比价明显偏低。请一定记住，超过160元绝对不能再买。等我闲下来，再找个好品种，大家一起玩一下。毕竟也给你们的投资渠道增加了一个新的领域。

大盘狂涨，注意上海本地股

（2012－03－08）

昨天博客说得很清楚，沪指过全部均线，过2430点，大涨35点以上。上海本地股整体启动，目标公用事业板块，价格每股5.5元以下的，市盈率30倍以下的，流通盘6亿股以下的都是狙击目标。ST不要，地产股不要，亏损的不要。

另外南京市和杭州市符合公用事业板块的、符合每股5.5元以下、动态市盈率低于30倍的、流通盘3亿股以下的也是主力操作重点，属于大上海商业圈。

不断有信进来问我公用事业板块有哪些股，我把所有公用事业股都发出来，自己照方抓药吧。

名称	涨幅↓	现价	涨速
南京中北	+4.57%	5.03	+0.00%
强生控股	+3.99%	4.95	+0.20%
海博股份	+3.89%	5.08	+0.79%
铁龙物流	+2.63%	9.37	+0.00%
大众交通	+2.57%	5.59	+0.36%
飞力达	+2.43%	17.70	+0.11%
中储股份	+2.22%	9.20	-0.97%
怡亚通	+2.14%	6.20	+0.16%
重庆路桥	+2.12%	10.60	+0.00%
宋都股份	+2.00%	10.22	-0.10%
新宁物流	+1.85%	9.37	+0.11%
交运股份	+1.81%	5.07	+0.20%
四川成渝	+1.76%	4.05	-0.25%
湖南投资	+1.65%	4.30	+0.23%

湖南投资	+1.65%	4.30	+0.23%
现代投资	+1.53%	14.62	+0.27%
保税科技	+1.50%	12.16	+0.16%
申通地铁	+1.48%	6.86	+0.00%
龙江交通	+1.39%	2.91	+0.00%
五洲交通	+1.33%	6.09	+0.00%
锦江投资	+1.32%	8.42	+0.24%
东莞控股	+1.28%	4.75	+0.21%
华北高速	+1.19%	3.39	+0.29%
福建高速	+1.17%	2.60	+0.39%
楚天高速	+1.12%	3.61	+0.00%
山东高速	+1.09%	3.72	-0.27%
澳洋顺昌	+1.07%	6.59	-0.15%
富临运业	+1.06%	9.51	+0.21%

长江投资	+1.01%	6.01	-0.17%
宜昌交运	+0.99%	15.29	+0.20%
飞马国际	+0.91%	7.76	+0.13%
粤高速A	+0.86%	3.51	+0.00%
国恒铁路	+0.83%	2.43	-0.41%
深高速	+0.74%	4.09	+0.00%
中原高速	+0.72%	2.81	-0.35%
吉林高速	+0.70%	2.87	+0.35%
广深铁路	+0.58%	3.49	+0.00%
海南高速	+0.56%	3.56	+0.00%
恒基达鑫	+0.52%	13.43	+0.00%
赣粤高速	+0.49%	4.11	+0.24%
大秦铁路	+0.40%	7.51	+0.00%
宁沪高速	+0.32%	6.20	+0.00%

深成指收复失地，上海股叱咤风云

（2012 - 03 - 08）

今日大盘和我昨天预测的基本一致。大涨 25.48 点，收盘 2420.28 点，成交 934.11 亿元。深成指已经收复全部均线，而沪指冲击到 2426.70 点，也相当强劲。证券股、稀土永磁、上海本地股大涨，普涨意味浓厚。

大盘的反攻相当凶猛，我昨天预测上午回踩一下就开始大涨，没想到直接就高开高走了。这段时间我基本一直在上海本地股和深圳本地股上操作，今天上海本地历史强庄股界龙涨停，新华传媒也涨停。同时我比较看好的 600654 也大涨 9%，前期介入者都有 10% 以上利润了，直接带动上海本地股攻城掠寨。我在上午 10 点多明确提示了资金再次进入上海本地股，也明确告诉大家该进入什么股。实际上按照我限制的条件看只有 3 只股票符合，分别是 000421 南京中北、600662 强生控股和 600708 海博股份。以上三股均属于公用事业板块，都经过大跌，也都是市盈率偏低、价格低、盘子小的品种，完全符合主力炒作的思路。动态市盈率分别只有 17 倍、25 倍和 18 倍，实际流通盘分别为 2.2 亿股、5.5 亿股和 3 亿股。以上 3 股都是刚刚突破前期高点，距离压力区起码都有 20% 以上的空间。因此这 3 只股票无论是做短线还是做中线都是上上之选。短线的可以随时操作，中线的起码 10% 以上才走。

今天大盘的大涨，给无数喊 M 头的人一记响亮的耳光，我真不知道这些人如何在股市中生存的。昨天刚刚小破 20 日线而已，今天直接收回，深指甚至全部收回，何谈头部？我前面的博客写得很清楚，最多调整到 2380 点，然后就该突破 2500 点了。按照时间推算，下周三就该过 2500 点了。这个时间我前面也说过的，就是 5 个交易日左右。上涨中依然深指领先沪市，牛市特征相当明显。我以前谈的股票 100% 的在 5 个交易日内全部超过 10%，可是依然有人错，依然有人跟不上。我真的很无奈，这样的朋友我请你别炒股票了，因为这个市场真的不适合你。不是追高，就是舍不得卖，市场不可能等着你每次都赚钱才跌。大盘跌了 90 多点，我的股票不跌反涨已经很了不起了。而就算你追高了，随后也照样给你 10% 利润，为何不兑现？600640 在 9 元以下谈的，最高到了 10.49 元，现在还有喊亏的。002646 在 16 元多谈的，涨了 40% 了，也有喊亏损的。600654 在 5 元谈的，最高到了 5.76 元，还有没操作明白的。000062、600439、600831、000019 等全部在 5 个交易日内超过 10%，可是还是有被套的。大盘走得这么差，我的股票没有一只没见 10%，还要我如何强大？玩不过市场又提要求说：“大哥，你每天晚上才写博客，为何不在上午谈资金流向哪里了。"好,为了你们我就多谈些。我又改在10点多去谈,可是你们找到了吗?就差我直接告诉你了。写得那么明确还是买错,写到这我都被你们气笑了。我一直不断地为大家展示资金流技术的能耐,不是为了显示我自己多了不起,而是让你能跟住我的思路,可是很多人根本就不去学习。我的思路完全写在《操盘之王》系列技术书上了,可是能通读并且完全弄明白的有几个人?有些看似简单的东西你实战了吗?我的书完全可以直接实战。有的朋友说:"里面也不过如此,很简单。"实际上一点都不简单,很多极其复杂的东西被我写得很浅显了,但是就是写得那么容易你依然不能运用到实战上,这说明了什么?你根本就没上心。这是股票市场,也是资金战场,你不上心,钱就不会自己掉下来的,机会也永远留给有准备的人。今天中午我一提示,有3位朋友马上就找到了这3只股票,直接就介入了,到收盘都有利润了,明天继续上涨,人家上来就比你多赚几个点,你怎么跟人家斗啊?师父领进门修行在个人,这个市场不打笨的,不打精的,只打懒的。话不多说,好自为之吧。

我也有自己的生活,炒股也不是我的全部。为了散户我每天都要趴在电脑上,怕你跟不上,怕你听不明白,怕你亏了钱。无论我去哪里玩,都要带着电脑,一旦市场有变,随时发文提醒。你们能感受得到吗?我惧怕飞行,所以经常连续坐30几个小时火车,为了你们我只能选择周末走。为了不让你们害怕,我在火车站站台上、车上、饭店桌子上,甚至厕所里都写过博客。没办法,可能是我太认真,而很多人却不那么认真,有的时候我都不知道是对还是错。几年前我也这样过,但是现在我真的老了,白头发越来越多,炒股票是最耗心血的。所以无论如何,4000点上我都要退出市场,就算6月底只有3500点我也一定退出市场,我要去过正常人的生活。而现在我的负担太重,不是来自我自身,而是每天十几万的追随者。

实际很多新人看不明白我的博客,更不会有效操作。以前跟过我的人很了解该如何操作。那么我告诉你,首先你要确定到底做短线还是做超短线。如果是超短线,当日进次日就要走。如果做短线,5个交易日内都能赚钱。一般我谈的时候如果价格是5元,次日最多5.05元你买就可以了,随后可以卖掉获利。我谈的股票历来都是能买到,能出局的,关键看你如何把握。另外次日只要上涨超过2%坚决不追高,宁可错过也不做错。这样的话,你只赚不亏。另外要注意的是,由于股指期货的原因,无论大盘还是个股一般都是上午涨下午跌,那么你操作上也可以如此,上午出下午进,只有如此才能跟上步伐。而一旦大盘开始出现上行的趋势,则无论时间都可以随时进入了。股票市场是活的,却被很多人做死了,毫无灵活性可言。他们除了会谴责别人外,什么都不会。为何不自我检讨呢?总想找个定式进行操作,这个市场根本就没有多少定式。如果真有100%的定式,就算100万元一本书我相信都会抢破头的。

今天巴西意外降息,同时养老资金入市已经破题,再加上对新股的严格控制,对二级市场无疑都是利好。有朋友说明天中交建上市会影响大盘,你看看今天涨成这样,影响什么啊？明天一旦其上盘,会引发大盘更猛烈的上涨。下周三前必然攻克2500点,而短期热点就是000421南京中北、600662强生控股和600708海博股份。以上3股,中短线都可以操作,因为才刚刚启动而已。

一个成功的股票人必须要有大局观,所谓不能谋全局者不能谋一域,不能谋万世者不能谋一时。大方向确定后才去注意细节,细节决定成败。多学技术,有技术的不一定总赢,但是没技术的基本都输。一定要多学习,要保持好的心态。市场就是大牛市的特征,当到达3000点的时候,谁都会赚钱。而现在是最好的学习和实战的机会。不多说了,祝愿所有的女性"哥迷"节日快乐。

整数关口已成囊中之物,风格转变注意沉着应对

(2012-03-09)

大盘走得非常好,和我预期的完全一样。沪指站上全部短期均线,成交有力,放大到1004.11亿元。深指更是距离前期高点只有不足50点。两市均收出光头阳线,而同时又把周线变成阴线。调整在今天全部彻底完成,下周2500点就是纸糊的高点了。

我需要感谢一个群体,就是高呼双头的人,没有你们的映衬真的无法体现我的无比正确。市场走牛已经很明显了,大家需要注意几个现象:第一,新股上市被严格限制爆炒,基本上新股已经等于和其余股票一样了,这样就打击了对新股的炒作。第二,管理层提醒注意股吧里不正常的现象,说明有意引导大家回归理性操作以及价值回归,而不是只玩消息。第三,CPI已经跌到3.2%,我们不讨论其真实性。因为猪肉占据CPI比重比较大,猪肉的确是下跌了,我们当地从24元/公斤已经到17元/公斤了,那么CPI下跌正常。而其一旦下跌,会引发再次的降低准备金或者降息。第四,养老资金入市可能要加速了。这对市场无疑是大利好,也是牛市的基础。以上几点都说明一个问题,就是更大的利好要来了,虽然我不知道是什么,但是绝对比降息降准要大得多。

我之所以一直不操作蓝筹,就是因为成交量明显不足以支持蓝筹行情。但是请大家注意一个问题,今天有新资金进入的现象。估计低价股的炒作最多还能支持3~5个交易日。由于低价股最近一直被炒作,而炒作中很多股票根木没有业绩或者亏损,只是因为价格低,所以被炒作。那么现在需要的是回归理性,没有业绩支持的绝对不能再炒了。而低价格股被炒高了不少后,就需要中高股继续向上拓

展空间，今天涨幅居前列的很多都是15～35元/股的股票，明显就是为整个市场拉升空间，一旦有高价股完成从30元到60元甚至100元的操作后，市场向上空间就被完全打开了，也会刺激中价股向30元以上进军，整个市场就活跃起来了。而今天新进场的资金明显奔中高价股的价值投资而来，这代表了资金流的新动向。同时中小板和创业板先于大盘冲过前高，所以它们的行情要来了，我个人支持中小板的操作。我们看管理层谈了创业板退市马上就出，而主板退市要明年，却没谈及中小板，很有趣吧？那我们该做什么，不用我说大家也明白了。实际我也知道这些资金进来炒的是什么股，这些主力可是带着实力来的，不是以前那拨儿了。

技术到底有没有用我想不必再解释了。我对大盘的判断如何大家看到了，对个股的判断又如何大家也看到了，对不对时间也检验了，我不想多说。在3月5日的文章中我大发脾气，为什么？就是因为大家不重视技术。我当时谈到002646这样写的"我记得前面我谈002646的时候价格是每股16元多，我说这个青海股，只要动就不得了。今天收盘23.62元/股，涨了40%，当时指责我的人不计其数。短短2周时间40%利润啊，你怎么能骂人呢？再好的股票也要肯学习技术的人才能赚钱。股票在我手上千变万化，在你手上废纸一样。今天收盘该股涨停，还有人问我能到多少，你马上去买本《操盘之王》去看看，上面清楚地写着，突破历史高点，向上运行20%～25%，该股目标在26.5元呢。你问什么啊？让你买我的书不是当摆设的，是要实战的。"我说话的确带着火药味儿，但真是恨铁不成钢啊。完全是技术范畴的东西，很多人就是不去好好学习。那么下一轮将是中小板价值回归的炒作，你还是没有技术吗？这轮300多点的上涨，盈利超过30%的人不足20%，为什么？就因为走错一步，步步错。而一旦过了3000点，甚至2850点，这个市场谁都是神仙了，魑魅魍魉就都该来了，而现在神仙只有我一个。因为我更了解市场，因为我手上有战无不胜的资金流。不是有些朋友说我的技术简单吗？那么请你拿出最近2周50%以上的盈利账单让我收声吧。

下周开始我做小中线。所谓小中线就是1～2周内只拿一只或者几只股，期间不来回换，这也是我前面说过的。2500点下大胆做短线，2500点上做中线，这个须要循序渐进地进行，目标就是中小板里的中高价股，题材要特殊，盘子要小，业绩要好，要含权，还要跌得足够多，这就是我的目标。我在下周一或周二的10点多会做更多的提示，请大家注意观看。现在这类股票都在建仓期间或者是刚刚启动，所以不急着进。而大资金依然在低价低市盈率品种上，也就是我昨天谈的那3只股票上。这个热点能维持到下周三，然后变化。由于新进来的资金没仓位，所以动作比较快，而老资金则没这么快，需要时间兑现筹码。

有朋友问我，某只股票能到多少，在这里我很负责地说，只要不是亏损的，只要不是ST的，只要不是创业板的，今年都能按照最低价格翻倍，当然已经翻倍的不算。所以，如果真的不会操作的朋友，死守就可以了。而能跟上我步伐的完全可以跟住,利润自然高很多。连中石油、中石化、工商银行等都能翻倍,我们慢慢看着吧。我年初的时候谈过一旦3120点被拿下,实际大盘走多高都有可能。我现在能看到的位置就是3750点~4219点,后面如果大盘继续出现三平翻红,我才能继续判断后市大盘能走到哪里。如果到了4000点上资金疯狂进场,加上股指期货的帮助,6124点都可能被拿下。这并非不可能的,这个观点我去年就谈过。而高点就是国际板推出的时候,所以现在的2400多点就是山脚。我也说过,“带头大哥777”就是为牛市而来的,也是为牛市而活的。6年内我带大家走过2轮大牛市,前无古人后无来者。中国股市23年了,只有5年是牛市,如果我能带着大家走2次,可就是两年半多啊。接近40%的牛市我带着大家走,可能有一天你的孩子会问你谁是“带头大哥777”,你就会很坦然地说:“是我大哥,我跟过他走了2次大牛市。”

下周三前必然攻破2500点,这也是我早就预测完的事情。而下周的热点将在中小板的中高价股上,炒的就是价值回归。下一个压力在2580点一线,一旦穿越就是2650点,这里2650点需要一个小的调整。我们别向后看,2400多点已经是明年以后你才能再次看到的点位了,2500点整数关口已成你我的囊中之物了。祝大家周末快乐。

技术的应用

(2012-03-11)

周末了,我谈点技术。实际上很多朋友也买了不少股票名家的书,学习了不少技术,但是在操作上却一直没有实质的进步。这样的情况很多,我也多次接到过无数这类的来信,那么今天我就谈一下技术的应用。

我认为国内在技术上超越我的人没有几个,起码到现在我自己没见到过能全面超越我的人,但是在某个单项上我见到过。我没那么狂妄到自认天下无敌,但是也不会为了表现自己谦虚而说那些恭维别人的话。技术的应用最终目的就是赚钱。这是市场的必然。所以只要能赚钱的技术就是好的技术,这个没有任何争议。我很厌恶有些所谓名家用文字忽悠大家。他自己本身技术就有问题,却故意去制造一些所谓的技术难点,技术这东西本来就该是简单实用的。大家也看到过我如何贬低江恩理论了,原因就是江恩本身是穷苦潦倒而死,作为一个被吹成国家大炒家的人不可能是这个死法。在下也在股票市场23年了,在邮票市场也有21年多了,我也曾输得倾家荡产,但是维持生活还是没什么问题的,另外国内能熟悉掌握并且能提前预测市场或个股未来的江恩派大家根本没有。说不好听些,连江恩本人都无法完全战胜市场,现在这些后来人就更别指望了,这东西就是骗人的,没有前瞻性的预判,只靠事后诸葛亮,这东西自然不是什么理论,就是垃圾。有些人忽悠得神乎其神,什么历史上预测到哪个大顶了,又预测到哪个大底了。而事实上这个市场23年间,只有我在2007年准确地预测对了深指的历史高点,这个是有据可查的,就在我2007年7月1日的博客上,很多人也说曾经预测到了,那么好,请拿出证据,不可能你说过或者你写过的东西没有证据存在。不必迷信任何人,因为你们听到的大多数是传说,只相信你自己的眼睛就行。我"带头大哥777"就在自己的博客为大家展示技术,无论对错,你都看得清清楚楚、明明白白,这才是最真实的东西。技术不是算命,不是靠弄个节气就能计算的,也不是用什么八卦、易经就能计算的,更不是疯狗般地喊多唱空。就像"缠迷",连真实的身份都没人知道,谁亲眼见过缠?他的东西我也看过,远没有外界忽悠得那么强大。中国的私募界大多数高手我都见过,机构、公募甚至外资的基金经理我也认识不少;真本事的有,但不是全部。而一旦技术到达一个高度的时候,实际大家思路都是很接近的。这就是技术上的大同小异,操作上的殊途同归了。

我不敢说我的技术集合是理论,因为在我的意识里能称为理论的就不能有误差。我只称呼自己的技术为操作系统,因为我的技术也是有误差的。但是如果和所谓的江恩理论或波浪理论比较准确率的话,我的操作系统可以叫股神理论。这个市场很真实,输了就是输了,赢了就是赢了,不会半输半赢。那么技术掌握了之后,应用就最重要了。我写了3本关于技术方面的书;《操盘之王》是介绍我的技术操作系统以及对外界争论比较多的技术瓶颈进行定式化。《操盘之王Ⅱ:盘中定乾坤》就是股票入门知识。而《操盘之王Ⅲ:图霸天下》里面介绍的就是短线资金流及操作506时的心路历程。正常一个完全的新手应该从第二本开始看,而有一定基础的朋友可以从第一本开始看。我个人认为第一本和第三本写得最好,因为前者是技术系统,也就是人的心脏,而后者是人的大脑。这套技术书可以说倾尽了我的心血,有些朋友随便翻翻就说第一本很一般,实际上这些人根本没仔细看,更没有进入实战。如果第一本《操盘之王》都无法让你战胜市场,我奉劝你不必再看任何股票书了,因为中国这个市场能写到我这个水平的人没有第二个。我是个全才,能操作、能写、也能讲,我能把技术掰开了揉碎了讲解出来。我不否认别人也有技术好的,可是他写不出来,就算写出来你也看不明白,这就失去了操作价值。

下面我说几个实质问题:一、操作上一定要寻求契合。这里的契合就是指多个技术指标共用,例如6个指标有4个都指向买进,一般误差极小。指标指向得越多买就越安全。二、基本面的遥相呼应,股票上涨的最本质是其基本面。也就是说价格的涨跌和买卖点集中在技术上,而最后能到达的位置是基本面的预期,这也是为什么我们看到巴菲特持有可口可乐多年一直盈利的原因。谁见过巴老谈技术?他谈的都是基本面。三、国内和国际不能套用。国内的企业作假得比较多,而国外的则比较少，因为在国内还是炒作为主，国外是基本面为主。我在第二条里写谁见过巴菲特谈技术？这就是因为在美国基本面重于技术面，而国内则是技术面大于基本面，国情的不同决定了操作的不同。巴菲特到中国如果玩基本面必死无疑。实际上国外这些大炒家，在中国市场大多数是输家。只是人家待遇和我们机构一样，进入价格很低，自然赚钱，如果真是二级市场真刀真枪，会全部牺牲。四、炒股票要有想象力和联想性。当一个独一无二的行业股票上涨时，实际可以涨得无限高，就因为没有对比性，这绝对需要想象力。国外对京东商城、艺龙网这些亏损几年的企业给予过千倍的市盈率，为什么？炒作的就是它们的未来，就如我们当年的网络股炒作一样。谁敢于在十几年前投资网络，都发了大财。今天网络已经进入千家万户，可是在1998年谁能相信今天网络是这样的？这就是想象力。而联想性指的是对盘面的一种感觉。某板块突然爆发不可能一丝消息都没有的，马上要展开联想，香港市场，甚至美国市场都要考虑进来，快速找到其上涨的原因才能投入资金。五、善于观察。例如资金流，观察很重要，尤其是对盘面的感觉。这个感觉不是一天两天，或者读几本书就能得到的东西，需要大量的信息汇集以及扎实的基本功，还有就是熟悉整个市场的历史。这都需要时间去弥补，也是没办法的事情。六、敢于买进和卖出。很多朋友判断得对，但是一到操作就手软了，这首先是基本功不扎实，其次就是心理因素作怪。我也有过类似的感觉，就是我炒亏过的股票基本不再进去炒第二次，因为总是感觉不爽，那么我们避开它就是了。买和卖的目的就是寻求差价获利，那么设置止盈和止损是很重要的，只要趋势一变我们必须也要变，这就是跟住市场。

我谈的上述六点，基本都是针对实战的。我的博客信息量非常大，无论技术、基本面、消息、政策甚至传闻都有些，可谓包罗万象，但是我都能很理性地进行分析，也完全做到了战胜市场，因此请多读几次我的博客，尤其是历史博客。很多人就是盲目地看我谈的股票，丝毫没有自己的操作思路，我真想知道，如果有一天我退出市场，你怎么办？而操作上也很差劲，除了追高，就是卖错。什么都想要个定式，股票根本就没有100%的定式。我的《操盘之王》为26个问题进行了定式，这在中国股票史上是绝无仅有的。可是有多少人完全读懂了？有喊复杂的也有喊简单的。这些东西我没做定式前国内根本没人能做出来。我和全国99.9%以上的评论者比，我是绝对权威的。我是导师级别的，他们是讲师级别的，差距太大了。现在我的很多操作系统被应用在无数人的操作中，这才是我最愿意看到的。例如一个简单的突破历史高点能上涨多少，我的书上不写20%～25%，你能计算出来吗？这个定式在牛市的准确率超过90%，国内没人做得到。三平翻红把宝塔线的操作技术起码推进了十几年，谁都不能确定的上涨幅度被我以定式讲出来，这就是能耐。没有我的《操盘之王》你如何得到的结果？以前为什么就没有这么精确的结果？我的技术不但要以定式讲出来，还要有超过80%以上的准确率，这就是挑战自己的极限。《操盘之王Ⅲ:图霸天下》里面关于资金流有4页,如果没有第一册和第二册的铺垫,你根本不能有效操作。我写得足够简单,但是直接拿来用就有阻力,原因就是你没能把第一本上的技术完全消化掉,连技术的门都没跨进来还跟我谈什么应用?

我想股票这东西可能也该从孩子做起吧,那么当我6月底退出市场后再考虑去讲课吧,而且我对某些大学的图书馆很感兴趣。我说过45岁前要写本《中国股票史》,以我现在对股票的认识还远远不够,那么多读些书可能会好些,而且我觉得给大学生讲股票更好些,起码教了他们一个谋生的手段。

还是要多学技术,而且要把技术应用在实战上,书中自有黄金屋啊!

关注奢侈品消费概念股

(2012-03-12)

不必理会大盘,大盘是注定要涨的。关注具有以下特征的奢侈品消费概念股:流通盘7000万股以下,中小板股票,价格15~38元/股,市盈率低于45倍的,含权次新股,一般为002490以后的品种。

例如00265×,男士高档服装,00249×裘皮服饰,00255×游艇类,资金明显在向此类股票运行,而且是后来的资金,炒的就是价值发现和价值回归。

地产股砸盘虚晃一枪,奢侈品行情拔地而起

(2012-03-12)

今日大盘震荡一天,收盘小跌4.60点,收2434.86点,成交1081.58亿元。医药、稀土永磁上涨,地产股下跌。盘中看似险象环生,实际上却没有丝毫真正的危险。19家涨停,无跌停。

我上午提出了一个概念,叫奢侈品概念股。今天正常介入的朋友都有起码2%以上的收益了。我上周谈过,现在市场资金有风格转变的意思,开始逐渐从价格低品种向价格中高品种运行的趋势。涨幅前100名的股票竟然有60只每股价格超过15元,可以说变化相当明显,所以我们也要随时改变操作思路。如果看明

白我博客所写的,大家可以很清晰地判断出我上午谈的3只股票分别是002494华斯股份、002656卡奴迪路以及002558世纪游轮。为什么我选择这3只作为奢侈品概念的龙头呢?首先它们都具备市盈率偏低、跌得足够多和独特的行业性。其次它们都属于上市后没被爆炒的品种,同时又都含权。最后它们均属于大消费概念的范畴,符合国家政策导向。下面我逐一介绍一下:002494华斯股份,两市唯一的貂皮概念股,业绩0.55元/股,市盈率静态27倍,动态20倍。主要针对国际市场,今年开始面向国内市场,旗下品牌"怡嘉琦"被评为"中国驰名商标"。历史高点36.09元,现在价格不足17元/股,本身就是腰斩股,按照服装类股票30倍计算,也该值25元/股以上,另外行业是唯一的,也可适当高估,未来其价格应该在27元一线,短期压力在20元。002656卡奴迪路,很多人会说:"大哥,这不就是个服装股吗?哪里奢侈了?"我看很多人拿该品牌跟七匹狼、希努尔以及朗姿比较,更有甚者竟然拿搜于特、森马和卡奴迪路比较。前面比较的我送你一个字"菜",后面比较的我送你另外一个字"猪"。我身上穿的就是这个牌子,这个牌子裤子的价格打折后是2000多元,而大部分价格在6000~20000元不等,也是国内仅有的2个可以与世界顶级品牌叫板的品种,另外一个叫夏蒙,就是和杰尼亚互换品牌的那个。同时卡奴迪路还是国际知名品牌登喜路、巴利BALLY、乔治·阿玛尼服装的国内代理商,另外还是皮具巨头新秀丽、高尔夫服装万星威以及瑞士军刀的中国代理商。要是真的是个一般的服装品牌,谁有能力代理这么多的国际大牌子?该股上市第二天机构专用席位就开始进入,而且持续进入,价格一直在每股34元以下,起码收集了超过30%以上的筹码,而且只进不出。该股今年业绩1.09元每股,静态市盈率只有33倍,动态则不足23倍。好好去看看它的财务报表吧,如果你懂财务的话看看它65%以上的毛利率就知道它值多少钱了。短期目标48元,也就是动态30倍,如果有个好的送配,价格起码见到60元/股。002558世纪游轮,业绩0.78元。静态市盈率不足35倍,动态只有27倍左右。独特的五星级游轮概念,今年又有2条船进入营运。从40元以上跌下一直到20元一线止跌回升,现在27元/股的价格依然低估严重,短期32元/股,中线38元/股。

我谈的这3只奢侈品概念都是小中线品种,可以操作1~2周,盈利都该超过15%,而中线看都是50%以上的潜力品种。既然是奢侈品就该有奢侈品的定位和价格。我昨天的文章是技术应用写得很清楚,越特殊的行业就越有想象力和炒作空间,由于市场没有可借鉴的股票,那么只要它们的增长速度跟得上,就算定位100倍市盈率也没什么不可以的,关键看资金如何做了。对于以上的奢侈品概念股我是立足中线的,我会一直持有下去,起码1~2周不会变化,只会做些差价而已。众多新资金进入此类股票,就是要为市场上行打开个股的空间,炒的就是价值投资和价值回归。我年初看好的大消费概念中的白酒涨了多少大家也看到了吧?现在这3只奢侈品比它们还要凶悍,我们很快就会看到的,我对它们的短中线定位可能都是低估的。

市场来回震荡,洗走的都是懦夫,就是给你个大牛市你也一样输钱,所以对这样的人我根本不同情,因为你本身就不具备赚钱的能力。我以前的文章中写过一句话:"兄弟,再等我一下,我会给你一片蓝天。"现在牛市真的来了,兄弟,你在哪里? 未来的3个多月是最容易赚钱的时候,你准备好了吗? 关于大盘我不想说什么,不洗走不坚定的人如何上升得更快? 2500点一过,股指会拉得很快,而最受益的就是这些没怎么涨的次新股,这些奢侈品好股。茅台不就是酒吗? 可是为什么连续多年走牛? 因为它已经不完全是酒了,它是奢侈品了。对待股票就要扒开外衣看本质,所以我已经把资金流说得很清楚了,上午我也再次明确地提示,如果这样你都能追高,都能守不住,我也没有办法了。只要正常按照我上午博客发出时间进入,到收盘起码盈利在2.5% ~4%了。而未来1~2周,还有15% ~30%等待着你。如果打飞了,请不要给我写信,我回信的话只会批评你。

周小川行长说准备金还会下调多次,那么市场的资金会越来越宽松。郭树清主席也在为长期资金入市减税做工作,实际等于告诉大家养老资金要来了,银行代客理财资金要进场了。如果现在你还在徘徊,就真的是你自己的错了 2500点在周三必然被攻克,而大消费概念股就是最大的亮点,奢侈品概念则是大消费概念中的明珠。

奢侈品就该有"奢侈品"的价格

(2012-03-13)

大盘今日低开高走,全天震荡向上,收盘涨20.94点,成交1025.77亿元。个股整体上涨,高中价股一马当先。22只涨停,无跌停。深指率先创出新高。两市日线RSI金叉。明日沪市将攻击2500点整数关口,上涨45点以上。

我昨天谈的奢侈品股票今天继续上行,洗盘猛烈。尤其002656卡奴迪路盘中冲破历史高点。按照我的操作系统,其短期目标在45.6~47.5元/股,因此45元下我甚至连差价都不会去做。前期我谈的002646青青稞酒,当时也是这么计算的,预计的目标就是26.58~27.69元/股,今天看完全到达了预定目标,而且100%证实我预测的准确性。但是需要注意的是,一旦完成短期目标后都面临调整,可以说002646完美地体现了我的技术中其中1个子项。而002656卡奴迪路也会到达我说的位置,请大家验证就是了。002494和002558也纷纷走高,向我预定的目标冲击。《操盘之王》系列技术书,写得清楚吗? 容易吗? 简单吗? 赚钱没? 我说过这个市场胜者王侯败者寇,盈利就是大声说话的最好注解。我相信今天踢飞三大奢侈品的人现在正在跺足捶胸呢,没办法,你不听话啊。我曾经说过做短线我是全国操盘手的宗师,我用了3周时间为大家展示我资金流的短线技巧,结果是所向披靡,同时表演了一个如何用短线让资金翻倍的实战。而我上周五博客说得很清楚了,本周做小中线。你是短线技术比我好还是中线技术比我好?就会指挥我说:“大哥你玩个短线让我们看看,一会儿又说你玩个中线让我们看看。”玩短线说跟不上我的节奏,让你做小中线你踢飞筹码?你现在觉得自己适合玩股票吗?明明就是股票玩你呢。有些散户知耻而后勇,努力学习来证明自己行,我很欣赏。而有些人除了看我博客后找毛病外就不干别的了。

既然我小中线做的是奢侈品板块,那么我就给大家介绍下什么是奢侈品。奢侈品(Luxury)在国际上被定义为“一种超出人们生存与发展需要范围的,具有独特、稀缺、珍奇等特点的消费品”,又称为非生活必需品。奢侈品在经济学上讲,指的是价值/品质关系比值最高的产品。从另外一个角度上看,奢侈品又是指无形价值/有形价值关系比值最高的产品。奢侈品的消费是一种高档消费的行为,奢侈品这个词本身并无贬义。中国是全球最大的奢侈品消费市场之一。2010年,中国消费者购买了107亿美元的奢侈品,占当年全球消费品市场的1/4。人们认为奢侈品是那些非常昂贵的物品,即大部分人消费不起的物品。有些奢侈品既不是必需的又没有实际用途的昂贵物品,如名牌箱包、高级成衣和高档汽车。私人飞机和豪华游艇当然也属于奢侈品的范畴。通过这段介绍我想大家已经明白奢侈品的定义了。所以有的时候衣服、皮包等只要具备高定价和固定人群的接受度就是奢侈品,而我谈的这3只股票就是这个范围内的东西。大家也看到了我国在2010年买奢侈品的资金已经占据了全球1/4的市场,未来还有相当大的空间。那么这3只市场中独特的奢侈品概念股票只值20几倍的动态市盈率吗?明显是不正常的。年初的时候美国市场的奢侈品概念股,如LV、GUCCI等著名品牌公司,其股价基本都上升了30%以上,要知道其收益增长主要来自中国市场。既然如此002656卡奴迪路,002494华斯股份以及002558世纪游轮未来有无限大的发展空间,那么它们现在的市场定位明显是被极度低估的。奢侈品股票就该有个高昂的价格,否则才不对劲儿呢。

我继续坚守着我的大牛市,明天2500点将被穿越,而我的小中线继续做着,3只奢侈品不出现奢侈的价格我都不会放手。

明日大盘将过2500点,继续耐心持有这3只奢侈品股票,它们就是短期的热点。如果你连10%都赚不上,直接可以离开这个市场。银行资金要进场,养老资金要进场,QFII又将被放行300亿美元,市场根本不缺钱,缺少的只是信心和勇气。我一直是个先知先觉者,等这些资金夹带着大量新股民进场的时候,我已经赚得盆满钵满了。

明天大盘将过2500点，我们一起一醉方休。五花马，千金裘，呼儿将出换美酒，与尔同销万古愁。

恍如隔世

（2012-03-14）

大盘上午走得好好的，13:30后直线跳水。

收盘大跌64.57点，收2391.23点，成交巨幅放大至1707.37亿元。乍一看以为又一次"五三○"来了一样。个股主力夺路而逃，如果今晚没有利好出现，大盘恐怕要调整几天了。今天属于突发事件，对大盘未来的走向不会构成影响，但是杀伤力巨大。温总理的讲话对于地产股是绝对的利空，也变相影响了水泥、建材等行业。

奢侈品概念股由于有强庄控盘跌幅相对较小，基本还在大家成本线以上，如此世道已经相当强悍，如果今天晚上没有利好也要出来规避风险，而被套的则可以不动了，或者减少部分仓位。因为他们远没走完上涨的路程，中线依然是安全的。

牛市依然继续，大盘并没有死去。现在可以视为对2132点上涨以来的大调整，每次大牛市都会有这样的多次折腾。沪指守在30日线上，深指守在20日线上，只要不被有效击穿，大盘就会慢慢向上爬，一旦击穿就需要在2350点一线做支撑了。如果没有利好支持，大盘会调整起码1周以上时间。3个交易日内需要收复20日线，如果不收回就要试探半年线2364点位置，而一旦到达此位置，又可以再次进入。

我打心里希望大盘在2500点下多运行一段时间，因为一旦过去2500点就会转变为大蓝筹行情，而2500点下由于成交不足可以短线操作，另外一旦上到2500点个股更不好做。今年是人造牛市，不可能每个板块都涨，由于不是普涨的行情，所以步伐要调整好。

现在也没必要紧张，大盘依然还算健康，而且跌一下也不是坏事。我以前谈过，该涨上去还是要涨上去的，只是暂时影响到上涨的时间，但是一定会被纠正回来。

大家放宽心，也开心些，没必要过于紧张，何况奢侈品概念股也没亏钱，只是把赚的缩了些水而已。晚上看有什么消息出台，明天10点我会盘中提示。有些人说"两会"的维稳行情结束，实际不是这样的。后面养老资金、银行资金和QFII资金都等着进场呢，还有踏空的资金也一直等待这根大阴线呢，我们急什么？

规避风险不等于牛市终结

（2012 - 03 - 15）

我昨天谈过，今天盘面出现反抽，只要盈利就可以先出来观望，而奢侈品板块如此大跌都是赚钱的，所以起码要半仓一下。

大盘今天开盘就反抽，不是要把昨天的阴线吃掉，就是技术反抽而已，另外地产股必然要继续跌一下，而现在用银行和两油护盘，是护不住了。如果今天收出阴线的话，后市反而会很快攻击昨天的大阴线。如果今天收出红盘，明天和下周一都继续跌。

所以今天上午尽量不要进货，等待大盘跌下去。明天是股指期货交割日，也会剧烈的震荡。另外 2 天内上 7 只新股，都是压力所在，需要缓解。交行再融资超过 400 亿元。都需要钱。

操作上，因为现在都在奢侈品板块，那么昨天出局的继续等待，起码下跌 2.5% 以上才逐渐进入，按照昨天收盘价格计算，不跌坚决持币。而被套的就是没听话的人了，也不必过于担心，它们中线没什么问题，只是要站岗几天了，就当冲动的惩罚吧。一定要注意短期风险。

机会永远是跌出来的

（2012 - 03 - 15）

今日大盘继续下跌。早盘反抽后，10 点左右由于地产股和重庆股快速杀跌引发第一轮跳水，下午再次考验半年线的支撑。收盘沪指跌破 30 日线，距离半年线 2364 点只有 2 点之遥。收盘沪指跌 17.46 点，成交 1122.61 亿元。深市表现顽强，收盘依然站在 20 日线上。大盘基本跌到位了。

本次大盘下跌不是技术问题，完全是外界因素造成的。而我上午 10 点的博客清楚地说明如果今天大盘不收阴线后市还有大跌，而今天收盘收出小阴，说明有资金开始进入。奢侈品概念股走得相当顽强，这 2 天的大跌并没影响其中线趋势，只有重庆股世纪游轮受到些影响，这个需要排除在外了，毕竟政治因素不好确定。另外2只奢侈品股中线依然不错，可以继续关注。由于今天是小阴线，因此短期大盘会再拾升势，慢慢消化昨天的大阴线，所以明日开始可以慢慢重新进入。毕竟2500点下机会很多，也可以进行有效操作。我们不能控制政策走向和政治因素的影响，但是我们能控制手上的股票。这次大跌，大家就可以清晰地看到奢侈品板块是多么抗折腾了，跌去100多点却依然盈利，够可以了。毕竟我不能带着我的粉丝去冒险，所以看明白再说。

今天只有大消费概念股处于上涨，食品饮料类、医疗器械类等表现活跃。其中如002551尚荣医疗，14个交易日竟然换手为126%，昨天市场大跌，这只股也不跌，主力介入相当明显，加上技术上走出三平翻红，后市可以关注。其同行业宝莱特、九安医疗、迪安诊断等也都躲过昨天的大跌，上行趋势明显。短期应该有政策面的利好支持，大消费概念在本次下跌中表现出色。我年初也谈过，大消费概念是今年的首选，那么后市这类股票的挖掘会更深入。

由于外界因素对大盘造成了一定的骚扰，而管理层今天也开始温和地谈论股市。我前面说过多次，政策虽然能短期扭曲技术，但是技术面给出的结果都是要完成的。大牛市依然进行中，只是多了一道沟坎而已，所以不必为这100多点的下跌而失去信心，今年依然要上3000点甚至4000点的。所以别把插曲当成主旋律。

我之所以说如果今天不收阴线，后2个交易日还会跌，是因为昨天受政治因素影响引发大跌。由于股票市场最敏感，所以引发恐慌性抛压。如果今天直接反弹上去，必然受到昨天1700亿元的重压，大盘成交不足，只能选择续跌。而今天小跌后，有外围资金平稳入场，这样变相地把上面的压力化解了不少。而后2个交易日继续维持1200亿元以上的成交，甚至1000亿元以上的成交都会逐渐化解上面的重压。毕竟外围踏空资金虎视眈眈，加上养老资金入市成为必然，还有就是新QFII的即将批复，都会引发新的抢夺底部筹码，这就是判断的依据。市场发生变化，保住资金是最重要的，而一旦明了，则可以再次进入，现在是宁可不做也不能做错。年初到现在，如果没准确把握个股的轮动，基本都是输钱的，教训很深刻了。2500点下依然是大消费股和含权股的天下，但是创业板除外，只能在中小板和主板上寻找机会。本轮牛市炒作的就是价值发现和价值回归，因此奢侈品股票以及与百姓生活息息相关的行业和股票都是值得操作的。

明日可以开始缓缓介入，必须跌了才买。今天两只奢侈品股票都跌到2%和2.7%位置，这个位置当然可以进入，我上午已经提示过了。明天也如此，不跌不买，跌了才买。它们虽然强悍，但没有低价格也不行。大盘的支撑分别为2364点和2350点，越接近这2个位置进入就越安全。热点依然是奢侈品板块和大消费板块个股，只有大盘跌才有机会，不跌何来便宜筹码？所以下跌不可怕，只要把握形势就可以了，而且本周末还会有对股市的利好出现。

上证指王者归来，大消费问鼎中原

（2012-03-16）

今日大盘和我昨天预测的完全一样，大涨 30.96 点，成功收回 30 日线，收盘 2404.74 点，成交 1024.06 亿元。深指站上全部短期均线，沪指下周面临 2 次冲击 2500 点，以及 5 日、10 日和 20 日线的压力。

大消费概念深入人心，成为市场绝对的热点，这个板块会贯穿整个牛市结束。主力挖掘能力很强，而且由于群众基础好，所以连连上演好戏。从实战效果上看，本周我完全预测准确，只有周三政治因素造成的下跌没有预测到，而对于板块和个股把握得很好。由于周一进入奢侈品概念股，周三大跌中依然有利润，周四等待一天后今日再次低位进入。本周利润依然在 7% 以上，明显跑赢大盘。很多人被周三的大跌吓到了，今天跌下来反而不敢于介入，这样也给急于建仓的资金一个好的机会。我们无法去预测政治和政策带来的风险，相信这几天买地产股中新股的朋友损失惨重，这没有办法。周三政治信号很明显，引发大盘大跌。而周四明显利空出尽，所以周四上午 10 点我提示可以再次进入。可以说无论进还是出都是明确清晰的，但是有多少人受益我就不清楚了，而且设定了可以进入的区域。例如两大奢侈品股票 002656 和 002494 都跌到 2.5% 以下了，当然可以再进。而昨天谈的医疗股 002551 尚荣医疗今天也跌到了 2.5% 以下，当然也可以进入。那么如此清楚地判断你都无法完成有效的盈利操作，真的该自己总结教训了。

牛市依然在进行中，一切波澜都是继续上行的加速器，所以不必太担心大盘未来的高度。现在需要的就是精选个股，等待上涨。2500 点下游资相当活跃，这是符合历史特征的。我也一直希望大盘能在 2500 点下多驻扎几天，这样做短线的机会就更多些。但是从成交量以及外围资金进入的趋势看，大盘应该很快过 2500 点了，而 2500 点上则是二线蓝筹股的天下了，那么在 2500 点以下完全可以尽情的操作。这几天新股的炒作被遏制，昨天上盘的创业板股票，今天均跌停。今天上市的 4 只新股，如果开盘进入，收盘基本都损失 25% 左右，的确风险巨大。管理层如此控制新股，就是为了避免爆炒新股，而把资金赶回二级市场。当新股不太消耗场内资金，而场外资金继续涌入，那面临的只能是指数上涨。一疏一堵，神来之笔啊。但是需要大家明白的是打击新股炒作，不等于不让业绩好的次新股上涨，这完全是两回事。因此好股票依然会涨，坏股票怎么都得跌。今天也是股指期货交割日，空头基本被压制。同时由于周三的大跌，使两市大盘的周线调整也结束了，下周市场面临大涨。

继续关注2只奢侈品概念股，继续关注医疗股荣尚。因为它们不但业绩好、题材独特，而且是大消费概念中的佼佼者，中线会有更好的表现。大盘下周继续上涨，第二次挑战2500点整数关口。

大消费概念深入人心，深成指坐等上证追随

（2012-03-19）

今日大盘全天震荡整理，收盘沪指站上5日线，深指继续在全部均线上等待沪指。收盘小涨5.45点，成交1029.82亿元。大消费、医药、有色、旅游、水泥等上涨。市场热点比较多，但是不集中。

上证指数今天只站上5日线，而10日和20日线依然在其头上。深成指继续站在全部短期均线以上，等待沪指追随。盘中热点比较混乱，由于场外资金开始介入，因此热点没有集中，但是无一不是在大消费概念的旗帜下运行。2只奢侈品概念股和尚荣医疗均进入调整，这也给了资金一个进入的好位置。重庆股世纪游轮，我周五的博客已经提示出局，如果今日出局，利润超过10%，该股的放弃更多考虑的是政治因素。2500点下，我继续我的小中线操作，不会改变。做短线到底怎么做，我前面几周已经给大家展示过，而现在需要的就是稳定性。一旦冲上2500点，2线蓝筹股将成为首选。今天有色金属中部分二线蓝筹股已经有资金试盘动作，而真正启动的时机就是2500点上了。沪市连续3天在上周三阴线下出现千亿元巨量成交，就是在化解1700亿元的重量级成交。一旦消化完毕，就该创出新高。所以现在不必过于关注大盘，看好手中股票更好些。

前期强势股川润股份、青青稞酒、奥维通信等大幅下跌，由于涨幅过大，出现此种情况相当正常。白酒股今天也呈现全面下跌，市场热点变化非常快，由于操作上的差异，基本是一家欢喜多家愁。这也是现在股市的真实反应。整个市场资金都在追寻价格低估的大消费类股票，这个我年初的判断已被市场完全接受，并且向纵深发展。但是市场明显没有形成拳头品种，都是各自为战，而且快进快出，这样的操作对散户自然不是好事情，因为变化太快了。例如今天旅游板块的突然启动，就是炒作清明小长假，目的性很强，自然不会长久。而我个人认为，白酒的整体估值明显抬高了很多，医药却没怎么动作，那么未来医药类股票将有个整体补涨的过程。

另外从月线的RSI和KDJ上看，出现了低位金叉。而历史上出现类似情况的

时候,市场均上涨了50% ~100%,因此可以说今年的行情不会差,3500点随便都要见到的。

这几天有些累,就写这么多吧。本周大盘的目标为2500点,而我依然继续着我的小中线操作。

信心与信念

(2012-03-20)

大盘今天再跌33点。昨天我谈过热点非常散乱,这也是大盘现在最大的问题。实际大家都知道下面2350点和半年线2364点支撑相当强劲,但是依然很难抗拒大盘拼命杀跌的盘面恐慌。

外围消息很多,对大盘构成一定影响。今天有三个利空。第一,花旗银行折价一成抛光5亿股浦发银行股票,对A股市场形成很大的冲击。第二,随着14家申请上市银行名单的公布,城商行上市的闸门将重启,巨额融资压垮市场。第三,传闻称新三板市场将在北京建一个独立的交易所,将明显分流股市资金,不利股市。而全体股民翘首以盼的养老资金、银行资金等均不见踪影。今日次新股的大跌,明显是对新股矫正过分的反应。

大盘今天的震荡还算正常,而次新股的下跌大多还是由于前期上涨比较猛烈而进行回调,毕竟市场刚刚启动,反复是很正常的,对于市场的未来我依然信心十足。没经历风雨怎么见彩虹?有人写信说,大哥你前面说过的股票都很好,如深深宝,都连续新高了。可是追高的人实际上要经历一次10%以上的下跌才换回今天的盈利,所以信心很重要。当一只股票被极度低估的时候,介入并且守候、做做差价、降低下成本就可以了,没必要每天都梦想有10%利润,因为大多数人是做不到的。我前面的博客用3周时间为大家演绎如何让资金翻倍,可是跟得住的没几个人。而我现在的小中线是为大家展示用基本面赚大钱的方法,分两种:一种是不停地折腾,就是短线操作了,一种是让市场认可你谈的价值,就是中线了。毕竟6月底或者4000点我要退出市场,我想尽量的展示我自己的全部技能,让新股民更容易对付未来的市场。

没必要为一天的市场震荡失去信心,也不必听外面鬼哭狼嚎般的乱叫,屏住呼吸沉住气,让牛市的信念注入自己的思维,让对市场的认识和对低估品种的信心为你站岗,这才是股市的真谛。

头上1700多亿元的成交,脚下半年线和2350点的重要支撑。主力在演戏,中国的演员太多,而股市的演员都是获得过奥斯卡奖的。别理会他们,如果真的没有牛市的话,他们也不必如此专注的表演,出去卖烤地瓜也比这赚得多,不是吗?当外面站上3000点再看现在的2400点,你会发现,你当时的思维是多么的狭窄了。

坚持牛市的信心,坚持价值回归的信念,这个市场就神马都是浮云了。我继续着我的小中线,不离不弃。休息,再休息一会儿。

沾衣欲湿杏花雨,吹面不寒杨柳风

(2012-03-21)

今日大盘在养老资金入市的利好刺激下,高开低走。收盘小涨1.36点,成交949.5亿元,两市均收出十字星。开盘本来走得很好,随着全国社保基金理事会新闻发言人“不要把‘委托投资运营’误读为‘委托入市’”的言论发出,大盘形势急转直下,收盘才被勉强拉回。

有色金属一马当先,锂电、稀土以及涉矿概念上涨,次新股大跌。我以前谈过的000019、000033、600662等等,全部创出新高,可以说我曾经追逐的股票都是好股票,无论短线还是中线都是好股票,在弱市里表现得淋漓尽致。我依然坚守着我的小中线操作,不理会外界的干扰。我相信自己的判断,而且我的判断也一直被时间证实是正确的,这就足够了。广东千亿元养老金入市会给市场带来400亿元左右的“活水”,养老资金真的来了,而且后面要进场的资金还有很多很多。已经启动,就如2006年的股改一样,开弓没有回头箭。

央行计划近期放宽利息政策,行长周小川在周二(3月20日)出版的该行刊物《中国金融》上撰文表示,放松银根以扶持经济继续增长的时机已经成熟。文章指出,央行除了用好存款准备金率、利率等传统工具外,还灵活运用信贷政策、差别存款准备金率、住房抵押贷款按揭比例等手段加强宏观审慎管理。这些措施能够为商业银行提供一种自我约束、自我把握的弹性机制,有助于提高商业银行的风险防范能力。这段发言已经是明显的货币宽松信号,在经济复杂困难的今年,推出利率市场化,把这些联想在一起,再加上国家如要推出利率市场化,肯定会让市场利率平稳过渡的,得出的结果只有一条,国家今年会大幅下调存款准备金率。

另外需要大家注意的是,有消息说,对QFII的新审核,很可能为600亿美元,而不是前期所说的300亿美元。那么可以说,短期货币供应量加大了很多。另外本月20号后,货币还有个投放的高峰,都对市场形成利好。因此市场上根本不缺钱,缺少的就是信心以及政策的稳定性。

我很冷静地看着现在的市场,任其千变万化,我就是岿然不动,坚持自己的牛市观点,坚持自己的小中线操作。2500点上二线和一线蓝筹行情我已经准备好了,而且已经筛选出45只股票等待操作。2500点下我就做我的小中线,绝不动摇。

北国春城,依然寒冬料峭。我记得今年1月5日自己的博客文章,还有1月9日说过一段话:“现在不是撤退的时候,而是潜伏的时候。寒冬料峭,连我这个年纪不算大的职业炒家也感觉到了寒冷。而一旦下个月立春开始,甚至立春还没开始大牛市就会来。我一直坚守着,宁做‘股坚强’也不做逃兵。我就是这轮即将到来牛市的死多。还有6个月的时间来验证我的判断,我耐心地等待着,哪怕天崩地裂,哪怕山呼海啸,我都如一根螺丝钉一样,死死地扎在中国股市的最前沿。”这段话,我再次送给全国股民,与君共勉。

市场即将拨开迷雾,我们很快将面临“沾衣欲湿杏花雨,吹面不寒杨柳风”的未来,关键看自己如何把握了。在我的人生字典里没有“退缩”这个词,想成大器者,自然需要能别人所不能,守别人所不能守。所以跟住我的步伐,一起去开创新的世纪吧。

拨开迷雾苦思索,守得云开见月明

(2012-03-21)

昨天市场大跌,很多人已经无法承受,纷纷斩仓出局,而我依然守护着自己的小中线。收盘后广东养老资金开始入市,曙光初现。

我一直担心的有两点:第一,资金。第二,政策。第一个问题随着广东养老金入市,实际已经不是问题了,因为后面接着就是上海、江浙、北京等发达地区的养老金尾随而来。那么这轮牛市的资金就有了基础。

现在需要的是政策的稳定,周小川行长已经表态降低准备金和降息还会继续,那么政策的宽松实际已经开始了。

今天开盘,高开低走。

很多人都等着半年线和60日线,今天你们看不到了,很可能以后也见不到2350点以下位置了。大盘今天应该是高开,然后低走,再洗掉一批自作聪明的人后大幅拉升。今天要收复全部短期均线,也就是2420点以上。

等待变盘

（2012 - 03 - 22）

今日大盘震荡一天。地产、水利、高铁股上涨，稀土永磁、医药、有色金属下跌。收盘跌2.42点，收2375.77点，成交缩小到769.01亿元。

深指站在30日线以上。沪指则在多重短期均线下已经好几天了，如果明日不能快速向上收复部分均线，就要再次考验2364点和2350点了，所以明日将是变盘日。

今天韩国的养老资金也开始准备借道QFII和我国社保进入中国A股。另外社保基金都处于满仓状态，大盘不会出现过大的下跌。何况短期已经下跌了100多点，成交今天又缩得比较明显了，所以短期大盘该变盘向上了。

我依然继续着自己的小中线，有些股票在大盘跌了100多点的情况下却基本又回到前期2470点一线的价格了，所以乱世选股还是很重要的。大消费概念股依然表现突出，可以继续关注。

不多说了，等待明天的变盘吧。

杀跌已到尽头，专心操作个股

（2012 - 03 - 23）

今日大盘再次杀跌，收盘跌26.23点，收2349.54点，跌破半年线。深指也跌破30日线，两市均有向60日线靠拢的意图，前期强庄股暴跌。两市基本没有上涨的板块，呈现普跌状态。

我昨天谈过，如果今日大盘不能向上站住短期部分均线，将下探2350点一线。可是需要注意的是，今日成交量却继续缩小，而且前期庄股出现大跌，这反而是短期见底的信号，大盘从2478点跌到今天最低的2342点，已经跌了接近140点，而从底部2132点到2478点只涨了不过346点，回档接近40%，调整得可谓相当充分了，如果下探到60日线则差不多50%了。所以实际下跌空间已经很小了。此时，应该进入而不是逃跑。

这两周我一直专注于我的小中线，收获颇多。毕竟大盘跌了136点，相当于大盘跌了将近6%,能取得正收益就是好手了。两只奢侈品股,卡奴迪路就算一动不动也有5%以上的利润,操作得好应该10%以上了。而华斯股份如果操作得好不会亏损,就算操作得不好,也最多是3%左右的损失。世纪游轮在26元/股以下谈及,最高到达29.8元/股,而3月16日收盘博客已经明确让出局,随便怎么操作盈利都在10%~18%了。只有后谈的002551大约损失在5%~7%左右。卡奴迪路我不想多谈,因为未来是45元/股以上的定位。我前面已经写得很清楚了,短线的10%随时可以兑现。

我今天仔细谈下002551尚荣医疗和002494华斯股份。002551尚荣医疗,是两市唯一的医疗专业工程股。大家可能不明白医疗专业工程是什么?我就解释一下。医院手术室的建设与一般的房屋是不同的,尤其是洁净手术部以及智能自控手术室,都是采用很特殊的建设方法,门槛相当高。我们最常见的这类病房就是ICU病房,实际还有很多如手术室、实验室、化验室、医用气体工程等,这个公司就是干这个的。其竞争对手都是国际一流企业,其占据的市场份额大约30%左右,而在中国上市的独此一家。该行业市场容量在500亿元左右,可实际上现在把整个行业全部加在一起也没超过30亿元,未来发展空间相当广阔。同时该股的属性不能等同于一般的医疗器械,而是与东方园林很类似的行业。东方园林是做市政绿化的,而002551是为全国的国有医院服务的。002551现在手上的订单是12亿多元,排到了2014年。其业绩也非常有保障,因为医院都是国有的,所以不会出现拖欠等事情。按照正常推算,该股2012年的业绩为0.8~1.2元/股。那么现在其动态市盈率不足30倍,甚至不足20倍。谁见过不足6千万股流通盘的行业龙头只值30倍不到的市盈率?而且还是医疗器械类的,又有环保概念。那么无论算装修类,还是医疗器械或环保类,定位都在40~45倍,而不是现在的20~30倍。该股从历史高点70.97元(由于有10送5,那么除权后价格为47.3元/股)一直跌到17.1元/股,基本跌去2/3,就算短期到达27元一线,也跌了大约40%多,属于明显的超跌。而华夏系,也就是基金一哥王亚伟系,从每股60元以上开始介入,最低每股28元左右,持仓成本在每股40元以上。到去年9月底,是没有出逃迹象的。如果该股不是非常好,也不至于让王亚伟不顾一切地进入吧?另外今年2月24~3月1日,002551的2股东和另外创投股东通过大宗交易减持该股。可是刚刚减持1050万股,股价就上涨了接近60%,这些创投明显被主力耍了,减持减到了地板上。而其大宗交易都被相同的席位买走,可以说起码12%的筹码被锁定了。加上另外1个席位自买自卖了10%的筹码,其能真正流通的实际只有不足4500万股了。我多次谈过,只要是两市唯一的概念就可以无限的想象,何况该股的业绩是明显高增长的,预计今年的业绩增长100%以上,那么就算100倍的市盈率也解释得通。加上每股7元多的公积金、1元多的未分配利润,含权等待送配,更使想象加上了一双翅膀。按照正常估值计算,该股价格应该在32~48元/股才算合理。另外该股主力用14个交易日换手了126%，成本在每股24元以上，现在不足24元的价格明显不正常，低于主力的成本，这也是其为什么下跌没量的原因。另外该股出现过标准的三平翻红，也的确短期上升了10%以上。但是现在不是熊市，就算按照平衡市计算，也该上升到36元一线，与前面32～48元的判断是契合的。因此现在位置已经洗盘结束，请重点关注。002494华斯股份，两市唯一的裘皮股，其概念我前面谈过，不多说了。短期的下跌也是因为大小非的减持造成的。毕竟原始股东的每股成本只有不足6元/股，现在15元多减持也获利丰厚。002551也一样，原始股东成本5.8元/股，20元附近自然有利可图了。减持的都是上市前突击入股的创投资金，所以兑现不奇怪。而现在看都起码兑现了60%以上的筹码，抛压已经很小了。当这部分创投出局后，起码要到2014年才能再次解禁，所以现在减持得越多越是好事，也能使其投资价值体现出来。所以对待以上2只业绩有大幅增长且行业独特的股票一定要多加关注，它们都是未来不可多得的黑马品种。

大盘短期跌得比较多了，同时周四公布的汇丰3月中国制造业PMI初值降至4个月低位48.1，终结此前连续3个月升势，且为连续5个月处在荣枯分水岭下方。上月终值49.6，前次低点为去年11月的47.7。这和近期工业生产超预期减速传递出同样信号，表明制造业依然疲软，扩张动力不足。这些都预示货币政策微调如降存准等举措随时可能出台。而周小川行长前期的讲话，也可以认为今年降低准备金起码是5次以上的，所以本周末很可能出现降低准备金的情况。

因此，不必太顾及大盘短期的下跌，看好手中股票才是正事。而且要仔细挖掘，才能找到好股票。我依然坚持着自己的小中线，2500点下绝不动摇，2500点上则是蓝筹股的天下了。

风乍起，大盘隔靴搔痒
奢侈品横扫千军，已入木三分

（2012-03-26）

今日大盘继续震荡整理，但幅度已经很小了，收盘小涨1.06点，收2350.6点。成交量仅仅540.52亿元，大反弹随时展开。大消费概念继续领涨大盘，其中医药及医疗器械股、服装纺织股上涨最大。

我谈过的3只股票，今天2只大涨，排名两市涨幅榜前50名。大盘跌了这么多，我谈及的股票全部盈利，这不能不说是技术的体现。卡奴迪路第一季度预计业绩上升40%～60%，相当于0.49～0.57元/股，已经接近去年半年的收益了。去年全年业绩摊薄后为 1.09 元/股，而服装类一般后半年的业绩是前半年的 1～1.2 倍，那么正常计算卡奴迪路 2012 年的业绩大约为 2.2～2.4 元/股，对照现在每股 38 元不到的价格，动态市盈率只有 15 倍左右。而与其类似的朗姿为 34 倍，七匹狼为 28 倍，可是前者流通盘是卡奴的 1 倍，后者是卡奴的 7 倍。就算不考虑流通盘的差距，按照 2.2 元/股计算卡奴的业绩，价格也该在每股 61～76 元之间才合理。按照 2.4 元/股计算的话，其价值为每股 67～81 元。那么加上流通盘的差距，如果有个好的送配，卡奴迪路将是一只冲击百元大关的股票。这也是为何当时我谈及其短期目标位 45～48 元，后期 60 元以上的定位原因。而华斯股份短期依然是 20 元/股，中线 27 元/股。尚荣医疗则该定位 32 元/股以上。

那么对待以上的奢侈品股票，如果连 10% 都赚不到的话，就是你自己的问题了，中线都会向我谈及的目标进攻。4 月初国务院倡导的消费月开始，对此类股票更是大利好。同时美国及欧洲经济开始回暖，中国出口过去的库存已经消化差不多了，因此，4 月将是服装纺织品的天下。而这 3 只好股票将形成独立板块，而且互相刺激上涨，形成轮涨状态。今天华斯和尚荣涨了，明天就该卡奴了，也可能 3 只一起涨。毕竟业绩好、有题材、奢侈品、含权、次新股，真可谓万千宠爱于一身，不涨才不合理呢。市场表现决定上涨高度，基本面良好决定被挖掘的力度。总会有先知先觉的资金，而大多数人是后知后觉的。

对于大盘我没什么好说的，已经跌到位了，明天就该上行了。穿越 2500 点只是时间问题而已，我丝毫不担心，而 2500 点以上就是二线蓝筹股的天下。可能很多人连一线蓝筹和二线蓝筹还分不清楚吧？更有甚者恐怕都不知道什么叫蓝筹股。我就告诉你个最简单的方法，把沪深 300 只 A 股调出来，那些都是蓝筹股。按照流通盘 10 亿股以下的为二线，10 亿股以上的为一线。

我的小中线继续进行中，2500 点下最多调整 1 只，而 2500 点上的二线蓝筹股我已经选出 45 只。我耐心地等待着奢侈品给我 30%～100% 的利润后，再进入二线蓝筹股，今年蓝筹股的行情将是以翻倍作为基础的。我的话就放在这里，我们慢慢看就是了。

一骑绝尘前历来花样百出

（2012-03-28）

现在 28 日凌晨了，我却在写 27 日的博客。27 日收盘 2347.18 点，微跌 3.42 点，成交 651.6 亿元。水泥、黄金、稀土概念领先，食品饮料、白酒类大跌。

我坐了一天火车，终于可以写昨天的博客了。很累，也很饿。我肠胃一直不好，所以一旦远行就要少吃，加上我不坐飞机，就更困难些。我记得在深圳和上海为我的《操盘之王》做签售的时候，都没有吃早饭和午饭，总不能当着大家的面儿，说“我去上个厕所”吧，所以当时我的脸色很不好。很多时候有朋友问我：“都是人，为什么大哥你可以把股票分析得滴水不漏，而我却看不出来？”这是股感、经验和努力的结果。我有很好的股感，又经历过中国股市的整个变迁，还有就是每天10个小时在电脑前的努力，所以我能成功，但是付出的代价也是巨大的。

今天卡奴迪路创了新高，虽然尾盘有些回落，但是成交量不大，2天内会攻破40元整数关口。机构专用席位在34元/股建仓，现在38元出局？除非主力脑袋被开水烫伤了。好股票都那样，一骑绝尘前历来花样百出，而就有一群蠢货来回做差价给券商打工呢。这类人最终的结局就是输掉本金。我多次谈过，卡奴迪路不是为普通百姓购买准备的，而是直接指向高收入人群。那么用七匹狼、朗姿这些二类品牌作比较是完全错误的，用森马等做比较也是不适宜的。很多人会说卡奴不就是一个装洋品牌的国货吗？你说得没错，的确是国货，可是能与其比较的只有夏蒙和沙驰。而夏蒙这个国内品牌是和杰尼亚互换的，也就是说你身上的国际顶尖西服杰尼亚很可能就是夏蒙出品的，海尔、长虹等以前还傍过东芝、索尼这些大款呢，现在照样是世界级的巨头。另外卡奴全部的业务基本都外包了，它只出品牌，与苹果、阿迪等国际大品牌玩的路数差不多，没有良好的市场认可是做不到的。这在国内绝无仅有，所以45～48元/股只是个起步价而已。尚荣医疗停牌等待公布重大消息，我估计不是接了大单子就是救护车项目过关了，因为停牌前大涨。我分析得很清晰了，这个公司的主营业务不是随便可以复制的，它拥有极高的门槛，所以稀缺性决定了其未来的大涨。如果是其中任何一个利好，都会为介入者带来1～2个涨停。

分析一只股票需要很多精力，谁知道我用了几夜的时间把很多股票从招股说明书的阅读，到进行行业对比，到做技术面的分析，做完这些之后才能了解它们的优点和缺点？你们知道一只股票的招股说明书有多少页吗？少的都70多页，多的上百页。所以我今天所获得的尊重都源于我不懈的努力，想战胜市场根本没有捷径可以走。有些人说狙击带头大哥谈的股票，这样的言论过于无耻了。首先我并非主力，我在无偿地帮助散户战胜主力，这样的言论背离了自己的良心。我又觉得很好笑，你哪次狙击成功了？我只看到我的股票一只只走出波澜壮阔的行情，而你只能感受被高速列车甩出的郁闷。主力也是人，被我击败过无数次，我很习惯这种胜利。所以奉劝此类人，说话前称称自己半斤八两。

对于大盘来说，开始对利好和利空都不太敏感了。市场看似比较弱，但是个股却一直维持热点转换。我多次谈过今年是牛市，而且是人造的、快速的牛市。2500点下我继续我的小中线，至于我的能力，我已经展示多次，我现在就是要让大家跟着我再赚一次类似青青稞酒那样的上涨。而一旦清明假期过去，快牛行情就开始了。现在需要的是跟住我的步伐,别泄气,别犹豫。2500 点上蓝筹股的翻倍行情快来了,我已经感受到了那种味道。

不必担心大盘

(2012 - 03 - 28)

说六点:

第一,资金再次向中小板股票集结。

第二,银行股护盘,最明显的是万科资金众多。

第三,大盘跌了 150 多点了,差不多了。

第四,一般开始上涨,券商股最先反应。

第五,管理层希望大家投资蓝筹,可是这么点儿成交量怎么能带动蓝筹?

第六,60 日线和 120 日线开始准备交叉,一般此种都是熊转牛的迹象。

记住我昨天博客的标题《一骑绝尘前历来花样百出》

暮色苍茫看劲松,乱云飞渡仍从容

(2012 - 03 - 28)

我今天下午参加朋友的婚礼,现在才开始写今天的博客。今日大盘放量下跌,收盘大跌 62.3 点,收 2284.88 点,成交 782.31 亿元。两市只有 76 只股票上涨,其余均告下跌。40 多只股票跌停,60% 以上的股票跌幅超过 5%,创业板下跌 5.06%,中小板下跌 3.98%,用暴跌形容并不过分。

为什么大盘会如此大跌。引用一下东方财富网的收盘评论:“股市现在越跌越凶的主要原因,一是经济基本面恶化,二是政策利好没落到实处。基本面上,中国工业利润 2009 年后首次全面下滑,国有及国有控股企业的利润跌幅更大,同比下降了 19.7%。政策面上,扩容预期再起:今年最大 IPO 中信重工将发行;银监会原则同意贵阳银行首次公开发行 A 股股票,发行规模不超过 5 亿股;深交所推动符合创业板第二套较低标准企业上市,是不是意味着创业板发行提速? 王岐山考察场外交易市场,市场担忧新三板加快开通。国务院再次强调防止物价反弹,货币政策放松预期被推迟。我们说支持这波反弹的根基并非经济面的好转,而是人们希望养老金入市,证监会对新股制度进行变革,货币政策放松。

说实话,这个评论很准确也很犀利,我本人不想多说什么,因为市场永远是对的,而错的只能是我们,所以没什么可抱怨的,除非你不玩股票。现在的市场像极了2006年的1300点一线,几次上冲都无功而返,但是最终还是多方战胜空方,只是现在多了个的股指期货。年初到现在我一直遵循着自己的思路进行操作,本轮200点的大跌,我却赚钱,只能说我的思路是完全正确的。实际上只要思路不对,牛市照样可以亏大钱的。年初到现在我拿了超过120%的利润,其中110%来自超级短线,我也给大家在博客上展示过,而后面的10%多来自我的小中线操作。本轮大跌,我的奢侈品概念股多么强悍,不用多说,大家看得见,不仅躲过大跌还有很多利润,这就是实力的体现。可以说年初到现在跟住我思路的朋友起码获得超过50%的利润,而跟别人的思路亏损50%的都有,这就是差距。我以前说过"谁都不是救世主,我不能拯救所有的股民,因为有些人本身就该被套,我只能看好我自己的股票和喜欢我的哥迷",数年前我做到了,今天我依然做到了,我无愧每一个喜欢我的人。

我依然坚持自己的观点,牛市一定会来。在大跌的时候说这个有些不合时宜,但是这个判断绝对不会错,今年是人造牛市,是快速牛市,2500点上蓝筹股是翻倍的行情。实际大家如果把沪深300只A股全部翻一遍,就会发现,这类股票根本就没涨。它们依然趴在2130点的位置,估值依然很低。我的小中线继续进行中,我只会不断做差价降低自己的成本,而不会放弃出逃。大盘越动荡,就越给了我们以便宜价格进入好股票的机会,现在就该人弃我取。我上午就说过:"管理层希望大家投资蓝筹,可是这么点成交量怎么能带动蓝筹?本轮投资蓝筹的损失惨重。越是如此,蓝筹的机会就越大。2500点下我不看好蓝筹,而一旦站上2500点甚至站上2480点,蓝筹股绝对要一统天下的。所以现在我继续我的小中线,不管外面发生什么。

如果连"暮色苍茫看劲松,乱云飞渡仍从容"的精气神都丢掉了,何谈战胜市场?大盘RSI已经到了20以下,今天收盘为14.83。短短1年内,只要跌到14以下都会引发强烈的反弹,这也是今天上午我说不必太担心大盘的原因。我将继续我的奢侈品小中线操作。

有些朋友跟住了我的思路,本轮大盘跌成这样,却全部处于盈利状态,所以说技术永远是有用的。

大盘已经跌得足够多,已经将2132点到2478点上涨的346点抹杀了一半多,回档得足够了。按照我技术中的参数"0.318",大盘最多还能跌38点,也就是2245点一线。所以大盘的下跌空间已经没多少了,接下来就是大幅反弹了。热点依然是我的三只奢侈品概念股,好股票永远是强者恒强的。

黎明前的大牛市

（2012 - 03 - 29）

说三点：

第一，上千亿元的养老资金要入市，上万亿元的社保资金要入市，几千亿元的银行资金要入市，大盘不跌怎么进？看看万科在干什么？典型的大资金吸纳，为了低位和安全，只能往下打。

第二，好股票永远是好股票，强者恒强。弱股票永远是弱股票，牛市来了也涨不过好股票，继续关注三只奢侈品概念股。

第三，大盘 RSI 已经最低到达 10 附近，跌无可跌了。超级主力利用即将到来的清明小长假进行杀跌，就是一场阴谋，等到 4 月第二周重新开市，大家就都明白了，也晚了。

再次强调一遍，今年必然大牛市，2500 点下就是奢侈品小中线，2500 点上一定是蓝筹股的天下。今年是人造牛市、快速牛市，点位在 3500 点以上。

这个市场只属于强者

（2012 - 03 - 29）

今日大盘再跌 32.72 点，收盘 2252.16 点，成交 680.18 亿元。7 只涨停，21 只跌停。最低探至 2242.34 点，与我计算得的丝毫不差，随后反弹。地产股涨幅居前，尤其是招保万金，奢侈品股强者恒强。

我昨天博客写得很清楚，大盘还能跌 38 点，也就是跌到 2242 点一线。这个计算方法我的《操盘之王》上写得很清楚。我的操作系统里，下跌幅度是利用分割线计算出来的。分割线分别为 0.818、0.618、0.5 和 0.318，这 4 个值与所有技术派都不同，是我自己研究出来的。下面我解释给大家听：2132.63 点涨到 2478.38 点，上涨了 345.37 点，按照 0.318 计算就是 109.83 点，那么用 345.37 点减去 109.83 点，结果就是 235.54 点。就是说大盘最多能跌 235.54 点，那么用高点 2478.38 减去 235.54 点等于 2242.84 点，与今天的 2242.34 点误差只有 0.5 点。所以我在上午的博客中写得很清楚，大盘今天必然反弹，这完全是技术方面的计算，事实证明完全准确。

奢侈品股继续着其强劲的走势，本轮大盘下跌中其仍然表现非常好。中线依然会到达我谈及的目标，现在依然来得及改变方向，而一旦这类股票涨了 20% 以上，才真的来不及了，所以这个我不再多说。毕竟思路出现问题，牛市也照样亏大钱的。这轮牛市我也多次谈过，少数股票大涨，多数股票下跌，没办法的。

我们谈下大牛市，现在敢于继续喊牛市的估计就我一个人了。为什么我如此肯定牛市，有三个方面：第一，郭主席看好股市。他说，蓝筹股偏低，那么就等于告诉大家蓝筹股一定有行情，随后说养老资金、社保资金和银行理财资金入市。就等于告诉大家，今年一定有牛市，养老金等一定入市，而且他们买的就是蓝筹股。所以政策上已经为牛市打下根基。第二，市场资金开始跑步前进。很多人会说："大哥你开玩笑呢？我怎么只看到资金流出了呢。"我郑重地说一次，我没开玩笑，流出不假，是散户和大户的，不是超级资金。那么这些不能亏损的养老资金等买了什么？回答一定出乎所有人的意料，我告诉大家——蓝筹地产股。从筹码分布看，2011 年 11 月 28 日前后开始有资金进入地产蓝筹股。那么我们把招保万金的历史数据做一下区间统计，得出的结果是：一共 81 个交易日，招商地产换手 99%，阳量是阴量的 1.7 倍。万科 A 换手 49.7%，阳量是阴量的 1.34 倍。保利地产换手 53.7%，阳量是阴量的 1.43 倍。金地集团换手 95%，阳量是阴量的 1.87 倍。可见如果地产股启动，先锋必定是招商和金地，因为它们基本处于吸筹末期了。这些地产股受政策打压，我想知道散户敢去买吗？那么这么短的时间换手却这么高，谁买的？基金和机构它们敢买吗？场内资金被彻底套死，哪有钱再进？就算有钱它们有那个胆识吗？结论只能是一个，就是养老资金的高级操盘手进入了。借助大家的恐慌，借助政策的利空，洗出小散，吓跑机构和基金后拼命进场。地产如果启动，2500 点随时被击穿。

大盘今日已经见到调整极限 2242 点，而万科和保利还没完成低位吃货，那么大盘还会折腾几天。由于下周就是清明小长假，所以 4 月中旬左右，大盘就开始了快牛的旅途。2500 点下坚决做我的奢侈品小中线，2500 点上坚决进入蓝筹股，毕竟这个市场只属于强者。

大蓝筹鹤舞九天，奢侈品逆风飞扬

（2012-03-30）

今日大盘止跌反弹，收盘上涨10.63点，收2262.79点，成交559.62亿元。证券、银行、地产股领先，奢侈品板块逆市大涨，出版传媒、稀土永磁和食品饮料类下跌。

今日我的2只奢侈品概念股越走越高。大盘本轮大跌236点，我看好的品种不但不跌却上涨15%，很不错。我以前多次说过："大哥行不行，不是你说了算，也不是我说了算，时间老人最公正。"股票市场就是这么残酷，胜者王侯败者贼。我的思路相当清晰，这轮大跌我的小中线完全战胜市场。有些朋友觉得价格高，不敢于介入，我多次提示也没有用。而本轮如果频繁换股操作，会死得很惨。我也说过："我无法拯救所有散户，但是我会看护好自己的哥迷和自己的股票。"今天我再次兑现了自己的诺言。好股票永远强者恒强，看看我以前谈过的002624、000019、000099等，3只奢侈品概念股更不必说了，事实就摆在这里，无不逆市走出新高，而其余的股票也都完成了10%的上涨后才下跌的。前1个月我做短线，3周拿下100%的利润，而还有些朋友问我1个月前说的股票，我真的很无奈。说得清楚明白，当时做短线，每天都换，赚了钱就该卖。你现在问我，让我如何去回答？3只奢侈品概念股明确说了做小中线，我也一直强调，你又当短线去做，不把你洗出来才怪呢。在奢侈品上我不断做差价，我盈利的幅度超过25%，这是完全的技术操作，我根本无法带着所有人一起做。卡奴就是你死守都有15%的利润了，这样的行情，你靠着我一个免费的博客，还要如何？3只奢侈品概念股，只要你盈利超过10%可以随时兑现，中线则会继续向我说的价格靠拢，设置好止盈点就可以了，别让利润溜走。

虽然有的时候我生气，但是也不能真的不管。短期看600560金自天正是有机会的，请注意，短线。再重复一遍，短线。该股业绩为0.47元/股，市盈率不足26倍，智能控制股，有10送2转3派0.6的含权题材，业绩呈现爆发状态。而同行业平均市盈率为35倍，价值明显被低估。另外大股东是中国冶金自动化研究院，持股44%，那么实际流通的股份只有8500万股左右。一年内最低价为10.25元，前期由于炒业绩，价格到达13.58元，然后随大盘暴跌，最低见11.7元，现在不足12元的价格很有介入的价值。另外前期有明显的主力收集迹象，同时华夏和博时基金增持，可以多加关注。短线10%为止盈点，中线有抢权和填权的要求，中线目标应该在15元以上,这个价格足够便宜了,自己看着办吧。

我依然做好自己的小中线,等待着超级资金完成对大蓝筹地产股的布局。今日招保万金在超级资金的推动下继续上涨,大盘有做出头肩底的意图。今年的大牛市一定会来。2500点下我继续着自己的小中线操作,2500点上甚至只要突破2478点,蓝筹股就开始舞动中国了。

大蓝筹鹤舞九天,奢侈品逆风飞扬。炒股有时炒的就是个精气神,技术加上胆色才能成为高手。炒股也是一种心境,只有洞晓先机才能战胜市场,后知后觉者是不可能战胜市场的。所以,多学点技术吧。

明天清明小长假开始,尽情地去玩吧。别总想着股票,毕竟股票不是人生的全部。我空下来就写点随笔,乱侃点股票和技术,大家可以继续关注我的博客,字不见得多,但是会有些帮助。

周末愉快,我的兄弟姐妹们。

底部区域,踢开大盘做个股

(2012-03-30)

大盘再次处于底部区域,2242点已经很安全。我继续着我的奢侈品小中线,卡奴再创新高,继续向我的预定目标前进,我前面说过,2日内过40元,现在看今天该过了。尚荣如果证实20亿元大单,后面起码2个涨停,主力建仓完毕,自然上拉。此类股票现在依然是安全的,一旦进入主升就真的追不上了。我多次说过,好股票永远强者恒强。

大盘会继续震荡,等待各路神仙资金的安全进入。2500点下继续我的奢侈品小中线,2500点上进入蓝筹股。

昨天有朋友问我如何计算出的2242点是低点,我告诉大家《操盘之王》上就有,很多人却找不到。我就再说一下,黄金分割线计算下跌位置,技术方法参照《操盘之王》第十五章"大盘下跌的计算方法"。我记得是92页,因为我在外地,手上没有书。

股市日记 4月1日

(2012-04-01)

3月30日人民网神不知鬼不觉地拿到IPO(首次公开募股)批文,计划清明节后启动招股,但还是被眼尖的股民发现。其此次拟在上海证券交易所上市,发行6910.57万股,占发行后总股本的25%,拟募集资金约5.27亿元。人民网拿到批文的消息传出的同一天,证监会公告,中信重工机械股份有限公司(中信重工)的IPO申请获得通过,这是年内过会的最大一单IPO。中信重工招股书申报稿披露,其拟发行不超过6.85亿股,募资41.31亿元。以拟发行股份数及拟募资额计,中信重工是继中国交通建设股份有限公司之后,又一家登陆A股的超级大盘股。同天证监会还预披露了11家拟IPO公司的招股书申报稿,新股IPO丝毫没有停下的意思,反而在提速。加上各地城商行开始申请上市,新股势不可挡。

下周开盘大盘在IPO继续增速的背景下还有一跌,我觉得最后连2242点都跌破才更好。很多超级资金已经进入到地产大蓝筹上面,我前面已经解释过了。那么一旦跌破2242点,哪怕是瞬间跌破,对管理层、对市场都具有极大的震撼力,也更利于超级资金的进场日程。牛市一定回来,因为天时地利人和都占了,现在只是时间问题。4月下旬一定要启动,因为6月底后,基本全部股票都可以自由流通了。历史上6124点,上海市盈率为72倍左右,一旦全流通后,市值增大一倍,最多只能在35倍左右了,对于现在的市场估值有很大影响。大盘在6月底后启动行情,最多能翻一倍左右。而在4月底发动行情,由于很多股份无法解禁,我们照样可以向50倍、60倍甚至70倍的整体市盈率进军,拓展空间比较广阔,而且能让人信服。为何很多股票的创投股东不顾一切地减持?就是因为即将面对真正意义上的全流通。2006年埋下的因,2012年自然需要承担其造成的果。所以给超级主力的时间已经不多了,蓝筹股一旦启动,快牛行情就开始了。2个月大盘过3000点并非不可能的,然后外围资金在赚钱效应的影响下,继续进场,接力牛市,随后大盘冲上4000点或5000点甚至创历史新高。此时新三板、国际板等就要出来了,再加新股IPO与大小非集团解禁等多重压力,牛市盛宴终结。时间上看只要4月中下旬启动,最多能支持到8月底至10月底。6月底前基本没任何风险,也是获利最大的时候,越往后就越危险。

这也是为何我说2012年是5年内最大的一次牛市狂欢。一旦错过这轮蓝筹股翻倍的盛宴,就只能等待2016年后了,因为整个市场由于全流通的原因将重新变动现有的格局。我们会越来越像欧美股市以及香港股市，未来创业板会出现很多仙股，也就是1元多、几角甚至几分钱的股票。现有的价格体系会被增加的一倍市值以及真正意义上的全流通打得支离破碎，而散户会被消灭起码50%以上。这是符合国际潮流的，美国市场个人投资者只占全部投资者的不到40%，香港也不足50%，这就是中国股市未来的状态。

所以一定要抓住本轮牛市的牛头，痛快地吃上几个月牛肉。现在是大牛市即将开始的时段，你可以继续彷徨，也可以继续骂我死多，但是我的确从年初到现在丝毫不错地踏准了市场的节拍，的确做到了洞晓先机。因为我太熟悉牛市了，也知道该怎么操作。你可以无视我的存在，但是4个月我的博客已经为“完全准确”这4个字做足了注解。

可能有朋友问：“大哥你既然看好蓝筹的翻倍行情，为何不提前介入呢?”这个问题问得非常好。我的确看好2500点上的蓝筹行情，但是现在是主力建仓期，不会有很大的上涨。蓝筹股不同于小盘股，随时可以介入进去，等主力开始拉升时介入，才是最好的机会，也是最好的选择。与庄共舞不等于一定跟他捱苦日子，直接摘果子多好？股市中很多时候要变通着看问题，而不是形而上学。

自古大盘多磨难，从来纨绔少伟男

（2012－04－05）

今日大盘在多重利好的影响下大涨，收盘涨39.45点，收2302.24点，成交放大到746.02亿元，站上2300点整数关口及5日线。深指更为强劲，站稳5日和60日线。

清明小长假中利好不断。最先证监会公布新股发行改革，随后央行释放货币宽松信号，接着戴相龙理事长谈养老金入市最高为40%，然后QFII、RQFII分别被再次授予500亿美元和500亿人民币额度，最后今天早上温总理讲话指出“尽快出台预调微调措施”。五大利好促使大盘绝对反击，但是成交量依然没有出现巨幅放大，甚至连最底线的800亿元都不到，依然是存量资金反弹。

今日上涨的同时人民网和中信重工已经偷偷地发出了，今天反弹中果然是证券股领涨，那么反弹的意味就更明显了。很多股票10个交易日跌去20%～40%，甚至50%，就算今天拉个涨停，依然被套得死死的。而且大盘量能不足，反弹力度有待商榷。

4月的行情中表现最出色的必然是大消费概念股。因为4月已经被商务部定为全国消费促进月，那么大消费概念会被热炒。尤其是奢侈品概念股，业绩会提升得相当快，必然一马当先。另外服装、饮食、旅游等概念股也会大放异彩。2只奢侈品概念股今天均调整，要知道它们双双在本轮下跌中保持大涨，今天修复下指标后会继续上涨。卡奴45元只是起步价而已，半年业绩大约为1.2元，如果4月消费月业绩继续增长，恐怕半年业绩会到达1.5元以上，全年3元业绩，现在41元贵吗？如果中期报表后送股，恐怕要成为服装类的百元大股了。因此45元只是其起步价，60元也是山腰而已。今日就是调整稍高的指标，明日或者下周一则开始进入主升浪，目标指向55～60元。而华斯由于没有送股，加上大非解禁，引发今日下跌，但是绝对价值低估，因此出现低开高走，只要调整结束就继续长牛之路了。2500点下不需要换股操作，拿住或者做差价就OK了。上周谈及的600560也大涨，获利可以随时出局。已经强调过了，是短线。

大盘由于成交不足，会继续震荡。2500点下需要大家继续在小盘股上找机会，而一旦冲破2500点，必须进入二线蓝筹股中。而且请大家注意的是，很快就会突破2500点，在2500点下的时间不会很长。因为现在管理层与空方已经摆明车马，空方必死无疑。本周这两天无论怎么走，下周开始各路资金都会抢进股票。市场一直不缺少资金，缺少的是信心。而现在温总理已经发话，政策面实际已经开始转向。政策加资金，牛市必然到来。3000点下没有大战事，我说过多次了。6月底前，大盘必然站上3500点以上位置。现在需要我们做的是等待发令枪的信号，只要站上2500点，蓝筹翻倍行情就来了，大牛市就真的来了。

我不想多说什么，因为我的博客就在这里，没删没减。这轮是否如我所说是大牛市，3000点被穿越后大家再评论，而超过3200点，则没有任何异议了，因为中国股市23年内最重的压力线就在3080点～3120点，3200点上根本没有压力。所以3200点就是大牛市的烙印，而6124点什么都不是。

走势稳健，众资金大举卷土重来

（2012-04-06）

今日大盘继续反弹，既没出现大涨，也没出现众多评论者喊的大跌，全天平稳。收盘小涨4.31点，收2306.55点，成交缩量至688.63亿元。深市收复10日线，走势强劲，中小板股票上涨。地域概念走强，主要包括舟山、新疆、海南、青海地区。另外石墨烯、云计算、新三板、猪肉等板块上涨，航空股下跌。19只涨停，无跌停。

大盘今天小幅震荡，很多股票由于涉及高送转纷纷冲上涨停，现在的市场的确使一些好股票被掩埋了,所以这类动态市盈率不足30倍的品种后市依然机会多多。温总理的讲话对市场鼓舞相当大,也预示着连续的降低准备金会很快开始,货币开始宽松。同时QFII和RQFII的重资批复都为市场注入了更多的资金。养老基金我从来没指望过,但是QFII资金获得500亿美元的批复却需要注意。要知道它们是不能炒作股指期货的,想赚钱就得做多,因此后市相当乐观。

我自己查阅过QFII最近6个月的持仓,发现基本上都没进入蓝筹股,基本全部在业绩好的中小板上面,而最近一个季度,大幅度增持大消费概念。而在年初,我是国内第一个提出大消费概念的人,可以说我的思路与QFII是完全一致的。当时我提出大消费概念的时候,沱牌舍得、湘酒鬼、青青稞酒等价格都只有现在股价的一半,它们在短短的2个月左右时间基本都完成了翻倍。而我后期提出的大消费概念中的奢侈品概念更是抵御住了236点的大跌,这就是能力的体现。今天尚荣医疗复牌,最高接近涨停,收盘涨4.48%,放量有些大了,如果明日不能迅速突破今日高点就该走了,而该股依然给参与者带去15%左右的利润。卡奴迪路继续着其绝世牛股的特征,新高不断,而且量能一直不大。由于其第一季度预计增长超过50%,因此在4月10开始的炒作一季度行情中会进入主升浪。按照我《操盘之王》系列技术中明确指出,过了历史高点必然上涨20%~25%,那么其历史高点为38元,计算后短期目标位在45.6元~47.5元,这是最起码要到达的位置,而按照现在的点位看,47.5元必然要见。如果计算主力成本35元一线,其想完成出局,起码需要上涨50%,那么价格改在52元以上,而计算动态市盈率的话,该股则该在56元~60元才算基本合理。因此只要该股不放出巨大的成交量,就可以继续持有,45元以下不考虑卖出,只做差价。华斯股份经过两天的下跌后,逐渐企稳。该股第一季度的业绩不会太差,因为到现在东北地区依然处于冬季状态,需求比较旺盛。但是该股最讨厌的就是大非不断解禁卖出。中线无忧,短线需要做差价。以上3只奢侈品股票在本轮大跌中不跌反涨,卡奴甚至大涨了20%多,而外面散户本轮236点的下跌,亏损20%的都算没怎么亏,亏掉50%的也不稀奇。这就是技术的差异,没有别的可解释的。

2500点下我依然继续我的奢侈品小中线,无论外面风云如何变幻。因为时间证明我是完全正确的,既然是正确的道路当然要坚持下去了,这还有什么可说的呢?所以说技术永远是有用的,无论你学不学它依然在那里。现在大家如果相信牛市会来,如果相信蓝筹股能翻倍,就是正确的选择。这个市场永远是快人一步的赚钱,慢人一步的喝汤甚至亏损。

本周大盘周线上连续跌了4周后终于收出一根阳线,看起来相当舒服。下周大盘将开始出现大资金涌入的迹象,从招保万金的走势上看,很多资金已经虎视眈眈了,就等待货币宽松的号令枪呢。一旦准备金再次下调,大盘就该猛冲了。2500点下我继续着我的奢侈品小中线,不理会任何人的言论。我就是中国第一博客,我就是操盘之王,根本不必看别人的言论,孤芳自赏足矣。

不知道为什么,我总觉得下周大盘要大涨,而养老资金很可能先于 QFII 入市,牛市很可能没到4月中旬就展开了。

周末利好不断

(2012-04-07)

第一,网传广东养老资金投资组合以股票为主。

这个很有可能,毕竟现在股市的确处于低位,风险不大,等待确认吧。我昨天谈过,很可能养老资金先于 QFII 进场,毕竟这些资金是不能输的。

第二,央票连续13周停发。

连续降低准备金要来了。

第三,银监会清理整顿银行乱收费。

这是大快人心的事情,同时也在不断彰显银行股的投资价值,如果降低准备金本周出现则更漂亮了。

总结:下周大盘必然大涨,如果降低准备金本周出现则更漂亮了。

盘面混沌,等待政策

(2012-04-09)

今日大盘下跌20.78点,收2285.78点,成交再度缩小到551.3亿元。公路、石油、保险等股票上涨,金属、水利、传媒股下跌,盘中水泥、建材等活跃,大消费概念上涨,尤其是食品和服装类股票。

由于本月是商业部确定的全国消费促进月,时间为4月2日~5月2日。因此,大消费概念本月会出现极大上涨。从短期资金流向也很清晰地看好,食品和服装类股票表现得最好。今天公布3月份的CPI,为3.6%,比预期的高了一点,这样对降息的预期就减弱了,这也是今天大盘下跌的一个原因,最主要的原因是散户依然对后市不乐观。现在大盘需要的是政策,清晰明了的政策。

我依然继续着我的小中线,依然坚守在奢侈品概念股上。具体的操作方法我已经写得很清楚了，不想再多说，能看明白的就看明白，看不明白的我也没办法。无论大盘如何，好股票就是一路不回头的走牛，不好的股票再便宜也没用。

大盘短期依然在5日线上，估计到周三就该变盘了。本周我是看涨的，今天才是第一个交易日，不急。

大奇迹日

（2012-04-10）

只要明天收盘超过2315点，快牛行情就宣布开始。

今日沪市和深市大盘均出现三平，只要明日翻红，也就是向上涨9点以上，就是大盘三平翻红，目标直接短期指向上涨10%～20%，中线上涨80%。请注意，我说的是大盘短期10%～20%，中线80%，也就是中线4100点左右，大家自己算下就可以了。

今天招保万金主力继续吃货，已经到吸筹的最后期间，大盘随时发动牛市行情。奢侈品概念卡奴今日也是三平，明日只要翻红，目标指向50元以上，中线则指向72元。

今天被洗出去的人很多。我已经多次强调过，本周大盘大涨，周三是变盘日。可是今天照样有被洗出去的，谁也没有办法，认命吧。

不想多写，毕竟任何判断都是需要时间来见证的。

明天，大奇迹日。牛市就此开始。

希望犹存

（2012-04-11）

今天大盘表现得相当好。外围股市暴跌，整个世界股市均处于极度动荡中。而中国股市不能不说是朵“奇葩”。收盘顽强上涨3.06点，收2308.93点。房地产、迪斯尼等板块走强，稀土等下跌。27家涨停，无跌停。

我昨天谈过，如果今天沪市收盘站上2315点，就形成大盘三平翻红，牛市行情就此展开。而今天虽然没有到达此位置，但是相对国际市场看，A股独善其身。早盘最多被杀下去25点，却被收回，可见超级资金的能力了。招保万金的表现相当好。我以前谈过，养老资金等进入的就是这类股票，这类谁都不敢进入的股票。养老资金已经反复了几次，一会儿能买股票，一会儿不能买，散户被遛来遛去。而这些资金则慢慢地完成吸筹。大盘现在受到外界影响越来越小，吸筹已经进入最后时刻。另外今天两市大盘均为四平底走势了，看明天的了，如果攻上2315点，就是四平翻红。但是计算高点不能按照标准四平翻红算，毕竟有些瑕疵，就当三平翻红计算，也在4100点上了。

至于各股，我不多谈了。我依然在奢侈品上，另外我前期谈的很多股票都走出新高，只要它们的市盈率不足30倍，都是可以继续关注的。主力资金依然在中小板以及低价低市盈率品种上，尤其是大消费概念股，要多关注。2500点下专心做这类股票就可以了，2500点上则要进入蓝筹了。

今天早盘大盘下跌中，很多人被迷惑，尤其是昨天外围股市暴跌，很多人都害怕。实际上2300点一线距离底部2132点很近，有什么可担心的呢？很多人到现在也没学明白我的技术，连最简单的三平翻红都弄不明白。还有人问我用什么软件看，我多次说明我自己用的就是免费的钱龙金典和免费的同花顺软件。股票软件不需要用花钱的，毕竟操作的是人，而不是软件。软件是为人服务的，有些朋友本末倒置了。我也没精力给你多次讲解什么叫三平翻红，我书上写得足够明确，看不明白的话，我奉劝你别炒股票了。我也多次强调，我的操作系统讲究的是契合，总拿单一指标操作，怎么可能准确呢？如果软件能进行有效操作，恐怕人家卖软件的开价100万都能卖脱销了。以前有人说股票无定式，这话没错误。我只是把26个指标的准确率提高到了85%以上，而不是100%的准确。所以必须多指标混合使用才更准确，单一指标永远是有误差的。

大盘继续上涨中。现在99%的评论者已经被大盘折磨得疯了，赚钱的越来越少，亏钱的越来越多。我不多说什么，我的博客就在这里，赚了亏了，谁都看得清楚。谁敢在昨天说今天能涨？上午刚开盘，我就说明大盘今天哪个板块怎么动，收盘你看看对不对？所以说，时间老人最公正。

只要明天大盘站上2315点，快牛就开始了，我们再等待一天就是了，大盘希望犹存。

没什么可恐慌的

(2012-04-11)

什么叫大奇迹日？就是外围股市暴跌，中国依旧涨。就算政治因素再多，大盘依旧涨。就是整个世界股市都跌，中国股市依旧涨。这就是大奇迹日。

今日市场启动板块路线是，中小板股(尤其大消费，奢侈品)，随后是地产股，然后是煤炭，最后是银行。

快牛行情启动

(2012-04-12)

大盘四平底翻红。还用我再解释高度吗？牛市已经启动，而且是快牛行情，15个交易日内大盘就该穿越2500点了。你们觉得太快了是吗？过了2500点，沪指随时会出现每天100点以上的上涨，你信吗？我记得2005年底，大盘在1100点一线，我说后面大牛市，第一目标1800点，然后就是过2245点，创历史新高，然后沪指见5500点，深指见19550点。当时很多人说我是神经病。而后来的事实是他们跟着我炒股票。我是中国股票史上唯一一个有真正记录的完美预测了上轮牛市高点的人。深指最后走到19600点，误差不足0.25%，很多人说预测得多么准确，请拿出你的证据，根本就没有。而我的预测就在这个博客上面，这也是为什么我是中国第一博客，而不是你了。

我说过无数次，2500点什么都不是，3000点下没有大战事，这些判断都会在6个月内兑现，也就是今年10月底前。按照三平翻红牛市计算，沪指目标位在4150点，如果按照四平翻红计算则是4612点~5073点。就算按照熊市计算，三平翻红的大盘，也该见2536点~2767点。超级主力在招保万金上建仓那么久，就为了拉10%~20%。郭主席说了，该炒蓝筹股。那么蓝筹一旦启动，哪怕是上涨30%，大盘都随便站上3000点了，要是蓝筹股翻倍呢？

大方向看明白了，赚钱就不难，只是时间问题。如果连整个板块的资金流动都看明白了，就是只赢不输了。年初到现在我一直不断地给大家展示我的资金流技术,可是你看明白了多少呢?6 月底前,无论大盘如何,我都会毅然决然地退出市场,不会有一丝留恋。一个人带着全国散户,6 年之间走 2 轮大牛市,足够了。这个市场就这样,无论我做得多么好,都会被误解和伤害,那么我不想受到如此的伤害,所以我选择在 4000 点上,甚至 3000 点上离开,留下一个中国股票历史上最大的神奇。今年的快牛行情,最多能支持到 10 月底,从点位上看,如果后面上涨中不再出现三平翻红,那么最终目标就是 4150 点 ~5073 点之间了。而后面如果继续出现三平翻红,就再次按照我技术中的三平翻红计算未来的目标。由于是快牛,计算值为 80%,四平翻红的话为 100% ~120%,注意掌握吧。我退出股市的时间已经开始倒计时了,今天是倒计时第 2 个月零 12 个交易日。

2500 点下,我依然继续我的奢侈品小中线,不做改变。有人问:"大哥,奢侈品是不是翻阴了?"那我告诉你,没有。现在骗线的技巧越来越高,对比均线系统和成交量就明白了。明天该上了,目标不变。

今天是该来的上涨,昨天就是被一些突发的政治因素影响了。所以我不想谈什么利好和外界因素,我只谈点小技术和小技巧。明天大盘继续升,逼空上行。今天成交量突破 800 亿元,再去看看股指期货吧,空方已经全线溃退。股指期货跌的时候是元凶,涨的时候就是菩萨了。

快牛行情已经启动,不知道有多少人已经无力再上车了。

向天再要 2000 点

(2012 - 04 - 13)

今日大盘在一片看空噪音中冲上 60 日线,深指更凶悍,站上全部均线。收盘涨 8.3 点,收 2359.16 点,成交放大到 923.21 亿元。两市本地股狂飙,稀土、石墨烯、水泥、有色金属板块上涨。大盘头肩底形态明显。

昨天收盘 3 月份的货币供应量破万亿,这已经是明显的货币宽松信号了。今日再公布一季度 GDP,增速只有 8.1%,创 3 年内最低,本月底前降低准备金已经成为必然。房贷恢复首付 8.5 折,也使大消费的意义更加明显。《人民日报》4 次发表文章质问为何中国经济雄霸全球,股市却熊霸全球?政策做多已成必然。而养老资金已经明显进入市场,QFII 也在进场。现在还有人质疑牛市,已经是不识时务了。而继续质疑,当突破 2500 点后,踏空的滋味是最难受的。

我多次说过"大牛市不满仓就是犯罪"。相信我自己上千万的粉丝从年初到现在已经品尝到了翻倍的快乐。而今天奢侈品概念股再次走出新高,距离我的起步价没多远了。看着风景稳当地拿上 20% ~50% 的利润,这才叫能耐。该怎么操作,该操作什么,我前面的文章写得清清楚楚,不想多说了。我依然玩着我的奢侈品小中线,2500 点下不动摇。而 2500 点下最多再换一次股,换的话依然是大消费概念股。2500 点上我必然进入蓝筹股。

年初开始,我一直在大消费概念股上拼杀,获利颇丰。到现在很多人才开始谈及大消费概念,太晚了。一旦牛市进入快速急升期,我会加快自己的操作,一周不拿下 40% 的利润都属于没赚钱。说这话的时候我很有底气,因为你们也看到过我如何在 1 个月内短线翻倍,当时的行情多么艰难? 2500 点上,蓝筹股将是翻倍的行情。我已经重复过多次,不想再说。我太熟悉牛市了,所以从年初到现在我战无不胜。我还有 2 个月零 11 个交易日退出市场,我会把自己的准确率定位在 100%,就算无法达到我也要拼命一试。希望喜欢我的朋友和喜欢我技术的朋友跟住了,毕竟我们相处的日子不多了。

大盘已经进入快牛的初期阶段,最多 10 月底这轮 5 年内最大的一轮牛市会终结,然后迎来更大的下跌。我们会在 3 年内看到仙股,就是几毛钱和几分钱的股票,也会看到超过 500 元一股的股票。机会与风险并存。而现在的市场是最安全的时候,也是获利最丰厚的时候。

从股指期货上看,多方基本占据了完全的主动。6 月底前我会一直坚守在这里,守护着喜欢我的哥迷。现在的大盘只有 2300 点多,要多安全就有多安全,可以大胆地动作。我屹立在这个市场的时间越来越少,但是我会向天再要 2000 点,为了我的哥迷和喜欢我的人。你们一定可以梦想成真,因为大牛市正在进行中。

潮平两岸阔,风正一帆悬

(2012 - 04 - 16)

今日大盘震荡一天,收盘小跌 2.14 点,收 2357.03 点,成交 737.53 亿元。30 家涨停,无跌停。新三板、滨海区、地产股、证券、水利股上涨,黄金、有色金属板块下跌。

我记得在大上周,大家都惊魂未定的时候,我明确告诉大家下周是阳线,时间证明上周的确是一根 52 点的周阳线。而本周大盘会剧烈震荡,为的是洗掉那些犹豫的筹码,以利于冲击 2500 点。我上周也说过 2500 点会在 15 个交易日内被穿越,那就是 5 月上旬之前完成,本月只有 11 个交易日了。沪指今天依然没站上 30 日线,而深指则一直在全部均线以上,可以说走得相当正常。很多资金本轮是踏空的，所以个股表现得相当活跃。踏空并不可怕，但是踏空却不承认就不对了。个股表现得如此活跃，每天起码25家以上涨停，已经就是牛市的开始了。

我依然喝着茶玩着自己的奢侈品小中线，等差不多的时候再换进几只大消费股票。2500点下由于资金不足，只能在次新股以及业绩好的小盘股上寻找机会。我不赞成大家都去炒作概念股，例如短期非常时髦的温州概念、融资概念等，毕竟这类股票不是一般散户能控制的，往往死都不知道怎么死的。我更注重基本面的挖掘，这样股价才安全，才稳定地上涨。不必理会大盘短期的涨跌，无论怎么折腾最终都要上涨，因为养老资金、QFII等差不多吃完货了。一旦彻底完成建仓，那些踏空的就追吧，追上一洗就亏。这个市场有的时候是公平的，因为机会总是留给有准备的人。指望大盘再跌下去100点的人歇歇吧，没有人会把自己手上获利的筹码低位卖给你，让你吃足后再拉起来的。从上周开始，低位筹码已经没有了，想买就是贵的了。

上周末人民币对美元波动幅度调整到1%，对A股是个利好，可是并没有被主力所重视，但是对外向型企业则是利空了。政策面处于一点点地出利好，一旦累计到一定程度就该引起大盘的大爆发，也就是我说的快牛行情。现在只是震荡向上而已，后面才是逼空上行。2500点下我继续玩我的小中线，2500点上则进入蓝筹股。大盘日成交不足1500亿元，就算主力有心做蓝筹，也是无力的。所以，认清方向最重要。

大盘继续着牛市的小碎步，慢慢从量变到质变，这需要一个过程和时间。我不急，慢慢地等就是了。潮平两岸阔，风正一帆悬。该出手的时候才出手。

疯狂过后是理性

（2012-04-17）

今日大盘震荡加剧，收盘跌22.04点，收2334.99点，成交724.71亿元。深圳本地股和金改概念股集体杀跌，但是依然有19只股票封上涨停，跌停8家，分化比较严重。

这些概念股的炒作，我昨天的博客写得很清楚。如果昨天高位进入，今天收盘跌停，短短2天时间损伤12%以上，基本介入者欲哭无泪。我觉得进入那些业绩优良的、垄断行业的股票才是好的选择。今天大盘调整，我出了部分奢侈品股票，毕竟已经获利丰厚，到今天高点已经有大约20%～30%的利润了。我昨天的博客也暗示过，现在该去找类似此等的品种，安全进入、安全获利才是正道。我曾经用1

个月时间为大家展示过如何让资金翻倍，也以中线的心态带着大家经历了青青稞酒、卡奴等小中线股票。盈利是一部分，我觉得大家应该更多地学一下技术，以及我的心态和盘面感觉。

谈一只可以做小中线的股票。实际上到现在为止，由于成交量不能有效地放大，因此热点依然还在中小板以及低价低市盈率的股票上。今天新股奥马股份涨停，更是刺激了次新股，尤其是被严重低估的品种，例如002666 德联集团。该股是国内最大的一家以汽车精细化学品的制造和销售为主要业务的公司，其主营品种防冻液、制动液、动力转向油、自动变速箱油、发动机油、燃油添加剂等分别占据国内市场20%左右的份额。而且其产品属于汽车运行中必须使用，且按一定时间或里程更换的精细化学品，是大消费概念中的消耗类产品。作为拥有上下游资源的车用化学品综合供应商，现在市盈率不足23 倍，属于被明显低估中。另外8 元/股的净资产，3.7 元/股的未分配利润，其管理层书面承诺从2011 年起每年30%的利润用于分配。该股是白马含权股。该行业在两市中比较独特，没有可比股票。如果按照化学品定位的话市盈率该在35 倍，如果按照化学中间体定位的话就是40倍。因此从基本面看最终该股定位应该在35 倍市盈率左右，也就是按照现在价格上升40% ~50%，兑换后价格就是23.8 元~25.5 元。我们再从技术面看一下，该股上市13 个交易日换手为343%，均价是17.23 元，阳量是阴量的4.6 倍。如果能有效突破历史高点19.2 元，其目标指向23.04 元~24 元，基本上与基本面判断出的结果契合。与其同期或者接近时期上市的新股，换手率均远低于德联集团，资金进入得相当明显。其换手率甚至连强庄股卡奴迪路都望尘莫及，而机构集体看好的普邦园林更无法比较。该股开盘即有主力进入，2 个交易日换手完毕，随后缩量跌停打压，到15.51 元企稳，连拉9 阳，主力成本在17.5 元以上，现在位置低于主力成本。今天该股公布第一季度报表，应该不错。另外该公司募集项目产出大多数在半年到一年之间，今年明显是其业绩爆发期。另外其还与巴斯夫、陶氏、潘东兴、雅富顿等国际知名化工企业互相做贴牌，具备了部分外资概念，同时地处广东佛山，又具备了珠三角概念，因此请多关注。这将是第二个青青稞酒和卡奴迪路。小中线的操作，有10%以上利润随时可以了结。2500 点下我最多还会谈3 只可以做小中线的股票，而2500 点上我就进入蓝筹股了。

大盘今日的下跌实际很好，既把那些爆炒题材的人套在了高点，又给了大家一个进入业绩沪指优秀股票的机会。深指大约调整到10 日或者60 日线就该基本止跌了，而沪指下行空间已经不足20 点。收盘前印度降息0.5%，“金砖四国”除中国外都进行了降息，可以说全球货币都处于宽松状态，中国本周必然要降低准备金或者降息。那么如果今天降准的话，恐怕明天大盘就翻身向上了。我昨天也谈到了，本周大盘会剧烈震荡，股指期货交割日临近，震荡会加剧。因此现在寻找到几只好股票做小中线是不错的选择。

经过这几天的金改概念、深圳本地股概念、温州概念等疯狂后，几家欢喜几家愁。我依然理性地看着这个市场，也更理性地进行着操作。我谈的股票无论如何都是很不错的，进得去出得来，走得稳，赚得明白，这就足够了。我不是神仙，无法保护全部散户，但是我会保护好自己的哥迷和喜欢我的人。

不必为了一天的涨跌而彷徨，因为我们每天都要去面对血腥。这个市场弱肉强食，胜者为王，当然也是“剩者”为王。我为散户付出这么多，只是想有更多的人能看到2500点上的蓝天。

莫畏浮云遮望眼，自缘身在最高层

（2012-04-18）

今日大盘在昨天全部评论者不看好的情况下大涨，收盘大涨45.86点，收2380.85点，成交931.23亿元。各板块轮流表演，证券股一马当先。两市全部站上所有均线系统，强势特征明显。

今天我之所以用王安石先生的这两句话做标题，是想告诉大家，不要相信那些算命的数浪的家伙。这个市场里，技术流派很多，我从来不否认有厉害的民间人物。但是有三种人就是骗子。第一种，数浪的。第二种，用气候、节气、周易、八卦等算股票的。第三种，改变技术参数的。只要是这三种人基本100%是骗子。首先数浪的祖师们都无法战胜市场，那么中国这些徒子徒孙能有什么作为？其次，利用节气、周易、八卦等方法计算股市更是无稽之谈，你们去计算下他们的准确率就明白了，基本胡闹。而改变技术参数的更是骗子，你们谁见过我用什么一百几十天线的？这些人对了就大吹，错了就再找出原因，反正很多浪，很多线，散户是弄不明白的，怎么编都行。我很少去谈这类事情，但是今年的牛市是5年内最大的一场盛宴，如果还被欺骗，这轮牛市很可能颗粒无收。所谓站得多高，望得多远。年初到现在我一直在呐喊牛市，牛市现在终于开始了。大方向不错，赚钱就不难。“莫畏浮云遮望眼，自缘身在最高层”也就是这个意思了。我的思路完全正确，年初到现在没有一点误差，所以只需要跟住了就行了。很多人忽悠大家只是为了赚钱，本身目的就不纯，因此使用些手段很正常。那么这个博客不收钱，就学点思路吧。我觉得既然是股市，大家就没必要赚散户那点钱，自己炒足够了。而出本书我认为是对的，毕竟会让更多的人拥有你的技术，虽然靠赚稿费是维持不了生活的，却可以把你的思想传播给每个有缘的人。

昨天我谈的小中线股票德联集团走得很好，未来会继续上涨。而另外3只我看好的2500点下做小中线的股票我也在下午13点30公布出来了。其中600640中卫国脉不但是两市唯一的类“携程，ELONG网”商旅概念，其现在就是我们最熟悉的118114查号台了，7千万置出，置入20多亿的资产，而股价不足15元是很少见的，看看广电股份变身百事通股价翻倍就知道中卫国脉被低估得有多严重了。另外其投资6亿元进行理财，本身又涉及到上海的“金改”概念。大股东中国电信全额认购14.93元/股的增发股份，就知道其起码该值15元了。在这支股票上我们今年曾经都赚了起码15%的利润，现在已经调整完毕，等其名称改为“号百商旅”的时候，价格就该在12元以上了。技术面上今天三平翻红，短期目标是10%～20%，中线目标是15元。另外2只分别是002650加加食品和002507涪陵榨菜。前者10送2没有实施，业绩优良且价值低估，洗盘基本完毕，目标在30元以上，毕竟酱油第一股不是盖的。002507涪陵榨菜则是两市唯一泡菜类股票，从48元跌下，最多跌去70%的市值，就算超跌反弹起码也要在23元以上了。这3只股票都是垄断行业，都是大消费概念，都是没怎么涨的，都是含权的，那么完全可以用小中线的心态操作。

我的操作思路很多人还是弄不明白，以前我总是自己找原因，后来我明白了，不是我的问题，而是一些人本身有问题。例如卡奴迪路，我35元就提示可以进入，而且明确说明盈利10%可以随时卖出，那么你就该设置好止盈位置。有些人就是42元去追高，很多人已经获利20%了，你却追高，谁也没办法的。前期的青青稞酒，我告诉大家其可以见到27元以上位置，照样有27元以上进入的，被套难道是我的问题吗？你听话了吗？从盘面看卡奴迪路中线45元以上是可以到达的，但是你的操作问题很严重。所以我什么都不想说，把2500点下最后4只我看好的股票发出来，亏了赚了都是你自己的问题，赚了不必感谢，亏了自己找原因吧。

大盘完全在按照我的预期走。韩国央行周三表示将买入3亿美元的中国股票，这是今天上涨的一个动因。而养老资金、QFII实际已经在买股票了，2500点很容易到达。看看今天的招保万金走得多么稳健，连两大油都启动了，还反弹呢？我早早地就告诉大家超级资金进了地产股，现在看不是地产是什么？2500点上我会进入蓝筹，大概是5月上旬前。而我却不会进入地产股，因为我会不断地进行操作，而获取最大的利润。

我依然在2500点下玩我这新的4只大消费股，一直玩到2500点才回换股操作。请继续关注600640中卫国脉、002650加加食品、002507涪陵榨菜和002666德联集团，而操作方法就是反复操作，设置好止盈点，有10%的利润该走的就走。我已经说得很明确了，你操作不明白就是你自己的事情了。

大盘走得相当健康，牛市已经初露峥嵘。有位朋友送了我一段话和一个徽章，在此表示感谢。这段话如下：“多年以后，我们都变老了，腰间的那把沉重的玄铁剑也变成了木剑，拖着它浪迹天涯。时光一点点地流逝，我们一生中在股市里打败无数庄家,却打不败逝者如斯的时光和对带头大哥无尽的思念。”感谢这位朋友。

还有这枚徽章。

后面会更疯狂

(2012 - 04 - 18)

昨天我就提醒过大家,震荡就是为了洗掉2500点下的不坚定者,今天到现在已经涨了快40点了,踏空者无数。指数逼空上行。

昨天提的小中线股票德联集团走得不错,很多朋友写信问我另外的3只是什么,那么我就全部说给大家听。另外的3只分别为600640中卫国脉,002650加加食品,002507涪陵榨菜。600640已经被集团注入了号百公司,也就是大家经常用来查询电话号码的118114,而且业绩亏损由母公司保底。一个国内唯一的商旅概念股,怎么也不该就值这么点钱的。前期我们曾经在该股上获利很多。该股随时会把名字变成号百商旅,这种概念的股票只有在美国上市的携程和艺龙才能比较。正常估值的话,可以翻倍,见15元。002650是唯一的酱油概念,业绩好,而且还有送股题材,属大消费概念。其上市时的股份已经全部解禁,按照正常消费类题材起码是35倍市盈率以上的,因此未来其价值在30元以上。002507也是唯一的榨菜概念股。我计算过全球股市泡菜类股票,基本市盈率都在45倍以上,因此其未来价格应该在23元以上。

韩国央行周三表示将买入3亿美元的中国股票,这是今天上涨的一个动因。而养老资金、QFII实际已经在买股票了,2500点很容易到达。

痴情总被无情戏,无心只把有心伤

(2012 - 04 - 19)

今日大盘震荡一天,收盘小跌2.21点,收2378.63点,成交899.61亿元。两市均站在全部均线以上。水利、生物制品、农业等涨幅居前,稀土、金改、地产、水泥等下跌。

距离我离开中国股市还有2个月零6个交易日,我很珍惜这最后的时光。我从1995年开始从来没为券商、机构、基金等任何部门或者个人工作过,可以说我与任何机构等都没有联系,我只做我自己。这也是为什么我的争议一直全国第一、粉丝一直全国第一的原因。

痴情总被无情戏,无心只把有心伤。在这个市场时间长了,很多事情都会发生,随着发生的事情越来越多,你就越来越不相信生人。我现在只是在提醒散户,多学点技术,少依靠别人。

我的2500点下小中线的4只股表现得都不错。前天我谈了002666德联集团,昨天我谈了600640中卫,今天我在详细谈一下加加食品。该股去年业绩为0.98元/股,分配为10转2股送6元。按照今年大约1.25元/股的业绩计算,其动态市盈率不足18倍。无论按照酿造业还是食品业计算,市盈率都在40倍左右,其被低估得过于明显了。如果按照其30%左右的增速看,市盈率定在30倍的话,价格起码也该在37.5元附近。技术面上看该股发行价是30元,现在价格破发25%以上,主力成本在22.5元以上。最大压力为22.85元。昨天图形上显示三平翻红,那么按照熊市推算,短期价格应该在23.76~25.92元之间。23.76元是必须要到达的,而按照平衡市和牛市计算,其价格应该为34.56~38.88元,与前面基本面得出的结论37.5元是契合的。另外一旦突破前期高点24.39元,会继续上升20%~25%,对应价格为29.27~30.49元。同时该股上市首日部分股份已经在4月6日解禁完毕,再次解禁需要2013年1月以后了,因此可以说筹码相当固定。而4月6号后面几天成交激增,可见主力已经全部收入囊中了。另外海天酱油也申请上市了,为了寻求一个好的价格,也会拉升加加食品。一旦加加冲过最大压力位置22.85元,必然要创出新高,那么其短期目标在30元附近,中线目标则为35元以上,这还没有计算其送配时的抢权和填权因素。在今年大消费概念是最大热点的前提下,作为中国酱油第一股,其主力在66个交易日换手418%,走得如此耐心,也没大涨过。我不相信加加食品是来打酱油的,让我们拭目以待吧。

央行明确说出“将通过下调准备金等方式来增加流动性”,那么货币宽松已经成为事实。因此在政策面要求做多的背景下,资金面也跟了上来,有些人还在喊反弹就是不识时务了。大盘已经明显处于反转状态。到4月16日止,QFII仓位中80%持有的是大消费概念股票。从啤酒到白酒,从服装到商店,从食品到肉类,包罗万象,思路跟我完全一致。另外股指期货今天上午11点20分,空方突然偷袭,指数直线下跌,有明显的操纵嫌疑。但是主动权牢牢地掌握在多方手中,从这两天双方都大幅增仓上看,明日大盘多空又有一场恶斗。但是空方实际已经处于分崩离析状态了,越挣扎死得就越快,本周必然出现降低准备金,因此多方必胜。

2500点下,我继续着我的4只大消费概念股的小中线操作。2500点上我就开始进入蓝筹股,这段话我已经说了多次。我昨天说我不会进入地产股,大家都很诧异,问我:“既然大哥都准确地预测了超级资金进入了地产蓝筹,而事实也证明了大哥的判断,大哥为何不进入呢?”道理很简单,超级资金赚30%~50%就可以了,所以它们选择被极度低估的地产股。而我的目标是2500点上2个月内100%以上的利润,当然就不会去选择地产股。等到了2480点以上,我会多谈些我对蓝筹股的思路。在距离我离开股市时间已经不多的时候,我会更多地为大家灌输我的技术和操作理念。因此,请大家多关注我的文章。

踏雪无痕真高手,前度王郎今再来

(2012-04-20)

今日大盘顺利通过2400点整数关口,收盘狂涨28.23点,收2406.86点,成交1017.72亿元,一个月内首次到达千亿级别成交。蓝筹股领先,银行、证券股锦上添花,只有医药类股票在毒胶囊事件影响下收跌。

作为中国股市本轮牛市唯一的奠基人,我感到无比骄傲。我以前说过,带头大哥只要出现,就一定会出现牛市,我就是为牛市而生的人。今天成功站上2400点,成交量突破千亿,其意义重大。当突破2480点后,快牛行情将从现在的启动期向逼空上升期演变,而突破2850点后则进入牛市的疯牛期。从年初到现在无论是大盘,还是板块、个股,基本完全按照我的思路在进行着,丝毫不差。作为上一轮牛市的唯一奠基人,我6年内带着散户走2轮大牛市真可以说今生无悔了,毕竟23年的中国股市只有5年多牛市。而我,带头大哥777带着散户走了接近3年,这是个奇迹。2006年带头大哥叱咤中国股市,靠的就是快人一步的思路,靠的就是对牛市的执着。2005年底我喊出牛市的口号,2006~2007年走出中国历史上最长的一段大牛市。2011年我再次喊出牛市，这轮牛市从今年年初就开始了。6年一个轮回，下一次我再喊牛市的时候应该是2016年了。不知道当时43岁的我是否还能再次出山。

大盘走到今天，反转已经完全确立。现在的情况是，不仅QFII和RQFII入场跃跃欲试，国内不少机构投资者也已经开始悄然进场。陆续发布的一季报显示，社保基金、保险资金正在不断加仓增持，而更多的基金公司管理的企业年金也正在加速入市。资金可谓忽如一夜春风来，而政策做多的气氛也感染着每一个人。我说过，我无法帮助所有人，但是我会看好我的股票和喜欢我的"哥迷"。年初到现在，我一直兑现着我的诺言，我自己上千万的粉丝与我一起品尝着牛市赐予我们的盈利，这都是我们应该获得的。而众多"哥迷"不但获得了翻倍的收益，更是获得了对这个市场的感觉，以及藐视主力的自信。这才是我存在最大的价值所在。大战已经开始，牛市已露峥嵘。跟着我，向前进，向钱进。

2500点近在咫尺，10个交易日内必然突破。这是我上周的判断，不想再重复。最近1个月内，我从奢侈品小中线转移到大消费新4股，获利丰厚。加上年初的110%的利润，短短4个月盈利超过160%，而跟住我博客的人起码也到达了翻倍。2500点下，我依然会在002650加加食品、600640中卫国脉、002507涪陵榨菜、002666德联集团上反复拼杀，以求在2500点上利润超过200%。而2500点上我的目标是100%以上，这样累计复利会超过700%，如果超过910%的话，就打破了我个人一年的操作极限了。我觉得今年的行情很可能做得到。但是请大家注意的是，今年各股会分化得很厉害，有些股翻几倍甚至十几倍都正常，有些股反而会跌。因为是快牛行情，完全来自人造，那么资金重点炒作的股票不会超过1/4，也就是600只左右，其余的股票不见得都大涨，今年不是普涨的行情。所以请一定跟住我的博客，跟住我的思路。我无法保证每个人都能获得很高的收益，因为每个人的操作手法都有差异。但是我能保证我的操作思路是国内最好的一个，也能保证我的眼光和见识是国内最好的一个。我不会掖着藏着，会倾囊而出，但是你是否能做到照单全收我就不知道了。

我昨天就说了，股指期货上空方已经形成溃败之势，今天决战后，空方基本没有还手之力了。下周多方会乘胜追击，2500点随时成为多方手中的棋子。大消费概念会贯穿整个牛市。蓝筹股会翻倍，当然得是我亲自点拨的蓝筹股，并非所有的蓝筹都能翻倍。政策面会推出越来越多的利好，最大的原因就来自于"十八大"前的稳定。这也是本轮牛市的基础之一。而政策加资金就是大牛市，这已经被证明了无数次了。还有一个信号，就是昨天沪市大盘开盘和收盘价竟然完全一致，都是2378.63点。一般股票出现这样的情况，起码是要做出翻倍的，现在大盘出现这样的情况，历史上看基本都上涨50%以上，技术信号已经相当明显了。所以3500点是必然到达的目标，而且是"十八大"前就会完成，快的话，6月底可能就见了。

2500点下我继续着我的大消费新4股的小中线操作。2500点上我会进入二线蓝筹股。我从来不去骂市场,因为市场永远是对的,错的只能是我们自己,我们需要的是顺势而为。本周末很可能出现降准,如果出现,2500点到来的日子就会提前。2500点下是踏空者最后的机会,2500点上则是逼空行情了。

创业板全军覆没,重组股再领风骚

(2012-04-23)

今日大盘低开低走。由于创业板退市规则公布,引发创业板指数大跌5.25%,深市也直接受到影响。沪市收盘下跌18.27点,收2388.59点,成交放大至1094.12亿元。上海本地股、水泥股、证券股、贸易股上涨,其余板块均告下跌。

我一直抵制参与创业板股票,也无数次强调过直接放弃创业板。从2011年我重新写博客起,就开始持有该观点,创业板指数从1239.6点跌到612.28点,我依然坚持放弃创业板。事实证明我的判断是完全正确的。我也多次直言不讳地告诉大家创业板就是杀人板,也基本不评论创业板股票。我无意在这些朋友的创口上撒盐,我已经尽力地无数次地提醒过了,所以请不要再问我关于创业板股票的问题了,我解决不了。

大盘今天实际走得相当强劲,在创业板暴跌的情况下,两市却依然站在全部均线以上,还不够强大吗?上海本地股再起风云,以金丰投资、新黄浦、上海新梅、上海物贸为首的金改股,以及迪斯尼概念股纷纷封上涨停。上海本地股的大重组已经开始了。自广电信息变身百事通打下样本后,很多上海本地股均面临化茧成蝶的状态,如我一直看好的600640中卫国脉。公告显示,该股资产重组置出资产约0.7亿元,置入资产约20.7亿元。在重组完成后,中卫国脉的主营业务将变更为商旅预订和酒店运营,成为中国电信旗下运营号码百事通商旅业务的唯一平台。那么一旦该股华丽转身后变为号百集团的话,其市场类别就变成了"商旅+酒店"业务,成为市场中唯一的概念。由于其概念比较独特,因此我们只能对比在纳斯达克上市的携程网和艺龙网。携程网现在市盈率为20倍,艺龙网为75倍,整个行业市盈率为52倍左右,在美国这样的成熟市场定位相当高。由于600640拟以14.92元/股的价格发行1.34亿股,其大股东中国电信全额购买,那么可以说,起码其大股东获得增发后1年内不能进行减持。而接近15元,现在不足10元的价格,起码有50%以上的无风险套利机会。我查阅过其注入资产去年的业绩为9047万元,那么就是说实际上600640的2011年业绩大约为0.23元/股。就算按照此价格计算,配合美国的该股股票平均市盈率,600640 价格都应该在 11.96 元才正常。那么就算 2012 年其业绩与 2011 年持平,600640 的 6 亿元资金投入银行理财也有大约 6% 的利润,同时涉及金改概念,换算后就是 3600 万元的利润。加上 9047 万元,就是 12647 万元,2012 年起卖业绩在 0.32 元,换算到价格就是 16.64 元。现在号百集团的总经理已经进入 600640 的管理层了,其股东大会也将在 5 月下旬召开。技术面上看上周已经出现三平翻红,指向的位置就是 15.77 元。今天一季度报出现亏损,不跌反涨,强势特征已经很明显了。那么未来 600640 的价格短期为 12 元,中线为 15.77 ~ 16.64 元。600640 集重组、商旅、金改、低价、上海本地股多重概念,长线的目标应该是翻倍,而短期将快速上涨,请多关注吧。我自己也会亲自参与,毕竟如此题材的股票太少太少了。

大盘就是个调整而已,明日最多再碰下 5 日线就该继续上涨,市场主力不可能给踏空者进场的机会。我曾经谈及的股票都走得相当不错,而且基本不太理会大盘的调整。由于距离 2500 点越来越近,因此我可能还会继续做两周我的小中线。具体该操作什么,我不想多说,因为我的博客写得很清楚了。而一旦站上 2500 点,我必然杀进二线蓝筹股,所以请跟住我的思路。

不必理会外界的言论,我们只需要看好自己的股票就可以了。牛市已经到来,任何空头言论都会随着点位的不断升高而越来越少的。当市场穿越 2478 点后,我会谈些二线蓝筹股的。

这几天很累,博客写得晚了点,大家见谅。

天使的翅膀

(2012 - 04 - 24)

今日大盘剧烈震荡,上下 65 点的震荡,又洗走无数散户,这是没有办法的事情。收盘小涨 0.24 点,收 2388.83 点,成交放大到 1174.95 亿元,距离 1200 亿元的向上突破量已经很接近了。银行、保险股走强,上海本地股果然集体冲关,ST 概念股大跌,同时创业板股票继续跌。

早盘的时候石化双熊开始动作,我就觉得要大幅震荡了,所以上来发表文章。我写得很清楚,现在是千金难买回头牛,而我自己则继续我的小中线操作,等于明确地告诉你,低了就要敢于买进,而我自己则是持仓不动。都提示成这个样子了还要我怎么说呢?收盘的时候 27 家涨停,不是调整是什么啊?无论是沪市还是深市都面对着创业板和 ST 股票退市造成的动荡,但是牛市中越动荡就越有机会。沪市收盘依然站在全部均线以上，足够强势了。

上海本地股今天全线启动。600640 中卫国脉表现得非常好，基本以最高点收盘，接下来就要挑战前期高点 10.49 元了，而其短期压力在 11.7 元一线。明日开始就不会再给犹豫的人机会了，高开高走了，好股票在低位的时候根本不需要那么多的跟风盘。我们短期 12 元附近见，中线 15 元以上见，多的不想说了。另外榨菜和加加也调整得差不多了，后市机会多多。总有朋友问我卡奴，实际我回答多次了，中线 45 元目标不变，但是要注意 5 月 28 日的解禁，操作上要注意的是，想做中线就大胆去做，想做短线就坚决设置止盈位置，最怕的就是自己来回拿不定主意，最后只能坑了自己。

大盘走得相当好，尤其二油和银行都处于异动。同时现在市场处于向蓝筹股变化的阶段，1200 亿元为量变的基准，1500 亿元就是质变。我觉得马上就要到五一小长假了，估计超级主力会在节后发动行情。因此最近几天上海本地股的机会比较多，低估的中小板行情比较多。这也是我选择新 4 股的原因。现在需要的是火眼金睛，一周 20% 的利润就行。一旦进入蓝筹行情，起码要一个翻倍才正常，所以请大家一定跟住我的思路。

不必理会大盘短期的涨跌，牛市已经确立，那么任何的风吹雨打都是为了洗掉浮筹，轻松上路。每次我打开自己的博客，就能听到这首《天使的翅膀》，这首歌也一直鼓舞着我前行，无论多困难，我都站在散户这边，为你们遮风挡雨，无怨无悔。6 月底后，就算我不能再继续搏杀，我也会看着你们攻城夺寨。毕竟牛市暴涨中赚钱都不难，而难的就是牛市启动初期和牛市的上升期间。我也会在最后一篇文章中写出如何判断见顶和如何应对后面的牛市，我的使命就完成了。

大盘已经洗盘结束了。明日大盘会继续上涨，站稳 2400 点，而后继续攻击 2478 点。据我推测的 15 个交易日拿下 2500 点还有 8 个交易日，我继续着我的小中线，继续满仓运行。

神奇的中国股市，牛气的中国石油

（2012 - 04 - 24）

欧美暴跌，中国不跌，反而涨，这就是不成熟的股市。中国股市就这样，只要开始牛市，就不理会外围因素，就如当时国外都涨只有我们跌一样。所以大家要改变思路，坚持牛市思维。

中国石油早盘集合竞价竟然是涨停，多头凶猛啊。现在是千金难买回头牛的阶段。

我继续着自己的小中线，守出第二只青稞、卡奴。本周没有 20% 以上利润，就不是带头大哥了。

上海重上两千四，深圳再出三平底

（2012 - 04 - 25）

大盘如我所料重新站上 2400 点，收盘涨 17.98 点，收 2406.81 点，成交 1130.7 亿元。昨天的洗盘很成功，尤其深圳已经创出短期新高，并且呈现三平翻红状态，深指已经指向 16000 点 ~ 18000 点位置。盘面呈现深强沪弱趋势，而且两市均站在全部均线以上，牛市特征明显。

今日地产股大涨，这很正常。我以前多次说过，超级资金进入的就是人见人弃的地产股。地产是当之无愧的先锋，而后面就是有色金属、医药、商业等二线蓝筹股跟上了。现在主力明显想扭转散户的思维，让大家进入蓝筹股。但是由于成交量无法到达 1500 亿元以上，只有刚刚够启动的 1200 亿元左右，因此，我是不会在 2500 点下或者 1500 亿元以下进入蓝筹股的。必须符合这两个要件，蓝筹股才能启动，否则没戏。从管理层打压的板块看，创业板死掉了，ST 正在垂死挣扎，业绩不好的股票也被丢弃，那么只有业绩好的和蓝筹能操作。但是这个过程是循序渐进的，不可能一蹴而就。2400 点站稳后，下面就要攻击 2478 点前高和 2500 点整数关口了。距我推测的 15 个交易日到达 2500 点还有 7 个交易日了，我们耐心等待就是了。

很多预测者在 2200 点一线就空仓了，而点位却越涨越高，踏空已经很明显了，尤其今日深圳再次三平翻红，主力从明天开始会逼空上行。我昨天已经特意提示过，昨天是千金难买回头牛，那么昨天没敢进入的就继续踏空下去吧，谁都没办法。我是从 2132 点一直满仓上来的，一直搏杀在市场，从来都没休息过，老天也赏赐了我这样执着的人。我是这轮牛市的奠基人，也是最坚毅的死多。短短 4 个多月，我的盈利已经超过 180% 了，而跟着我这个免费博客的人起码也是翻倍了。如果这还不是牛市，那是什么？年初到现在只要没按照我思路来的，95% 的人都输钱，这也是今年市场残酷的一面，而一些踏空者实际也是亏损的。

今天我的新 4 股中 600640 走出新高，但是没有继续突破，要注意短线的压力了，毕竟从我谈起到现在已经盈利超过 13% 了。而 002650 今天再次三平翻红了，该股还含权 10 送 2，加上业绩处于增长期间，未来 29 元以上目标不变。新高后的回踩，明天该狂飙了，多关注吧。002507 榨菜，今天也是三平翻红，23 元的短期目标也在继续中。很多朋友问我，为何不谈 002666 了呢？原因很简单，我操作完毕后，不跌回我心理位置我就不会再进入。我多次谈过，设置好止盈点，因为是循环操作，因此我会不断地打快，不会停留在某只股票上。我谈及这些股票的时候，实际价格都不高，也都有足够的盈利空间。但是很多人就是去追高，然后在高位犹豫，该卖不卖，该买不买，谁都没办法。例如我在 42 元以上出了部分卡奴，手上还有 1 万股，我当时成本只有 35.8 元，经过这段时间的做差价，成本已经不足 31 元了。怎么跌我都不怕，而有些人 42 元进入，一跌害怕了，我还是那句话，卡奴必上 45 元，未来能见 60 元，你能守住不吧？到现在还有很多问我几个月前谈的股票呢，我真的无奈了。实际我谈过的股票基本都走出了新高，但是依然有亏损者，这就是你自己的问题了。股票有时效性，天天都在变化。我谈的时候不买，让出的时候不出，我的博客也不看，看了又不看全，自己又没有技术，我真想知道你凭什么可以赚钱？你凭什么可以战胜市场的？

距离我退出股市还有 2 个月零 2 个交易日。离开股市后我会去炒邮票。上次我谈过的邮票，03 青铜器小版，价格从 110 元到 190 元再回到 135 元，有赚的有亏的。03 青铜器的参与者大可拿住，那东西很安全。实际邮票和股票不同，不能以超短线的心态去操作。由于邮票和股票正好是背行的，所以当股市的牛市到达顶峰的时候，邮票就开始动作。而股市开始下跌，邮票的牛市就来了，因此我会选择在股票上涨的时候适量买进低位的邮票。而邮票一般持有期多为 3 个半月到 1 年，而上涨幅度则为 100% ~1000%，甚至更多。两者的差异一个是虚拟一个是实物。另外邮票没有涨跌限制，更活跃些，也讲究总股本和价值投资等。上次由于 03 青铜器上升得比较快，很多想玩一下邮票的朋友并没有进入。那么我就在这两天找出一个价格低、被低估的品种来进行参与。有兴趣的朋友可以拿个 1 万 ~2 万元参与一下，心态要平和，赚钱就不是难事了。毕竟股市的牛市结束后，会面临长达 4 年的下跌，而邮票起码是一个可以参与的领域。在本月 27 号前我会公布这个品种，有兴趣的就去玩一下。但是需要注意的是，一定要找有实力的邮商，这样买和卖都方便，而且不会出现假货。不建议在互联网上买，毕竟骗子太多了些，当面交割或者找当时我推荐的两个老邮商才比较安全。

大盘越走越强，尤其券商和银行股，都有重量级资金介入，地产更如此。但是由于成交量一直无法放大到 1500 亿元，所以短期要注意一下此类股票的调整。央行票据继续停发，货币供给加大，降低准备金随时会来，而一旦降准大盘会快速攻陷 2500 点关口，逼空行情开始演绎。满仓拿住手中好股票吧，机会总是留给有准备的人。我继续我的小中线操作不变，该换成蓝筹股的时候我会谈，而现在我就是满仓操作。

主力转变风格，大盘欲涨先跌

（2012-04-26）

大盘震荡一天，成交量还在千亿元以上。深市走得很强，明日是五一长假最后1个交易日，应该是上涨的。我昨天谈过，一般地产冲上去后就又该是有色金属了，今天有色就的确动作了。明天煤炭等也会动。

关于今天的市场，我只谈三点。

第一，主力试图转变风格，也就是他们已经在蓝筹股上建了仓位，所以现在很多股票处于下跌中，而蓝筹却在涨。由于风格转变需要散户有个适应的时间，因此我觉得到下周末站上2500点时，散户才会逐渐进入蓝筹股。主力和散户都需要时间。而主力现在需要的是把成交量放大到1500亿元，最少也要达到1200亿元以上，散户才有转换的欲望。

第二，我一直试图让大家了解我的思路，但是很多人实际依然是不了解的。例如600640的操作上，有10%就该直接卖出，然后参与别的，或者就空下仓等其跌回来，再次进入。追高是完全错误的，但是有利润不兑现也是错误的。一般我给出的未来定价都会到达，因此需要的是你自己到底定位在中线还是短线。按照正常操作，昨天该出640，今天跌了反而该进入，毕竟只是调整而已，并不影响未来走势。这里有个灵活运用的问题。股票有灵性，而你是死的，怎么能行呢？如果的确玩不明白，那就死守下去，但是死守的前提依然是设置止盈点，总之就是不能亏钱。

第三，由于成交量的问题，实际到现在为止，主力依然在低价格股上运行，大多数12元以下的品种尤其是7~9元的品种是热点。我们看问题不能墨守成规，现在已经是4月底了，实际我们要注意的是某些股票的半年报业绩大约是多少，因为股票炒的就是预期，那么对未来的预判就很重要了。而昨天提示要注意短线风险的证券和金改股，今天都有所回落，要注意兑现才行。

至于我昨天谈的邮票，明天我会在博客里公布这个品种，是个价格比较低的品种，有兴趣的可以注意玩一下。另外很多朋友问我说的信誉比较好的老邮商的电话，我明天会一起公布出来，请大家稍安勿躁。

大盘明日会上涨，沪指攻击2430~2450点一线，深市则攻击10400点位置。距离我进入蓝筹的时间只有1周了。

等待红五月

（2012 - 04 - 27）

今日大盘继续震荡整理。深市周线已经4连阳，沪市稍差，但是强势特征很明显。沪市收盘小跌8.38点，成交840.2亿元。白酒酿造类股票再次走强，医疗器械、石油类以及文化传媒上涨。

今天利空实际不少，传闻主板退市规则就要面世。另外地区中小银行股上市已经箭在弦上，加上金改股传闻中的限炒令，也只使大盘跌了不足10点，大盘走得实际很好。另外五一小长假也使部分资金落袋为安，因此今天这样的走势算很正常的。

距离我谈的2500点还有5个交易日，我依然耐心地等待着。一旦成交突破1200亿元或者到达2478点以上，我就马上进入二线蓝筹股中，这已经是我多次说明过的，不再重复。今天人民网上市，高举高打，带动了文化传媒股上涨。但是该股定位过高，未来还是需要调整的。今天金改概念的沉沦，主要是因为前期浙江东日等的炒作过于猛烈，但是现在市场刚刚恢复，我相信管理层也不过是高高举起，轻轻落下，不会将其置于死地。毕竟金改股短期上涨的比较多了，调整一下也是正常的。

盘面上看，今天白酒酿造类股票龙头贵州茅台一举创出3年内新高，也为其余品种价格打开了上升空间。同时深市大盘由于前几天呈现三平翻红，那么注定五月份将是一个红五月。大盘已经越来越向有利于多方的方向靠拢了，因此，不必恐惧大盘的震荡，耐心持有股票就是了。我继续着我的小中线操作，丝毫没有担心。

节日期间，我会写点随笔，谈谈股票，谈谈人生，谈谈技术，谈谈邮票。大家也轻松些，毕竟股票不是我们的全部。

昨天我说的邮票品种，今天已经撰文发出了。我个人认为08海西小版的确是处于被低估状态，那么喜欢玩邮票的朋友也就少量参与一下，毕竟也算给自己开辟了另外一条投资之路。而且邮票本身具备准货币属性，投资投机两相宜。

我一般经常买卖的邮商有两位，经营邮票都十几年了，很有信誉。如果是北京或者上海的朋友想投资点邮票可以找他们，打电话或者直接去他们的摊位都可以。不要在淘宝或者网络购买，因为无法确认真假。另外邮票是讲究品相的，如果品相不好卖的时候价格也会降低，同时一旦准备卖出的时候也是问题，毕竟大家不是很熟悉流程。

邮票的交易流程一般是直接去摊位付款拿货就可以了。如果不是直接去摊位，就要先电话联系问好现在的价格，因为邮票价格变动比较快，要确定了才汇款。汇款确认后，3 天内应该发货到你手上。等卖的时候也一样找这两位邮商卖出或者直接去上海或北京市场卖出就可以了。毕竟这两位是中国邮票市场的元老了，不会出现货不对板等问题的。

关于邮票

(2012 - 04 - 27)

我看好的品种是 08 海西小版。

08 海西小版(2008 年的海峡西岸建设小版)，4 枚套票分别为“闽江胜景”、“厦门港口”、“会展中心”和“闽台缘博物馆”，小版张边饰内容为“妈祖祭典”。这也是神话人物首次进入邮票选题，以前进入邮票选题的大多为民间故事人物。妈祖是我国台湾省和福建省民众信仰的神祇，据不完全统计，全世界有妈祖信众 2 亿多人，仅在台湾就有信众 1700 多万。每年在台湾，妈祖祭典是轰动全岛、盛况空前的民俗活动。

该小版为过桥设计，版面图案精美，发行量约为 150 万张。其有五大主要题材需要大家注意。

第一，该小版政治意义突出。其与中美小版、中日小版、香港回归 10 周年小全张归属一个系列，均为具有政治色彩及友谊的题材。而现在前三者的价格分别为 9500 元/张、900 元/张、90 元/张，而海西小版则只有 20 元/张 ~ 23 元/张，比价效应相当明显。另外如果与台湾系列作比较，会发现国内发行的关于台湾题材的邮票只有两个品种，即 1979 年 150 万套的 T42 台湾风光，现在价格为 130 元左右；而 2005 年发行的台湾古迹版票，发行量为 500 万版，现在价格也在 18 元左右。那么 08 海西小版发行量只有 150 万版，而且是小版发行，无论如何对比其价格均处于极度被低估的状态。如果按照友谊题材作比较，其价格应该在 80 元以上才算合理；如果按照国内发行的台湾题材类邮票作比较，价格也起码应该在 60 元以上才合理。因此现在不足 25 元的价格明显是被低估的。

第二，该小版有极大的消耗。由于 2005 年没有小版，2006 和 2007 年小版的数量也极少，08 海西小版由于发行时市场低迷，曾经打折，而 2008 年大版又开始有了大版册，因此打折期间被撕的比较多，相信邮商们都曾经撕过吧？我们就算20万版~30万版吧，邮总手上大约还有30万版，加上做08小版册子的30万版，实际外面能看到的应该不足60万版。另外其被炒作过一次，价格从花票价格到达32元，那么起码有10万版已经破了品相，基本不流通了。可见现在市场最多不会超过50万版，就算按照25元计算，其市值不过750万元而已，属于市值微小的品种。就算被炒作到60元一线，也不过3000万元的市值，依然属于比较小的了。

第三，该小版属于比较干净的。历史上由于开盘后基本没过多炒作，价格从16~32元进行过短暂的炒作后，就进入到打折行列，因此大多数筹码均比较干净。重要成交区集中在两个位置，20元和24元一线。向上基本没有什么套牢盘，多为喊上去的。因此只要能成功突破20元和24元，基本上外面就没有多大出货的筹码了。另外该小版已经发行了4年，沉淀比较好，能出来的货源并不多，这也为其未来的炒作奠定了良好的基础。

第四，该小版未来的消耗是惊人的。由于其题材涉及台海两地，海西概念和平潭经济区概念，涉及中国内地起码5个省及30多个市区，加上台湾省的6个市。每每有活动的时候，均会出现礼品类邮票册。而08海西小版是绕不过去的一个品种，属于必须装册的。那么按每个地区消耗1万册计算，起码要消耗掉40万张，这个数量相当惊人。2008年海峡两岸实现“三通”，那么2013年就是5周年了，而两岸通信是1993年开始的，那么2013年既是两岸通信20年，也是彻底“三通”5年，均具有极大的政治意义。据我得到的一些消息，很可能做类似方面的纪念册，因此在大的政治背景下进行的装册，对08海西小版的未来消耗有极大的促进作用。

第五，比价效应。在第一条中我谈及了友谊概念和涉及中国台湾概念品种的价格对比，现在我们谈下与其同年或者相近年份品种的价格对比。03和04小版后，05年没有小版发行。而07和08小版可以说属于一系，但是其中的生肖小版已经被归类了。而题材类的实际只有香港回归10周年和“奔月”的题材与海西相仿。那么现在“奔月”和香港回归的价格都在90元一线，其余的如石湾、亚欧会议等都存在题材太差或者印刷质量不好、品相破坏严重的问题，实际是不适合进入炒区的。其余大多为不干胶形式发行，与海西不能进行对比。那么就算与和其同年或年份相近的进行对比，海西依然被低估得相当严重。毕竟这个市场讲究的是量小为侯、消耗为王、题材为帝，那么海西无论从发行量还是消耗或题材上看都是不可多得的一个低估品种了。

我会在6月底退出股票市场，退出后我会多参与邮票的炒作。我谈及的08海西小版，现在位置处于被低估状态，其未来走势应该很好，一般30元以下进入风险不大。其中长期目标为翻倍，也就是60元以上，最高点大约在80~100元。但是请大家注意的是，邮票和股票相比，前者是实物的，后者是虚拟的，一定要把买的货放在自己手上，这样才安全。我认为投入个1万～2万元比较合适，不建议大笔买，抱着玩的心态最好。一般邮票的操作时长大约为3个半月至1年，短线操作不是不行，而是收益不稳定。同时邮票与股票一般是相背而行的，因此当股市走得很好的时候，恰恰就是邮票低迷的时候。而一旦股市开始下跌了，邮票则会大幅上涨了。邮票由于没有涨跌限制，因此上涨和下跌的幅度都很大，100%利润很正常，多的甚至1年能有10倍以上利润，这都不是很特殊的事情。中国最大的4家邮票市场是北京马甸市场、上海局门路市场、广州顺义坊和顺邮坊、成都冬青树市场。一般北京和上海为主要炒区。

这几天，消息有点忙

（2012－04－30）

1. 主板、中小板退市规则公布。

2. 新股发行改革意见公布。

3. 中国邮政速递物流股份有限公司（EMS）巨额融资。

4. 王亚伟离职。

前面证监会表示要降低股票交易费用，我的博客当天写到降低印花税就是这轮牛市的导火索。历史上看，一旦公布，大盘上涨幅度为5%～9.8%，2500点唾手可得。很多新股民不太清楚一旦降低印花税等对市场有多大的刺激，我就详细地说一下。历史上一共7次调整印花税，均对市场起到极大的影响。

1991年10月，深市将印花税率从6‰调整到3‰；1992年6月12日，国家税务总局和原国家体改委联合发文明确按3‰的税率征收印花税；1998年6月，证券交易印花税率从5‰下调至4‰；1999年6月1日，国家税务总局将B股交易税率降低为3‰；2001年11月16日，印花税率再度调低至2‰；2005年1月23日，财政部又将证券交易印花税税率由2‰下调整为1‰；2008年4月24日，财政部决定将交易印花税税率由3‰调整为1‰。

1991年10月、1999年6月和2005年1月的下调，除了刺激短期“井喷”行情外，随后还孕育了阶段性牛市行情。2008年4月24日的下调，使当天上证指数、深证成指分别上涨9.29%、9.59%。

综上所述，一般大盘在相对高位或者山腰位置推出此利好，大多为一天或者几天行情，而在底部区域推出，一般都是一轮牛市开始了。那么我们现在的市场市盈率不足16倍，自然是底部区域了，人造牛市越来越近。

关于邮票：

很多朋友问了我很多关于邮票的问题，我归纳了一下，做个答复。

1. 我看好的品种，未来都会有不错的上涨。历史上看，我在邮票市场一次都没出现过失误。如2001年的许仙白娘子小本的炒作、2004年主席青铜器的炒作等我都亲自参与。而2004年对03、04小版的预判也是完全准确的，2005年对生肖票未来的走势判断也是完全正确的，现在市场炒的就是几年前我谈的事情。我的水平在邮市无人能出其右，这是公认的。

2. 用闲钱来玩。毕竟大家是股票操作者，而不是邮票工作者。1万~2万元的操作就当收藏，甚至当娱乐，也算为自己拓宽了投资领域。很多人追随我，大多数是跟着博客赚了不少钱的人，那么一两万的并不在乎。而且所有股票人都知道，只要我看中的东西，我都会亲自进场。股票得用多少钱，邮票用的钱不如股市1/10甚至1/100，我自然会进场。

3. 现在的邮票市场，尤其是网络邮市充满了欺诈。所以，尽量现场交易，或者与信誉好的邮商交易。因为股票人不熟悉这个市场，欺诈手段太多，还有很多门道，水很深。

4. 我多次谈过，邮票和股票背道而驰。实际股票上行中，邮票就处于下行，也是最好的吸纳时期。而一旦股市冲上3000点甚至更高，邮票就开始涨了。与当年的权证有一比。只要是投机市场，就一个原则——赚钱的必定是少数，而不是大多数。那么我看好的题材自然都是经过深思熟虑的。

5. 很多朋友觉得一些邮商很牛，实际他们就是个二传手而已，真正能形成炒局和上涨的，靠的是我这样的炒手，也就是有资金、有技术、有前瞻性的人。历史上邮商参与炒作的基本都死掉了，因为他们根本不具备坐庄的实力和能力。所以，不必理会他们的思路，因为他们的思路都是大众思维，看似很美，死得很惨。

6. 不必理会网上的小型买卖单。几百版的单子对我来说一点用都没有，如果场内有2000版以上的单子，我基本都一枪打掉了。大家也会发现，一旦出现1000版以上的单子都会成交，而零散的100、200、500单子没人理会，这和股市一个道理。坐庄的不可能连你手上100股、500股的都去关注，人家要的就是1万股，甚至5万股、10万股的卖盘。

十几年间，有说大哥这样的、那样的，却从来没人说我技术不好、资金实力不足、坑杀散户等，这就是信誉，我十几年来在各个投机市场里打出来的信誉。

不是每次拉高都是出货

（2012-05-02）

牛市趋势已经确定，今天不是拉高出货。现在该向蓝筹股转进。

五月必然是红五月。5个交易日内拿下2500点，今年是大牛市，这都是我前期的判断，都会兑现。

现在需要的就是成交量，只要冲破1200亿元，最好达到1500亿元，2500点随时拿下。而牛市的第二阶段，逼空行情开始。2500点什么都不是，2850点才是压力，3000点下无战事了。

人民网造福人民，牛市开启
传媒股舞动中国，等待翻倍

（2012-05-02）

今日大盘如我所料，大涨42.12点，收盘2438.44点，成交有效突破1200亿元这个最低启动值为1239.75亿元。煤炭、有色、稀土、航运、文化传媒大涨，蓝筹股领先。2500点已经在我手中，3000点指日可待。

作为本轮牛市唯一的奠基人，当然也是上轮牛市的唯一奠基人，我看着牛市从我身边舞起，如打翻五味瓶。每次牛市来临前，我不断地呐喊，除了被攻击、遭白眼外，更多的是不能理解我的苦心。大哥不是股神，只是站在这个市场23年岿然不动的老兵，我用自己的执着为大家能够坚守到牛市而欢呼。我无愧于心，无愧于多年信赖和追随我的哥迷。但是大哥真的累了。今天是我在这个市场倒计时1个月零21个交易日。可以想象那天，6月30日，牛市正酣，3500点上舞翩跹，带头大哥退出市场。而那天博客上只有十六个大字“三十八载，叱咤风云。带头大哥，绝迹江湖”。

我今天连续发表两篇博客，第一篇告诉大家牛市第二阶段——逼空行情开始，操作方法就是迅速进入蓝筹股；第二篇就是告诉大家，资金最先攻击的是文化传媒股。而按照我设定的范围，实际只有601801皖新传媒、601098中南传媒最符合标

准。可能有朋友说还有别的传媒股也符合。请大家注意的是，一般次新股在牛市中更容易翻倍，也更容易作为领涨先锋，因此一定要注意以上2只文化传媒龙头。尤其是人民网的暴涨，更是对这2只龙头的价格起到提高作用。由于文化传媒股普遍定位在50倍市盈率，因此601801皖新传媒、601098中南传媒这2只龙头现在只有17倍和25倍的品种，翻倍就成为必然的选择。同时因为现在已经进入蓝筹时代，而我多次强调过蓝筹股是翻倍的行情，那么现在死守就是最好的选择。如果做短线，也该是上涨20%后出局。

我前面的博客写得很清楚，2500点将在5个交易日内到达，现在还差4个交易日了。2850点是压力，3000点下没有大的战事，五月是红五月。上周最后一篇博客我说过，距离我谈的2500点还有5个交易日，一旦成交突破1200亿元或者到达2478点以上我就马上进入二线蓝筹股中。因此今天我毫不犹豫地进入到蓝筹股中，只因为成交必然突破1200亿元。我完全按照自己的技术判断进行操作，一步不错。

这轮是人造牛市，我谈过多次，而高点最低在3500点以上。关于大盘的目标我阐述过多次了。深市必然见到16000点~18000点，沪市必然见到3500点~4150点位置。而后面如果两市大盘继续出现三平翻红，大盘就是创历史新高也没什么不可能的，我现在说的只是必须要到达的位置，这个观点我从来没改变过。

牛市已经进入到第二阶段，即逼空阶段。那么2500点下抓紧上车，机会还是很多，越后翻多就越不安全。我再次说一遍，3000点下没有大的战事，本次是人造牛市，最多能支持到10月底，也可能在6月底或者8月底就结束了，而后将是绵绵下跌4年的大熊市。我已经进入蓝筹股，等待翻倍了。

我前几天谈的邮票08海西小版，走得相当好，基本超过1000版的成交都在25元以上。未来它是80元以上的东西，我现在也在吸纳中，一旦6月底我退出股市，我会把更多的资金加入到邮市中。而现在的价格被低估得很严重，可以用1万~2万元小玩，等待我的拉升。心态要好，毕竟现在是建仓阶段。一般邮票操作上起码都是翻倍的利润，而时间大约为3个半月到1年。

蓝筹行情启动，主攻是文化传媒

（2012 - 05 - 02）

我的资金流向技术很明确地指向文化传媒股。本轮大牛市，蓝筹行情率先翻倍的是文化传媒股，其中30倍市盈率以下、业绩优良、流通盘10亿股以下，价格15元以下的品种都具备翻倍的价值，而捎带着一般低价的少数民族区域概念股也会上涨。

新高前的蓄势

（2012 - 05 - 03）

今天是周四，也就是通常大家都有所忌惮的黑色星期四，很可惜的是让空方和踏空者失望而归，一根小阳结束战斗。收盘小涨 1.64 点，收 2440.08 点，成交 1021.86 亿元，尾盘有再次抢盘迹象。明日要冲击 2478 点前高了。

文化传媒股走势比较强，尤其我昨天谈的 2 只，由于主力已经基本完成建仓，今天是最后的洗盘动作，明天开始就展翅高飞了。很多人问我文化传媒股能涨多少，实际提这个问题的明显没仔细看我的博客。再重复一次，翻倍，它们的目标是翻倍。而做短线的也该在 20% 利润后开始做，现在就是底部区域，不会再有这么好的吃货机会了。由于文化产业即将成为支柱产业，那么只要市盈率在 30 倍以下的品种未来都会获得炒作。其中 601801 皖新传媒，题材非常丰富。首先其一季度同比增长 44%，其次参股新华网也会为公司业绩增色不少，最主要的是其参与国元信托发起的信托理财计划，又使 601801 成为了正宗的“小额贷款”“金改”公司，加上其电子书和数字图书等正在开发中，对其未来业绩都有提升。而由于图书行业旺季为三、四季度，其一季度就增加了 44%，那么正常推算业绩大约为全年 0.8 元/股左右，如果计算上其 9.1 亿元的对外投资，加上图书今年开始免除增值税，恐怕业绩到 1 元/股也不奇怪。那么现在的动态市盈率只有 12 ~ 15 倍左右，未来必然是翻倍的。技术面看短期压力为 14.12 ~ 14.75 元，一旦放量通过，必然过历史高点 20.75 元。那么现在不足 13 元的价格就该大胆介入，等待翻倍。另外 1 只 601098 中南传媒，一季度同比增长 26%。同时中南传媒上月刚获得广播电视剧制作经营许可证，也预示着其向影视传媒发展的方向。最重要的是其手持 65 亿元现金，且其市场化能力较强（经营行业竞争较激烈的《潇湘晨报》和“红网”）。另外公司也与华为合作了天闻数字出版公司，具备新媒体经营的条件。所以未来一旦公司大力进军新媒体领域，必然会引发业绩大幅增长。其年底业绩大约为 0.6 元/股左右，其动态市盈率也不过才 18 倍左右，相信随着行情的进展，其前期高点 15.18 元只是个山腰的价格。以上 2 股均为中长线股票，我会一直坚守其中，直到翻倍才出局，甚至连差价都不做，因为大牛市中做差价不如死守赚的多。

很多朋友问我以前谈过的股票，实际是没有注意我的思路。我自己已经进入到蓝筹股中，自然就是已经抛出了别的股票，而且整个过程我都明确地提示过，你再问我我真的无法做出回答。今天看物流、有色金属、煤炭、证券、医药，酿造等板块走得不错,而实际上牛市开始后真正能成为持续的领涨板块的一般都是2个基本板块,1个新兴板块。我认为1个新兴板块就是文化传媒,毕竟政策支持,业绩良好,市盈率低,有极大的炒作空间。不像金改概念,只是个题材。而2个基础板块则是大消费股和银行证券类股票。另外需要大家注意的是,今年是人造的牛市,那么不会出现各股普涨的状态,有些股票大涨,有些股票还可能下跌,所以现在能进入的只有文化传媒、大消费类和银行证券类,我个人认为2850点上进入银行证券类。而现在就在文化传媒和大消费股上做文章。

大盘安全度过了经常黑色的星期四,明日将要去挑战前高2478点了。请跟进我的思路,毕竟这轮牛市我是唯一的奠基人,而且我还是上轮带着1亿3千万散户走上神坛的人。到现在起码中国市场还没有能超越我的人出现,我的思路就是最好的了。距离我预测的5个交易日拿下2500点,还剩余3个交易日。我们继续耐心等待吧。

落英神剑英雄闯关,弹指神通指点江山

(2012-05-04)

今日大盘再次创出新高,收盘沪市站稳2450点,涨11.93点,收2452.01点,成交1023.78亿元。深市更为凶悍,已经冲到10573.60点。两市基本都以次高点收盘,强势特征明显。尾盘再现巨量抢盘动作,下周必破2500点。

中美经济对话开始,那么围绕着相关产业的话题和政策甚至会有深远影响,如影视传媒、科技、军工等题材都有爆发机会。而今日看,环保概念股受5万亿元利好刺激上涨,其余如医疗、酿造、食品以及文化传媒股都成为资金进入的目标。市场资金完全围绕着我圈定的大消费和文化传媒股做文章。今年伊始,我谈及的股票都涨得非常好,如酿造类的青青稞酒、沱牌舍得、酒鬼酒等全部翻倍,其余如上海本地股、深圳本地股、低价低市盈率股、奢侈品概念股等也全部获得暴利。尤其是本周初谈及的文化传媒股,短短3个交易日收益超过10%,可以说我牢牢地把握住了市场的主线。但这都是过去,股票市场需要的是不断地取得胜利,成功只代表过去,我们永远都要向前看,向钱看。

很多朋友还在用短线思路衡量这轮牛市,这是极度危险的。现在是牛市的第二阶段,也就是逼空阶段。大盘基本上都是当日洗盘当日上,根本不给你“T+0”的机会,只要做T就会被甩下高速运转的盈利列车,再想进入就需要高位买进。从本周我谈及的这2只文化传媒股上看得很清楚,有些人跟着我的步伐进入了,但是

跑得比较快，出来后价格猛涨，根本不给你再次介入的机会。

再重复一次，今年是大牛市，人造大牛市。距离我说的5个交易日拿下2500点还差2个交易日，下周二前就见分晓了。距离我说的红五月，也只有19个交易日。距离我说的大牛市还有我退出的时间，也不过还有1个月零19个交易日了，这些都会被兑现。有人问我："大哥，你不是说你的文化传媒股可以在1个月零19个交易日内翻倍吗?"您说着了，我肯定地告诉你，起码有1只可以完成，而且根本用不上那么长时间。本周你都拿下10%利润了，还差90%而已。很多人延续着熊市思维，延续着短线思路，我无法为你改变。但是我会按照自己的思路操作下去，因为无论是历史还是现在都证明我是完全准确的。

大盘下周必然攻克2500点关口，然后稍加调整后继续上攻，压力为2578点一线，再向上就是2630点和2850点了。

股票上不想说什么了，我们面临着一个接着一个的胜利而已。而邮票上我看好的08海西小版越走越强，散版价格都在22元以上了，而超过2000版的成交全部在25.5~26元一线了。对于这个品种我说过多次，目标是80元以上，5月10日~15日后其价格应该在28~30元一线了。现在我们的成本接近，一旦我吸纳完毕就会拉升。大哥6月底离开股市，总得有个喜欢的去处吧，我想那就是邮票市场了。

方向我已经指明，别问愚蠢问题

(2012-05-04)

对于大盘的方向我已经指明，就是大牛市。短期目标在3000点以上，中期目标为3500点~4150点。

关于蓝筹股，2850点下甚至3000点下我都坚持在文化传媒上，力求翻倍。看看这几天我谈的2只文化传媒股走得还不够强大吗?

至于邮票，我已经明确说明看好08海西小版，5月10日前可以大胆介入，等待拉升。资金在1万~2万元最好，就是要找出一条新的投资渠道。

所以请朋友们写信不要问我大盘怎么走、各股怎么走，方向都说得很清晰了，还要我如何回答?

现在是蓝筹股，谁都无法控制其走势，因为盘子太大，只能靠市场对其未来的定位来提高其价格，这是常识，所以不要提那些愚蠢的问题。

记得有记者曾经问过经历过二万五千里长征的红小鬼是如何坚持下来的，他的回答只有一句"跟着走"，这句话也适用于现在的市场。

新高不断，大盘万绿丛中一点红 涨声响起，消费传媒环保竞风流

(2012-05-07)

今日大盘在欧美日港台等股市均大跌2%以上的影响下，继续走出自己的独立行情。深市再次创出新高，沪市也收出小阳。大消费股、环保股、文化传媒股领先，保险及保障房概念下跌。A股依然是全球股市的一朵奇葩，万绿丛中一点红啊。

对于大盘我没什么好说的，明日挑战前高2478点和2500点整数关口。而个股上，由于5万亿元投入环保事业，因此环保股还有上涨空间，但是由于题材兑现很遥远，注意风险吧。而大消费股则是今年的大趋势，我前期谈过的卡奴、榨菜等都上涨了。文化传媒股受财政部重点扶持的利好刺激继续上涨，毕竟现在很多传媒股都具备低价、低市盈率、发展前景好的优势，因此它们的翻倍依然在进行中。我依然坚信今年能翻倍的只有大消费股和文化传媒股，而后期大涨的将是银行类股票。我会慢慢跟大家聊下去的。

今日创业板和中小板股票超跌反弹。对于创业板大家依然要坚决放弃，无论说得多么美好，实际都是骗人的。而中小板中有些股票是可以关注的，但是也要符合大消费或者文化传媒概念，别的都不行。这段时间人民网的确走得凶悍，也没人敢说它什么。毕竟这只票的盈利模式无法被复制，财政部的股票，谁能与之争锋啊？但是其80多倍的市盈率却可为其余的文化传媒股彻底打开上升空间。同时由于传媒股已经成为未来的产业支柱，那么无论是从题材还是从政府投入上看都是实打实的投入，这也为该板块未来的发展奠定了基础。我看好的两只传媒股601801和601098会继续它们的翻倍之路。大盘经过今天的震荡后，明日就要去挑战前期高点2478点了，牛市依然在进行中。

我前段时间谈的邮票2008海西小版走得很不错，2000版以上的成交价格已经在26元多了，10号后我随时会发动行情。昨天北京市场出现了拿顾客邮票卖空，而顾客去取的时候没有货的情况。所以，买完的货一定要放到自己手上才安全，而对于邮商一定要甄别对待，现在坏人太多。多余的不说，喜欢的就去玩点，不喜欢的大可别玩。

明日大盘将挑战前期高点2478点和整数关口2500点，而领涨板块依然是文化传媒和大消费概念股。

南海随时开战，大盘攻势稍缓

（2012-05-08）

很抱歉，今日大盘没有攻击前高2478点和2500点关口。收盘小跌3.06点，收2448.88点，成交1049.70亿元。石油采掘、稀土永磁、军工和文化传媒股走强，券商、地产股下跌。

中午11:16分外交部副部长发言，称已做好准备应对黄岩岛事态扩大。可以说如果菲律宾继续嚣张，南海必然开战，而与南海有直接关联的石油采掘、稀土永磁和军工股下午大涨。但是一旦开战，对股市自然是利空，这也是今天踌躇不前的原因之一。昨天中国股市全球独秀，今天继续调整。

大盘到现在依然走得非常好，尤其是成交量一直能维持在千亿元以上。2500点实际没什么压力，我根本不担心此位置随时会被拿下的情景发生。但是错了就是错了，我认为今天就该攻击到2500点一线，而无论外界什么因素，只要没到，判断就是错误的，就要承认。但是牛市刚刚开始，2500点随时会过的判断我一直坚持，只不过是延长几天罢了。与那些跌了就看空，涨了就看多的家伙比，我的准确率依然高不可攀。大盘走得非常好，现在需要考虑的不是2500点，而是2500点上应该继续放大成交量。由于成交量一直在1000亿元~1200亿元之间徘徊，如果突破2500点后不继续放大，就不是好现象，所以现在最需要的就是放量。

文化传媒已经连续上涨1周，后面会继续上涨，今天天舟文化、华谊嘉信的涨停更是刺激了文化传媒股的整体上涨。传媒股，尤其是低价低市盈率的文化传媒股，未来必然是翻倍的。我根本不在意短期的涨跌，我会守到翻倍，起码50%以上，才开始慢慢出局。对于外界的噪音，我只说一句话："燕雀安知鸿鹄之志"？我从年初到现在拥有接近100%的准确率，这次也一样不会错。所以噪音越大，就证明我越准确。我继续着我的文化传媒中线操作，走自己的路，让他们打车去追吧。

今天就是个小调整而已，没什么稀奇的地方。昨天中国股市连全球股市大跌都不理会，说明现在牛市根基相当稳固。有些评论者从2200点就看空，总喊着见顶、暴跌。可是这些都没有来，踏空数百点的人多了，在大牛市中这就是犯罪。要是过完2500点进入一个小调整，也不代表你看空看对了，只能证明你高位买进了，就是这么简单的道理。

本周还有3个交易日，大盘随时攻击2478点~2500点。现在安心地驻扎在文化传媒股和大消费股上就可以了。别想得太多。

调整基本结束，随时翻身向上

（2012-05-09）

今日大盘在南海局势利空影响下跌了40.30点，收盘2408.59点，成交995.21亿元。我提示的军工股一马当先，其中船舶和航空股上涨，而其余板块均下跌。

短期南海局势对股市会有一定影响，但是盘中交投相当活跃，有明显新多进场吃货的痕迹。可以说不但消化了部分前期高点的压力，同时也使超高的指标进行了调整，更是给新进入的资金一个合理的点位，一箭三雕。看似阴线不小，可是成交却逐级缩小。2400点支撑强劲，2390点基本就是本次借战争打压的极限位置，因此请踏空者抓紧进场，而满仓者完全可以耐心等待。

我昨天和今天上午均提示了军工股，买了的肯定是赚钱了，没买的也不必郁闷。文化传媒股走得依然比较强，虽然有部分调整，但是龙头人民网非常强悍，而我继续着我的中线蓝筹翻倍之旅，坐山观虎斗是最好的心态。文化传媒经过今天的调整后已经结束，明日将大涨。无论明天大盘如何表演，文化传媒都会再次上涨。害怕的、紧张的大可以退出观望，在下心态很好，一直满仓运行，坚持着我的牛市，坚持着我的翻倍不动摇。

不必为短期的涨跌过于担心，牛市已经开启，任何消息都不能阻止大盘的上行。预计明日大盘再次探2400点后开始上涨。我依然在文化传媒股上，不离不弃。

跌就是机会

（2012-05-09）

南海局势紧张，军工今天涨幅居前。我说过，一旦开战必然影响股市。而大盘一旦下跌，就是进场的最好机会，踏空的把握住吧，千载难逢。

昨天晚上报道，我们的海监船已经不允许菲律宾的渔船靠近黄岩岛了。正常开战前大盘会跌，幅度大约在2%为极限。然后一旦取胜，大盘暴涨。

跌就是机会。

塞翁失马，焉知非福

（2012-05-10）

今日大盘果然止跌回稳，收盘小涨1.64点，收810.55亿元，成交缩小到810.55亿元。盘中医疗器械、医药、文化传媒上涨，而军工、航天类股票分化。保险、贸易、地产类股票下跌。

我昨天就说过，大盘已经跌得差不多了，调整结束，今日大盘基本就稳定住了。同时我也说，无论今天大盘如何，文化传媒股均会上涨，而今天风头最劲的就是它们。由于文化传媒本身就是低估的，加上国家真金白银地投入，从题材、业绩、成长性上看都是可以作为持续热点的品种。而资金最近流入相当大，翻倍是必然的选择，看看人民网的疯狂就明白了。现在看网络类以人民网为主，出版类是皖新传媒，广告类变化无常，但是明显传媒股的价格已经开始出现上台阶的走势，而且是整体上移，这就须要重点关注了。我想知道，现在到哪里可以找到政策扶持、业绩良好、题材众多、而且价格低廉、价值低估的整体板块。除了文化传媒还有什么？有人说钢铁、地产、银行等也低，可是它们的成长性呢？股票市场炒的就是未来，一些夕阳行业不可能作为领军人物，同时由于成交量的原因，大型蓝筹股暂时也不可能动作，因此短期最适合炒作的无疑是文化传媒。毕竟总市值太低了，翻倍的话，市值甚至都不如2只大银行股的市值。游资和基金自然喜欢，尤其是QFII等熟悉中国国情的资金。我继续着自己的文化传媒翻倍之旅，让事实去教训某些无知者吧。

相信我的朋友会很清楚地看到我如何准确地把2132点判断成绝对底部的，并且把大消费股和奢侈品概念股等一网打尽。那么最近我就会为大家展现如何在未来的2~5个月的牛市中取得翻倍的过程。

今日大盘进入缩量，但是资金流入远大于流出，很多资金逆市进场收集筹码，这是非常好的现象，也完全符合我昨天的判断。多余的话不说，中菲的南海争端看似影响股市，但也可能就是突破2500点的契机。塞翁失马，焉知非福啊？

预计明日大盘继续上行，重新站上5日线和10日线，而热点还是文化传媒。明天是文化传媒股疯狂的一天。别忘记，今天是周四，也就是历史上经常被黑的星期四，可是今天却是红盘。

烽火连五月,思路抵万金

(2012-05-11)

今日大盘再收小阴,收盘跌15.25点,收2394.98点,成交继续缩小,为758.16亿元。今天公布4月的CPI,显示增长为3.4%,看似同比物价回落了,但是到底回落没有,相信大家都清楚。请注意,物价显示回落就给降准增加了机会。

本周大盘在南海争端中震荡整理,全周下跌60点,跌幅接近2.5%,而唯一逆风上扬的只有2个板块,就是我看好的文化传媒和大消费,其余板块均无建树。我上午发表博客谈到"跟住热点才能取得胜利",那么本周只要跟住我的,起码都是盈利多多的,而没跟住的基本都受到重创。实际我们往回看历史我谈过的股票,会发现都走得极度凶悍,要么翻倍,要么迭创新高,例如酒鬼酒、沱牌舍得、青青稞酒、卡奴迪路等等。而本周无论买进哪只文化传媒股票都是有盈利的,我自己做了两次差价,到收盘盈利已经超过15%了,可见思路正确是多么重要的事情。本周文化传媒和大消费中的医药、服装、酒类等崛起,为并不强大的市场注入了无限的活力。

从年初到现在,我已经收获了接近200%的利润,如果读全我今年的博客应该看得很清楚。我的思路一直没有出现任何错误,市场完全按照我预测的在走,虽然有些时候一些外围事件引起下跌,但是基本在技术上能预测到的东西我都预测到了。而对于板块和个股的操作,我没有一点错误可言。我前面的文章也谈了,本次受南海事件影响的短暂下跌,最多也就是2390点附近,今天基本也快跌到了。但是就是如此下跌中,我的传媒股却都稳健地上涨,其中文化传媒龙头皖新传媒,就算一动不动,都有14%的利润了,而且还是逆市创出新高;另外一个龙头人民网更是新高不断。连我以前谈过的大消费类牛股,青青稞酒和卡奴迪路都走出新高。这还不叫强大,我真不知道什么叫强大了!别拿我跟别人作比较,一个免费的博客放在这里,有缘的、有技术的、有本事的都能赚到钱。

正常情况,到3000点~3500点的时候,资金应该可以翻倍2次,我觉得我完全做得到。按照我现在的收益看,今年最多可以累积复利到700%左右,再高就比较困难了。而能跟住我的博客的起码也该有50%以上的收益才正常。因为文化传媒股后,最多还能操作3~4次,就彻底结束了我今年的操作,这也是我发行限量版视频光盘《洞晓先机3》的原因。毕竟那么多喜欢我的人想跟我探讨技术,我也争取能让他们起码来个翻倍才好,而且我也希望未来他们可以用我的技术继续战胜市场。

本周大盘走得并不好，但是也基本调整结束。本周文化传媒股只是热身而已，而下周就该猛烈爆发了。就如今天一样，一柱擎天的只有文化传媒。本周末就是母亲节了，祝愿天下的母亲身体健康，硬硬朗朗，完成所想，万寿无疆。

跟住热点才能取得胜利

(2012-05-11)

我昨天写得很清楚"大盘今天上涨，而今天将是文化传媒股疯狂的一天"。看看现在是不是这样？所以对错根本不需要自己去说，时间老人最公正了。

跟住热点才能取得胜利。我已经拿下超过13%以上的利润，将继续着我的蓝筹翻倍之旅。

我对2132点为底部的判断

(2012-05-12)

今天19:20央行下调存款准备金率0.5个百分点，我的判断再次被验证。我的历史判断可以说90%以上都是准确的，本周文化传媒股的判断也被验证。

货币不断宽松，保持轻松心态

(2012-05-14)

今日大盘在周六降低准备金的利好影响下，高开低走，收盘跌14.26点，收2380.72点，成交893.64亿元。医药、物流、水利等板块涨幅居前，黄金、有色、稀土等板块下跌。

周六公布降准消息，而今日两条利空对应出现。首先是北京三板市场已经准备推出,大约需要7000亿元以上资金,而本次降准只能释放4000亿元左右的资金。其次就是16号,无论是旅游团还是海禁都在同一天出现,南海争端扑朔迷离,也使资金不敢于继续操作。这次降低准备金市场已经等待了很久,今天如此走势,颇有利好出尽是利空的意味。今日沪指已经跌破60日线,两市都在主力生命线20日线下运行。按照技术面看,最多只能在20日线下停留2天,也就是后天收盘必须收回20日线。但是请大家注意的是,深指并未跌破60日线,因为牛市并不是以沪指作为主要参照而是以深指作为参照的。因此,多观察深指更准确些。而深指今天刚刚跌破20日线而已,没什么可恐慌的。

我继续战斗在文化传媒翻倍之旅上,因为本身这类股票就很安全,而且符合郭主席的蓝筹股特征。今日人民网涨停几次,而同板块个股则有部分散户退出迹象。我觉得这样很好,洗走的永远是不坚定的人。作为未来的支柱产业,文化传媒板块怎么炒作都不算问题。我很想知道,像这样要题材有题材,要业绩有业绩,要低价有低价的品种,现在市场还有吗?现在就是山脚而已,谁坚持得住,未来就获得暴利。牛股就在我手中,我是不会放弃的,可是别人我就管不着了。既然是蓝筹行情,就是价值回归的过程,那么就比耐心了。让时间去见证吧,我不想多说什么。

按照中国股市的历史看,一般年内第三次降准的时候,牛市就该进入快牛阶段,现在已经是第二次了。从经济形势看,相当严峻,如果货币不继续宽松,恐怕有些企业又要面临倒闭潮了。既然CPI已经降得那么低了,降息也会出现的。实际到现在大盘基本还是按照我年初的预测在走,该出的利好也都在出了,后继的利好还有很多,我们慢慢看就是了。管理层的组合拳刚刚开始打,广告过后,后面会更精彩。

欧美股市持续不给力,但是仔细分析一下会发现,人家是新高后下跌。而我们是刚刚涨了300多点而已,有什么可恐慌的?就算中菲开战,也就是个局部小战争而已,又能把大盘怎么样呢?要是真开战,大盘跌几十点我想没人会反对吧?至于扩容问题,无论是新三板还是国际板早晚都是要来的。所以顺其自然吧,没必要一惊一乍的。只要手上是好股票,就耐心持有吧,跌一天怎么了?我还有百分之十几的利润,看看强势股的成交量就都明白了。

货币宽松正在进行中,那么保持良好的心态很重要。有的时候我不但要是钢铁侠,还得是心理医生。这个市场就这样,有涨就有跌,太正常不过了,调整是为了更好地上涨。

一根长阳

（2012-05-14）

受降低准备金利好刺激，早盘高开低走，但是从盘面看有明显资金介入迹象，主要在文化传媒、医药和水利股上。今天不是主力借机出逃，而是换筹码的时候。另外今天证券、地产也要看一下，现在成了气候的只有文化传媒和涉矿类股票。

大盘应该是根长阳，而暴涨的板块依然是文化传媒股，今天应该有涨停的。

古今多少事，都付笑谈中

（2012-05-15）

今日大盘在IPO加速、欧美大跌的影响下，依然相当顽强，收盘小跌5.88点，收2374.84点，成交773.35亿元。深指涨38.43点。沪指守住30日线，深指则守住30日线和60日线。

一周14只股票上会。现在是各种资金的确在寻求入市的时机，而IPO依然疯狂地进行。大盘稍微有些起色，就面临失血。由于后面还有新三板、国际板，所以本轮人造牛市必然会出现。但是一旦到达3500点以上，这些超级扩容就尾随而至，散户不死都难。韩国和日本养老金赶场，QFII低位进入，这些都没什么不正常的，没利润谁都不会来。我有技术在手，无论中国股市如何，我都可以赚到钱。但是到了下半年恐怕散户会被再次斩杀无数，这也是没有办法的事情。当国际板来临的时候，我奉劝散户离场吧，中国股市真的不是小散能玩的。

从技术面看，深圳已经率先筑底，而上海反应速度比较慢。如果政策面没有更大利好出现，大盘只能维持缓慢上行。因为到现在管理层都是说得多，做得少。市场现在最缺乏的就是成交量，也就是大量资金的进入。如果成交量不能有效放大到1200亿元以上，我只能再次选择短线操作，毕竟我们要随着市场变化而变化。中国股市到现在依然没有投资价值，有的只是投机炒作。无论谁去引导，没钱进来都没有用。管理层也希望市场走好，希望市场真正地回归蓝筹行情，去寻找价值投资的根。我也如此，毕竟我在这个市场23年了，我更希望这个市场能出现可口可乐这类的公司供散户去选择,可是很遗憾,我们的市场真的没有。谁都想听管理层说的价值投资,可是事实过于残酷,行情并非是靠喊口号完成的。因此本周过后,我只能被动地开始短线操作,别无他法。

我不会再谈我看好的品种,只会对板块进行一下提示,有能力的自然赚得到钱,熟读我技术的自然也能明白该进入什么股票。大盘7天跌了100点,我的文化传媒依然强劲,全部都是盈利的。这就是能耐,也是我屹立中国股市23年的原因。

大盘已经在20日线下第二天,如果明日两市不能收复,起码深市要收复20日线,市场才会继续攀升,否则还要稍微调整,但是现在位置已经是一个很好的买点了。我的操作风格随时会转变,而且我不会再谈得那么清晰,能看明白的跟着走,看不明白的我也没办法了。

古今多少事,都付笑谈中。当这个市场要把我的棱角磨平的时候,我就会选择退出。

内忧外患下的艰难选择

(2012-05-16)

今日大盘再跌28.65点,收盘2346.19点,成交741.82亿元。两市双双跌破全部短期均线。无一领涨板块,11只涨停,1只跌停,市场再度陷入混乱状态。文化传媒、水利、保障房、军工等跌幅居前,前期抗跌股全线下跌。

我昨天的文章已经清晰地指出,如果今日不能站回20日线,调整会继续。但是由于短线杀跌严重,尤其是前期抗跌股今天都出现比较大的下跌,大盘可以说跌得差不多了,即使继续调整,指数也下不去多少了。横向整理将是近期的基调,然后等待政策信号,再拾升势。政策面虽然出了不少东西,但是根本没有能马上提振大盘的利刃。现在唯一能让大盘迅速上涨的政策只有一条,就是停止IPO。就如2007年牛市势不可挡,任何利空都被主力视为利好,无论怎么打压都打不下去。当年我说过,只要把IPO提速就能终止疯牛。可是当时没人相信,用尽办法都不能阻止大盘继续制造泡沫。经历11道金牌无效后,最后选择的就是我说的提速IPO。可以说我更熟悉这个市场,那么现在想让大盘上涨也只有一条路,就是马上停止无休止的IPO,辅以"T+0",则大盘必然大涨不回头。

今年,管理层比散户更需要牛市。原因很简单,2008年的4万亿元都投入到基本建设之中了,欠债过多,而现在还的就是这个当时冲动的代价。由于现在出口不畅,因此急切地要扩大内需,而老百姓手上的钱不断缩水,因此只攒不花。但是单纯地对实体进行投资，国家没那么多钱，而把虚拟经济打高，变相地增加了百姓的收入，同时也会使更多的人把手上的钱投入股市，赚了钱也就自然去消费了。而启动牛市不需要国家投入太多，更多的是投入政策。我们现在的市场的确处于低估状态，这也是为什么国外养老金拼命想挤进来的原因。现在管理层既需要资金，同时也看到了一旦这些资金进入后，将逐渐掌握中国股市的话语权问题，属于两面为难，因此造成这类资金审批速度很慢。还有就是现在郭主席想极力促成各部委都认可其投资蓝筹股的观点，但是现在各部委均为各自利益而战，很难快速形成合力。估计最后还是需要更高的管理层发话才行，这是个稍微漫长的过程。但是一定会出现牛市，因为无论是保增长、扩内需，还是促和谐、平稳交接等，都不会坐视1亿3千万股民不管，也会逐渐了解把股市搞好、推高后，会对企业发展、扩大内需等起到极大作用。最主要的就是想继续融资，想推出新三板、国际板等，没有一轮牛市根本做不到。因此，牛市一定会来，无论是人造的还是天然的都必须要来，3000点一定要被穿越。

有人问我还看好文化传媒吗？我的回答是肯定的，继续坚定地看好该板块。今天文化传媒下跌，可是谁注意过，本轮如果买进的是文化传媒就算跌到今天依然还是盈利的，而别的板块早就被砸得死伤无数了。作为未来的支柱产业，该板块经过调整后，会走得更好。很多人连最基本的震仓、洗盘、倒仓都弄不明白，恐慌是必然的。大盘都把全部均线跌破了，而文化传媒连20日线都没破，还不是强势吗？我今天上午看了一上午盘子，下午直接去睡觉了。因为我知道大盘基本跌得差不多了，而文化传媒下跌已经结束了，明天早盘再震出去一些人后就该涨了。关于该板块我不会再谈及，因为完全按照我的技术在走，没有出现任何超越技术的东西，我继续拿着股市。

大盘现在可谓内忧外患，外面欧洲受希腊影响不断下跌，南海争端到现在也没结束。而国内经济下滑明显，IPO继续提速，银行股继续融资等等，都对大盘形成压力。口号式的鼓劲被识破后，就是资金的出逃。高呼蓝筹股，却是垃圾股满天飞。退市的没有一个，IPO却疯了一样。如何取信于民呢？所以我只能去顺应市场，重新回到短线操作上面，下周我会中短线结合操作，而不是一味死守。

大盘基本跌到位了，随时会展开反弹。

2012

壁立千仞，无欲则刚

（2012-05-18）

今日大盘低开低走，收盘跌34.37点，收2344.52点，成交789.56亿元，两市双双跌破全部短期均线。中日韩概念上涨，新三权概念、银行、保险、石油等权重股全部大跌，已经把昨天上涨的幅度全部抹杀。

今天跌得比较突然，收盘后证监会对8大热点问题进行回应。我总结了一下，有5点对市场影响比较大。第一，IPO会继续，不会停止，而IPO与股市涨跌无关。第二，新股发行改革后，中小股民获得配售的机会更小了。第三，股指期货每天300亿元左右的成交，对每天800亿元左右的大盘成交是没有影响的。第四，"T+0"交易条件不成熟，推出的话怕散户风险更高。第五，继续扩大境外资本进入我国股市。我想大家看了后可能跟我一样的心情，那就是无语。

我前天的文章就说过，我不会死守，因为政策信号很不清晰，我今天用少量资金做了短线，拿到8%的利润。下周我会继续动作，但是我不会再把自己的操作写在博客上，我只会管好喜欢我的哥迷，其余人跟我没有任何关系。等我操作完10个交易日后会把都操作过什么截图给大家看，我会用一个资金很少的账户去做。不是为了炫耀什么，只是为了能让大家看清楚思路。我只能告诉大家战胜这个市场不难，但是要依靠技术才行。

希腊危机一直没有真正过去，南海之争也一直没有真正过去。今天又是股指期货交割日，出现下跌也没什么不正常。

空方的打压基本差不多了，现在点位也比较安全。可以说现在的策略就是抛开大盘炒个股。实际大家可以去看看我年初到现在谈过的股票，基本90%以上创出了新高。我对市场以及个股的把握能力依然无人能出其右。但是这只代表我个人，而不是所有散户都做得到，这就是我最难受的地方。奉劝众多散户朋友，多学习些技术吧，这轮牛市过后，就是4年的漫长下跌，没有技术就是死路一条。

壁立千仞，无欲则刚。现在我的心态越来越平和，该出去玩就去玩，丝毫不被市场羁绊。今天是周末，大家该休息了。股票市场最让人着迷的地方就是它变幻莫测，而最让人无法割舍的就是它永远给人希望，这个希望就是下一次。

跨 界

（2012－05－18）

今日大盘如约反弹。收盘大涨32.69点，收2378.89点，成交放大到814.58亿元。沪指收复5日线和30日线，深指收复60日线。

证券、酒店和文化传媒上涨。由于证券股历来是反弹的急先锋，因此其反弹并不奇怪，但是需要注意的是，很多证券股均创出短期新高。而文化传媒股受巴菲特和索罗斯两大顶级高手增持，对A股的影响无疑是巨大的。可以说证券股搭台，文化传媒唱戏的格局逐渐产生。而酒店类这样的大消费股，在利好刺激下上涨，并不出人意料。我年初提出的三轮驱动，即文化传媒加大消费为主攻，银行券商为基础，现在看已经初具雏形了。牛市中只要热点形成，此类板块基本都面临着翻倍的行情，因此耐心最重要。

现在流行跨界。昨天央行周行长力挺资本市场，并为股票市场出谋划策。而证监会郭主席则大谈人民币经常项目下兑换的问题，明显是跨界言论。但是其释放的信号很明显，就是管理层绝对不能容忍股票市场的继续下跌，这是一个相当重要的信号。我之前谈过现在管理层比股民更需要大牛市。昨天一跌，就开始有救市言论出现，我相信一旦更高的管理层发话，政策面就会出现更大的利好。我一直坚信这轮牛市会来，现在我可以肯定地告诉大家，牛市一定会来，一定。因为后面扩大内需将成为重中之重。那么股票市场没有赚钱的效应，如何去扩大消费？靠存款利息吗？老百姓的投资渠道少，股市则是最容易让人进入的区域。一旦出现持续的赚钱效应，资金就会拼命进场，而炒作到高潮的时候，接最后一棒的会被坑杀，而且输得毫无怨言。那么赚钱的去消费，就扩大的内需。而最后进入的成为买单者，也是资金缩水，也变相地解决了部分通货膨胀，还有就是新股、新三板、国际板都能发出来了。一箭三雕的事情，管理层不会看不明白的。因此，大趋势必然是牛市，虽然走得坎坷，但是“剩”者为王。

由于大盘成交量迟迟不能放大，因此我中线持股的策略须要作修正，我依然看好文化传媒翻倍的行情，但是我要做短线的差价，不会死守不动。毕竟我要跟着市场走，必须有变化。相信昨天没有技术、心态不好的散户被洗出不少，而那些心术不正的人损失更大。今天一开盘，文化传媒股根本就没给昨天斩仓出局的人再回补的机会。相信明天更不会给机会了。

后面还有更多的利好出现，因此现在把握板块才是最重要的，有能力的尽管做差价,没能力的完全可以死守下去。我自然是短中线混合操作。

关注军工股

(2012-05-21)

今日大盘震荡一天,收盘小涨3.78点,收2348.3点,成交700.53亿元。新材料、稀土、有色黄金、高铁等上涨,证券股、通讯、水务等下跌。两市比较疲软,均没收复任何短期均线。

大盘如此疲软主要有两个原因。第一,资金出现撤离情况。从大盘成交上看,能很清晰地看到有部分资金撤离市场。而大盘一旦成交量跌破800亿元就不是什么好现象。政策面已经明确告诉大家IPO不会停止,自然引发长线资金出逃,而"T+0"不能实施,等于直接绑上散户的手任人宰割,股指期货更是为空头推波助澜。第二,南海局势更加复杂。因此市场出现如此走势不奇怪。

那么在南海争端即将破题的时候,大盘短期要注意风险,但是军工股则可以开始关注了。因为无论从调整时间上、估值上,还是应对南海争端期间选股上,军工股都是首选,但是仓位一定要控制好。个人认为现在仓位不能超过80%,保守者甚至可以降低至50%左右,毕竟市场成交量明显不足。

军工股的选择上,首先要注意是否是真正的军工股。目前A股市场共有59家军工概念股,经过分析后发现只有30家公司真正涉及军工业务,其余公司业务均为民用。进一步分析上述30家公司的军工业务,结果表明有7家公司的军工业务占营业收入的比重超过90%,也就是说,这些公司对军工业务有很高的依赖性,它们是:中国卫星、航天晨光、西飞国际、钢研高纳、航天电器、中信海直以及哈飞股份。按照我的操作思路看,流通盘超过5亿股的不买,动态市盈率超过100倍,静态超过60倍的不买,价格超过15元/股的不买。实际大家很容易就能排除掉几只,而剩余的几只就是我主攻的对象。

大盘如果不能迅速收复20日线,另外成交量不能重新回到800亿以上,就不是好现象。所以现在一定要空出部分仓位,绝对不可以满仓操作。短线能选择的只有军工股。另外中线看大消费和文化传媒都不错,如果是中线操作的大可以持有此类股票,而短线操作的只能是军工股。

总之,现在是风险高于利润。尽量短线操作,能力强的可以选择中短线混合操作,完全的长线操作不合适。大家注意风险吧。

全力转战军工

(2012 - 05 - 22)

大盘开始反弹。军工股也开始整体向上,按照昨天我规定的条件看,符合的实际只有3只,即600501航天晨光、000099中信海直、002025航天电器。

注:今天下午本人有私事处理,晚上博客延迟到明天上午8点前。

需要更大的成交量

(2012 - 05 - 23)

今日大盘震荡一天,收盘跌9.87点,收2363.44点。盘中证券、医药、酿造、酒店餐饮等大消费股票走强。沪市收盘只站在5日线上方,而深指则脚踩4条短期均线,只有20日线没被攻克。

我这几天多次强调过成交量必须要放大,否则就有危险。今天虽然下跌,但是成交有所放大,是个好现象。大消费概念是我年初最先提到的,而到今天已经深入人心。我谈及过的大消费股均走出波澜壮阔的行情,这是有目共睹的。我上周说过,本周会进入4只军工股和1只次新股,4只军工都走得相当不错,而1只次新股今天最高涨停,收盘涨幅接近7%。而历史上我谈过的大消费股,如青青稞酒、卡奴迪路、中卫国脉、湘酒鬼酒、沱牌舍得均不断走出新高或者翻倍。可以说很多真正仔细阅读过我博客的朋友都获得了很好的收益,但是有些人的确很不专心。例如我多次强调过,大消费股和文化传媒股都可以中线参与。而短线本周我玩的是军工和次新股,那么如果你没时间进行短线操作,完全可以拿着大消费股和传媒股的。毕竟大盘下来100多点,文化传媒还是赚钱的,大消费还是赚钱的,上周说的4只军工股和1只次新股还是赚钱的,那还要我如何说呢?一个免费的博客就放在这里,我觉得我做得真的很好了。本周3个交易日,我拿到20%的利润了,而操作上是中短线结合。中线操作的就是我历史上谈过的股票,大消费和文化传媒,而短线则是军工和次新股。都是一样的股票,可是操作上千差万别。

我说了很多好股票,而我也一直不断进行操作。可是同样的股票在一些人手上不断地亏钱，我真的无法理解。还有更多的人，赚了钱不说话，一跌就骂人，而再涨上去又不说话了。这也是为什么我不想再谈股票的原因。自己赚钱多好的事，何必费尽心机还不得好呢？还有一些人根本不适合炒股票，连我博客都看不明白，只会不停地问，而且问的问题我真的都无法回答。实际有心的把我年初谈过的股票都归拢一下，也不过二十几只，那么把翻倍的去掉，我明确让退出的去掉，也就十几只了。随便买哪个都能再次取得翻倍，当然这个翻倍是按照6个月内最低点计算的。所以从今天开始，我不会谈及任何一只股票，我只会不断地操作我年初开始到现在提及的股票，能跟住的尽管跟住，跟不住的死守传媒和大消费。

短期看由于管理层只说不做，场外资金一直犹豫，仅靠存量资金肯定是不行的。另外20日线迟迟没有被拿下，成交量也不能持续放大到800亿元以上，这些都是隐患，因此我的资金只能尽量选择短线操作。市场主线已经非常清晰了，就是大消费股为基础，附带传媒、军工和次新股，关键看如此把握了。要抓住市场主线进行循环操作，坚决不追高，就可以制胜。

总之，现在大盘缺少成交量，市场涨多少点不重要，重要的是持续放量。

寻找机会

(2012-05-23)

现在热点依然在大消费、文化传媒和军工股上。抛开大盘做个股就可以了，注意风险。操作方法我已经提醒过多次，短线是军工，中线是文化传媒和大消费股。

留一半清醒留一半醉

(2012-05-24)

大盘今日继续下跌。收盘小跌12.46点，收2350.97点，成交缩小到768.41亿元。我上周就开始强调成交量和仓位的控制，今天大消费概念股中的白酒酿造股领跌，大盘没跌多少点，个股却都没少跌。两市纷纷跌破短期全部均线，下面只有年线的支撑了。

今天持续热点有消退迹象，都是局部热点，也就是短期有利好扶持的板块。例如今天的软件股，但是毕竟都是短期的，涨完就该回落了。因此热点不持续的时候，起码要控制住仓位。我上周末就说过最少要控制在80%以下才行，毕竟现在外面比较乱，希腊重创欧洲股市，南海纠纷迟迟没有解决，再加上IPO的速度丝毫没有减弱的迹象，还有就是大家盼望的资金也一直没有真正地进场。这些都给大盘的未来走向蒙上了阴影，因此降低仓位是必需的。

大盘现在不但无法攻克20日主力生命线，反而有再次趋弱的迹象。实际现在该马上停止IPO，否则股市不可能健康。既要让大盘涨，又舍不得蝇头小利，最后是两面不靠岸。就如当年一样，能控制疯牛的办法只能加大供给，而现在必须降低供给才行。我也知道说这些没用，但是我相信更高的领导层有更大的智慧。

大盘短期有再次试探2330点的意图，因此控制仓位是必需的。而对于短线操作者来看，风险越来越大，尤其不要去追逐热点，要找极度超跌的品种，按照我的技术进行操作。现在是有利润尽量兑现，别怕买不到股票。短期本着宁可错过也不做错的原则就OK了。另外一定要预留部分仓位等待补仓。

留一半清醒留一半醉吧。

射人先射马，擒贼先擒王

（2012－05－25）

今日大盘果然考验2330点的支撑，盘中个股普跌。收盘再跌17.42点，收2333.55点，成交680.25亿元。高铁概念股继续高歌猛进，而昨天大涨的软件股风光不再。

大盘跌到现在位置，基本也跌不大动了，最多再去探一下2300点。从政策面看，更高的管理层已经意识到经济滑坡带来的副作用，估计很快会公布一系列利好。现在看，再次启动基本建设，短期对市场肯定是有利的。尤其是高铁的2万亿元投入，起码会使高铁股成为两周左右的热点。而扩大内需则主要针对大消费概念。还有就是区域经济，由于中央再次提出针对西部地区的扶持，那么历史上从来没被重视的天山北坡经济带和兰西格（兰州、西宁、格尔木）经济区就需要大家重视了。天山北坡是一块带状狭长区域，是我国面向中亚、西亚开放的黄金通道，属于极度不发达地区；而霍尔果斯经济开发区已经将总体发展规划上报国务院待批，那么兰西格（兰州、西宁、格尔木）经济区就需要重视了。其中甘肃股票只有23只，青海股票只有10只，而我曾经极度看好的青青稞酒正是青海股。我也说过，青海股历来都是最凶悍的，为整个市场地域中最强悍者。青青稞酒的2个月翻倍，青海明胶的连续 6 涨停,都展示了青海股勇猛的一面。现在需要寻找的是这类股票。首先要涉及青海和甘肃,最好是属于基本建设的,当然高铁最好。然后是价格低于 10 元/股,盘子不大。因为基本建设和高铁是近期热点,而青海、甘肃是区域经济,再加上价格便宜、市值低,自然会引起资金参与。我已经抛了砖,玉需要你自己引出了。

今天创业板个股和前期大涨的次新股下跌,也是风险基本释放完毕的信号。由于现在新规则的新股上市不需要 3 个月解禁了,那么现在依然在解禁期的次新股自然被抛售,这也是此类个股的短板。当它们的解禁期过去了,就该又被炒作了,因此选择业绩好的次新股也是一个重点。市场依然走得不好,但是风险释放得比较彻底。本周我谈及的军工股走得算不错,跑赢大盘,而操作的 1 只次新股给了 10% 以上的利润。我依然坚持自己短中线结合的思路,文化传媒股和大消费概念股为中线,下周短线我将进入高铁、区域经济类股票,另外要注意上海本地股的动向。

本周我基本没有明确谈及个股,很多人失去了方向,我也没办法,实际上仔细观察的话能知道我在操作什么。关于下周的短期炒作我写得很清楚了,如果仔细研究会有收获的。短线我会在一些没谈过的股票上动手,而中线我只会在我谈过的股票中操作。

本周虽然大盘没跌多少,但是个股损失惨重。很多人损失超过 20% ,这很无奈。大哥不想被人谈来说去,所以我选择不直接去谈股票。但是如果仔细阅读我的文章,完全知道该买什么。我再重复一次,下周中线我会继续在我谈过的传媒股和大消费股上找机会,而短线我会在既涉及高铁又涉及区域经济类股票上动手。

本周初我就已经提示大家减少仓位,如果听话的朋友,起码现在手上还有 30% 的空仓,一旦跌到 2300 点附近就可以大胆补仓,然后"T + 0"操作。射人先射马,擒贼先擒王,因此短期一定要跟住能持续两周以上的热点。短期看高铁和区域概念就是这样的品种。

新一轮经济刺激下的大牛市

(2012 - 05 - 28)

今日大盘果然在 2300 点一线反弹。收盘上涨 27. 82 点,收 2361. 37 点,成交放大到 867. 36 亿元。深指收回 60 日线,沪指收回 5 日和 10 日线。水泥、钢铁、高铁、环保、专用设备、机械类股票上涨。

上周的博客写得很清楚,2300 点一线就跌到位了,今天看的确如此。而我看好的高铁概念股,在早盘下跌 22 点依然上涨 2% 以上,到收盘涨幅全部超过 4%,我的思路依然是国内最好的。从上周到本周,基本所有热点均被把握。现在我写博客更注重对思路的分析,而不是一味地谈股票,毕竟还有 23 天我就要退出股市,我很想教授给大家更多的技术和思路。从年初到现在基本上赚钱的板块我都把握住了,很多朋友也因此受益良多。我依然坚信今年的大牛市。从现在看,新一轮的经济刺激已经开始,人造牛市必然会来的。而我自己的操作将会持续到牛市终结,起码是 3500 点以上。下次再见"带头大哥 777"应该是 2016 年了。

中线操作上看,资金进入得比较乱,尤其白酒股有部分资金出逃迹象。医药股受累于毒胶囊事件,服装类、酒店类,餐饮类股票则呈现资金流入迹象,很多此类大消费概念股实际已经具备中线介入的机会。7 月初,半年报开始发布,此类股票将面临送配等利好,因此中线我会逐渐配置大消费类股票。而短线操作我依然是快进快出。对于这两天涨得比较厉害的水泥、建材等还是要小心些,毕竟业绩不明朗,炒作的还是概念,就如上周昙花一现的软件股一样。基本建设投入远不如扩大内需重要。

最近两次与读者的技术交流,我觉得真的很好。他们完全可以跟上我的步伐,跟着我思路选择出来的 3 只股票,上周大盘那么弱,依然是 1 只盈利 12%、1 只盈利 3%、1 只微亏,本周一开始则又拿下 5% 以上的利润。这种节奏很让我开心,我相信未来他们的技术会越来越好,有一天就可以战胜市场了。

我一直强调本次是人造牛市。所谓牛市就是要突破 3120 点,一旦这个完成就是标准的牛市特征。因为这个位置是 6 年内最大的筹码堆积区,所以一旦被穿越必然要到达 3850 点一线。而今年牛市一旦启动,由于股指期货的原因,会上行得很快,那么 3500 点上就开始逐渐减仓。有朋友会说 6124 点不被突破何谈牛市?要知道当年只有 1200 多只股票,而现在有 2500 只左右。如果加上 6 月份全部当年股改股解禁,那么市值会增加 1 倍,现在的 3120 点就基本等于当年的 6124 点了。因此 3120 点一旦被突破,无论是从点位还是成交量上看,都是大牛市全面到来的表现。

明天我会开始逐渐进入大消费个股做中线,因此请大家多注意此类股票。我上周五说得很明确,中线操作我只会在我曾经谈过的股票上寻找机会,短线我会在一些没谈过的股票上动手。而本周四过后,我会再次以小中线为主进行操作。

牛市，真的来了

(2012-05-29)

牛市真的来了，无论大家愿不愿意。无论股指期货如何做空，无论外面舆论看空多么严重，无论空头部队多么顽强，牛市该来就来了，只是没想到拖到了5月底才来。

今日大盘成交1113.64亿元。深指再次站上全部均线，沪指只差20日线了。货币政策宽松开始，资金大量进场。人造牛市来了，而且是快牛行情。记得年初我高呼牛市会来，只是没想到拖延了这么久。我记得当时所有的经济学家都说紧缩政策会继续，而我明确说货币必然宽松。大盘基本完全按照我年初的判断在走。我不能说自己比经济学家强，我只是作为一个股市的老兵，凭借经验来谈市场而已。就当我是蒙的吧，我记得2005~2007年的大牛市我连续蒙了两年多，准确率高达93%以上。可能我运气好吧，每次都能蒙对大牛市。年初我说白酒股中的酒鬼酒和沱牌舍得能翻倍，现在看完全准确。随后我再谈青青稞酒能翻倍，该股从16元直上云霄，两个月不到就翻倍了。然后我再谈奢侈品概念，卡奴迪路拔地而起，从31元多起步冲上43元多，随后我出局并告诉大家卡奴要等到5月28日解禁后才有行情，这两天卡奴顶着相当于其流通盘25%的解禁筹码大涨6%，为史上最凶悍主力。奢侈品概念深入人心，卡奴作为奢侈品的头羊，3个月内必然会见到我说的52元和60元，而高点在67~81元之间。这个判断我在3月26日的博客中写得很清楚，不再重复，而两年内其应该复权超过150元。就如2007年我离开市场的时候说过“百年潍柴，百元潍柴”，我认为潍柴3~5年内按照最低点，起码翻5~10倍。而后的时间证明我说的完全准确，潍柴从17.6元直冲135元。年初开始从“眉飞色舞”到“喝酒吃药”，随后是上海和深圳本地股、大消费概念、奢侈品概念、低价低市盈率概念，再到高铁概念，可以说主力的操作路线我一步都没差地提前预测出来，期间谈及的股票均让散户获利丰厚。而我一直让大家坚决放弃创业板，也救了无数散户。

这段时间我不谈及个股，但是我依然在曾经谈过的众多股票中寻找机会。上周大盘那么弱，我凭借1只次新股首航节能拿下12%利润，随后在中卫国脉、军工股、白酒股上反复拼杀，再拿下13%的利润。本周不过2个交易日，我在高铁概念、大消费概念、奢侈品概念股上又拿下10%以上的利润。我的博客实际写得很清晰。我上周说过，中线股我会从以前谈的股票上寻找机会，而短线我动新的股票，而且写得相当详细。有些人希望我一直喂下去,但是我不会那么做了,因为就算你现在跟着我赚钱,未来我退出市场,你依然会把跟我赚的钱全部还给市场。我会在未来的22个交易日中多谈操作思路和资金流方面的技术,而不是谈个股。我的博客就如一本股市大百科全书,如果你想真的学会技术,这个免费的博客就是你战胜主力的钢枪。

本轮行情是人造牛市,是快牛,最多在10月底就会结束。而操作上,大消费股和文化传媒股是主攻目标,运行到后期的时候银行股是主攻目标。大盘点位将穿越3120点这个历史最大筹码堆积区,然后攻击3500点以上位置。高点应该在3850点~4150点一线,这个判断是我年初就谈及的,现在只是重复而已。今年市场由于是人造牛市,因此不会所有股票都上涨,涨的只是一部分。

大盘已经再次进入上涨通道,牛市已经开启。我今天彻底完成中线操作的配置,已经进入到大消费股中。我等待着再次的翻倍。

振衣千仞岗,濯足万里流

(2012-05-30)

今日大盘没有延续昨天的上涨,全天震荡整理。收盘小跌4.97点,收2384.67点,成交848.28亿元。环保、生物制药、物流、计算机等上涨,煤炭、稀土、银行保险、有色金属和黄金下跌。

我以前谈过多次,大消费股将贯穿整个牛市。白酒酿造类股票的行情已经出现翻倍,因此短期该板块继续上行有些压力。而被众多资金看好的医药板块,由于受毒胶囊事件影响,暂时还没有全面发动的迹象。那么就该关注服装纺织、酒店类、餐饮类股票。服装纺织类股票今日明显有重量资金流入,历史上该板块一直相当活跃,也诞生过七匹狼、美尔雅、雅戈尔这样的长线白马。尤其连锁经营的服装纺织家纺类股票,当然也包括皮具、鞋类、衣帽等企业,都是长线资金的首选。毕竟后进来的这些资金需要寻求安全边际比较高的品种,而服装纺织家纺类股票正提供了这样的机会。餐饮酒店类股票最大的缺点就是业绩不好,所以很难形成总体启动。而服装纺织类股票市盈率大多比较低,而且业绩增速基本都超过30%,单纯从市盈率角度看,起码有50%整体上扬的机会。现在"十二五规划"的行业比较多,但是一旦公布基本都是"一日游"的行情,很不好把握,那么现在进入大消费股中的服装纺织类就比较安全。毕竟衣食住行是最基本的行业,永远都有机会。现在此类股票低估严重,后市将在几个次新股领头羊的带动下,频创新高。

今日大盘再次回到60日线附近,支撑有效。明日大盘该重新上涨了,只要成交量一直能维持到800亿元以上,向上的行情就会继续,一旦超过1200亿元,上涨速度就会加快。从年初到现在的行情看,起码有50多只股票翻倍了,而真正把握住翻倍的人却没有几个,我自己只把握住了大概10只左右。有些人总抱怨自己不断亏损,却不知道去总结自己为什么亏损,那么未来你会继续亏损。我已经多次说过这次牛市是人造的,是快速的,而不是普涨行情,那么把握住机会就很重要。市场重心实际是不断上移的,而对于一些板块,尤其是价值低估的板块必须要以小中线心态对待,而不能不断追逐热点,因为很多人不具备做超级短线的实力。有些时候某股票明显处于上升途中,技术指标完美,成交量完美,可是很多人就是担心这担心那,没赚多少就出局了;或者是习惯了做T,成本越T越高,直至放弃。

每天我信箱里起码有几百封信,大盘跌得剧烈的时候几千封都有。实际我都是要看的,只是回信的时候有选择地回百八十封。我总结出散户亏损有三点:第一,追涨杀跌,不具备超级短线的手法却一定去做。第二,技术变形,尤其是很多东西没学到位,学得很杂,不系统,迷信改变技术指标参数的人输得最惨烈。第三,心态不好。以前输过很多,总不断后悔,越操作越害怕,跑得很快,一旦被套就是深套。还有各种情况,我都见过,有的时候我真的不知道怎么去帮助他。我曾经直接告诉他该买什么,可是赚了3~5个点就跑了,等涨上去10%了又来问该不该进了。我记得大盘跌到2132点的时候,当时我有个朋友还有大约20%的利润,他觉得很难做,赚得少。我就让他去股票大厅看看散户亏成什么样子,他去了几个大厅,当时回答的都是最少损失50%,多的超过80%,回来后平衡多了。今年到现在点位只波动了300多,而盈利超过100%的人凤毛麟角,超过200%的我基本没听说过,可见现在的市场多么残酷了。需要帮助的人数以百万计,而我根本没有那么大能力去帮助他们。

“振衣千仞岗,濯足万里流”,指的是在极高的山岗上整饬衣服,抖落衣服的灰尘;又在长河中洗涤掉脚上的污浊,形容一种放任自流的人生态度。我觉得6月底我的任务就完成了,也没有留在这个市场的必要了。我教了散户很多很多,而能领悟多少就是你的事情了。

明日大盘开始上涨,两市再次过全部短期均线,而热点依旧是大消费股。另外多留意纺织服装类股票。

他强任他强，清风拂山岗 他横由他横，明月照大江

（2012-05-31）

“他强任他强，清风拂山岗。他横由他横，明月照大江。”这4句话出自金庸先生著作《倚天屠龙记》，说的是心向如一，其正不改，自任前行，不受外魔所扰，用平常心对待一切事物。现在的市场持有这样心态的人不多了，而我恰恰是其中一个。

大盘今日没有继续上行，收盘跌12.43点，收2372.23点，成交跌破800亿元，为753.83亿元。深指顽强守住60日均线。世界股市昨天大跌，同时国务院辟谣增加信贷指令，地方称稳增长22条刺激政策报道不实，这些因素均对大盘造成直接影响。但是大盘依然走得不错，如此重压下竟然没有跌破60日线，足够强悍。环保股、触摸屏概念、文化传媒、服装纺织股大涨，水利、钢铁、基本建设和高铁股下跌。

本周我谈到的大消费概念股继续上行，而昨天谈及的服装纺织股大放异彩，尤其服装类股票启动明显，今天排在该板块的前8名分别是报喜鸟、搜于特、开开、九牧王、朗姿、百圆、七匹狼、卡奴迪路，形态或为底部放量启动，或为突破前期高点，资金介入得相当明显。而市盈率没有一家超过35倍，最低的只有9倍，大多数在20倍以下。服装类股票的业绩一般都是稳定增长的，加上今年扩大内需的政策，都给该板块增加了不少政策色彩，多关注吧。

还有20个交易日我就要退出这个我为之奋斗23年的市场了，我每想到这里就觉得轻松了很多。每天一篇博客，真的很累人，无论我身处何方，都要去完成这篇文章，而且不能误导喜欢我的人，这真的很难。我一共写了900多篇文章，在5年的时间里。风雨不误，兢兢业业。我的文笔很好，起码在中国写股票博客的人中没有人可以接近我的文风。我的争议也是最大的，毕竟我抢了很多人的饭碗。我的博客也是最敢说的，甚至引来牢狱之灾。但是我觉得最自豪的是——我从来没为了金钱而坑杀散户。17年间我没为任何机构、基金、私募等等服务过，我一直站在散户这边，为他们遮风挡雨，无怨无悔。无数人写信希望我别走，因为他们会失去方向，但是我必须走，因为我厌倦了这个市场的无耻和不公平。我也奉劝众多小散户，今年牛市过后，退出市场吧，这里不是你们的天堂。我从来不惧怕熊市，因为我跟熊市战斗了18年，我深知如何去对付它。但是散户没这个能力，所以赚一些就撤退吧。

大盘平稳度过了习惯性的黑色星期四，只要没有太大的利空，明天就该是个艳阳天了。市场热点依然在大消费股上。别去追逐热点，尽量去寻找底部放量的板块和个股，你的盈利面才更大。

大盘纠结，等待政策破冰

（2012-06-01）

今天是六一儿童节，也是6月的第一个交易日，两市均收出阳十字星，大盘相当纠结。收盘小涨1.2点，收2373.44点，成交770.78亿元。两市盘中均突破20日线，随后下跌，收盘与昨天均线系统基本一致。稀土永磁、白酒酿造、证券类、大连地区股票上涨，通讯电子、军工航天、环保核能下跌。

5月中国PMI指数为50.4%，创年内新低。其中小型企业PMI为45.2%，低于上月3.9个百分点，连续两个月位于临界点以下，可以说小企业已经举步维艰了。5月24日，汇丰公布5月中国制造业采购经理人指数（PMI）初值为48.7%，较4月PMI终值49.3%再度出现下滑，表明本月中国制造业运行放缓，为经济划上了一个低迷的基调。可以说现在出口受阻，同样内需也没有扩大迹象。

大盘走得相当纠结，外界利空一直不少，我国经济速度也放缓，最要命的是IPO一直没有停止，大盘想涨却犹豫。长期资金只听风声不见钱，更加剧了市场的纠结情绪。我们的股市能走成现在这样，应该说很不错很不错了。

政策面本周比较平静，周末或者下周CPI出来后，如果破3的话，降息就会到来。对于现在的大盘，不必理会它，专心做个股就是了。现在是没有外围资金介入或政策面大动作，上行压力大，而同样下行也费劲，所以抛开大盘做个股就是很好的选择了。大消费股、文化传媒股依然是市场的中心热点，也是我一直操作的对象。这几天谈及的服装纺织、连锁经营等股票走得都不错，未来它们依然机会多多，就看个人如何把握了。

又是周末了，大家也该休息了，不必总沉迷在股票上，毕竟职业股民没多少。我现在是看半天股票睡半天觉，慢慢地脱离市场。

今天这根十字星不是坏事，会更多地倒逼政策出来，因此红6月是值得期待的。

阳 谋

(2012-06-04)

大盘大跌64.89点,收2308.55点,成交869.03亿元。全部板块均呈现下跌状态,中石油、中石化均创出6124点后的新低,多家银行股跌破净资产,只有部分黄金股上涨,另外我谈及的服装纺织连锁类企业成为今天下跌中的避风港。

我前面多次谈到控制仓位,应该控制在50%~80%之间。今日大盘暴跌,我想我救了很多人。而我上周开始进入的服装纺织连锁行业股票,今天扛住了如此大跌,累计利润依然超过10%,甚至盘中逆市走出短期新高后才稍微调整,跌幅都不足1%。我现在手上有80%仓位,明日再跌我依然有资金进入做T,成本会越来越低。技术到底有用没用,我想每次大跌后大家都深有感触。该提示的我都提示了,该说的我都磨破嘴巴了,如果你还做错,神仙也无奈。

沪市大盘今天跌破半年线,深指破万点,两市均创出年内最大跌幅。有人说今天的大跌是阴谋,我却觉得是阳谋。别你玩不过市场就给出个论断。我从来不骂这个市场,因为市场永远是对的,错的只能是我们。对这个曾经给予我无数财富和荣誉的地方,我一直敬畏着。放松心态,赢的概率就高。熟悉这个市场你就可以战胜它。

我继续着我的小中线,不离不弃,耐心而稳健。该休息就休息,逐渐地与市场脱钩。如果问我今年还有牛市吗?我的回答依然是肯定的"有",今年一定会站上3000点,甚至站上3500点,但是不代表所有的人都能赚钱。因为这是人造牛市,不是普涨,这个我已经说过千万次了。

大盘继续震荡整理,纺织服装奋勇向前

(2012-06-05)

今日大盘在管理层辟谣的利好下,高开低走,收出阴十字星。盘中医药、电力、文化传媒股上涨。而我上周开始谈及的纺织服装股在扛住昨天大跌后,今天继续奋勇向前。黄金、证券、稀土等下跌。沪市收盘上涨3.37点,收2311.92点,盘中

最低只到达2304点一线。

我在上个月23号的博客就开始谈及大盘将到达2300点一线，而且明确让大家空出20%～50%的仓位。29号和30号提及大消费股中的纺织服装概念，此概念股在昨天的大跌中就扛了过去，今天则继续上涨。实际按照我自有技术中的黄金分割位，2309点是完全计算得出来的，大家可以用0.818、0.618、0.5和0.318计算一下，看看是否可以计算出2309点。昨天受到外界因素影响引发下跌，到今天也不过是4个点左右的误差，应该说相当精准。而从资金流判断出来的资金向服装纺织连锁企业靠拢，更是完全准确的。看看今天服装类的金飞达、九牧王、卡奴迪路，再看看纺织类的保定天鹅、华升股份、泰亚股份等，完全在走独立行情中，根本不理会大盘的运行。前几天可能看不出来什么，本周开盘2天，大盘血雨腥风，而我的资金流技术发挥得淋漓尽致。下个月中报行情开启，好的股票由于送配预期，将走出50%～100%以上的行情，而服装纺织连锁类股票中起码会跑出2只以上黑马品种，仔细关注吧。

我继续着我的小长线，不离不弃。我依然坚守在我的服装纺织连锁板块上搏杀。我依然等待着我的牛市，无论外界如何去评判。我说过时间老人最公正，今年是否可以穿越3000点，甚至穿越3500点，到了10月底一切就见分晓了。

欧洲杯魔咒

(2012-06-06)

今日大盘继续震荡整理。收盘小跌2.36点，收585.62亿元。沪指再次考验2300点支撑，最低盘中到达2301.03点。黄金、有色金属、服装纺织类股票上涨，其余均告下跌。

大盘在底部调整已经半年了，这在中国股票史上很罕见，而从历史高点6124点计算已经跌了4年零8个月。技术面上跌得足够多了，但是大盘依然不见起色。可以说IPO，或者说政策融资，已经使正常的市场轨迹发生扭曲，但是终究还是要溯本清源的。因为无论政策如何改变，市场的轨迹终究是要被纠正的，这也是为什么今年一定要有牛市的原因。昨天澳洲降息，全球都笼罩在货币宽松的状态下，中国必然也会降的，全球的货币面临再次泛滥，那么牛市就有了根基。如此市场下，只要你不断参与，就是多头，因为散户并不能做空。那么死多和死空都是相对而言的。除非你不参与炒作，你才是标准空头。可是又有几个人做得到呢？

今天黄金和有色金属上涨，也是对全球货币宽松的回应。而服装纺织类的行情走得如火如荼,已经证明了我的眼力和前瞻性,这里不多说。当货币开始宽松,有色金属以及消费类股票自然会上涨的,这是常识,所以继续关注这类板块吧。该买什么实际我早就给出了答案,自己找吧,我的博客里真有黄金屋。还有 16 个交易日我就退出股市,现在很轻松,这 23 年中从来都没如此轻松过。剩余的日子我会更多地谈技术,而不是一味地喂饭,毕竟未来要靠自己去打拼。

大盘连续下跌 3 天后面临反弹。而一旦公布本月 CPI 后,也就是本周六,将面临降准或者降息,因此实际上利空已经不多了。我继续着我的小中线操作,在大消费股中,也就是服装纺织股中。

9 号,欧洲杯就开始了,我已经做好了准备。据说历年欧洲杯期间,中国股市都下跌,说是因为操盘手都去看欧洲杯了,不炒股票了,也被称为欧洲杯魔咒。希望今年可以打破这个魔咒吧。

注:明天我要去爬山,可能住山顶,所以明天的博客取消。周五博客继续。

恭喜我自己

(2012 - 06 - 07)

降息 0. 25% ,明日执行。牛市已经到来,两次大牛市只有我执着地等到了。我的服装类股票本周已经拿下接近 20% 的利润。

很多当年的哥迷一直跟在我的身后。

"带头大哥 777"对于牛市从来都没含糊过,今天这最后一击洗尽铅华。没人比我更死多,更坚定今年的牛市。

明天去 2400 点了,大盘暴涨。恭喜我自己,还有一直追随我的人,还有与我进行技术交流的人。不必感谢我,那些都是你应该获得的。

调整基本结束

(2012 - 06 - 08)

今日大盘在降息利好下依然高开低走。收盘跌 11. 68 点,收 2281. 45 点,成交 637. 56 亿元。环保、证券、传媒股上涨、银行、黄金、稀土等下跌,两市均再创新低。

昨天的降息很突然,但是也符合常理,毕竟全球都在降息。今日大盘再次高开低走,很明显已经到了无论什么利好都下跌的时候,这也是调整即将结束的特征。历史上看前4次降息次日均出现1.76%～3.57%的大跌,今天实际没怎么跌。而当时是2008年赶底的时候连续4次降息,随后创出1664点历史底部后,大盘开始上行,然后用了7个月股指翻倍到3478点。而今年基本延续了当时的趋势。另外现在的点位实际已经比998点和1664点时的市盈率还要低得多,底部特征相当明显。大盘不会再次试探2132点,而2200点附近应该是今年的启动底部了。2242点则是大反弹位置,而从时间上看也需要不了多久了。

今天还有一个特征,银行股加上两大油下跌所占据的指数就是12点,可以说今天各股跌得并不明显,完全是砸指标股呢。这也是一个短期底部的特征,预计最晚下周二就会展开大幅反弹。由于全球货币开始宽松,那么我国降息还有空间。我估计本来该是本周末公布的降息,由于昨天的大跌才被提前公布,但是市场依然用脚投票。

今天服装纺织连锁股调整,但是依然有个股创出短期新高。资金继续涌入,后市依然看好。现在很多人已经被大盘折磨得失去理智,实际上我早就说过,就算牛市来临也不是什么都上涨,依然是少数股大涨,而有些股票还会跌。那么选对股票才是最重要的。大盘本周跌跌不休,我依然拿下接近20%的利润,这就是明证。我上周就开始谈及该板块,如果介入的是此类股票,本周就是赚钱的,所以无法战胜市场别去怪别人。年初到现在无论板块、个股,我的预测都完全准确,只要按照博客来操作资金起码是翻倍的,如果你没做到就是你个人问题了,这个没什么可说的。我博客就摆在这里,完全经得起历史检验。而我自己盈利超过270%,估计到月底应该过350%才算正常。有技术的人,弱市照样可以赚钱。还有14个交易日我就退出市场,退出后我依然会独自走完这轮牛市,今年我的目标是700%以上。这完全做得到,只是我不会再写博客而已。

大盘已经跌得足够多了,下周二收盘前就会大幅反弹。而热点中线依然在大消费股和文化传媒股上,短线在服装连锁类股票上。话不想多说,看明白的自然赚钱,看不明白的凭天由命吧,我管不着,也不想管,我累了。

现在是两方博弈,社保、养老资金等拴在2300点一线,而QFII的800亿美元还没买完,那么击穿2300点有什么稀奇?我知道很多人看不懂,但是我看得懂,所以我用自己的资金流技术不断做多,因为点位下不去多少,现在买股反而是最安全的。只要技术稳定,完全可以获得最大利润。

2300 点的政策保卫战

（2012 - 06 - 11）

今日大盘果然开始反弹。上周五我已经明确指出大盘调整到位了。今天收盘涨 24. 41 点，收 2305. 86 点，成交 601. 77 亿元，依然不足。环保、水利、次新股上涨，服装纺织连锁类股票涨势如虹。

2300 点一线，社保、养老资金等国内资金均开始有进场迹象，而 QFII 则没进完。从资金上看，国内资金进入的是大蓝筹，而 QFII 进入的是大消费股，因此收益的差距相当大。而更多的 QFII 资金没有完成建仓，因此利用股指期货和利空消息打压大盘。上周四最明显，就是打击银行股和两大油，利好当利空做。而国内主力明显希望守住 2300 点，两军争夺比较惨烈，而散户遭殃。

这段时间，服装纺织连锁类股票涨得非常好，明显有长线资金进场的迹象。我前面谈过，白酒过后的热点不是医药，而是大消费股和文化传媒股。现在看大消费中的子项服装纺织股已经开始启动，涨幅不过 10% 左右，后市依然机会多多。周四的时候，大盘不顾利好而下跌，使散户悲愤不已。我觉得这没什么的，因为每次大涨前都会击溃所有人的信心，否则行情如何会来呢？因此，心态放平和最好。

我依然坚持着自己的小中线操作，本周都会这样，不改变。而下周或者大下周我会进入含权的次新股。2300 点作为管理层认可的低位，一旦被破掉自然引发反弹，现在最不给力的就是成交量。而想让市场上行，只能停止 IPO，否则没戏。

货币宽松地产松绑，大消费股服装逞强

（2012 - 06 - 12）

今日大盘成交量继续萎缩，收盘只成交了 552. 99 亿元。收盘跌 16. 07 点，报 2289. 79 点。今天的成交量基本与前低 2242 点一线接近，可以说大盘就在底部区域。医药、地产、食品、电子股上涨，服装纺织连锁企业整体爆发。

5 月份新增贷款接近 8000 亿元，首套房贷款开始松动到 7 折，无疑地产股的春天又来了。大消费股成为短期绝对的热点，我看好的服装纺织连锁类股票表现得

极度强悍。今天以七匹狼为首的服装纺织家纺类连锁企业大涨或者填权，我从大上周就开始谈及该板块，上周开始根本不理会大盘的下跌，一枝独秀。该板块很多股票连续刷新前期高点，整体上涨已经超过10%，资金介入非常明显，我感觉快进入整个板块的主升浪了。而板块中个股必然有几家要翻倍的，毕竟此类股票要业绩有业绩，要盘小有盘小。衣食住行其中的食、住、行都曾经出现过大牛市，而排名第一的“衣”现在开始表现有什么不可以的。大消费概念股，业绩良好，连锁经营，扩大内需，估值偏低，占尽了优势。很多该板块股票年增长速度超过50%，甚至100%，可是其市盈率却常年徘徊在30倍以下，本身就是不正常的。如果大盘现在是绝对底部，那么服装纺织家纺连锁类股票就是2006年初的有色金属了。多关注吧。

还有12个交易日我将离开这个我奋斗了23年的市场。从年初到现在我不断地展示着自己独有的资金流技术，我一直试图让更多的散户具备独立搏杀市场的能力，而这个市场真的很残酷。有很多朋友写信给我，感谢我，因为他们用我的技术的确在不断地战胜市场。当然也有一些人发出指责的声音，因为大盘的不断阴跌已经扭曲了很多人的心态，只要我预测错大盘，就会被人批评。实际上就算大盘不跌，你的股票不行，照样还是输。无论大盘的涨跌如何，拥有技术和独立思路的人照样还是不断赚钱，而不具备这个能力的人总是在亏损，直到输光退出。可是投机市场就是这样的残酷，不可能都是赢家。我历来都是总结自己的失误，我把年初到昨天的博客在上周末都重新阅读了一遍，发现我谈过的所有股票在规定范围内都是赚钱的，仅翻倍的就有7只，而盈利超过30%的接近30只，无一只出现下跌。可是由于观看者介入的时间不同，就造成了有赚大了的，有亏损的。我觉得我没什么可抱歉的，因为我没出现任何失误。有的时候我很不理解，一个免费的博客放在这里，还要我如何？任何人的责任都不是无限的，谁也不可能为你自己造成的失误去承担责任。对于喜欢我的人，我问心无愧，因为我付出巨大。

大盘在2300点区域反复拉锯，进退两难。这既是技术较量，也是政策博弈。有本事的现在反而是最安全盈利的时候，没本事的大可以轻仓观望，现在的点位绝对不能空仓，因为随时都会出现戏剧性的变化。我以前谈过很多国内不能输的资金都驻扎在散户绝对不买的地产股上，看看招保万金的完美上升通道就明白了。我依然做着自己的小中线，依然顽强守候着我的服装纺织家纺连锁股。而喜欢我的人则一直追随着我，这就足够了。

明天或者周五就该变盘了，向下的话我只看到2240点和2200点，这就是极限，我昨天已经说过了。而向上的话，则需要成交量。我年初谈过的货币会宽松、会降准、会降息都兑现了，那么我再预测一下——IPO一定会停止，最多两个月内，一定会停止。

大消费漫天飞舞，管理层雪中送炭

（2012－06－13）

今日大盘大涨29.13点，收盘2318.92点，成交放大到739.46亿元。重新站上2300点。两市均收复5日和10日线。大消费股和蓝筹股领先，其中保险、信托、医疗、证券、酒店餐饮等上涨。服装纺织家纺连锁板块上涨接近3%，1只涨停，其余全部上涨。

管理层再次为蓝筹股鼓劲，而印花税也有免征的可能。下面我谈一下未来板块轮动的思路。今年牛市能被炒作的只有以下几个板块：银行、食品饮料、服装、节能环保、文化传媒、家电和设备类股票。白酒已经被炒作过了，节能环保还没成气候。那么今年运行的趋势将是：服装、设备类和家电类、节能环保，最后是银行。而大盘点位我依然看到3500点以上，高点在4150点一线，这个我从来没放弃过。而我本人的操作思路就是现在在服装纺织连锁上，然后转战设备类和家电，随后是文化传媒股，再就是节能环保，最后是银行。思路就是小中线操作，吃足利润。

大消费股已经深入人心。从白酒到医药、奢侈品、酒店餐饮，再到服装纺织，主力的思路相当明确，而能做出这样操作的肯定不是国内资金。从盘面上看，由点带面，量变到质变，完全QFII的一贯作风。现在看QFII的货也吃得差不多了，大盘2300点开始走好了，牛市的启动就缺少停止的理由IPO了。

正常一个操盘手35岁就该退役了，我今年39岁已经是超龄服役了。每天4小时开盘时间，我要对资金负责。4小时外，我要研究大概5～8小时，加上写博客的1小时，每天下来体力都是透支的。这也是我想离开的原因。上周，我的一个朋友去世，42岁而已，正是创业好时光，可是过劳死了。我从来都觉得自己是很幸运的，因为我坐在了一个用金钱堆积起来的行业中，是我的运气好而已。我不想现在为了钱拼命，以后用钱买命。毕竟40岁的时候，我的人生也就是12点的太阳，依然充满阳光。所以我一定会在月底退出市场，我真的累了。

大盘依然按照牛市的预定轨迹运行着，虽然一路坎坷，但是倔强地前行，就如我一样。思路我已经写在这里了，操作上只能靠你们自己了，毕竟我不能永远喂饭下去。今年一定是牛市，我耐心地等待着。

表面的浮华,背后的坚毅

(2012-06-14)

今天有朋友生日,所以写博客晚了些。今天大盘下跌22.98点,收2295.95点,成交689.29亿元。大消费股中猪肉、饮料、酒店餐饮、农业等上涨。蓝筹股中保险、电力上涨,其余板块均告下跌。

多空双方搏斗非常激烈,2300点连续厮杀了5个交易日了,2上3下,给散户心理造成了极大的压力。但是从盘面上看并非主力持续出货,相反我觉得现在2300点的争夺,背后隐藏着更大的阳谋。从消息面看,管理层已经很明确地表态看好现在位置是历史大底。而由于资金进场不明显,散户依然用脚投票。但是从另外一个角度看,很多股票开始走独立行情,根本不畏惧大盘的波动。如果没有对政策良好的预期,那些资金干什么去操作招保万金?我年初的时候多次谈过,今年会货币宽松,会不断降准,还会降息,这些都被兑现了。那么我说2个月内必然停止IPO,我们慢慢看是否能兑现吧。当报增长被重新提起,货币宽松就成了自然。而养老资金大喊有多少万亿元缺口,也为其进入股票市场提供了借口。另外降低印花税等也被提起,依然被市场当作利空炒。如果不围绕着2300点这么玩,我也无法判断主力到底要干什么,但是现在我很清晰地告诉大家——各路主力都在进场,只有散户在退场。最晚2周,大盘必然暴涨,因为这些资金已经呈现快速进场的姿态,我相信后面一定有大利好跟着。

我依然战斗在服装纺织家纺连锁板块上,今天该板块依然走得非常良好,资金不断进入。下周或者大下周我才会改变我的主攻方向,而本周我依然守候着,而且获利颇丰。很多人做短线,越做越亏。实际在现在的市场下,我想知道,你不断做短线有多少赢率?如此点位,小中线操作牛股才是正道。你现在一旦卖错股票,亏损就是一大截。而死守在热点板块上,却是赚大钱的。这就是技术差异。这个市场中没有永远的赢家,比的就是稳定性。例如我手中的股票已经最高到达25%的盈利,就算调整下,依然还有22%,只要没明显的卖出信号我就守着,因为主力比我更急。这样的操作方法无疑是正确的。但是散户永远都是害怕,都在不断做差价,都在不断地紧张,没有办法改变。整体板块运动轨迹我已经在昨天谈完,我自己是按照这个思路做的,但是别人如何,就不是我该过问的了。

这个市场没有股神,因为想成为永远的股神只有离开市场,也就是我们说的"哥不在江湖,江湖却流传着哥的传说",这个市场一直就如此残酷。而到达顶峰的时候剩下的只有孤独，因为此时已经独孤求败了，可是很多人看不穿，依然不断向顶峰冲击。大盘如此不稳，不亏钱的就是幸福。而别人亏大钱，我在赚大钱，就是差别了。这段话送给那些追逐名利之辈，牛市过后，你们会感触很深。

大盘现在的K线与1664点后的太相似了，只是缺少一个启动的导火索，那么停止IPO可能不需要2个月的时间了。“表面的浮华，背后的坚毅”，既说的是现在忙着进场的主力，也是说我这个牛市的死多。

底部夯实基本结束，下周大盘展翅高飞

（2012 - 06 - 15）

今日大盘上涨10.90点，再次收复2300点关口，收盘2306.85点，成交678.56亿元。两市均重新站回5日和10日线。医药、水利、有色金属等上涨，地产股、稀土永磁等下跌。

实际现在大盘已经有明显夯实底部的特征，2300点在多空双方手上来回互换，做错的资金两面挨耳光。很多人都在喊跌破2132点、跌破2000点甚至1800点。实际上如果真的跌破2000点，大盘的市盈率将在10倍左右了，这是绝对不可能的事情。另外由于股权分置后的股票不断解禁出来，我们现在所处的点位已经完全低于当时的998点和1664点，这也是为什么2300点几次被破掉又被收回的原因，主要就是估值太低了，可以说已经低到尘埃里了。另外银行股的不断破净，新股不断跌破发行价格，都引起管理层的关注。今天刚刚收盘，证监会副主席就谈到“国际板无时间表，养老金入市法则在研究”，随后再爆“继续加大引入境外长期资金的力度”的言论，都说明如果大盘再跌，已经引起更高管理层的重视了。由于看好A股投资价值，QFII入市步伐明显加快。从盘面上看只要股票好，散户出去多少就有资金不断进入。如此位置，基金或者机构根本没这个胆量，只有QFII的资金是这么干的，就如当年他们进入黄金和有色金属一样。

今天银行股突然异动，很多朋友可以说是超跌反弹。但是我认为是资金开始进入了，量比一直温和地放大，而不是急功近利地拉涨停。而且大盘并没被迅速拉起，根本不是出货，更不是超跌反弹，是明显的试盘动作。现在看QFII在大消费股中的医药、服装家纺、机械类以及文化传媒上驻扎，而社保等资金在谁都不看好的地产股上，那么养老资金和保险资金只能选择价值极度低估的银行股了，这完全符合他们各自的思路。最后市场会走成，大消费翻几倍上涨。地产股逐步走高，以翻倍为目的。而银行股殿后，既拉指数又获得稳定收益。牛市就是这样炼成的。

还有9个交易日我就要离开,我现在能说得多明白就说多明白,看不看得懂我就管不了了。当我离开后,2500点、2850点、3000点和3500点我都会上来提醒大家已经到了,并不是我想说自己多英明,能判断得多么准确,而是告诉大家,本来这些都是技术范畴的事情。

底部基本夯实得差不多了。据传上交所闭门磋商股市未来。无论从基本面、技术面还是政策面看,下周大盘就展翅高飞了。下周五前我依然坚守自己的纺织服装连锁股。而大下周我要换股操作了。至于哪个板块,昨天已经写得很清楚了。

股市到底是什么?

(2012-06-18)

股市像男人,你越不了解他,你就越喜欢他。股市也像女人,你越了解她,她越能保护你。

今日大盘在证监会"国际板没有时间表,争取更多长线资金入市"的利好下,小涨9.20点,收盘2316.05点,成交603.09亿元。深指站上20日线。环保、医药、传媒股上涨,银行下跌。

我文章前面那句话"股市像男人,你越不了解他,你就越喜欢他。股市也像女人,你越了解她,她越能保护你",送给所有喜欢这个市场的人。23年来我一直被股市所庇护着,我也着迷地奋斗在这里。能取得些财富和名誉,都是自己的运气好。每个人都希望这个市场走好,因为只有赚钱才能改善我们的生活。

现在资金基本上依然在大消费和文化传媒上,次新股开始活跃。同时因为现在新股发行改革,一些前期有3个月解禁期的股票,解禁当日巨量成交,很多资金在解禁当日建仓。加上临近中报,此类股票都在炒作送股的预期,可以多关注。服装纺织类股票大涨,已经明显形成板块同步上行。今天其龙头卡奴迪路股东大会停牌,其余几只纺织服装类股票走出新高,未来还有更大的行情。多关注吧。

大盘现在欠缺的就是成交量。年初到现在我对经济的预测都被兑现了,我对板块和个股的预测也都兑现了。现在还有IPO停止和3000点、3500点以上没有被兑现,我们慢慢看就是了。就算月底我退出股市,我依然会战斗到这轮牛市结束,只是不再写博客了。炒股现在也逐渐地淡出我的主业,但是我依然会关注着这个市场,因为我是本轮牛市最强悍的死多。

大盘就算短期还有波动,但是很多股票已经开始走独立的行情了。而一旦IPO停止,大盘的快牛就来了。对于我来说,股市到底是什么?实际很简单,就是你要能别人所不能,忍耐别人所不能忍耐的,坚定自己的判断去取得胜利。

我再强调一遍,今年一定是大牛市。让时间去验证吧,这个观点我从来都没有改变过。

谁主沉浮

(2012-06-19)

大盘今日下跌15.26点,收盘2300.80点,成交578.7亿元。两市收盘再次跌破短期均线。医药股、文化传媒、三网合一等概念走强,而环保、保障房、水利等下跌。

医药股近期走得比较好,但是明显无法支撑大盘上行。我以前就谈过,医药股是无法让大盘上涨的,只是局部热点。而机械设备类股票开始走强,服装纺织连锁股走得依然不错。很多次新股走出强权或者填权走势,未来继续看好。实际大盘现在已经进入底部区域,常言说"是底不反弹,反弹不是底",现在看在2300点基本做不出大反弹了,底部特征也比较明显了。大盘受制于成交量的无法继续放大,因此涨跌两难。

现在的热点板块集中在医药、文化传媒、服装纺织和设备股上,其余板块均没有资金流入的迹象。大盘今日的下跌,既是技术面的也是政策面的。政策面看,中报预期中,大约只有40%的公司有增长,其余60%都出现增速减缓或者亏损。另外中信重工等大盘股即将IPO,也对市场形成巨大压力。个股减持潮开始。我以前谈过6月30日后,基本所有的公司都可以解禁了,这样的减持还会继续。

我依然搏杀在大消费概念上,依然坚持自己的服装纺织连锁股,下周我会进入次新股板块,而本周还是会继续我的小中线操作。我一直按照自己的思路进行操作,把握着自己在这个市场上的命运,我也希望大家也可以把握着自己的财富和命运。当有人再问起谁主沉浮的时候,能够骄傲地挺起胸膛。短期我的思路已经写得很清楚了,自己能操作的尽管自己做,而自己无法操作的可以参考我的思路。

2012

股市法则:强者恒强

(2012-06-20)

今日大盘再次击穿2300点,收盘跌7.92点,收2292.88点,成交505.68亿元。电子信息类股票走强,我谈及的次新股大放异彩。医药股经过前段的上涨后开始调整。

现在主力明显已经抛弃大盘做个股了。我前几天让大家注意次新股的机会,这几天表现得非常强劲,很多次新股纷纷创出新高,而我青睐的纺织服装连锁类股票更是不断走出新高,可以说我完全摸准了主力的脉门。2周内大盘走得乱七八糟,我顺利拿到25%的利润,估计到月底前会更多。至于该买什么,我谈得很清楚了。股市的法则就是强者恒强,所以拿住强势股就等于拿到了盈利之匙。由于下周收盘就是6月结束,中报行情即将到来,那么次新股将成为短期持续的热点,因此下周一后我会进入到次新股中寻求机会。

我以前说过,我管不了全部股民,但是我能看好自己和自己看好的股票,还有喜欢我的人。这话一点没说错,现在起码上千人跟着我的思路一路走来,这两周如果进入的是服装纺织连锁股,都有20%以上的利润了。我看到了很多熟悉的网名在欢呼,但是我也看到更多的人在输钱,可我无能为力。有的时候一天都亏掉几万,却舍不得花一千元左右去学习,我实在不能理解。每周六我和这些朋友交流技术的时候,看到的都是他们用我的技术不断地战胜市场,说实话,我真的很高兴。这些作品是我退出前最后与喜欢我的人交流的机会,希望大家把握。我无意推销自己的作品,喜欢的自然就买了,不喜欢的说什么都没有用。我期待着本周末与你们的交流。

大盘如果没有利好支持会去试探2240点一线,由于前期低点在2242点,而2001年的高点在2245点,因此2240点~2245点一线有强大的支撑。但是个股,尤其是次新股将继续演绎着不断新高的行情。本周我继续保持不动,继续着我的小中线操作,而下周我要换股操作了。

知我者谓我心忧，不知我者谓我何求

（2012-06-22）

今天处理些个人事情，才上来写博客，让大家等急了，很抱歉。

大盘和我昨天的预测基本一致，全天低开低走，收盘跌32点，收2260.88点，盘中最低探至2253.79点，距离2001年的高点2245点只有不足10点，已经跌破半年线。

首先美国QE3推迟，国内三大指数调整，造成了一些被剔除股票被迫减仓，由于均是大盘股，因此杀跌能力很强。中小板新增2000个证券代码，给散民心里造成极大的打击，而中信重工节后发行，更使大盘的资金告急。今天证券、黄金、有色金属等板块都处于下跌中，另外前期走势极强悍的庄股也出现大跌。而成交量不断缩小，指数空跌明显。

距离我退出股市还有5个交易日，这段时间我一直让自己尽量离开市场，试试可否能回归生活，我觉得是完全可以的。今天我基本没看盘，中午去睡觉了。下午大盘继续下跌，有朋友打电话问"大盘跌了好多，很多股票都大跌"，我起来看了下，手机告诉他"大盘我昨天就谈过去2240点~2245点，我看好的股票基本没什么大成交量，怕个什么劲"？说完继续睡觉。关于市场现在的状态实际跟998点和1664点启动前夜是很相似的。管理层不断出利好，但是依然下跌，不过的确有资金不断建仓。股市有"五穷六绝七翻身"的说法。这个典故来自香港股市，大意是股市在每逢5月的时候都会开始跌市，到了6月更会大跌，但到了7月，股市却会起死回生。这个现象出现的原因，是因为在香港的公司大多数在3月31日进行年结，之后会派息除净。所以，到了5月的时候，由于大多数的公司都已经派息除净，股价自然会下跌，直到暑假后股民期待中期息为止。实际中国股市也多次出现这样的现象。我不是个迷信的人，但是我现在基本一直满仓或者80%仓位操作，因为我的感觉告诉我，巨大的利好快来了，尤其节假日前我都满仓，这样的感觉相当强烈，所以我绝对要满仓守候。

今天有位"哥迷"写信给我，我原文复制过来的："大哥，我是你的哥迷，从今年三月份开始看你的书。以前我也是进行了一年的理论学习，从去年6月份开始踏入股市，去年做得不太好，今年还可以，在这周大盘没有起色的情况下拿下15个点。看了你的书给我最大的体会就是首先将自己定位是做短线还是长线。好多人说你的书写得不过如此，这就是懂的看完之后更懂了，不懂的看完后还是不懂，就像教授给小学生和大学生讲课,小学生听完后一头雾水。股市正如大哥所说,适应不了这个市场就别在这混了,这个市场不是靠运气生存的。再有几个交易日大哥要退出了,而我现在已经能够独立生存,感谢大哥的书让我拨开了眼前迷雾,探索出了一条适合自己的路。'昨夜西风凋碧树,独上高楼,望尽天涯路。'大哥,真正的哥迷永远是你的哥迷,不要为个别言语影响自己的心情,做个洒脱的大哥。相信知我者谓我心忧,不知我者谓我何求。"

7 年前我带着起码上千万人从熊市末期走到牛市高潮,今年我也试图继续如此,但是真的很艰难。当我自己无法帮助所有股民的时候,就是我最疼的时候。很多时候我已经说得要多清楚就多清楚,要多明白就多明白,但是有些人的操作照样惨不忍睹,这根本就不是我的问题了,所以我释然了。我是一个不会掩饰内心想法的人,所以我的嬉笑怒骂都体现在这一篇篇博文上面。在这个市场里我是个成功者,也是个当之无愧的强者。但是很多人实际根本无法做到,而我试图让石头变瓷器的想法很幼稚。我记得当年很多追随我狙击主力的人,甚至可以把我博客每天说了什么马上就回答出来,这样的人战胜市场有什么可奇怪的呢?还有人把我每天的博客读一遍录音后每天坐车的时候都在听。而现在那些无法战胜市场的人,又想借助我战胜市场的人,你们扪心自问有几个人做到了?现在市场极度低迷,而我的博客点击量依然是财经类全国的第一名,每天只有一篇文章,却有 15 万的浏览量,这说明起码我的博客是有极大可读性和可操作性的。作为一个市场中的老兵,我始终与散户并肩战斗着,无论我多么忙,都要每天一博文,从不停息。为的不是别的,就是为这 15 万喜欢我的人。

明天就是端午假期了,大盘也的确如我所说向 2240 点区域跌去了,但是请记住一个成语"物极必反"。当所有人都对这个市场失望的时候,机会也就悄悄地来了。

我永远记得师父跟我说的一句话,"当这个市场一直跌下去的时候,能支撑你的只有技术和信念。当所有希望都泯灭掉的时候,还有 4 个字,那就是'绝处逢生'"。

"行至水穷处,坐看云起时",就是我现在的真实写照。大家端午快乐。

十年梦回洗走散户无数,双二一破行情呼啸而来

(2012 - 06 - 26)

这几天一直处理一些私人事情,回来比较晚,写博客也比较晚。

大盘今日跌破 2240 点 ~2245 点位置，收盘大跌 36.76 点，收 2224.11 点，成交 548.09 亿元。除海南板块和部分医药商业股上涨外，其余板块均告下跌。个股冰火两重天，13 只涨停，11 只跌停。

今日的大跌已经是预料之中的事情，前面博客已经多次谈到了。那么下一个位置就是 2200 点。股指期货再次成为杀跌利器，我想当时拼命说股指期货不是下跌主要因素的人现在应该反思了。

很多人说现在是熊市，我不认可。实际年初大盘一直在 2132 点 ~2478 点之间运行，并未出现大幅暴跌，那么熊市从何而来呢？今天跌得这么厉害，涨停的却比跌停的多，怎么能说市场没有机会呢？当越多的人放弃市场，实际牛市到来的机会就越大，每次大牛市到来前都如此，而很多人就是倒在了牛市来临前最黑的夜晚。年初到现在我的仓位最低是 80%，大部分时间是满仓的，但是我的盈利依然很高。所以说只要能判断出市场资金流向，市场只要不是极度熊市，都照样可以赚大钱。这话我不是乱说，起码有上百人给我看过他们的交割单，都是按照我的思路在操作，都是翻倍的盈利。市场就是如此，到了 6124 点照样有亏损的，跌到 998 点照样有盈利的，关键看如何操作。对于今年大盘的走势我认为没什么不正常的，只是有很多人是从 2009 年到现在已经被市场洗劫得差不多了，自然怀疑这个市场。

这个市场不存在永远的多头和空头，本身这两方就是互相转换的。我认为一场牛市从熊市末期走到牛市顶峰，正常去预测，应该在 2 年内完成，因为里面不但有技术问题，还有政策博弈。那么只要 2 年内走出牛市，这个预测才是经典的。我记得 2005 年我在 1000 点附近喊大牛市，2007 年 5 月大盘才不过走到 3000 多点，而 10 月份才走到最高峰，历时 1 年 11 个月。而去年 6 月后我开始说牛市的判断，到现在也不过才 1 年，市场也就在 500 点之内震荡着。那么只要今年突破 3000 点，或者明年 5 月底前突破 4000 点，我就等于两次都预测到了牛市，这种预测起码是靠谱的。所以面对今年的行情，不必问我何时看空。从年初到现在，甚至 3500 点下，我都是满仓操作，都是多头。虽然 4 天后我会退出市场，但是我的操作不会停止，会一直操作到 3500 点以上。虽然我的博客从 7 月 1 日起不会再谈股票，但是当大盘到达 2500 点、2850 点、3000 点，3500 点和 4000 点，我都会提示大家。这个牛市是我预测的，是我预测对的。我不但预测对了，而且知行合一，我就在场内搏杀，没有退场。仅此而已。

我牢牢地把握着自己的命运，继续着我的小中线操作。周三后，我会换股操作，目标就是次新股。本周我只做调仓，而不会降低仓位。我继续满仓操作，我就想看看，2200 点被破掉后引发的反转会是多么美妙的事情。这个市场就是大浪淘沙的市场，也是强者生存的市场。

没有尽力而为，只有全力以赴

（2012－06－26）

今日大盘最低探至2203.94点，收盘跌2.05点，收2222.07点，成交472.81亿元。海南本地股、证券股、物流、港口、机场、园区开发等概念走强，水利、传媒、农业等下跌。16只股票涨停，5只跌停。

大盘和我说的一样，直奔2200点整数关口去了。银行股继续疲软，再加上券商也走弱，整个盘中只有游资在不断地拉抬概念股，管理层倡导的蓝筹股行情如水中望月。由于短期杀跌过猛，加上成交量不断萎缩，明日大盘面临大反弹。如果本周末依然无法有重磅消息出台，2200点被跌破就是时间问题了。而一旦2200点被跌破，一轮更猛烈的杀跌就开始了。但是放心，2132点不会被击穿，因为当破掉2200点后，政策面一定会有很明显的反应。

我依然做好自己的小中线，本周结束前我会进入到次新股板块，等待中报的业绩浪炒作。经过最近5个交易日的大跌120多点，我手中股票利润依然在20%附近，我也依然是满仓操作。我尊重任何人说话的权利，无论对错，但是我更尊重自己的独立思维和操作选择。在我的股市字典中，只要我能控制住节奏，就没有尽力而为，只有全力以赴。我是个实战者，不是那些靠嘴巴忽悠的人。历来我看好的品种，我必然进入操作，这是大家都知道的事情。年初以来，凡是我看好的股票我都进场亲自操作，与大家一起狙击主力。翻倍的已经有7只，每只我都参与其中。很多人只吃了个鱼头就跑了，而我基本都吃到接近鱼尾才出局，这也是为何我能保持高收益的原因。如果从年初看我博客到现在的朋友，实际很清楚我说的都是真实的。我一直在给散户灌输我的操作思路，也看到了起码几千人受益，但是是否有更多的人受益我就不得而知了。

大盘经过5天的不断下跌，已经积聚了极大的反弹能量，而且技术指标背离得过于严重，明日大盘该大幅反弹了。

转战次新股

（2012－06－27）

大盘今日再次小跌5.13点，收盘2216.93点，成交452.2亿元。次新股全面爆发，采掘、医疗、白酒饮料等上涨，稀土永磁、证券等下跌，海南板块进入调整。

我上周就已经把板块运行的方式写得很清楚了，本周我出局服装纺织连锁股后就会进入到次新股中。由于市场过于低迷，因此生不逢时的次新股机会就显现出来了，尤其002660以后的次新股则更是重点。部分次新股主力竟然在解禁当日大肆建仓，说明由于大盘低迷且处于底部区域，价格被过于低估，因此才引发建仓。而新股发行改革后，一些股票甚至没有3个月的锁定期，更加使主力肆无忌惮地操作，如猛狮科技10个交易日涨幅接近90%，更是刺激了其余次新股的走强。因此现在需要的是寻找类似解禁当天主力全力买货的品种，以及新股改革后主力吸纳完善的股票，前者卡奴迪路就是鼻祖，后者猛狮科技就是枭雄。我说这两只股票不是建议买入，因为都涨了很多了，已经不适合高位进入了，而是说我们该寻找这类的好股票。由于7月初就开始公布半年报，因此次新股炒作抢权和填权的情况就会出现。很多次新股可能第一季度业绩并不好，还可能亏损，但是并不代表他们就没有投资价值，只要增长幅度比较大的，都可以关注，毕竟弱市炒新股输的概率反而不高。

大盘已经多次逼近2200点关口，如果本周依然没有大利好出现，跌破2200点就成为必然。最近几个交易日，大盘持续阴跌，各股更是跌得厉害，但是机会也非常多。今天18只股票涨停，却没有跌停的股票，说明大盘已经跌得差不多了。我上周末就谈到次新股的问题，本周次新股大放异彩，可见资金流技术的准确性了。我个人上周到现在拿到大约17%的利润，今天进入次新股也拿下了几个点。估计到本周末，还会有10%以上的利润。实际只要思路是正确的，输钱反而很难。我把自己账户做了个截图，由于一卖出股票这个盈利比例就没有了，所以我在卖出前做了截图。大家可以清晰地看到，我的确是满仓操作，而且盈利了16.61%，其余的我不想多说，因为事实就摆在这里。（有些我用编辑中的橡皮擦掉了，我不是太会弄这个，是真是假行家自然看得出来。）

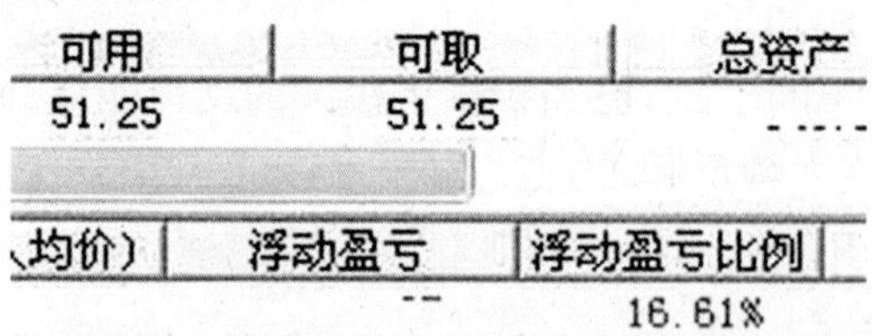

实际上只要做对板块轮动，的确风险不大，尤其现在市场本身就处于低位。我前面也谈过，很多人宁可一次亏掉几万，却不想去学习些有用的技术，我也没有办法。这个市场技术永远是有用的。不多说了，说多了好像我在推销自己的视频作品一样。

大盘在2200点一线不断缩量，既是技术面的要求，更多的是资金想让管理层出台更多的利好，因为IPO一直没有停止，那么市场一旦击穿2200点，会引发更大的恐慌。但同时这也给了QFII、各路不能输的资金一个很好的进入位置。很多时候股市两面性的时候很多,还是靠自己把握。

还有2个交易日我就要告别我奋战了23年的市场,我现在很轻松。如果今天不换股的话,我还会任由火车带着我去远行,在一个小村镇下车,拿着电脑,叫上一杯茶,饱览着湖光山色,交易着股票,真的很好,很好。我退役后,依然会关注着这个市场,也会进行操作,只是不会再写股票类的博客了,可能会写一些旅行的游记。逐渐从股票中抽离出来,没有那么多的责任和义务,真的让我觉得很舒服。很多时候,我救了很多不该救的人,但是也帮了很多该帮助的人,这些我都无怨无悔。

不多说了,我的仓位已经调整到次新股了,那么我就继续着我次新股的小中线操作。至于别人如何去评判我的操作,那是你们的事情。我只知道年初到现在只要按照这个免费博客的思路操作,资金没翻倍就是你的问题。我对得起喜欢我的人和爱我的人,这就足够了。

股中多少事,都付笑谈中

(2012-06-28)

今日大盘如期击破2200点关口,收盘下跌21.09点,收2195.84点,成交503亿元。盘中除医药、物流、保险板块上涨外,其余均告下跌。次新股表现得非常好。

我上周就说过,如果没有实质利好,大盘必然跌破2200点。我昨天已经转进次新股,今天大盘跌成这样,我毫发无损。大盘跌破2200点对散户心理冲击相当大,尤其是手握业绩不好的股票的操作者,这段时间缩水很严重。

今天两大油再创新低,银行股不断破净,股指也不断走低。谁都不否认现在市场具备很高的投资价值,谁都不否认现在的估值甚至低于1664点和998点,可是大盘依然下跌。中国股市历来如此,涨就涨过头,跌也跌过头,纠偏永远慢好几步,这都是无奈的事情。明天是我离开这个博客和市场的最后一个交易日,关于我短期的思路和板块运行轨迹我都写得很清楚了,大家可以去查看我的历史博客,希望可以对你有帮助。

我继续着我的次新股小中线操作,大概会持续2周左右的时间,然后会在大消费或者传媒股上寻找机会,继续做小中线。今年的市场我依然看好,并且会积极参与,对牛市判断不改变。实际现在市场已经走到了一个极端位置,就看管埋层如何出手了。

落　幕

（2012－06－29）

三十九载，叱咤风云。带头大哥，绝迹江湖。

人不可能总活在股票里，我已经为此奋斗了23年，获得了别人终其一生都无法获得的成就。我给自己定出的退出日就是今天，6月的最后1个交易日。我已经把自己的操作思路毫无保留地传授给散户，至于能领悟多少，我也无法知晓。我一直能战胜这个市场，靠的就是技术和经验。所有的荣誉都属于过去，从此我不会再写股票类博客，这样就没有了争斗，没有了乱评，也没有了无奈。

我坚信今年的牛市，从来没有改变过。我也知道当大盘重新站上3000点，我又是神一样的人物，但是现在我真的不在乎了。39年来我一直做自己，有苦也有乐，个中滋味，独自品尝。我创造过无数关于股市的记录，已经前无古人，相信也会后无来者。当我自己无法再超越自我的时候，这个行业对我来说就失去了奋斗的意义。"哥已经不在江湖，江湖却流传着哥的传说"。

"宠辱不惊，静观堂前花开花落；去留无意，漫看天边云卷云舒"，将这句话送给有缘人。

去旅行

（2012－07－02）

今天开始去旅行，去内蒙看看大草原，也让自己的心跟着感觉走。

次新股整体启动了，两天里小中线的次新股拿下14个点，不错。我现在基本不看股票，只看收盘价了。

等空下来写几篇游记吧。

很　美

（2012 - 07 - 03）

我此生最重的荣誉

（2012 - 07 - 05）

这是上周三亚聚会时候，我粉丝送的77.7克的金牌。在股票市场我获得过很多荣誉，但是这个是我此生最重的荣誉，因为这是几十个散户联手打造的。

大盘今天绿油油，我的次新股依然红着。本周盈利依然在15%以上，次新股真凶悍。

可能我前天发的草原图太绿了吧，那就换个金黄色的吧。

我现在骑着马看着手机上的股票行情。中午收盘了，该回蒙古包了，回见了，兄弟们。退役真好。

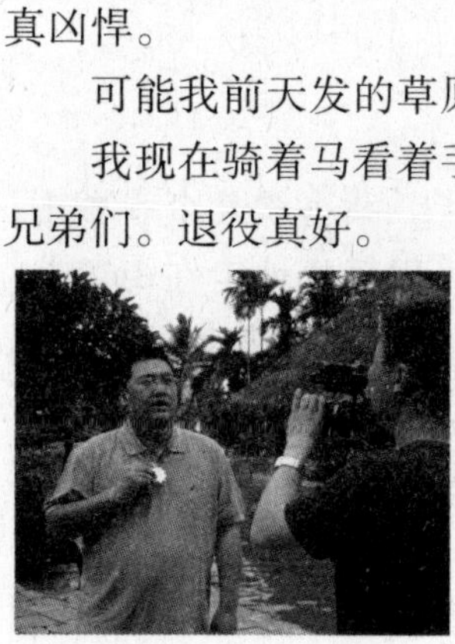
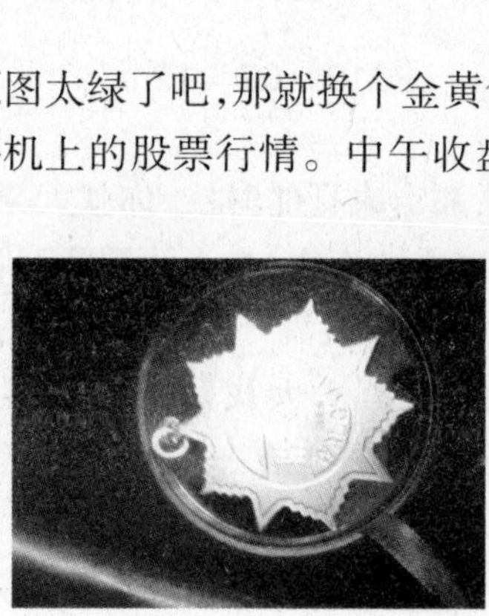

小　雨

（2012 - 07 - 09）

外面小雨一直下个不停，走在县城的马路上，很舒服，放轻松地去拥抱这个世界吧。

外面的世界很精彩，可惜我错过了快40年了，不过还不晚。当我能把股票放下的时候，真的就没什么不能放下了。不写股票博客后，觉得压力小了很多，可以慢悠悠地坐着火车一个一个城市逛下去，喜欢就多住几天，不喜欢就继续上路。半年内我什么都不想干，就想休息，放松。有的时候，有些人不想我写点股票的东西，那我就不写了。人啊，没必要和命斗，太累。我关闭了自己的历史文章，因为这些都是我的心血，我不愿意让那些看着我的博客学习如何对抗市场，背后却诋毁着我的人看我的东西。我已经用技术展示了我如何在弱市把资金用半年时间翻2～3倍的能力，这已经足够了。无论如何抹黑或者评论我的技术、我的人品、我的博客，最终有些人必然会受到股票市场的惩罚，这已经足够了。还是以前我说的一句话："十数年后，没人记得现在的某些人和事件，却永远会记得有个叫"带头大哥777"的人带着散户狙击市场主力的场景。"这已经足够了。后面几天没时间写东西，去更远的地方玩儿，周末见，兄弟们。

与世无争

（2012 - 07 - 12）

当你把别人的崇拜和非议都当成真的时候，你就太累了。我喜欢几个小城市，因为它们的生活节奏很慢，在这些城市里，没人认识我，我可以轻松地走在街道上。我不喜欢大城市，因为它们除了物欲横流外就没有别的了。很多历史遗迹随着不断的拆迁已经面目全非，我真的怕有一天我们的子孙问我们北京的城墙在哪里？上海的弄堂哪里去了？成都的石板路哪里去了？只有宁静的小城市，才能让人感受到安逸和与世无争。

总有人不断地问我股票。实际上我今年初到现在说的最多的就是3只白酒股，沱牌、酒鬼和青青稞，它们已经绝尘而去，然后就是奢侈品卡奴，也已经上天了。剩下的次新股，随便哪只都飞上云霄了。今年就是牛市，我说话从来不缩回去。不像某些人一看大盘跌就不敢喊“钻石底”了，不像某些人一直在牛市和非牛市之间徘徊变化。小牛市也是牛市，人造牛市也是牛市。当深市的成交量超过沪市，一般就是资金从蓝筹向中小板进入的时候，而现在建仓蓝筹的就是大资金。2008 年总理连续 3 天谈经济、指数翻倍。现在呢？是否也在谈？自己研究吧，哥没那时间管股市的事。哥只看好自己的票，赚好自己的钱，保护好自己的粉丝，就完事了，其他的跟我有什么关系？

现在很多时候，人和人之间没有了友情，甚至连亲情都很少了，有的只是利用。甚至几个人去坑害几百人的利益，那么这样的人最后会受到惩罚的。当人都已经没有道德底线的时候，感情就是虚拟的东西了。

该放手的时候要学会放手，毕竟股市不是每个人的全部。

我会继续旅行下去，看看沿途的风光。我的文笔一直不错，我觉得能写出几篇传世的游记。

这个市场里，我的荣誉最多，非议也最多，但是都无法抹杀我的能力。人近不惑，要那些虚的东西干什么啊。

如果以后我有儿子，我就教他炒股票，起码教他一个糊口的本事。如果他不喜欢股票，那么想做什么就做什么吧，没必要给他那么大压力。而我不会让他知道他父亲曾经叱咤股市数十年，可能他眼中的父亲只是个胖胖的小老头吧。

不多说了，继续我的行程，从蒙古草原出来，一路南行，走到哪算哪。

股市哲学

（2012 - 07 - 14）

有个故事说一个失恋的人找到一个老和尚，他说师父啊，这个事情我怎么都放不下。老和尚就让他拿着一茶杯，给他倒热水。水满了烫到他的手，他就把杯子放下来。老和尚说，这个事情就跟这杯茶是一样的，痛了就放下了。

很多人做股票也是一样的，涨了，爽了，就满仓；跌了，痛了，就清仓。低点低仓位、高点高仓位就是这么来的。其实，对于逆向投资者来说，最痛的时候，往往是最不该放手的时候。正如索罗斯所说，如果你承受不了失败的痛苦，就不要入市，因为没有人能够百战百胜。

总有一天

（2012-07-18）

总有一天，会有一个人，看你写过的所有状态，读你写下的所有日志，看你从小到大的所有照片，甚至去别的地方寻找关于你的信息，试着听你听的歌，走你走过的地方，看你喜欢看的书，品尝你总是大呼好吃的东西。因为TA想弥补上，你的青春里TA迟到的时光。我在等待这个人的出现，虽然有些晚，但是来得及。

每当市场很差的时候，总能听到抱怨，而不是去仔细观察你写了什么。我记得12号我说，当深市成交超过沪市的时候，资金就开始从蓝筹向中小板进入，但是别忘记一点，就是中小板、创业板已经很高了，机构又被扇耳光是必然了。我记得我的书上写得很清楚，下跌超过3.5%，成交放量就要走，看不清楚市场也要走。可是又有几人是这么做的呢？从20个点到15个点只是缩水而已，而从5个点到负5个点就是真正的亏损了。书还是好书，可是谁用、用成如何就是见仁见智了。

做股如做人，外表不羁不代表内心放荡。这个市场教会我如何去忍耐，如何去获得，而在现实生活中我却经常犯股市菜鸟的错误。就如谁都希望在人海茫茫的城市碰到一个美女，然后发生一段传奇的恋情。可是又有几人碰得上呢？而风景却依然在，何不好好观赏它，也是一种美。

快乐旅行，快乐炒股

（2012-07-20）

我依然在旅行的途中，欣赏沿途的风光外，也顺便看下股票。我记得很多年前我提倡过“快乐炒股”，而今年看能快乐起来的人却并不多。

总有人问我，“大哥，什么股票可以留给自己的孩子。”实际这个很难回答，因为现在好股票越来越少。连放心肉都吃不到，还能有几只放心股呢？

但是我可以告诉你一个常识，就是无论什么市场，无论跌成什么样子，没有一只白酒股不被爆炒，没有一只有色金属股不被爆炒。如果有一天，白酒的三哥“剑南春”上市，就完全可以留给孩子了。因为茅台、五粮液、洋河等白酒兄弟已经给其打了样板。而有色金属股中现在的确还有一只兼具国际板、循环经济概念的好股票未被挖掘出来。今年很特殊，好几只都是首次解禁日当天我开始进入的。从历史上看，这样的情况很少见。很多资金在解禁当天建仓，然后猛烈拉升，就因为我最先发现其中的玄机，因此我获利比较丰厚。

用手机看新闻挺好的，因为看不完整，所以也不怎么气愤。天气真热，白天37度，晚上33度，下火一样。

你能错过多少？

（2012-07-24）

早晨刚刚起床，看着窗外下着小雨。9点30分，电话进来几个，告诉我“钻石底”被破。我只是笑笑，股市与我已经无关，自然心里也没什么涟漪。

实际当底部被破后，无论是真的还是假的底部出现，最先启动的依然是“煤飞色舞”。因为只有有色金属最有人气，在通货膨胀的年代，还有什么比大宗商品更让人觉得保值呢？

我依然贪婪地欣赏着外面的景色，让自己放松再放松。我以前一直觉得股市是我的全部，甚至身陷囹圄都依然对其痴心不改。我一直觉得我可以拯救无数人，甚至屡屡被骗都矢志不渝。但是当我可以把股票放下后，突然觉得什么都不那么重要了。

记得2004年我在成都，根本不知道什么是爱情。在这个去了就不想回来的城市中，我感觉不到很多东西。但是我记得一个场景：一个收垃圾的男人和另外一个收垃圾的侃大山，而其中一个男人旁边有个女人，那个女人用温柔的眼眸看着他的男人，流露出来的是崇拜和喜欢。

一个女人用那种眼神看着一个收垃圾的男人，我想这一定是爱情吧。

我知道我得到了很多东西，也错过了很多东西，这可能就是命吧。

赢了又能怎么样?

(2012-07-26)

我前天博客谈及“实际当底部被破后,无论是真的还是假的底部出现,最先启动的依然是‘煤飞色舞’。因为只有有色金属最有人气,在通货膨胀的年代,还有什么比大宗商品更让人觉得保值呢”?今天有色金属开始呈现大资金流入,最先动的则是历来碌碌无为的“铝业”股。我在20号的博客中也说过“有色金属股中现在的确还有一只兼具国际板、循环经济概念的好股票未被挖掘出来”,恰恰这只也是“铝”。有心的人自然找得到,没心的说了也没用。技术不技术的我不想说,我的盘面感觉依然是国内最好的,而这个感觉凝聚了我23年的搏杀。以前我说的很多股票都猛涨,也算不负我所爱吧。

听着这首歌“血染江山的画,怎敌你眉间一点朱砂,覆了天下也罢,始终不过一场繁华”,我依然在路上。有朋友写信说“大哥,你回来吧,我们真的看不明白市场”,这次,大哥真的不回来了。不错,我的确不到40岁,但是我这半生都献给了这个市场,还不够吗?我想去开个小店,在一个小城市里,每天可以喝着咖啡,看时间滑过。人实际就这短短3万多天,我已经为股票浪费了接近15 000天了。

我已经教会了大家很多东西,聪明的足可以应付这个市场了,而不行的永远都不行,永远都只会抱怨。可能我会一直云游下去,也可能我会找个小城市开家小店,和喜欢我的人,喜欢我技术的人谈谈天、唠唠嗑。这就是我现在的梦想。

我赢了这个市场23年,可又能怎么样?等有一天你也能这样想,就真的大彻大悟了。

会有天使替我去爱你

(2012-07-28)

雨一直下,隔壁房间有人在弹着吉他。昨天在一个陌生的城市去看电影,《十二星座离奇事件》。进场的时候买了1瓶水、一桶爆米花和一包薯片,坐下后发现给了2桶爆米花,算了,对付看吧。整部片子作为惊悚剧我都看出喜剧效果了,特像中国股市，挺严肃的东西变成悲剧、喜剧和闹剧。

这个小城市好像有3家股票大厅，周五的时候我逛了一圈，基本都是只有三五个人。更好笑的是其中一家，有位大姐拼命地向我介绍开户，被逼得实在没办法了，我就说"姐，我95年前就开了"，可见市场真的太弱了。夏日炎炎，把股民也放在火上烤了。另外2家大厅我和几个留守的股民聊了几句，都告诫我"小伙子，千万别炒股票，要亏死人的"，这种情景我在2005年大盘逼近998点的时候也曾见过。我没记错的话，2005年8月22日宝钢权证上市，是欧式认购权证，简称：宝钢JTB1。开盘就涨停，随后打开不足1分钟，我当时买了50万的，随后冲到2元多，几天就翻倍了。而当时整个股票大厅，基本没人知道这是什么、值多少钱，更别说敢于操作了。2005年底，行情一直不好，我基本都在权证上操作，收益颇丰。而今年已经没有此类可以规避风险的品种了。最近很多朋友写信给我，谈他们在今年的行情中输掉很多，基本上我看到的信件50%以上都是亏损的，新老股民各占一半。很客观地说，今年股市可谓步步惊心，走错一步步步错。而年初到现在实际我只操作了8只股票，其中3只白酒股，分别是沱牌舍得、酒鬼酒和青青稞酒。然后1只本地股，2只次新股，2只大消费。这些股票现在看基本都翻倍了，有的甚至翻了2倍了，我也基本从鱼头吃到了鱼尾，在我今年的博客上记录得相当清晰，这里不再谈。

至于李大霄的"钻石底"我持支持的态度，实际谁都无法确定百分之百的底部和顶部，历史上真正预测到底部或者顶部的，有资料可以查询到的实际只有2007年我预测的深指19550点，距离真正顶部19600点误差为最低，即0.25%。其余所谓的预测准确都是没有任何文字记载的，都是道听途说的东西。而今年可以说2132点完全可以作为一个价值中枢的洼地区了，这就足够了。我们炒的是股票，而不是点位，998点低吧？照样有赚大钱的。别总怪这个埋怨那个的，最后下单的是你自己，玩不起可以选择不进场的。6000点敢买，现在2100不敢了？实际今年机会特别多，只要把握住几个机会资金翻2～3倍真的不难，年初你随便拿只白酒股，有不翻倍的吗？可是谁做到了？看着李大霄在钻石底被跌破后的惆怅，与我当年在1000点喊1800点的时候有惺惺相惜的感觉，而几个月后，市场却真的冲上了1800点。真理总是掌握在少数人手里的，李大霄挺住。

今年的行情才刚刚开始，今天ST股被强行限制涨幅，实际无论怎么折腾都不如停止IPO对市场刺激更大。我记得年初的时候我就呼吁停止IPO，可是呼应的没有几个人，因为当时大家还能赚到钱，而现在都亏得厉害，才又争鸣，又开骂的。哥已经退出股市，自然不会再去管这些东西。何况我依然可以战胜市场，这样的下跌对于一个浸淫中国股市23年的职业炒家，根本不是事。给我的信件中，我看到起码一千封以上按照我博客思路进行操作而翻倍的账户，这就足够了。

该怎么生活还怎么生活，没必要为股市的涨涨跌跌太苦恼。市场已经跌成这样了,还有更严重的吗? 静下心来,仔细地观察这个市场,耐心地分析数据。我想,你的天使就在不远处。

哥继续自己的旅行,保持在路上的感觉。这个市场没有谁都能运行。我相信,只要努力去多学习,就会有天使替我去爱你。

再见兄弟们,我继续我的旅行了。

“铝”战屡胜

（2012 - 07 - 30）

很多朋友已经极度迷茫,根本不知道下个市场热点是什么。那我就用“铝”战屡胜这个词,作为今天的标题吧。

对于现在是不是底部,我不想去谈。我告诉大家一个常识,就是当全球货币都进入宽松的时候,有色金属则是可以规避流动性过强的唯一避风港。

另外铝、铜、铅已经持续下跌了一年多,就算反弹,其国际期货价格都该有30% 的升水,那么上海有色金属期货必然跟风。这对此类行业股票意味着什么,自己去想吧。

我的资金流技术到底够不够强大,事实就摆在眼前。

历史不断在重演

（2012 - 07 - 31）

南方北方今天都被暴雨笼罩着,就如现在的股市一般。虽然我每天身处不同的城市,但是却都在同一片天空下。这 2 天收到的信太多了,所以就写 2 句股市方面的。很多时候,股市就是个历史重演的地方,只是大家没留意而已。据 Wind 数据统计,截至 7 月 27 日收盘,沪深两市 A 股共有 407 家公司股价低于或等于 5 元,占 2437 家 A 股上市公司 16. 7% ,行业主要分布于房地产、化工、交通运输、机械设备、公用事业及黑色金属。从股价分布看,1 元股有 9 只,占比为 0. 37% ;3 元以下个股共计 72 只,占比为 2. 96% ;5 元及以下个股 407 家,占比为 16. 7% 。此数据远低于 5 元以下个股在以往大盘 998 点时 68% 的占比和 1664 点时 79% 的占比。

无论现在是否有政策利好出现,未来最先启动的必然是有色金属股,而铝、铜、铅则是有色的先锋。当所有人都无法承受市场之殇的时候,IPO 就该停止了,因为新股是已经发不出去了。散户退却的时候,就是机构互相残杀的时候。

我还在继续旅行中,本周不会再写东西了。看明白的就看明白了,看不明白我也没办法了。

风轻云淡

(2012 - 08 - 03)

昨天一天没动电脑,一直在外面看风景。凌晨上来看到证监会开始研究降低印花税,实际上现在散户、机构和管理层都知道让大盘反转只有一个办法,就是停止 IPO,但是谁都不选择先妥协。指望千分之一的印花税取消是大利好无疑是痴人说梦。但是从历史上看,每次印花税的下降都是牛市启动的征兆,这个要注意。而且时间上看,印花税取消后,大约 1~2 个月内 IPO 就停止了,随后牛市到来。

这几天大盘不怎么样,我谈过的"铝"却走得相当好,后面会更好。别把股票想得那么复杂,跌多了就该涨,低估了就该恢复,理所应当的。我满仓着自己看好的有色金属。机会总是留给有准备的人的。

我继续着自己的旅行,保持"在路上"的心态,别让自己太累,否则每天都会生气。

"云淡风轻",后来引申表达一种宁静、闲适、恬淡的心境,与"宠辱不惊,闲看庭前花开花落;去留无意,漫随天外云卷云舒"有异曲同工之意。

前几天看微博,有位历史学家说诗仙李白竟然会武术,而且还说李白是大侠客,原因是其《侠客行》中说道:"十步杀一人,千里不留行。事了拂衣去,深藏身与名。"我真的很佩服这位史学家的想象力。实际这段话来自《庄子·说剑》,李白加了后 2 句而已。

这个市场可以听各种人谈股论金,但是最后一定要相信自己,多学习些技术来对抗这个吃人的市场才是正道。

随心飞舞

（2012－08－06）

北方地区在双台风袭击下暴雨连连。

有色金属股走得越来越强，资金流技术表现抢眼。实际别太把股票放在心上，尽量放轻松。这轮上涨热点集中在急先锋有色金属上，而副将则是移动互联网股上面。手机电视、手机游戏、手机交友等移动互联网标的成为基金经理二季度抢筹的目标。手机电视领域的百视通、乐视网，手机游戏领域的掌趣科技、北纬通信，手机交友领域的朗玛信息及顺网科技等品种清一色出现业绩大幅增长。尤其是现在用手机上网的人越来越多，这类股票有着极强的生命力。那么哪个涨得少，哪个价格低就是资金追逐的热点了，总股本不能超过 3 亿股，市盈率就算上百倍也不稀奇，因为这类股票的增长都在 100% 以上呢。有色金属、移动互联网双轮驱动，靠你自己把握了。现在市场估值的确低，就看自己如何把握了。

以前每天看着盘子，总觉得很累，身体很疲劳，更疲劳的是操作压力。而现在只是稍微看下股票，心态好了很多。

一切都会好的，包括股市，我们现在跟着感觉走就行了。随心飞舞，既是一种意境，也是一种心态。

路上寻美景，如股市寻好股

（2012－08－09）

在旅行的路上，无论走到哪里都想去寻找当地最美丽的景色，如同股市中寻找好股票一样。

今天外面下雨就看了一天股票。感觉新股和次新股中机会不少，今天新股集体暴动，主要也是因为短期打压得太严重，很多新股都是低开的，因此一旦受到资金关照就开始猛烈的上涨。尤其是 002680 以后的品种，只要价格低于 10 元/股都会引发资金的关注，毕竟盘子小、业绩好、市盈率都不足 30 倍，机会自然很多。尤其像沪市的大盘低价股都可以连续涨停，中小板的低价品种更有大涨的资格了。

很多时候欣赏美景和寻找好股丝毫不冲突，因为都是价值和美的发现，关键要本着平常心就行。机会很多，也是靠自己把握的。

话不多说了，收盘我就去睡觉，然后醒来去找个火锅店，下雨天，睡觉和吃火锅是最爽的事情了。

庸人自扰

（2012-08-09）

股市从2100点开始反弹，每天都不断波动，好不容易折腾上来60多点。有色金属全面爆发，我依然是未卜先知，这就是股感和技术了。而掌上游戏类股票将是与有色金属并驾齐驱的热点，借助互联网和手机，让一切都成为了可能，下个月10号全国互联网大会，这就是此类股票最大的题材了。杞人忧天天会塌，这个世界不知道是疯狂还是好笑。庸人自扰可能不对，但是起码是一种对待生活的态度。放轻松，可以少关注几天股票，这才是快乐炒股的真谛。

继续上路，别去理会任何新闻，让自己活出精彩就OK了。

坐电梯还是坐了电梯

（2012-08-13）

到处都下雨，也不知道这对儿台风要肆虐到何时。下雨就不想出去了，但是也不能总睡觉、吃火锅啊。

9号的时候我谈了点对市场资金的看法。今天大盘跌了不少，可是我说的东西却盘中涨停。这就是技术的魅力了。不过睡觉加吃火锅，吃出个涨停也不错啊。有人是坐电梯冲上云霄，有的人是坐了电梯白玩儿一趟，这就是差异了。我有恐高症，所以有个10%利润该走我就走，大盘不好，尽量保持安全吧。新股今天都跌了，实际跌的都是首日爆炒的品种，有些品种就趴在地上，甚至地下室，自然就不跌。因此选股很重要。可以关注 下那些上盘就暴跌、市盈率很低的品种，毕竟炒作是暂时的，业绩是永远的。

还是我以前那句话，该休息休息，当你无法战胜市场的时候，休息是正道。别计较一城一地的得失,毕竟炒股是个长期工作。如果实在无法战胜市场就去当个旁观者。而我会不断减少操作,多休息。

我继续自己的行程,继续看风景。

借你一双慧眼吧

(2012 - 08 - 14)

这雨下得没完了,又被迫在房间看股票。地图上的景点已经圈好,可是没时间去,无奈。

大盘又跌了这么多,昨天正好清仓了,实际次新股里依然有很大的机会。深市的涨差不多了,沪市的次新股明显还没开始呢。尤其一些流通盘不足 1.2 亿股、市盈率不足 20 倍的品种。另外一个特点就是破发,破发后却连续新高。这类股票实际最多 3 只,看你能力了。另外要多注意一下近期的基础物资行情,例如天然气、磷、蛋氨酸、盐类等,实际它们都已经接近历史高点了。那么这类上市公司自然有很大的潜力。

历来四川出美女,当然也出好股。

很多朋友都想有双能识破庄家的慧眼。我 9 号提示的,实际范围内的只有 2 只,照样有选错的,这根本就是没仔细看基本面造成的。大哥是人,不是神。但是大盘跌成这样,我照样独善其身。很多年前有人说,带头大哥只是赶上了 2007 年的大牛市,所以才出名,他要在熊市照样完蛋。我今年用了半年时间给大家演绎如何在弱市让资金翻 2 倍。实际 2005 年我是在 1000 点开始写博客的,当时大盘看到 1800 点,国内没有第二个人,2005 年 1000 点到 2006 年的 2500 点,是多么困惑的过程,是多么艰辛的过程,没人去关注你,这就是活生生的现实。就如 2007 年的谣言一样,说带头大哥没来网易前在新浪毫无名气。实际上 2006 年我是新浪点击 500 强中唯一的一个股票博客,当时排名 460 名,前面是张静初后面是苗乙乙,这个完全可以通过新浪博客或者百度查询得到。而当时所谓的财经名人,无一人进入前 500 名。

我希望用我的智慧借你一双慧眼,把这个残酷的市场看得清清楚楚。

明天去景点,没时间写东西。下篇博客估计要周五了,再见了兄弟们。

下面是新浪 500 强第一期统计数据。

新浪BLOG 500 强第 1 期　　第 1 期

统计时间：2006-05-01 至 2006-05-07

1 2 3 4 5 6 7 8 9 10

名次	BLOG标题	BLOG作者	访问量增长情况	名次浮动
451	too young to die	恶女幽兰		新进榜
452	星座小王子的BLOG	星座小王子		新进榜
453	张静初的BLOG	张静初		新进榜
454	段思思的BLOG	段思思		新进榜
455	牛人是怎样练成的	牛人是怎样练成的		新进榜
456	atlans_爱家_商业地产	atlans_爱家_地产		新进榜
457	海文考研	海文学校		新进榜
458	颓废流水的BLOG	颓废流水		新进榜
459	晓钟的摄影与随笔	晓钟		新进榜
460	带头大哥777	带头大哥777		新进榜
461	一了的垃圾場	一了		新进榜

学会坚强

(2012 - 08 - 19)

大盘周五险些击穿2100点整数关口,市场一片悲鸣。别总怪散户不长进,我们来看一下数据吧,“2007年,A股最高市值32.7万亿元,现在市值21.3万亿元,四年来消灭11.4万亿元财富,‘降价’幅度高达34.9%;2007年,沪指最高点位6124点,现在则为2100余点,四年多跌了4000点,‘降价’幅度高达65.1%;2007年,中石油上市当天48.62元/股,现在股价不足9元/股,四年跌去39元多,‘降价’幅度高达81.5%;中国远洋,最高股价68.4元/股,如今刚刚4元/股出头,‘降价’幅度高达90%,勇夺A股亏损王和‘降价’王双冠”。股指期货从推出到现在一跌到底,由于设计的缺陷,因此只要做空就必然是赚钱的,那么机构券商等做空是再正常不过的事情了。

每轮牛市前,市场都是极度虚弱的。中国股民苦,现在不知道能饭否的还有多少人。我只想说一句话“如果不坚强,懦弱给谁看”?我尊重这个市场,既然我选择了,我就不会去抱怨。今年的市场很有趣,不像历史上任何一段牛市启动前期。可以说今年只要踏准节拍的人都会赚大钱,而走错一步就一输到底。历年的弱市都是集体下跌,而今年则完全不是,很多股票不断新高,很多股票不断新低,完全是业绩和题材说话。如果年初随便抱着一只白酒股,就算大盘跌成这样,依然有翻倍的收益。你能说股市没有机会吗?这个市场历来都是少数人盈利多数人亏损的,因此今年并不那么极端。只是一些部门为了一己私利而无视根本的市场规则，才造成现在的局面。但是无论怎么扭曲这个市场，最终还是要遵循市场规则的。我相信很多人和我一样都能等得到。

我继续着自己的旅行，大概一周才看下自己的账户，上周一只深市次新股拿下百分之十几利润，下周看看沪市次新股有多少吧。至于什么股票好实际我博客都暗示过了。短期看由于台风等自然灾害，纯碱类股票、盐业类股票、氯化铵类企业都具备极大的涨价空间，因此这类股票下周会出现集体爆发的情况，此类企业还有逆市扩张的，尤其联碱类行业值得关注。

只要不停止 IPO 或者把“T+1”改成“T+0”的话，2100 点上无论如何反抗都无济于事。但是现在很多股票实际已经具备了被极度低估的价值。一旦市场开始反转，100% 利润唾手可得，关键是看谁更能支持下去。

该说的我都说了，看你自己如何把握了，我继续着自己的行程，不在意短期市场的波动。奉劝有些朋友，如果觉得的确做不了就别勉强自己，该工作工作，该玩就去玩。毕竟股票不是每个人的全部，连我这个征战 23 年的老兵都退役了，你何必那么严格要求自己呢?

追　　风

（2012-08-20）

很多年前，我骑着自行车，后面乌云漫天追着我跑。我拼命地踩着踏板，终于在进入家门后雨才开始下，我跑过了乌云。昨天半夜找辆出租车，沿着没有人的大道飞奔。风从我耳边响过，好像自己在追风。闭上眼睛，去感受风吹过面颊的感觉。

2100 点破了，昨天说的碱类、盐类和联碱类股票果然整体疯狂了。就如临近收盘，2100 点又失而复得一样。股市，就是这样没道理，而上涨的股票却总有上涨的道理。

这个小地方的玉米很好吃，甜甜的，后来一问，叫水果玉米，果然有水果的味道。

整天就待在图书馆看书，中午出去吃饭，碰到昨天搭载我的司机，城市太小，后半夜花 200 元满街逛的人也不多。问我：“晚上还去兜风吗?”我说：“去啊，不过是去追风。”他笑了，说：“那不都一样吗?”我说：“不一样，只有追才有赢的感觉。”

再坚持一下

（2012 - 08 - 23）

外面依然炎热，股市则冰冷至极。大盘在2100点徘徊了数天。但是请大家注意几个问题：第一，成交量已经多日在400亿元以下了，基本与当年1664点接近，而现在的股票数量却是当时的一倍左右。第二，地方板的4万亿元计划启动，由于经济形势越来越差，货币政策明显已经开始转变。第三，ST股经历了冰火两重天，从上交所的退市恐吓到今天的放宽政策迅速摘帽，把股民弄得悲喜交加，现在完全可以注意那些即将摘帽的品种。第四，QFII如此逆市建仓本身就说明市场处于极度低估状态。我觉得更大的利好随时会来，最多2周，大盘将走出反转。现在很多业绩优良的股票都开始蠢蠢欲动，就看如何把握了。

现在需要的是再坚持一下，如果每个人都有追女孩子般的坚持，在股市里就不会觉得很难熬了。

这几天我基本没看盘子，一直在外面玩。旅行真的可以让人很放松，不去想那么多事情，只去欣赏身边的景色，没有了以前操盘的紧张和那么多的责任。我是个不会后悔的人，以前我选择去帮助别人，尽管伤痕累累，依然不说放弃。而一旦放下心结，顿感轻松。人生就是如此，要懂得放弃。舍得舍得，只有舍弃才能获得。

坚持自己的操作思路不动摇

（2012 - 08 - 27）

股市逼近2050点，权重股开始砸盘。我以前就说过，当把散户都弄死后，剩下的就是机构之间的残杀，现在已经开始了。为了不断地圈钱已经把这个市场弄得伤痕累累，而最后死去的就是这些短视的家伙。背后缺失的不但有错综复杂的利益，更多的是良心。市场进入最艰难的时候，2020点～2030点有强大支撑，再向下就是1950点～1980点的支撑，最后是1664点，个人认为2000点不会被击穿。2周内就可以确认绝对底部了。现在的杀跌更多的是权重股，打下去的只是点位，很多好股票都开始不跌了。化工、化肥、盐碱类、联碱类股票值得关注，因为9月份是销售旺季的开始。

我继续自己的旅程。大上周拿下10多个点,然后进入一只联碱,大盘跌了不少,我的损伤却很小,而且是小中线操作,所以基本都是收盘的时候看一下。估计本周或者下周又该来10%以上了。

我这个市场中的老兵,更熟悉这个市场,因此我的操作思路绝对是值得借鉴的。年初到现在,翻倍盈利根本不难,而最近1个月,只要保持不亏都是不错的操作了。如果把我年初到现在的博客都看过的朋友,很清楚我说的都是事实。该加快盈利速度就加快,该沉稳下来就要沉稳下来,每个阶段都该有自己的操作思路。我完全按照自己的思路走,年初到现在没有丝毫误差,板块轮动上也是百分之百准确的,但是散户能做成什么样我真的不知道了。

不想多说了,既然已经退役,而且还在旅行途中,那么只做好自己就可以了。

全力做多

(2012 - 08 - 28)

对于众多散户而言,中国股市已经到了最危险的时刻,而对于我这个股市老兵来说千载难逢的机会已经到了。融资融券,由于融资率先启动,那么市场即将迎来一轮起码300点的上涨。如果后面利好继续,股市会继续上行,人造牛市来临。

到达一定高度后,股民好了伤疤忘了疼的时候,融券就来了。由于散户不能参与,股指开始大跌,最终跌破2000点。因为一旦融券出现,大蓝筹股等于市值增加一倍,而现在就算做空根本无法继续大幅打压了。

我停下自己的脚步,全力做多。

重装上阵

(2012 - 08 - 29)

昨天写的文章《全力做多》,不知道什么原因,我进自己博客能看到,而退出后却看不到了。以前碰到过此类问题,一般都是有敏感的词语。我研究半天,也没写啥敏感词语啊?算了。只要大家知道,现在该进场就是了,目标是低价低市盈率的股票,9元/股以下,流通盘1亿/股以下的品种值得关注,市盈率一般在30倍以下。资产重组股一般为2.5亿/股流通盘以下的,以机械类和服务类为主的品种。实际昨天下跌的时候进场和今天下跌的时候都是很好的进场位置,明日大盘如果继续下行,将是短期重要的底部了。

我暂停下自己旅行的步伐,重装上阵。操作顺序为先机械类后服务类,机械类是我以前博客谈过的002680~002690之间的次新股,价格10元以下,市盈率低于30倍,流通盘低于1亿股。

能看明白的就知道怎么玩,看不明白的我也没办法。短线操作就看技术了。大盘的风险已经很小了。

羞答答的玫瑰静悄悄地开

(2012-09-04)

标题是一首老歌的名字,现在很多90后基本不会唱,也不知道原唱是谁,就如很多人进入股市都是新人一样。没有人去了解股票的历史,只是为了赚钱而来。

很多时候,我们只看到了玫瑰怒放的时候,谁都没有去注意过实际它是悄悄开花的。就如股市,我们太追求结果了,而没去注意它的上涨过程一样。

大盘从998点以来,7年内首次出现月线4连阴。今天大盘再次试探2040点以下位置,市场除了创业板不断死命挣扎外基本没什么热点可言。那么市场到底是要向2000点下深渊滑落还是要在2000点位置止跌向上呢?

实际我们看看QFII在干什么就明白了。据数据分析,现在每100个散户账户只有4个还在频繁操作,其余96个都基本成为僵尸户了,可见市场的信心已经到了崩溃的边缘。而QFII却不断进场买货,这与当年998点时的场景相当类似。另外社保、保险资金等也没闲着。当所有人对这个市场死心后,行情就该来了。从QFII进场操作的股票看,为大消费类股票、装饰园林类股票、机械类股票以及白酒二线股。主要进入的如消费类的服装卡奴迪路、朗姿股份等,园林类的棕榈园林、普邦园林等,机械类的博林特、江南嘉捷等电梯股,白酒股青青稞酒等。这4类股票,消费类是年度热点,园林类和白酒类都是历史牛股,电梯股收益于全国电梯更换,市场巨大。那么现在卖出的大部分都是散户,QFII和社保等却在进入,而且此类股票基本没出现过大幅度下跌,这就很说明问题。尤其其中的次新股由于上面基本没有套牢盘,一旦市场开始反弹,上涨力度自然很大。

股票市场一直遵循着一个原则,就是人弃我取,背道而驰,可是能真正做到这点的人却不多。当大家都不想面对如此疲软的市场的时候,大反弹或者大反转就该来了。

继续流浪

（2012 - 09 - 05）

该说的都已经说了，那么我就该满仓继续我的行程。

前几篇文章写得很清楚。2 周内开始大反弹，高度 300 点以上。（等待验证）点位最低为 2020 点 ~2030 点之间（这个今天已经兑现了）。也说了，2000 点不会被击穿（等待验证）。主攻板块为大消费类股票、装饰园林类股票、机械类股票以及白酒二线股（等待验证）。这些判断都来自我最近半个月内的博客，大家可以去找一下。

已经写得如此清楚了，我就开始继续流浪。我已经退役，因此对股票我只是稍加关注和提示，至于对错、盈利等看你自己的能力了。

一轮政策行情

（2012 - 09 - 07）

走势与 2010 年 9 月 29 日 ~11 月 11 日这段最类似。我在 8 月 27 号博客中写到本次低点为 2020 点 ~2030 点之间，2 周内市场开始上行。而 28 日文章写到最少可以涨 300 点，这篇文章却不知道什么原因被屏蔽。今天是 9 月 7 日，正好是 2 周时间，大盘果然开始启动，而低点为 2029 点，我预测的是完全准确的。9 月 5 日文章中明确说明我自己已经满仓。

现在看大盘如果按照 2010 年 9 ~11 月的走势走，最高可以见到大约 2400 点，而最低可见到 2329 点，时间跨度不会超过 27 个交易日。然后再跌，至于 27 个交易日后是否调整后继续上，要看政策面如何变化了。

今天是低价股补涨，全体普涨，看不出来热点，但是下周开始，局部热点会有反应。我觉得会集中在含权股填权、园林建筑股、有色金属以及大消费股上面。蓝筹股还是不行，因为成交量依然不足以支持其走出大行情。行情热点依然是中小板股横行的天下。而且从年初来看，例如今天涨停的前几名，股价基本都是从 10 元多跌到 5 元多，完全腰斩。跌下去 50%，想涨回去就需要 100% 了，想完全涨回去根本是不可能的。而一些中小板的好股票，本轮大跌中没怎么大涨也没怎么大跌。

该涨的是这类品种，因为它们自身业绩好，行业属性好。熊市抗得住的，牛市才更有前途。

我已经把自己的经验都写在这里了，具体如何操做看你自己了。下周我继续自己的旅程，有时间就上来说几句，没时间就不写了。

28 号的文章，判断这轮反弹起码涨 300 点。

攻击力度不弱

（2012 - 09 - 07）

前天文章写得很清楚了。今天跳空高开，直接去冲 2100 点了。按照前天文章说的 2029 点向上最少 300 点，就是 2329 点以上了。

电梯行情后就该是园林类了，尤其是次新股、含权的。因为地方有大批基本建设项目，而最先受益的就是园林装饰类，然后才是建筑类、家电类和家纺类。

大盘指数上得很快。跳空缺口是突破缺口，短期不会补了，成交放得很大。好事。

多余的不说了，把握好这轮行情吧，300 点啊。呵呵

饭要一口一口吃

（2012 - 09 - 12）

这周市场走得很不错，该上升就上升，该调整调整，点位上去得也不快。这样的行情还能维持 1 个多月，因此很适合小中线的操作。本轮上涨我的目标很明确，基本一周半到两周换一次仓位，到 2330 点以上开始减仓，预计盈利超过 30% 就可以了。现在才是第四个交易日而已，时间足够的。

该提示的我上周都提示了，随后我继续自己的行程。今天上来看了一下，依然有很多朋友给我留言，说依然跟不上行情，还在亏损，我很无语。可以说，我已经非常清楚明白地给出了提示。大盘在触底的时候该进入的是电梯股，随后该换进园林股和有色金属股。这几天有色金属股爆发，而明天该大幅上涨的就是建筑园林股了。实际园林股只有 4 只，分别为普邦园林、东方园林、棕榈园林和铁汉生态。另外装潢类已经涨了不少，如金螳螂、洪涛股份等。那么有色金属和装潢类涨完就

该园林类暴涨了,因为园林类股票具备与白酒股一样的高贵血统、业绩好、发展前景好,历史出现的无一不是大牛股长牛股。我更看好普邦园林和铁汉生态这样的除权股,因为它们必然会填满权。而下周的后半周该是商业股和大消费股的天下了,我会给出提示。

没反弹大家埋怨市场,反弹了赚不到钱或者不断追逐热点被套还怪罪市场,有的时候心态不好自然要输钱。年初到现在我一直满仓操作,而只要按照我思路走的人都该有翻倍的利润。可是我只看到了大约八十几封信说到了 100% 盈利,而说亏损 50% 以上的人起码上千封,谁都无法改变这种局面。如果有足够的心理承受能力,大可以一直搏杀到年底。如果没这样的能力,2330 点上退出市场不失为一个好办法。

多余的话不说了,我继续我的行程,空下来就上来说几句,没时间就不写了。

总之,饭要一口一口地吃,找业绩好低估的股票,拿好了,到 10% 就跑,然后再换一只好的继续拿着,一直到 2330 点都可以这样操作。别去追逐热点,因为所谓的热点都是主力出局所设计出来套人的。要相信自己的判断,哪怕这一轮上涨你只有 10% 的利润,你依然是赢家。

撕开假象

(2012 - 09 - 15)

大盘上周波动得比较剧烈,但是其中端倪值得关注。周四尾盘一些没赶上 9 月 7 日大涨的资金,利用 QE3 可能不推出以及钓鱼岛局势的利空疯狂打压指数,而周五凌晨 QE3 公布,这些资金只能不断利用股指期货瞬间打压点位以完成相对低位建仓。请大家注意的是,这些资金不是为了出货,而是为了进场,那么一旦这些资金建仓完毕,大盘会继续上行。而从盘面看,资金并不足以拉升大蓝筹股,虽然有些低价股涨了 20% 以上,但是由于被套者基本套在绝对高点,就算这类股票翻倍恐怕都无法解套。这类股票的上涨完全是个短期行为,最终结果是不断地套新的进入者。现在需要关注的是中小板股票,尤其是除权后的股票。还有就是已经接近历史高点或者突破历史高点的次新股,这类股票由于上面没有套牢盘,一旦启动,涨幅非常乐观。上涨前我让大家关注的有色板块、建筑装饰板块、园林建筑板块均走得相当好,后市这类股票依然有很大上涨空间。从年初到现在我用自己独有的资金流技术不断给大家演示如何在弱市中盈利,可以说把握了所有板块的轮动,无论你服不服气,事实就在那里摆着,无法改变。

下周市场会进入活跃期,一直到本月底都是比较好赚钱的时段,我会每天写一小段文章，让大家注意热点。而我继续着自己的小中线操作，继续在园林建筑股上耐心守候。这轮反弹开始到现在我手上电梯拿了10个点，园林也有5个以上了。本轮必须稳扎稳打，而且一定要在中小板股票上寻找机会才行。

跟住热点

(2012-09-17)

注意五点问题。

第一，创业板解禁潮开始，坚决回避创业板股票。

第二，热点会集中在中小板股票上，尤其是第三季度大幅增长的股票，除权填权类股票。也要注意尽量操作今年年底前没有解禁股份的中小板股，主板只能在重组股上找机会。其中园林类、商业类、涉矿概念股是重点。必须找业绩好的、流通盘不超过2亿股的品种。

第三，不必太在意大盘的走向，因为“十八大”前跌不到哪里去，而且每次下跌都是进入的机会。

第四，美国开始QE3，国内也在货币宽松，实际是热钱越来越多，不必担心钱不足。

第五，会有陆续的利好出台，现在是内忧外患的时刻，加上换届稳定的需要，股市不会走得很差。

我继续操作我的小中线，继续坚守在建筑园林股上面，虽然它们今天受到地产股拖累。但是业绩增长明显，而且是基建再上马的受益品种。害怕的尽管跑就是了，我习惯了越跌越精神的气氛。

坚　守

(2012-09-18)

这2个字写起来很容易，说出来也很容易，但是在操作上实际很难。股票是经济学中最复杂的学科，没有100%的定律，也就是因为其变化性过强，也吸引着大批淘金者进入市场。很多人中了股票的毒，明知来送钱给市场，却无怨无悔。iPhone5面世，果粉们疯狂预定，24小时也不过销售了200万台，都被称为奇迹。中国股票市场的股粉历经磨难到现在还有几千万人在搏杀，比果粉奇迹多了。

我认为坚守不等于死守，一般被套死的人才死守。而坚守是一种执着，一种对自己判断的实际行动。我记得年初我谈几个白酒的时候大家印象并不深。虽然后期酒鬼酒、沱牌舍得都翻几倍了，也没在股海里泛起多大涟漪。而我在16元/股谈青青稞酒的时候直接判断其未来必然翻倍，随后我一直持有到32元/股以上出局。而大多数人只赚了点小差价就跑了，然后就开始后悔，一直后悔到其翻倍。当时外界的质疑声音非常大，每到整数关口都有人不断地鼓噪卖出，当然这些大部分是踏空者，而坚持到翻倍的人我估计全国不会超过5个。而后我的奢侈品牛股卡奴迪路也经历了相同的困扰，也只有我一直从32元/股坚定地拿到了48元/股一线，完成50%以上利润，其中倒腾2次，利润更多，接着我的节能股从27元/股冲上39元/股，而这些牛股发威的时候大盘均呈现大跌状态。另外商旅股、电梯股等也分别2轮以上10%的操作，做到了逆市资金翻2倍。

年初到现在，我在博客上为大家尽情地演绎了资金流的操作，每每大盘低迷，我都能提前判断出资金进入了哪个板块，连续9个月的判断，没有一次失败。可是就连众多白酒股，青青稞酒、卡奴这样的大牛股都把握不住的人，你输钱是太正常不过的事情了。我的资金流技术来自多年对中国股市历史的深刻认识以及自己独有技术的不断提高，不是一点不努力就能获得的定式。股票市场变化万千，寻求定式就是死路一条。股票是活的东西，是有生命的，很多人一定要求当死的定式做，最后死的自然就是你自己了，这丝毫不奇怪。

大盘经过前几天的上涨又开始大跌，实际就是个补缺口而已，根本没必要大惊小怪的。我9月5号提示大家满仓，9月7号大盘暴涨。告诉大家持有有色金属股和含权股，的确这类股票涨得很好。昨天的文章告诉大家，热点在中小板上，今天看，深市上涨625家，其中中小板上涨270家，占据深市总上涨家数的43%，足够精确了吧？上周告诉大家有色金属股涨得差不多了，该进入园林股了。有色金属今天整体大跌。4只园林股中3只上涨，要知道今天可是跌了20几点啊？还要我的资金流如何强大？园林股只是“小荷才露尖尖角”而已，普邦园林、铁汉生态和东方园林，都面临这一轮填满权的可能。尤其普邦园林只有27元/股的低价，不足1亿股的流通盘，起码要和铁汉生态价格靠拢，而铁汉要与东方园林价格靠拢，就看是否把握得住了。随着基本建设的再次上马，园林景观类股票已经具备了上涨的基础，而其骨子里的牛股特性，更刺激了其低估的股价持续上行，本轮300点的上涨依然会继续。今天已经稳住阵脚了，明天大盘又该重新回到上升通道了，而这轮上涨中能超过30%利润的只有园林股了，关注吧。

对于好的股票要坚守，不达目标不罢休。这考验的不但是技术，更是心态。

“涨”声继续

（2012-09-19）

大盘今天果然开始上涨，虽然点位没上来多少，但是个股呈现普涨。由于QE3即将开始，央行自然也无法抵御住国际上不断地开启印钞机，国内货币也进入宽松阶段。这轮300点的反弹依然在继续中。

有色金属和黄金股今天暴涨。临近国庆，旅游股也开始活跃。现在比的不是谁打得快，而是谁打得稳。因为板块是轮动的，因此只要本轮利润超过30%，就完全可以了，没必要给自己定那么高的指标。一般货币开始宽松，板块正常轮动为最开始有色金属和黄金，然后是煤炭和通讯，接下来是机械类和商业股，最后是地产和银行。而本轮由于投入的是基本建设，那么房价被继续控制，因此走小中线上涨的则是建筑园林、机械类和商业类股票。别被普涨迷惑了，也别追逐热点。成交上看，蓝筹股炒不动，只有盘子小的中小板才具备上涨的实力。只要业绩好，增长幅度大，盘子不大，都有被炒作的机会，现在持有远比来回换好得多。而且点位最后慢慢上，点位越低，我们就越安全。

大盘调整已经结束。昨天的博客我已经明确的说了。这里不再多说，大盘会继续涨下去。IPO已经变向停止了，“十八大”前大盘只会涨不会大跌的。

随着趋势明朗，个股会开始上涨。在月底前我会尽情地为大家展示资金流的作用。我依然继续着自己的小中线，不离不弃。

静若处子，动若脱兔

（2012-09-20）

今日温州人民继续抢盐，股市再创新低。收盘已经跌破前低2029.02点，很多资金夺路而逃。那么钓鱼岛事件对大盘到底有多大的影响呢？

我只谈三个问题。

第一，全球经济都不好，从美国QE3开始，日本昨天加印10万亿日元刺激经济，今天英国也加入货币宽松的阵营，而欧洲也快了。中国别无选择只能继续宽松下去，那么钱是不缺的。

第二,点位上看,我前面的博文写得很清楚,2020 点 ~ 2030 点之间有重大支撑,如果跌破下面就是 1950 点一线了。我个人依然不认为可以有效跌破 2000 点整数关口,有效跌破的意思就是跌破 2000 点后 2 个交易日内无法收回,即为有效跌破。

第三,明天是股指交割日,今天大盘下跌基本就是股指期货带下去的,而跌得如此猛烈却只有 2 只创业板股票跌停而已。这说明很多股票都已经跌不动了,就算指数再下去一些也不过是空跌而已。那么现在只要手上的股票业绩不错,大可以放心守护。我依然不会进行减仓的动作,因为我觉得大盘就在相对低点,根本没必要自己吓唬自己。

从操作上看,就算大盘跌破 2000 点,我的损失也不会超过 8%,完全处于可控范围。但是这样的操作不等于适用于全部市场操作者,只要跟住我的思路,一般不会出现问题,但是你买的是创业板,谁也没办法。经过数天的下跌,不过是把我手上的利润从正 5% 变成不足负 3% 而已。一旦大盘再次上冲,很快又变成盈利,所以我根本不在意其短线的下跌。股票市场就这样,大牛市也可能亏大钱,大熊市也可能赚大钱,关键还是看自己如何操作。

我从来不去指责市场,因为这只能显得你更无能。对我来说,大盘指数越低我就越安全,也更适合操作。我不会去追逐热点,这几天追逐有色金属、水泥的人输惨了。而我这个理性坚持者没什么大损伤,这就是差距了。现在还没到做短线的时候,扛过这轮杀跌,我就会动作了。

"静若处子,动若脱兔",指的就是我这个股市老兵对市场的感悟。

东风吹转船头

(2012 - 09 - 22)

今天出去会朋友,回来得比较晚,所以才写博客。今天基本没怎么看股票,因为心理底线就是 2000 点,没破就没什么可恐慌的。市场再次新低后各路声音都开始转向,实际这没什么不好。连李大霄同志都不再坚持"钻石底"了,那么真正的底部也就很近了。

从数据上看,现在点位已经回到 2009 年,中国股市比穿越剧更好看些。1 元股增加到 10 只,百元股只剩下茅台和洋河。不少银行股的股价目前已经跌破净资产,在估值这么低的情况下股价依然创出新低,这对投资者的信心是一个巨大打击。中国银行、交通银行、中信银行、浦发银行、平安银行、北京银行、华夏银行等 7 只银行股集体创出年内新低,成为大盘指数急挫的重要力量。悲观情绪蔓延使得更多的资金开始选择离场,这也是导致沪深两市放量下跌的重要原因。

我依然站在这个市场上,不会退缩。市场的确在变化,我也跟着市场在变化,到年底前我都会战斗在这里。让理想暂时画地为牢,因为现在的市场已经是烽火狼烟。

借一首《清平乐》作为结尾。

日光如晦,聚散皆滋味。云断云留云委委,独钓一江秋水。名利都是身仇,营生兀自难休。万事等闲抛却,东风吹转船头。

面朝大海,春暖花开

(2012 - 09 - 24)

我现在就是这样,面对着大海。市场依然低迷,虽然现在大盘依然向2000点关口发起攻击。此时此刻,信心最重要。我一直在坚守,坚守着中国股市的明天。我依然可以对付这个市场,那么我就无所畏惧。我不鼓励所有人都如我一样,毕竟技术差异巨大。很多人在这个市场一直演绎着飞蛾扑火的角色,注定自焚。而对于我来说,只要市场是可控的,我都不会轻言放弃。可能很多人都笑我是个傻子,如此市场依然去坚守。可是你们又聪明几分?我只想用自己的行动告诉大家,无论牛市还是熊市,只要我觉得依然有机会,我都在这里坚守,不离不弃。对于无法掌握的市场选择退出是明智的,我尊重每一个退出者的选择。但是我是个越挫越勇的人,性格决定命运。2000点关口对很多人来说是地狱,而对于我可能就是天堂,每个人的思路不同,决定了操作上的差异。年初到现在我的思路一直没问题,基本上好股票我都参与过。而现在我的坚守,为的不是别的,而是这个市场的脊梁——散户。退却很容易,坚守却很难。多余的话不想说,我总是在不断的非议中前行。我的前半生注定与命运开战,我会继续下去。面朝大海,春暖花开。300点的上涨会来,带头大哥就是股市的不死鸟。市场残酷,吓死的永远是懦夫,不会是英雄。

殊途同归

(2012 - 09 - 25)

今日大盘地量成交。IPO重新启动,对大盘形成致命一击。个股普遍下跌。空头依然凶猛,场内资金已经不是很活跃了。

但是需要注意的是QFII的额度继续扩大,呈现申请就批复的状态。另外美国股市中谷歌等创出历史新高,由于QE3的实施,美国以及欧洲股市均出现牛市初期的征兆。中国股市也不例外,QFII延续着2005年底的打法,批复完就进场满仓。中国股市的估值现在绝对是低的,因为QFII从来都不是活雷锋。基金的仓位又下降到70%左右,一般此种情况大盘就要反弹了。由于“双节”临近,历史上看一般国庆附近都是上涨的,还有就是银行的理财资金高达数万亿元,现在也整装待发。加上QFII不断地被批复,资金上实际并没有太大困难,现在更多的是信心问题。

国庆一过,三季度报表就展开了,很多好股票会开始上涨。盘中现在明显有些很有想法的资金在进行收集,那么预计增长50%以上的股票就是后面的热点。春节前一些旅游类板块股票也会有所表现,可以关注。

从现在市场看,国庆前如果没有大的利空,2000点很难有效击破。今天IPO重新启动,大盘都没怎么跌,维稳的意图很明显了。现在就是这样,如果你觉得这个市场还能生存,那么就留在这里,如果觉得已经无语了,那就该退出。就我个人而言,完全可以控制得很好,所以我选择留下,等待奇迹发生,因为我坚信年底前大盘有冲击2330点以上的能力。

大盘如此低迷的时候,很多人的账户实际已经成为僵尸户。那么就趁这个假期学点技术吧,本周六也就是29号,将开始第一次技术交流。而10月6号,我将对资金流技术进行全面讲解。因此请想学习技术的朋友尽快联系我。

我继续坚守自己的小中线,不为大盘的涨跌而困扰。我记得2010年的时候世道也是如此的低迷,当时大盘从3300点向2300点俯冲,我当时在操作000506,从11.8元/股一直买到9.8元/股。后来在18元一线出局,也奠定了2010年的利润基础。我认为到年底前依然有50%以上的获利空间,关键看如何把握了。我继续看好园林建筑类股票,因为无论是业绩,还是增长速度都完全符合操作思路。而且此类股票有明显的主力打压迹象,同时现在价格低于主力成本。实际上主力与散户一直都是天敌,关键还是靠自己如何识破他的伎俩。当他洗不出去你的时候,大家就成为了战友,这个时候才叫与庄共舞。而也只有这样,主力和散户才能共同盈利,殊途同归。

等空下来的时候我会写一些关于操作心理的文章。主力并不可怕,可怕的是你无法识别他们而已。

风轻云淡

(2012 - 09 - 27)

我在坚守,不知道你是否还在。该说的话我已经都说了,我就等着奇迹发生。

先不说现在是不是奇迹,我只知道全世界的人都退后了,而我却在坚守。

我今天一直在外面,根本没看盘面。刚才有朋友打电话说今天大涨了,我说知道了。

别把股市想象得那么复杂,跌多了自然就涨了。我在3天内的博客一直强调2000点不会被有效击穿,一直强调大利好很可能随时到来,一直强调我依然坚守在这个市场,这需要莫大的勇气和自信。

我从来不管外界如何评论,只要我能控制得住,我就大胆参与,决不退缩。

好了,我继续看我的风景。因为下单的人是我,我有足够的心理承受能力,无论亏还是赚,我都无所畏惧。风轻云淡,就是我现在的心情。

上帝给你关上了一扇门,就会为你打开一扇窗

(2012-09-27)

今天下午陪朋友出海,刚刚回来。大盘盘中已经瞬间击破2000点整数关口,收盘站回2004点。7家跌停,次新股被血洗。军工、有色黄金大跌。市场信心彻底崩溃。

实际每个人都知道为什么跌,可是都无奈又无语。技术面上看2000点一旦有效跌破只有1950点和1664点是支撑了。实际从今天看2000点并未被有效击穿,有效击穿指的是跌破2000点,2个交易日没收回,即有效跌破。

沪市动态市盈率已经在12倍左右了,完全被低估,我以前谈过,欧美现在为15倍左右,我们全流通的话,基本也该是这个估值左右,但是现在实际我们已经低于欧美的股市了,而我们现在也就全流通了大概70%左右。这也是为什么QFII愿意进入的原因,也是为什么我坚定守候在这里的原因。空方的确肆虐,但是也有极限,当弹簧被压得无法再压的时候,上涨的爆发力将异常强大。

没有只涨不跌的市场,当然也没有只跌不涨的市场。

上帝给你关上了一扇门,就会为你打开一扇窗。这句话有两种解释:第一,你做的不是坏事,那么一定会有转机,毕竟人在做,天在看。第二,你做了坏事,上天提醒你适可而止。作为散民进入市场投资肯定不是做了坏事,而一些人为了自己的利益不惜伤害无数人肯定是做了坏事。

写完这篇博客,已经凌晨1点多了,估计明天要睡到中午了。

现在中国股市已经到了很危难的时刻了,很多人都已经伤心欲绝,很多人都已经认赌服输,而我这个站在市场上23年的老兵却看到是个机会。还有2个交易日本月就结束了,而希望就在10月开盘后。如果实在无法再忍受,那么就休息2天

吧,输了那么久也不差这2天了。

我会坚定地站在这个市场,因为每次都是我独自品尝孤独,当然也独自品尝未来的喜悦。

300点的吃肉行情

(2012-09-28)

昨天大盘在朦胧利好刺激下上涨,虽然后来被辟谣,但是当天并未跳水。而今天继续升势,说明有不少资金在进行“十八大”行情。且不必管维稳的程度有多强,起码按照技术面看,2330点是要到达的。

昨天很多所谓的高手都已经怂了,在2000点一线都开始出货,基本都出在了最低点。而主力资金则顺势进入,捡到了带血的筹码,我这样的坚定者则没有任何损失。水平高低已经分得很清楚了。很多人说空仓过节,而我的观点是满仓过节。但是要注意手上拿的到底是什么股票,如果是创业板,那就必死无疑。之所以创业板解禁的33家年底不减持,但是早晚还是要减持的,因此现在逢高就该走。而业绩良好的个股则是很好的进入机会。

今天下午基金重仓股将大涨,因为今天是三季度最后一个交易日,做市值是必需的。下午大家会看到基金和社保重仓的股票起码都上涨5% ~10%。

有朋友问我持股过节的原因,大方向我已经解释得很清楚了。而小的方面看,首先该出局的资金昨天在2000点一线基本都被洗出了,而过节用钱的昨天也都卖出了,现在持有股票的都是想持有过节的,抛压没有了,自然就涨了。另外谁都无法预测国庆会出什么样的利好。一旦出现大利好的话,连续2天的大洗盘就有了用武之地,直接轧空了很大一部分资金。而就算不出利好,由于这部分资金都是2000点一线进入的,成本低,回旋余地很大,亏不上钱的。还有就是“十八大”即将召开,维稳行情会继续。这轮大反弹算估值回归也好,算维稳行情也好,小行情也是行情,只要操作得当必然赚钱。

下午大盘会继续上涨,既然准备轧空,部分资金就根本不会给他们回补的机会,这就是市场。热点依然集中在中小板股票上,业绩好的、三季度增长幅度大的是首选。

因为选择坚守,才无所畏惧;因为胸有成竹,才云淡风轻。我不想去多说什么,因为我就坚强地站在市场上为迷茫的散户指明方向。我会坚守到2330点以上,没有丝毫退缩。

空头的末日

（2012 - 09 - 28）

下午大盘继续上行，普涨迹象明显。这个判断上午收盘已经发博客说明了，事实验证也是正确的。

实际上现在点位是很安全的。由于被赶出局的基本都是散户，那么谁在进场？基金仓位到达75%以下，那么基金肯定没有进场。QFII一拿到额度就满仓，现在也没完全掌握市场，机构就更不必说了，游资在昨天也有兑现的意思。可以说现在进场的资金应该是奔“十八大”维稳行情来的。那么成本在2000点一线，怎么也要向上拉升15%～20%才能达到出货目的，当然这是看短期目标。这就与我谈的2330点以上形成了一定的契合关系。

空头肆虐，散户遭殃。这个市场已经下跌得太久太久了，已经下跌得让QFII都觉得便宜得不能再便宜了。从操作上看，如果年初遵循我的小中线操作至今，盈利是该翻1～2倍的，而频繁操作者就是死路一条。只要踏对市场的节奏基本不会出现问题，但是一旦走错一步，基本是步步惊心。很多人从年初到现在一直短线操作，损失巨大。而我的操作一直是小中线为主、短线为辅。大盘稳定些我坚决打快，一旦不稳定坚决小中线操作。这也是我为什么一直可以战胜市场的原因。因为想赚钱，起码你要了解这个市场吧，什么都不知道就进去抢钱，面临的就是被抢。

隐约地感到，空头的末日快到了，希望国庆期间会有些利好兑现。

很好的介入位置

（2012 - 10 - 08）

大盘震荡一天，20日线和30日线失而复得。24只股票涨停，无跌停股票。

QFII全力进场买进筹码。虽然有部分资金从有色金属撤退，但是QFII的目标却是有色金属。黄金股恒邦前阶段涨了65%，那么调整一下很正常。而其余基础类有色金属，如锌、铝、锡、铂金，铁矿石等股票均出现底部收集迹象，有色金属还要来一波大的上涨。

全球都开始货币宽松，中国无法独善其身。地产股开始回暖，因为贵州省贵阳市率先推出买房子给户口的优惠。正常推算，明年4月后房屋价格将再次上涨。毕竟靠卖地的财政无法支持太久，买房子的朋友现在应该是入手的时间了。

“十八大”前大盘就算不大涨，也不会出现大跌了，大盘会缓缓向上，2330点的判断不变。

现在是低价股的天下，一般都是15元/股以下的品种，今天涨停的股票无一不是如此。那么矿产类的，低价的就是短期首选，另外就是除权后的次新股、预增股。毕竟很快三季度报开始公布。

今天的下跌是个很好的介入位置，从两大油看，有资金开始护盘。而各大银行盘中此起彼伏的大买盘，应该是汇金所为。那么实际现在大盘很安全。本周五后我会以慢打快，因为大盘波动不大的情况下，个股该表现了。我会在本周五公布自己的自选股票池，然后一直操作到年底。我的股票池只代表本人关注的板块动向，不存在任何其他意图。大家可以借鉴一下，但是按照操作，盈亏自负。

我会尽量多谈及资金流技术，而到年底前的时间，按照正常操作该有30%以上的利润。热点会集中在三大块。第一，有色金属，而且是低价的。第二，除权的，三季度有实质增长的次新股。第三，低价重组股，尤其具备政府背景的。

全力关注有色金属

（2012-10-09）

这个判断已经说了无数次。QFII现在就是在有色金属上扫货。最近3篇博客我已经对大盘、板块谈得很清楚了。大盘轧空了不少人，而有色金属就是最近的热点，行情会很好。

我记得当年最开始是黄金股翻数倍，然后是锡、铜股翻数倍。“五三○”的时候我是一只金铅股过关。6月到7月，一只铁矿石股翻倍。历史就是这样，不断地重演，很多人一直只能当观众，我则是最好的副导演，而导演是QFII。

忍耐不是为了亏钱，而是为了爆发

（2012-10-09）

我在9月22日告诉大家《东风吹转船头》，9月24日告诉大家300点的上涨一定会来，我在坚守。“面朝大海，春暖花开，300点的上涨会来，带头大哥就是股市的不死鸟。市场残酷，吓死的永远是懦夫，不会是英雄”，25号再次说2000点不会被有效击穿，我坚守到2330点以上。27号大盘瞬间击穿2000点后，我说“我会坚定地站在这个市场，因为每次都是我独自品尝孤独，当然也独自品尝未来的喜悦”，28号告诉大家300点的吃肉行情要来了，过节要满仓，空头的末日要到了。昨天10月8日告诉大家QFII在收集有色金属的筹码，汇金进场了。而从22号开始我就告诉大家有色金属是首选，然后是填权股，最后是重组股。今天上午再次提及有色金属。这些可以去查询我最近的博客文章，不多解释了。

这些全部被兑现了。今天汇金公布增持工行等，有色金属今天大涨。

而大多数人被吓跑了，被轧空了，被一些股评人士忽悠出局了。春节前出局的人无疑卖到了最低点，而我节前满仓操作，今天股票池中3只股票最高一只冲击到9%以上，差一点的都有5%以上了。市场就是如此，跌多了自然就开始涨了，关键看你是否忍受得住，以及要看你介入的是什么股票。熊市里照样出牛股，牛市里照样有亏损的人，谁都没有办法。

我记得有很多人说，“带头大哥777”之所以出名是因为碰上了2007年的大牛市，熊市他也不行。那么从2010年到现在我已经给大家演绎了什么叫做技术流，如何才能在熊市保持200%以上的年收益，我想某些人可以改变自己的看法了。年初到现在，我一直活在市场里，而且活得很滋润。出现的牛股，我基本都没有放过，启动的板块我全部未卜先知。这如何去靠运气呢？我记得2005年的时候大盘998点，我喊出1800点的判断，随后把握了全部板块的轮动，单单有色金属就为我赚了700%的利润。“五三〇”大跌，我手上是豫光金铅，跌成那样我却赚钱。2007年7月，我最后一篇博客对深圳大盘高点的判断只有0.25%的误差，我的金岭矿业39个交易日从23元/股冲到47元/股，也就是此股，让全国4000点后进入的股民也赚了大钱。当一些人评论我的时候，谁理会过我带着数亿人马从998点冲到4000点的事实？谁知道当初的坚持多么重要？今年年初的白酒股、奢侈品，两市本地股等都成为当时的热点。2000点一线，坚定看多的人又剩下我一个，很多人选择了逃避或者退出，我却停止休假，进场操作。我说过“我总是在不断的非议中前行，我的前半生注定与命运开战，我会继续下去”。

有人看完关于我的一些负面报道，说带头大哥是个骗子，那么好，2005～2007年跟着我的人都赚了钱，都赚了200%～910%的利润。那么我骗了什么？至于技术好不好，书写得好不好，我不知道。我只知道百度文库唯一收录的关于股票的技术书中国境内只有我的3本《操盘之王》。功过留给后人去评说吧，毕竟历史是人民写的，而不是那些抽着2块钱烟，只会在1元一小时的网吧里骂人的无耻之徒写的。这就是的现状。我承认你有说话的权利，但是我也誓死捍卫我反驳的权利。

这轮上涨，做好了有50%～100%的利润，差一点也该有30%，如果低于30%

就属于水平低。而我现在全力驻扎在有色金属上面,估计会做两三只。至于这轮行情能持续多久,应该问 QFII 的介入力有多强。我现在只看到 2330 点以上,大约在 2330 点 ~2380 点之间。毕竟股市是动态的,我们要随着变化。有色金属会有一轮波澜壮阔的行情,原因有三。第一,全球货币再次宽松,大宗商品必然上涨。第二,QFII 已经收集得差不多了,最大的筹码就是有色金属。第三,有色金属跌得足够多了。而在有色金属中我看好的是锌、镍、锡、铂金以及铁矿石。现价要低于 15 元/股,流通盘要低于 5 亿股。也就是市值要低才行。而且跌幅 2 年内要从高点到低点起码要跌去 2/3 或者以上。例如 30 元/股的股票起码要跌到 10 元一线,这样的股票才有活力。如果还找不到的话,我会尽快公布自己的自选股票池,给大家一个板块方面的提示。

对于大盘现在的走势,我认为很正常,但是我不希望上涨得太快。年底前到达 2400 点一线就行。指数慢慢上,个股拼命做,这才是最好的操作,赚了指数不赚钱没用。现在的市场不同于以前的市场,由于融资融券、股指期货等的出现,点位的意义已经不大,关键还是要做好个股才行。

再多说一句关于有色金属板块的,一般是融资融券标的的股票会有很好的走势。因为能做空也能做多,自然资金云集。还有就是融资融券会是未来的一个趋势,大家可以研究一下。

忍耐不是为了继续忍耐,也不是为了亏钱,忍耐是为了爆发。我忍耐了快 1 个月了,今天爆发开始了。

此处无声胜有声

(2012 - 10 - 10)

我觉得现在没必要再说什么了。今天大盘之所以能继续上攻,全是凭借有色金属、钢铁的上涨,地热股、三沙概念以及汽车股也同步上行。大盘缓慢向上。

我的有色金属股走得很好,5 个交易日已经上涨了 15% 了,我就继续守着了。今天就说点技术问题吧。很多有色金属股实际处于历史底部区域,都想多获得些筹码,因此会出一些利空。例如第三季度业绩大幅减少这类的消息,很多散户一看就开始出逃,这样主力顺利接到便宜的筹码。实际上自己想一下,本身就处于底部区域,主力也刚刚开始收集筹码。利空在半年报的时候已经预测第三季度的业绩了,现在出就是利空兑现,反而是利好了,可是很多人就是想不明白这个道理。

计算好主力成本,计算好他的持仓量,有什么可怕的呢?何况大盘又这么低，股票也跌得足够多。还有些主力大约在20号后才公布三季度报，可是却现在出业绩快报，原因只有一个——洗盘。洗走散户，拿到低位筹码。借助利润减少而洗盘是最有效的方法。洗盘后直接一根长阳就拉上去，散户只剩下哭声一片了。

实际符合我说的有色金属股没有几只，多看看很容易发现，可是依然有人问个不停。明天上午11点前我会把自己的股票池发上来，给大家一个方向。

现在的市场不必理会点位，加快赚钱速度才是真的。不说话，只赚钱。此处无声胜有声。

仔细甄选

(2012-10-10)

实际我的提示很清晰了，很多人还是不知道怎么做。我建议有些朋友可以去重新读一下我2007年7月1日的文章《最后说几点看法》。

为什么我不看好黄金？为什么不看好基础金属？肯定有我的道理。

三亚旅游防宰攻略

(2012-10-11)

三亚，美丽的让人窒息的城市。湛蓝的海水，细细的白沙。一个来了就不想回家的地方。推开窗户，面朝大海，春暖花开。这是个汉、回、黎、苗多民族混居的地方，也是各民族和睦相处的地方。我喜欢这个城市，每年起码会停留在这里1~2个月，就是为了听海、看海、游泳、休息。

那么我们就从衣食住行说起。作为一个经常去三亚旅行的老驴友，十几年来从来没被宰过。请听我娓娓道来。

1衣：

每个到达三亚的朋友，都喜欢购买几件当地的“海南服”，也称“岛服”。但是请大家注意，一般当地人把此种服装称为——“挨宰服”，穿此类服装购物的时候，必然挨宰。因此，请购物时尽量别穿此类服装。

2食：

民以食为天，尤其到三亚，不吃足海鲜真是枉来三亚啊，但是三亚的海鲜销售陷阱太多。主要有五种最经典的宰人方式。第一，缺斤少两。第二，偷换海鲜。第三，货不对板。第四，以次充好。第五，价格高昂。避免方法很简单，第一，自己带着弹簧秤。第二，在海鲜上做个记号。第三，尽量别吃自己完全不熟悉的海鲜，因为价格差异太大，例如老虎斑和老鼠斑，就差一个字，价格差了几倍。第四，一定要注意海鲜是否是活的，因为活的和死的价格差异基本差了一倍，而味道差距更明显。第五，可以先自己去第一市场等询价，或者借助网络查询一般海鲜的价格，尽量避免挨宰。

一般海鲜方面，亚龙湾最宰人，其次是三亚湾，再次是大东海。而市区由于管理规范，价格比较合理。因此建议尽量在市区内消费海鲜，毕竟一旦被宰，可以随时举报到12315工商部门，处理得也比较及时，而市区大部分集中在春园路一线。

快餐方面可以选择满街都是的“凯米”，虽然不好吃，但是价格不高，还算干净。另外吉祥街的“粥公粥婆”，团结路的“馋嘴蛙”等也都是不错的选择。而且价格都不贵。

有些跟团旅行的朋友总抱怨自己吃的是猪食。实际上仔细想想，光图便宜只能吃猪食了。例如从我家乡长春到三亚的旅行团，价格从2000～4000元不等，而正常长春到三亚的机票往返价格就是3000多元了。那么你2000元组团旅行社就是亏损的。很多团本身到了三亚就是零团费，甚至是负团费。那么不带你们去宰人的地方购物，不给你们吃猪食，才是稀奇的事情了。“贪贱吃穷人”就是这个道理。我的话虽然刻薄，但是却都是实话。

现在实际能出来旅行的，都是比较富裕的家庭，没必要为了省几千元钱弄得自己整个旅程苦不堪言。真是白天看庙，晚上睡觉，吃吃不好，玩玩不好，不是挨宰，就是上当。何必呢？可以说这种低价团是最坑人的，除了去宰人的商店和旅游景点外，连顿正宗的海鲜都吃不上。尤其家庭旅行和2人的浪漫之旅，完全被破坏掉了。很多人可能一生只来一次三亚，干什么那么为难自己呢？到三亚是为了看海，是为了休闲，是为了吃海鲜，而不是为了吃苦受罪才来的。

三亚的海鲜的确很新鲜，但是烹饪方法比较少，基本上都是白灼和辣炒，图的就是个“鲜”字。因此想找到味道特别好的店很难，或者价格非常贵。基本上我吃过亚龙湾最贵的百花谷全部的馆子，都做得不好吃，远不如广东师傅的水平。而那些驻扎在五星级酒店中的“米其林大师”们的菜做得很好，但是随便一道海鲜都要上百甚至几百元上千元，对了，再加15%服务费，很划不来的。

购买海鲜和热带水果一般都是第一市场，但是需要注意的是小偷比较多，注意财产安全。另外讲价的空间不是很大，毕竟人家一看我们就是外地游客，除非你皮肤比较黑，更像本地人。

3 住:

休息好是旅行中最重要的一环。吃可以对付,住绝对不能对付。因为晚上休息不好,会影响第二天旅行的心情。而在住宿这方面,其中的猫腻更多。三亚五星级酒店比较多,一般分成准五星、标准五星、超五星和超豪华五星。很多旅行团宣传的五星级酒店入住,大部分是准五星的酒店。而在淡季的时候,很多准五星酒店,团队价格只有 200 元左右,而设施只相当于内地的三星级酒店标准。本地的说法是:亚龙湾住欧美人,大东海住乱七八糟的人,三亚湾住国内高端游客,市区住旅行团。亚龙湾的海水质量最好,其次是三亚湾,然后是大东海,市区只能高层望海了。但是价格也差异巨大,以标准五星海景房为例,亚龙湾平均 800 元起价,三亚湾一般是 600 元起价,大东海 500 元起价。而那些超级五星级酒店,例如财富海湾、悦榕庄、丽思卡尔顿、铂尔曼等,起价都是大约 1200 元以上,最好的房型是一夜过万的,这还是淡季的价格。对于不是超级富豪的我们,亚龙湾太贵,大东海太乱,三亚湾是最好的选择了。因为距离海边近,而且可选择酒店众多,同时远离喧嚣的市区,且交通比较方便。

另外要注意房价。还是以海景房为例,一般楼层越高看海的感觉就越好。还有就是看海的角度,从 30 度到 270 度不等,当然是角度越大越好了。那么这里面的猫腻就大了。一家酒店的无敌海景房会出现 5 个价格,很多人就迷糊了,不知道该如何选择,基本都选择最便宜的那个。实际是完全错误的。例如都是无敌海景房价格分别为 800 元、880 元、950 元、1080 元、1380 元,差价如此之大。那么 800 元和 880 元的应该不含早餐,950 元的观海角度大约是 90 度,1380 元的应该是 180 度以上。那么最实惠的方法是选择 950 和 1080 元的。还有的酒店是按照楼层划分价格的,例如 800 和 880 元的是 1 楼和 2 楼的,基本海景都被椰树遮盖了。950 元的是 3 楼到 5 楼,观海角度一般。1080 元的是 5 到 8 楼的,观海舒适。1380 元的则是真正的无敌海景了。但是我不建议选择最贵的,因为如果碰到没房的时候,很可能 950 元的房间自动升级到最贵的 1380 元房间。住这样的酒店还是要选择带早餐的,因为单独吃早餐价格起码是 168 元/位外加 15% 服务费。

个人建议,如果 2 个人的 5 天 4 夜到 7 天 6 夜行程,可以选择标准五星酒店,价格 800 ~ 1000 元的。而想住得舒服些的话,就选择超五星或者超豪华五星的酒店 2 天,加标准五星 2 天。一般超五星价格为 1200 ~ 2000 元。而想住得便宜些,设施还基本完善的,可以住准 5 星酒店,淡季价格在 200 ~ 600 元不等。

4 行:

打车难一直困扰着三亚。出租车不少,黑车也不少。另外摩托车、跨斗车也比较多,从业人员鱼龙混杂。一般在亚龙湾、三亚湾这类的跨斗车大部分是宰人的,最好不要乘坐,还是做出租车比较稳当。而酒店门口还有些酒店自己的车,价格贵不少。例如从三亚湾到市区一般打车也就是 25 ~ 30 元,而酒店门口的黑车价格是 40 ~ 70 元。还可以选择自驾,但是手续比较烦琐,最好的方法是雇佣一台有司机的车。一般这类车一天3个小时也就是400~500元，而我们去旅游景点什么的时间足够用了，还不用你自己操心。很多人说包车一天200元，这就是骗子，例如从市区去南山寺，来回100多公里，出租车起码是200元以上，怎么可能200元包车呢？如果一天内把南山寺和天涯海角都逛完，这样400~500元一天很划得来。尽量找正规的租赁公司，这样既安全又省心。

亚龙湾距离市区是25公里，三亚湾距离市区是17公里，海棠湾超过50公里。因此从距离上看住在三亚湾，吃在市区最合理。

三亚主要旅游景点为：天涯海角、南山寺、大小洞天、西岛、蜈支洲岛、鹿回头、热带雨林等。这些比较值得去，剩余的一些人造景点实际没什么看的，都是去了就后悔和挨宰的地方。

三亚的免税店是值得去的购物场所，其中香水、化妆品等价格比内地低大约70%~100%，手表、服装等则没便宜多少。

三亚的热带水果品种齐全、价格不贵，但最好吃应季的水果。其中芒果、提子、菠萝蜜、荔枝、红毛丹、奇异果、莲雾、杨桃等都很不错。蛋糕店比较多的是“欣园”，味道不错。

定房间尽量用艺龙、携程等，因为房源充分且投诉容易。而去哪网、芒果等只是个中介平台，并不能保障一定拿到房间，或者给的房间很差，而且这类网站的服务也差很多，因为房间影响心情是划不来的。

综上所述，国内旅游三亚一般是大多数人的首选，那么我们就是去享受的。我不赞成用最低的价格去旅行，因为那样的旅行不如说去拉练。我们需要的是多赚钱，然后理性地去消费。等我操作完这轮股票，会再写几篇此类的攻略，希望大家能喜欢并且能参考一个去过上百次三亚的游客的建议。

欢迎旅游类网站论坛转载，请注明出处和本人署名。谢谢。

博　弈

(2012-10-11)

今日大盘在上涨4个交易日后出现下跌。盘中热点转换很快，昨天走得相当好的三沙概念今天大跌。整个板块除石油开采板块上涨外全部下跌。游资转进的速度过快，基本是一日游行情，散户叫苦连天。有色金属股中的铝业类下午拉升，无奈大盘不好，收盘只有小涨。从盘面看有色金属继续有资金不断进入，尤其是出于底部区域的有色金属股。

有些人踏空了这段行情，就不断地拿历史走势说事。实际上现在的市场与

2007 年前的市场完全不是一回事了。那时候没有股指期货，没有融资融券，也没有 IPO。在我的记忆中，连续 5 年走熊市的时候根本没有，可是现在就是从 6124 点跌下来 5 年了，还去套用以前的市场走势就是天大的玩笑。去年我也犯了这样的错误，虽然股票上赚了钱，但是对大盘的判断的确出现了问题，就是因为套用了最多跌 4 年 2 个月的历史经验，因为忽略了股指期货等因素的存在。而今年年初我就纠正过来了这个错误，不但大盘判断的准确率在提高，板块和个股的判断基本是 100% 准确的。就现在的行情来说，错了就是错了，一点不奇怪。节前基本 95% 的评论者都认为该空仓，那么错误的人应该是很多，关键要纠正错误才对。

现在这轮逼空上涨，就是反弹，而不是反转。因为沪市起到决定作用的时候绝对不是反转形成，但是当冲上 2330 点后，一旦深市开始领先，走出反转也不稀奇，因为 IPO 一旦停止，这种假设就成立。还有就是要看 QFII 是否已经吃足货了。如果吃足了，你说大盘涨不涨？

还是回到现在的市场。由于 QFII 在有色金属上投入了重兵，那么有色金属一定会演绎出一段暴风骤雨般的行情。而有色金属能占据多少市值，我想大家都知道吧？那么大盘何愁不涨？对于 QFII，我是又爱又恨，既要防备着 QFII，又要向其学习知识。师夷长技以制夷的道理永远是对的。至于汇金、社保、机构、基金这些不用去理会，他们对我这样的市场老兵根本没有任何杀伤力。说不好听点，他们还看着我的博客操作呢。QFII 如此大规模地进入中国股市，不会是来路过看看的。今年到现在为止我们批复的 QFII，比 10 年的总量还多，而且还在继续批复着。如果按照国内那些评论者的思路，QFII 该买中国的银行股啊，可是你们去查一下，没有一家买银行股，这就是 QFII 的可怕之处了。而很多散户却都在银行股上，一直巨亏。那么当 QFII 在有色上不断制造赚钱奇迹的时候，最终在银行股上的散户就会奔向有色金属股了。而一旦卖出银行股，QFII 们又捡了个大便宜，怎么玩人家都是高手。也有人问："大哥你怎么能确定 QFII 在有色金属上，没在别的股票上？"我是说 60% 左右的资金在有色金属上，可以去查公开信息。还有一种最简单的方法，把有色金属今天的价格记录下来，1 个月后看看涨了多少就明白了。

至于大盘点位，从今天看沪指没破 5 日线和其余的均线，只是破了 60 日线。而深指破了 5 日和 60 日线。2 个市场现在实际都不能体现真实情况。沪市因为超大盘的银行股上涨，因此只跌了 17 点，如果这类股票不涨，大盘已经起码跌了 25 点。而深市受制于创业板和中小板也不是很准确，但是比沪市要准确些。

说一千道一万，不停止 IPO 大盘就不可能反转，不出现"T+0"，很多资金都不会进场。大盘到现在依然是反弹。但是也别听那群踏空者的话，因为他们已经踏空了 100 多点，恨不得市场马上跌下来，他们好进场。这么多人都在节前清仓，如果你是主力会跌下去吗？2080 点就是极限了，真到了，他们还不见得敢买。这就是市场了。

我继续持着我的有色金属，该提示的我已经提示得很清晰了，上午我把自己的股票池发了出来，看得明白的自然知道我怎么玩，看不明白的自生自灭吧。

明天是周五，我外出办事，博客可能会延迟写。另外最近大家开始错峰旅游，我准备写篇关于旅行防止挨宰的文章，希望对你的旅行有帮助。

我自己的股票池

（2012-10-11）

此股票池只代表本人关注的部分板块，不构成投资建议。据此操作，风险自担。

还原		代码	名称	星级	涨幅%	现价	DDE净量	总手	现手
1	◆	601398	工商银行	★★★★	-0.53	3.78	0.00	21812	300↑
2	◆	601288	农业银行	★★★	-0.81	2.46	-0.00	34700	303↓
3	◆	601939	建设银行	★★★☆	-0.99	4.02	0.00	14962	115↓
4	◆	601857	中国石油	★★★★	-0.56	8.80	0.00	5210	42↓
5		600050	中国联通	★★☆	-1.08	3.65	-0.00	17277	987↓
6	◆	600028	中国石化	★★★★	-0.81	6.16	0.00	6714	51↓
7		002551	尚荣医疗	★★☆	-0.82	19.32	0.00	383	9↓
8		002656	卡奴迪路	★★★★★	-1.18	39.46	0.00	192	19↓
9		002507	涪陵榨菜	★★★☆	-1.31	19.65	0.00	3	0↓
10		601801	皖新传媒	★★★★☆	-0.89	11.19	0.00	58	7↓
11	◆	002689	博林特	★★★	-0.81	7.31	-0.06	1315	14↓
12		002661	克明面业	★★★★	+0.25	28.44	0.00	142	10↑
13		002620	瑞和股份	★★★★	-1.66	16.03	0.00	75	8↑
14		IF1210	沪深1210		-0.59	2307.6	—	43806	24↑
15		600149	廊坊发展	★★	+0.59	6.77	0.00	453	42↑
16		002667	鞍重股份	★★★★☆	-0.69	21.52	0.00	47	3↑
17		002663	普邦园林	★★★★★	-1.46	25.59	0.00	557	35↓
18		002501	利源铝业	★★★★	-1.23	19.31	-0.01	1740	79↓
19		600532	*ST华科	★	+0.00	8.57	0.00	97	4↓
20		000509	SST华塑	★	+0.46	11.00	-0.02	1949	41↓
21		600774	汉商集团	★★	-0.66	9.06	0.03	1438	4↓
22		002664	信质电机	★★★☆	-0.96	22.74	0.00	274	10↓
23		000655	金岭矿业	★★★★★	-0.26	11.32	0.02	4174	20↓
24		600888	新疆众和	★★★★	-1.31	9.80	0.00	1855	38↑
25		600497	驰宏锌锗	★★★	-1.42	13.91	0.00	2987	10↑
26	◆	300337	银邦股份	★★★	-2.00	21.59	0.07	1044	10↑
27		603399	新华龙	★★★	-2.38	13.94	-0.26	8697	45↑
28		600255	鑫科材料	★★	-1.72	6.28	0.00	1588	18↑

莫言的无奈

（2012 - 10 - 12）

诺贝尔文学奖终于花落中国，作家莫言荣登宝座。

今天股市里也为莫言疯狂了一阵，开盘所谓的“诺贝尔获奖”股大涨，到收盘基本就是满地黄花了。游资的手法相当娴熟，抓住热点，只要猛烈拉升后散户一跟进就开始出货。可以说按照现在的盘面看，除了有色金属股和资产重组股有长线资金看守外，其余板块均是短炒，而且越来越短，很不安全。从我股票池中我看好的3只票来看，基本就集中在有色金属、重组和业绩增长股上。今天重组股盘中涨停，从实战效果上看，有色金属和重组股本周都到达过10%以上位置，这说明我的选择是准确的。而且一般我选择的股票都比较有韧劲，从当初我坚持的酒鬼酒、青青稞酒、沱牌舍得、卡奴迪路等的走势大家就明白了，我很注重基本面和技术面的配合。我觉得下周它们会进入主升浪，本周六的技术交流我会跟我的粉丝多谈些。

至于大盘我已经说过无数次了，2080点就是调整极限，随后会继续上行，2330点~2380点才会进行稍微大点的调整，整体趋势是看涨的。现在的市场最适合操作，因为涨跌幅度不会很大，所以抛弃大盘精心做个股就是最好的选择了。

很多朋友一直想了解我技术中的最高端技术——资金流。实际上我也很想多谈些，但是很多东西我不知道如何用文字去表达，因为很多东西是靠盘面感觉的。我不否认有些高手的技术更好，但是由于无法形成文字所以大家也无从认识，我会空下来的时候仔细研究一下能否用文字去书写出来。

周末了，大家都该去休息，去享受，没必要每天脑子里都是股票。祝大家玩得开心。我们下周再见。

狂欢开始

（2012 - 10 - 15）

大盘最低探到2085点就开始向上，我前面谈过大盘，2080点是短期调整的极限了。短期看如果再向下砸一下，也就是20日线位置，然后就开始上行。从指标上看，大盘调整最多到本周三就结束了。

很多朋友写信问我，大盘是不是还要跌。我就再重复一次，不会跌了。因为估值上看，沪市是13倍市盈率，沪深300指数是9.8倍。而美国现在是13.2倍，英国是14倍，香港14倍，日本35倍。那么我们还不是全流通，如果换算成全流通我们只有不足10倍了。这也是为什么QFII拼命进入的原因。QFII是来抄底的，而且是在中国散户基本全部被套的时候来抄底的，所以大盘不会出现更大的下跌了。而单独从技术面看，2330点~2380点区域是必然要到达的，再向上的话就要看当时的环境了。

个股上，我继续看好有色金属板块，我多次谈过我只看好有镍、锡、铂金、铅以及铁矿石，基础金属和黄金我并不看好。明年地产板块将走好，原因很简单。既然全球货币宽松了，中国不可能继续维持紧缩。因为我们是外向型经济，本币升值的话，外贸企业就损失很大了，所以只能跟着宽松。包括今天报的CPI是1.9，也说明存在多次降息和降准的可能，当然这个数据是真是假大家都明白。还有就是土地财政决定的，如果地产被调控得太死，地就卖不出去。贵阳市的买房给户口，怎么就没被禁止？很容易想得明白的。一旦大笔资金出笼，进入股市的并不多，大家还是会去买房子，因为城镇化还在继续，房地产价格还会提高的，想买房子的年底前就该入手，最晚明年4月后，房价还会涨上去。

而一旦房地产回暖，最先受益的是水泥，而水泥被炒作结束后，下面就是钢铁了。钢铁的上游产品铁矿石，国庆后3天就上涨了12%，而且现在还在继续涨，螺纹钢短期也处于强势状态。股市历来是预期炒作，那么铁矿石和钢铁就是短期热点了。随后该是铝合金类等物资的炒作了。镍、锡、铂金等不但受益于房地产，还受益于汽车，所以我看好他们未来的走势。而基础金属铜、铝、锌等库存过大，应用不多，自然不是选择的对象。黄金则涨完了，所以不看好。因此有色金属的行情会持续到年底，其中铁矿石和镍、铅、锡、铂金等行业是重点，铝只有很少的盈利企业有些机会而已。我会在这里面选择两三只进行小中线操作。

有消息说深沪300指数可能按照“T+0”交易，这个是很可能发生的事情。

不想多说了，2个交易日内，大盘就开始重新上涨。而明天将是铁矿石等我看好的有色金属狂欢的一天。

洗盘基本结束

（2012-10-16）

5年前的今天，沪市大盘冲上6124点，牛市行情到达最高潮。今天，一根阳十字星出现，给大盘一个启动的信号。5年来市场斗转星移，散户手中股票狂躁。

今天白酒股全线启动，传媒、生物制药配合上行，有色金属也走得不错。整个盘面彻底被激活，多方开始酝酿反击。本周五是股指交割日，多空双方都在积聚力量。由于创业板股的所谓高增长已经不再，昨天跌停不少，中小板股票也受到波及。今天涉矿概念股也出现下跌，毕竟业绩是永恒的，炒作是短期的。

大盘洗盘基本结束了，明日将继续展开上行之路。

操作应注意三点

（2012 - 10 - 17）

大盘今天如期站上 2100 点整数关口，医药等概念股上行，市场进行着一个小的板块循环。记得以前我说过，一般反弹开始，先是“煤飞色舞”，后是“喝酒吃药”。市场这次依然按照此方法运行着，只是运行周期明显缩小。

大盘明显已经出现三平底状态，注意，是两市均出现三平底。如果明日沪指涨 10 点以上，三平翻红即成立。大盘短期目标则是 2315 点以上，那么我的 2330 点判断就完全是正确的。而明日就算下跌，只要跌幅不大且呈现量能萎缩，也是适用于我《操盘之王》中关于宝塔线论述的第八点。同时现在很多股票也呈现三平底迹象，因此明天和后天将是决定短期上涨高度的关键日子。对于大盘我已经论述很多次了，不想再多说了。

现在我需要强调的是操作上的问题，包括三层的意思：要研究“得”透彻，要坚定“地”拿住，要经受“得”起考验。很多时候大家都会出现一个类似的错误操作，就是明明自己看好的股票，自己却拿不住，在洗盘中缴械，而后猛涨不回头。实际上这就是操作意识薄弱的特征，也是怀疑自我的表现。实际上如果经过细致分析后，某只股票无论业绩、题材、盘子、价格都处于很低估的状态，而且主力也不弱，同时技术面既没有出现跌破 20 日线以及跌破主力建仓成本区的时候，完全可以大胆持有。主力也是人，资金也有成本，既然洗盘就会让每个人都感觉到害怕，否则洗盘还有什么意义，连散户都能看明白的洗盘就不是洗盘了。尤其现在的市场环境，很多股票从 30 元跌到 10 元，那么刚刚涨几个点进行调整，有什么可害怕的呢？你完全是与庄共舞，关键就看你自己的心态了。主力要的是底部筹码，自然表现得穷凶极恶，否则也就不叫主力了。盘面上特征也很明显，上压下挡的，盘中连 3.5% 都不破，均线连 20 日生命线都不碰，你的怕从何而来？只能说你过于紧张了。很多人的技术不到位，又总是疑神疑鬼。就算大盘重新站上 6000 点，你依然是输家。有些人被市场折磨得快崩溃了，一点风吹草动都吓得要死，这样如何能操作得好。

一个好的操作，不但是盈利，更多的是提升了你的自信心和对未来股市获利的期望。

我依然坚持自己的判断,坚持自己的有色金属小中线操作。从现在到年底的盈利目标就是30%以上,而实际我的目标是50% ~100%,我会展示给大家看资金流的魅力所在。

当你确定手中的股票是一只好股票的时候,就可以关上电脑去玩了,因为欲速则不达。

没什么可说的了

(2012-10-18)

这段时间的判断毫无瑕疵。从2000点不会被有效击穿,到"双节"前满仓、2080点是调整极限、昨天的三平底,再到今天的三平底翻红。大盘直接指向了2315点以上,我前面判断的2330点必然要见到,而且时间不会很长。

关于地产股我前面说过,明年4月后房价继续上涨。今天地产股的上涨只是个初期试盘而已,并非主升浪。而我依然坚持自己的看法,年底前我只会做2只有色金属1只重组股,预计盈利目标在50%以上。能看得明白的人自然知道我买的什么,看不明白的我也不想再解释,太累。

明天要出去玩,可能晚上写博客比较晚。本月底我估计属于我的第一个30%就该到来了,我边玩边等着。

我的判断就在这里,全部都是正确的,今天我真的没什么可说的了。

看好自己的股票

(2012-10-19)

大盘连续两天冲击前期的所谓钻石底2132点未果,顶部和底部之争的言论满眼皆是。实际上95%的人已经踏空了,那么此时的言论就值得商榷了。

从技术面上看,昨天大盘已经形成了明显的三平翻红,那么无论如何,6个月内大盘也要到达2315点以上。而昨天国务院的一句"促进资本市场稳定",也为这个目标提高了速度,估计年底前2330点以上收盘毫无悬念了。之所以大盘今日震荡一天,是两个因素造成的。第一,今天是股指交割日,多空双方都无力再斗。第二,促进资本市场稳定的前一句是加大债权类品种的供应。可以说在股市已经支离破碎的前提下,下一个能为国有资本提供资金的就是债券了。但是这句话无论如何解读,均对短期市场构成明显的利好。另外很多排队等待上市的公司已经被管理层要求提供年报,那么可以说从现在到明年三月,不会有太多的公司 IPO 了,那么市场就会开始活跃。今天华数传媒的上市使持有 6 年多的原始股东获利超过 8 ~ 10 倍,也说明一个问题——市场不缺钱,缺少的是信心和政策。

我只想告诉大家,作为散户,只要看好自己手中的股票,只要业绩不错、价格不高,到年底都有起码 30% 的利润,我们都应该本着做完一只再做下一只的方法,而不是来回换股的方法。因为热点现在都不持续,不断追高很可能输得很厉害。

大家需要知道的是,国家这次对基本设施、铁路等的投入最为巨大,那么耗材需要的也是最多的,尤其钢铁类产品和一些金属。至于我多次谈过不看好基础金属,如铝、铜等,仔细看看它们的库存就明白了。而操作思路应该是先有色金属,然后重组,年底是建仓房地产股的时候。原因很简单,现在钢铁及有色金属有实质利好支持,消耗量就摆在这里,业绩自然会提升。重组股年底就是其最后拼搏的一刻,而我说的重组股则是那些已经重组后的非 ST 品种,因为这类品种年底就该露出真实的业绩了。而地产股已经进入 QFII 的法眼,同时进入 QFII 法眼的除了有色金属,就是公用事业和餐饮类。因为随着内需扩大和货币宽松,此类品种必然有爆发性的业绩变化,包括以前的奢侈品概念、大消费概念都有启动的架势。所以我们只需要把饭一口口吃就可以了。

从操作上看,到年底的时候想获得 50% 以上的利润并不难,关键还是看谁更能坚持。一旦主力拿你也没办法的时候,就只能上拉了。而 1 只股票上涨 30% 的话,3 只股票就已经翻倍了。看似不简单,实际也真不难。我继续按照自己的思路走,毫不退缩。

看好自己的股票,不必理会外界的噪音,你就已经是个胜利者了。

停车坐爱枫林晚,霜叶红于二月花

(2012 - 10 - 22)

标题的十四个字摘自杜牧的《山行》,其意思为:将一片枫林秋景展现在我们面前。你看,在秋阳晚照下,枫叶流丹,层林尽染,灿若朝霞,艳如去锦,岂不比二月春花还要美丽!透过这片红色,使人看到了秋天具有春天一般的魅力,怎能不心旷神怡,流连忘返?

大盘现在就如这两句话一样。很多人把深秋的红叶当成了明日黄花,只能说明他们不会欣赏。大盘从2000点走到现在，实际走得相当正常，可是看空者由于从上个月底就踏空，一直希望大盘跌回来。最好笑的是竟然有人在昨天晚上看到欧美股市大跌以及养老金不入市后，去写看空的文章。今天的大盘则给了他们教训。实际上这个市场对错都不重要，最重要的就是结果，也就是赚钱没赚钱。我双节前满仓的两只股票，一只已经上涨了20%多了，一只也上涨10%了。今天涨停了一只，只是可惜仓位稍重的反而涨幅小了些。但是两周内谁更好些还真是未知之数，让市场去检验吧。

我看好这轮行情到2330点以上，也用自己的实际行动进行操作。就如年初我在酒鬼酒、沱牌舍得、青青稞酒、卡奴迪路等上面的操作一样，只要我看好，绝对要深度参与，绝对要进场。我的性格过于直率，所以很多时候赚了钱也被攻击，我都习惯了，而且随着年纪的增长越来越不在乎了。很多人连白酒股这样的股票都赚不到钱，根本不适合留在这个市场。就如今天上午还有人写信，说有色金属都跌了。而我这段时间的博客写得要多清楚多清楚，有色金属是有分别的，不是所有有色金属都会涨。重组股也是有分别的，要有政府概念的，你一定要去买个ST的，只能说你是没有头脑了。

大盘依然走得很健康。我依然满仓着一只有色金属、一只重组。等这两只兑现后，我还会进入一只有色金属，一只重组。而年底我将建仓地产股，明年可能会进入银行股。饭要一口口吃，现在的行情也给了这个吃饭的机会，那么我们就要做足利润。

这个市场给散户太多的悲哀，所以很多人不是畏惧而是痛恨，但是也的确给了我们很多机会。就如我文章的题目一样，在我眼中，现在看到的是绚丽的十月，丰收的季节，而在某些人眼中市场还会继续恶化下去。所谓言语不和也就不必再说，让市场做裁判不是更好吗？

这几天我基本不怎么看盘，因为我知道我的股票会走得很好。我已经公布过自己的股票池了，有心的自然知道怎么玩，没心的谁也没办法。

兄弟，平复一下心态，慢慢来。行情正在向纵深发展，我们稳定点就OK了。

不必紧张

(2012 - 10 - 23)

从技术面上看，大盘前几天宝塔线刚刚三平翻红，最近3天再次出现三平。这里是按照沪市做计算的，因为本轮反弹沪市是主导。未来2天让时间去检验吧，我不多说什么。按照我的操作系统看2日内必然做出选择，大盘现在已经进入变盘前夕。如果明日沪指上涨超过 9 个点,就形成两个连续的三平翻红。如果明日大盘出现下跌,只要成交缩小一成左右,后天大盘超过 2140 点,也一样形成短期的第二个三平翻红。这两种情况其中任何一个出现,大盘未来的走势都很乐观。而一旦连续出现 2 天下跌,就要注意了,短期还有杀跌的动能。但是 6 个月内 2315 点以上的目标没有任何变化。

我不想谈论外界因素对大盘造成了什么影响,因为利好和利空都出现了,没必要谈论太多,只要不是非常大的利空,我都认为是正常的市场反应。何况今天沪市大盘并未跌破 20 日线和 60 日线,就没什么可恐慌的。市场热点混乱,唯一的特点就是低价和重组股升天。高价股跌幅居前,市场现在明显因为管理层的信号不明确而引发杀跌。另外游资散兵游勇般的炒作虽然对士气有提升,但是由于炒作不持续,让散户无所适从,也是市场震荡整理的原因。看来还是要等 QFII 进场差不多后才能引发更大的反弹。

股市中时间最公正,真的假的都会被时间所验证。赚钱不赚钱不但时间可以验证,自己的腰包也能验证,毕竟亏着钱吵闹的人不会持续多久的。

钢铁股三季度集体亏损,有色金属也大面积亏损。但是此类股票却可以关注了,因为利空出尽是利好。同时由于地方板的 10 万亿元出台,对此类股票无论短期还是中期都有极大的刺激作用。但是需要注意的是,并不是所有的有色金属和钢铁都有投机价值,只有价格低、盘子小的才有机会。毕竟第三季度亏损不等于第四季度甚至全年亏损。

我的仓中股票表现正常,一涨一微跌,形态保持良好。明后两天我继续休息,基本不去看它们。因为好东西永远该有好的价格,没必要总去挂怀。小中线的操作,只要到达我预定的位置,我才出局,没到之前我就坚守。

只要手中的股票不错,大可放心去休息,没必要那么紧张,市场没有走坏。

继续纠结

(2012 - 10 - 24)

大盘今天是震荡行情。钢铁股等低价股上涨。热点只有一个,就是价格低的。由于资金有限,主力也只能这么干,到现在为止政策面一直就没给出实质利好。

让大家翘首以待的养老基金不能入市了,今天又有消息说住房公积金入市,具体情况谁都说不好,只能观望了。

明日市场要选择方向了,总这么纠结也不是事。

钢铁整体启动，关注矿产资源股

（2012-10-25）

市场今天走得很不好，有部分资金出逃的迹象。但由于距离20日线和60日线太近，下行支撑也非常强劲。大盘这次应该在2080点~2089点之间止跌。低价股横行，只要便宜，无论好坏都有资金参与，与管理层盼望的价值发现理念完全背道而驰。

我在23日的博客中明确提醒大家钢铁股要启动了，24日钢铁股就开始动作，今天钢铁股全线启动。我的技术中最高端的资金流技术被发挥得淋漓尽致，年初到现在板块的轮动上没有出现丝毫差错。后面需要关注的是具备矿产背景的股票。昨天收盘获取一则消息，“国土资源部部长徐绍史签署国土资源部第55号令，发布《矿产资源规划编制实施办法》。办法明确了矿产资源规划的法律地位、作用、编制要求、报批程序和实施管理措施，自12月1日起施行。”这个办法的公布与前期稀土矿的实施办法有异曲同工之妙，表现了国家对各种矿产的保护，而保护的后期就是价格上涨、限制出口等。那么此类股票就需要特别关注，主要包括金岭矿业、辰州矿业、西藏矿业、紫金矿业等等。原产矿类有的被过度开采，必须保护，如稀土等战略物资；有的产能没被提高，只能向国外购买，又没有定价权，如铁矿石。因此这样的企业被保护、被兼并重组都具备很强的国有资产属性，价格上涨是必然的，可以多关注。

至于大盘我前面就说到，一旦今天不能收复2140点位置，那么就需要向下再杀一次。同时20日线和60日线又具备极强的支撑，因为很难跌破2080点位置，再综合成交量的考虑，实际市场状态恶化不到哪里去。大盘的下行空间并不足，而且一旦外围有降息或者降准出现，大盘随时会调头向上。股指期货上行，多空对比不算悬殊，谁都没有必胜的把握。因此短期大盘一直波动也都是在等待政策面发生变化。

我继续着我的小中线，今天一涨一跌，也没什么可说的，这种市场保持稳定就可以了。还有需要大家注意的是，一定选择操作处于底部区域的股票，而且价格不能超过15元/股，盘子别太大，有一定业绩的。我们要跟住市场的热点变化而变化，不是让大家追逐热点股，而是要遵循市场热点的操作原则。例如23号我谈钢铁低价股的时候，就该注意那些低价并且超跌的品种了，这两天下来必然收益颇丰。追高是绝对不行的。

临近年底，政策一直不明了，制约了市场大幅上涨的可能。然而“十八大”的召开需要维稳，又给了大家不断操作的机会。这种情况下，有能力的完全可以满仓操作，没能力的半仓甚至不操作也是很好的选择。毕竟每个人的技术差异过大，不可能都赚得到钱。我的文章只能对方向做个指引，这个市场我觉得现在很好，我完全可以进行操作，所以我就继续操作着。而别人，我没有任何建议。

人民币兑美元汇率再创新高，人民币升值明显，对实业的冲击显而易见。因此货币宽松还会继续，这个观点我以前就谈过。因此对资金面我不担心，现在需要的就是政策利好了，我在等待。

温故而知新

（2012-10-27）

昨天有朋友过生日，今天才起来写博客。昨天大盘开始下跌，我前天已经预测到有一轮杀跌，但是没想到杀得那么猛，两市直接杀破全部短期均线。各板块无一上涨，钢铁、稀土领跌。

我以前的文章谈过，本次上涨板块转化速度过快，绝对不能追逐热点，绝对不能追高买进，只能在底部区域进入。由于政策一直没有清晰的思路，所以资金一直没有信心，才引发板块轮动极快。一般钢铁都是最后启动的，所以很多人在昨天下跌后才谈及这个问题，实际上这次不是这样的。因为整个板块并没有轮动完，因此并不存在钢铁是最后启动的问题，钢铁就是调整而已，否则怎么解释领头羊重庆钢铁依然大涨、包钢股份微跌呢？如果钢铁行情终结，那么领头羊必然领跌才对，所以那些马后炮的言论不必理会。

中短期的热点将在铁矿石股、钢铁股和重组股中。其中上市的股票中唯一的铁矿石概念股只有金岭矿业，这只股票我在2007年最后一篇博客中谈过，也是一只曾经2个月翻倍的股票。铁矿石的价格经过数年下跌后，9月份从730元/吨涨到昨天的835元/吨，升幅超过13%，而且呈现继续上涨状态。历来我们国家的铁矿石大部分来自力拓、必合必拓和淡水河谷，而国内能支撑市场的只有金岭矿业了，但是规模不够大。金岭矿业是富矿，完全符合国家51%以上的质量要求。加上12月1日开始实施的《矿产资源规则编制实施办法》，还有就是铁矿石的期货交易即将开始，对该股都有极大的利好作用。同时其随时可能转让S*ST华塑的大股东股权，那么其一旦完成转让，业绩年底很可能超过0.8元/股。综合其历史走势看，未来翻倍并非难事。钢铁股则集中在低价品种上。重庆钢铁之所以疯狂，是因为其启动时价格只有2.2元/股左右，按照流通市值看不过才23亿元，自然很容易上行。另外一个我认为不错的钢铁股则是杭钢股份，流通市值现在也就10亿元左右。而重组股我看好类似铁岭新城那样的城市规划配套类品种,我的自选股票池中的廊坊发展就是此类品种。我的市场感觉和挖掘能力一直很强,从年初的白酒股,到之后的奢侈品,再到后来的两市本地股,基本都证明了我的眼光,相信这次也不会错。最主要的是,现在此类股票经过大跌后,都处于绝对底部区域,安全性比较好。

大盘有明显的一步到位的意思,杀跌虽然很猛,但是跌停的却只有6家,可见2000点一线的支撑依然很强。因此大盘跌破2000点的概率不高,毕竟"十八大"前需要稳定。而一旦换届结束,都需要创造一个良好的投资环境。我看好未来两个月的市场。

忍受不住寂寞,就看不到繁华

(2012-10-29)

大盘今天继续下跌,但是幅度收窄,收盘只跌了7.27点,成交只有390亿元。造纸股、苹果概念股上涨。由于人民币升值,造纸等行业是利好,加上价格普遍比较低,上涨很合理,但是需要注意的是已经涨了不少,不宜再追高了。

大盘今天的十字星有明显的企稳迹象,成交量的萎缩也说明这点。盘中涨停8只,跌停5只,还属于比较正常的状态。由于创业板大解禁开始,因此一定要规避创业板股票,尤其是那些要解禁的品种。

上周五我谈了到年底需要关注的品种,今天走得不错。实际上现在炒作的第一是价格低,第二就是题材。我一般看好的品种其中线持有都是不错的选择,由于大盘不好,也都给出了很好的介入价格,关键还是看个人把握能力。从年初到现在,我的白酒股、奢侈品等著名战役不提,看看当时我看好的涪陵榨菜、加加食品等大消费股,市场跌成这样,依然是获得很好的回报。好股票永远该有好的价格,虽然短期被扭曲,一旦主力完成筹码的收集,就只有上涨一条路了。那么面对现在低迷的市场,铁矿石类、政府市政配套股这类股票,就是绝对底部区域了。如果不颠簸,就不是中国股市了;如果不洗盘,就不是主力了。所以在分析的基础上,大胆求证、大胆进入才是炒股的真谛。

大盘的KDJ、RSI、成交量等重要指标都已经处于极低位置,向下空间已经不足40点,大盘的极限在2020点一线。这个时候不是该哭泣的时候,而是该猎取的时候,很多优质的股票经过洗礼后会更加绚烂夺目。不必去想2000点以下的事情,"十八大"期间很难破掉2000点整数关口了。大盘现在的走势很类似2008年1664点后的反弹。加上我前期判断的6个月内见2330点以上位置,均说明大盘实际已经没有多大下跌空间了。而“十八大”后，市场就更乐观。

忍受不住寂寞，就看不到繁华。这句话说起来容易，做起来很难。我依然在坚守着。

地产股曙光出现，黑金属继续向前

（2012 - 10 - 30）

今天大盘又震荡一天，涨停家数只有 3 家，而跌停的却有 7 家。市场缺乏热情。盘面表现非常脆弱，两市连一根短期均线都无法有效收复。基金等持续减仓，游资则继续寻找可以操作的品种。

如果问我现在的行情是不是反弹终结，我告诉大家——不是，现在是新的上涨的开始。

我记得前天我的博客写得很清楚，由于上次反弹根本没有轮动结束，因此什么“钢铁启动就是开始跌的预兆”这样的观点被我痛斥。我当时说过，钢铁不是炒作结束，而是标准的调整，我继续看好其后面的走势。今天重庆钢铁和包钢股份再次创出新高，给那些看空的人上了一课。很多人总是马后炮，而说的时候找出千般理由。我的博客都是先把预测说完，等待市场验证。这就是差距了。

我前天说得很清楚，我看好铁矿石股、钢铁股和市政类股票。今天地产股的启动更坚定了我的信心。地产股现在处于低位，但是属于主力试盘阶段，不会出现如火如荼的走势。而现在主力资金在钢铁和钢铁衍生品上，也就是我们俗称的黑金属。因此一定要关注没有启动的钢铁股，一旦钢铁股上涨了 20% 以上，铁矿石股就该快速上涨了。行情就此展开，走向繁华。

我们要根据盘面的变化而变化，现在的点位很安全，可以大胆做多，但是要知道主力在哪里搏杀，否则怎么能获得好的利润呢？我这几天说得很清楚了，至于大家看得明白看不明白我就不清楚了。

钢铁股由于普遍价格偏低，加上跌幅巨大，作为上涨先锋很不错。历史上有钢铁股先动作的先例，一共两次，都引发了大盘翻倍的行情。大家可以去找寻一下，看看是否如此。今年的行情错综复杂，但是现在我却看出了些许端倪。行情一定会来，而且不会很久，按照技术推算应该是个起码 50% 以上的幅度，但是现在我们只看 2330 点以上就 OK 了。

股市就像一根弹簧，压得越紧弹得越高。现在连无人问津多时的钢铁和地产都开始有资金进入了，曙光就真的要出现了。

毫无热点

（2012 - 10 - 31）

今日大盘又是震荡一天，收盘小涨6.53点，成交只有431.59亿元。盘中水利股、高铁股等上涨，地热股卷土重来。但是最大的问题就是没有持续的热点出现，各路资金各自为战。

大盘有缓缓爬出底部的趋势，个股也基本回到了起点。现在盘面完全符合底部区域的全部特征，但是成交量过于低迷，因此市场活跃度极差。短期看寻找价值低估的品种成为大家需要做的，买完持有就是了。资金只在低价股中寻找机会，本身就说明对政策的抵触。今天有消息传出，说券商的自营盘只许买不许卖。实际没什么太大的效果，因为券商本身也亏损累累。

这样的行情我觉得没什么可谈的，因为基本上是毫无热点可言，那么我们不如去休息，给自己两天假期，去看看大好河山，去享受完美生活。等待行情开始的时候再来看，从股民的慵懒上、从券商的无奈上、从机构的心寒上实际都可以看出很多问题。大盘跌是很难跌动了，涨只需要一个理由，那么我们等待这个理由出现就是了。

关上账户，去玩一天。我明天不写博客，只管去玩，后天收盘见。

向北方

（2012 - 11 - 02）

昨天和朋友去玩儿了一天，大盘涨得不错，尤其是我前面提醒大家的地产股启动。今天地产股继续上行，同时白酒股尤其是低价的也被资金重新炒作。短期大盘已经站上全部短期均线系统。

本次地产股的炒作，主要是游资主导的，专门炒作低价的地产股，市值越小越好，不管业绩如何，而下周地产股就是集中兑现的时候了。从盘面看有色金属将接过上涨的旗帜。我以前谈过，我只看好铁矿石、镍、锡、铂金等小金属，基础金属我不看好。我也说过明年4月房子的价格还会涨起来，现在从股市上已经有了征兆。地产股现在炒作的只是消息，不是主升浪，因为大部分人被套在很高的位置。举个例子,如600185格力地产2个涨停后不足6.4元,而大部分人被套在了6.5～15元之间,都无法解套。那么游资抢反弹的目的太明确了,下周谁再进入就再次被套上。因此要多注意,因为很多地产股经过上涨后都已经接近前期套牢区域了,想化解掉很难。

有色金属因为地产的再次崛起,会出现供应量加大的问题。为什么不看好基础金属,如铝、铜、锌等,就是因为它们的库存过大。就算应用库存起码要消化半年以上,怎么涨？而小金属则明显受益于扩大内需,因为库存小所以价格上得快。而钢铁是地产和高铁都需要的东西,很多钢铁厂已经减能好几年了,没什么过大的库存,那么一旦开始大量需求,自然价格涨得就快。同样,铁矿石从高位跌到最低的600元左右,现在重新回到830元左右,由于没有库存,一旦需求加大,价格会上得非常快。从年初到现在铁矿石已经涨了30%左右了,但是现在100美元左右的价格对于历史最高220美元,差距依然很明显。另外定价权不在我们手上,因此价格随时还会涨。这也是很多钢厂大量抢购的原因。因为现在价格很低,钢铁做出成品起码有10%～15%的纯利,一旦铁矿石的价格上涨,就打压了钢铁厂的利润。这就是我为何看好此类行业。

对于地产这两天的上涨,我可以说是无动于衷,因为它们不是能领军的人物。现在很多趴在底部的股票都有大资金不断建仓的迹象,只有筹码充足才能做出波澜壮阔的行情来。我看好的是一波起码50%的上涨,而地产股是做不到的,现在看最容易做到的是有色金属,因为它们都趴在底部,而且带动指数的能力强大。同时正在吃进的资金是中线或者长线的,这样的启动才具备指导意义。

最后一洗

(2012-11-06)

地产股果然开始溃败,“煤飞色舞”开始。说QFII买了银行就是笑话,就是诱骗散户进入银行股。银行股不把散户都逼出来是不可能有机会的,无论多便宜。

借助温总理的讲话最后一次洗盘,明天或者开会,当天大盘开始上行。

双星闪耀

(2012-11-07)

前面两天博客连续提示有色股要动了，今天巨量资金进入有色，本人的资金流技术继续显示出威力，年初到现在100%准确。我从来都是先说出来让市场去检验和证实，这就是实力。因为时间就是最好的裁判。

大盘现在最不好的是成交量一直无法有效放大，这是制约行情进一步发展的最大瓶颈。而从股指期货上看，今天空方继续加仓，目的很明确，就是赌"十八大"召开利好出尽。而现在多方手中持有两大利器，就是低价地产股和有色金属股，也是新的喋血双雄。之所以说它们是喋血双雄，是因为实际散户都没怎么持有以上2个板块。一旦高位进入，很可能就是被屠杀的对象。我谈下现在主力的思路与大家一起研究。

地产股启动的是低价、低市值、低市盈率的品种，例如前期启动的600684珠江实业，启动时价格只有6元出头，市盈率只有5倍左右，而最高价格接近翻倍，市盈率到达9.5倍，启动时实际市值只有13.5亿元左右，最高峰时流通市值也不过才25亿元。另外一只地产龙头000631顺发恒业，启动的时候市值也只有12亿元，最高峰值16亿元多，市盈率启动时也不过是9倍，最高到达14倍多。而后各路资金进入，根本不再考虑基本面，完全炒作低价地产股，但是依然没有离开基本的操作思路，就是炒作市值低、价格低的品种，但是亏损的也开始炒了。

有色金属的进入方式为：先黄金，但是注意黄金不是主打品种，因为市值过高。主力攻击的目标应该是流通市值40亿元上下5亿元的品种，业绩依然不是主要的，因为盘中资金不足，更多的还是炒作低市值的品种。

还需要注意的是"地产+矿产"类股票。例如今天涨停的600711盛屯矿业，不足16亿元的流通市值，自然引发炒作。002379鲁丰股份炒作的也是小市值。它们本身都不是纯粹的矿产类，而是重组中的准有色。现在需要注意的是具备两大启动板块特征的股票，例如000979中弘股份，流通市值只有20亿元左右，"地产+矿产"。还有就是000506中润投资，也是"地产+矿产"。这类股票市盈率都很低，与前期地产股启动的市盈率不足10倍很类似，兼具了有色概念，因此有戏。

而单纯的有色金属股，需要注意的是600432吉恩镍业，流通市值不足45亿元。000655金岭矿业，流通市值为45亿元，看似不小了，但是与有色金属整体板块流通市值平均值70亿元比较，优势相当明显。

短期市场将围绕着地产和有色板块进行操作。主力的目标就是市值低品种，地产股中要求市值低、市盈率低和价格低，而有色中只要求市值低。我谈的只是自己对盘面的认识，操作上还是要靠你们自己多加甄别和选择。

文章中提及的股票只是技术谈论，据此操作，风险自负。

未被打破的规律

（2012 - 11 - 08）

昨天博客已经提及股指期货空方大肆加仓，为的就是赌“大会必跌”的历史魔咒。加上今天美国大跌 2.3%，引发魔咒重现。上午一开盘就下跌，随后地产股上拉才稳住大盘，下午 14:00 后继续跳水，盘中主力曾经试图拉动两大油和银行股护盘，均不敌巨大的出逃资金。收盘时两市均再次跌破全部短期均线，个股跌得支离破碎。

盘面上风声鹤唳，留给大家的印象是一轮新的杀跌开始。收盘的评论也大多悲观，很多言论又一次看到 1800 点去了。那么大盘是真的要再次向下突破吗？2000 点是否能守得住？我们先看一下 14:30 后的一系列言论和股指期货的变化。

14 点 40 分，胡主席在“十八大”的讲话中提到“扩大社会保障基金筹资渠道，建立社会保险基金投资运营制度，确保基金安全和保值增值”。16:30 中国证监会主席郭树清在“十八大”中央金融系统代表团团组讨论会上表示：“当前我国加快资本市场建设面临有利条件，如经济企稳，消费和投资增速提升等，不讳言资本市场存在一些问题，但要保持信心，中国资本市场将迎来快速发展阶段，为投资者带来稳定回报。”

以上两点说明首先各路养老、保险、社保等资金很可能进入到投资市场，这从最近社保基金的高仓位能看出些问题。而后面一点说明证监会也密切地注视着市场的变化，一旦出现大跌，必然有救市的措施出来。同时 QIFF 不断进货，RQIFF 额度放大，都说明实际市场的确处于相对底部区域。如果我们的市场没有投资机会，那些国外资金何必眼巴巴地求着我们扩大 QIFF 的规模？不赚钱的事外国人是不干的。

今天股指期货上空方减仓 1118 手，多方减仓 651 手，而昨天空方增仓 821 手，多方减仓 82 手，可以说今天空方有用力过猛之嫌。按照股指期货的持仓进行分析的话，明天大盘瞬间低开向下再次跌到 2050 点 ~2070 点之间就该开始反弹。明天很可能是根不足 3 点的下跌阳线，因为低开高走造成的，或者是根小阳线。

现在市场让大家很绝望，而所有人都绝望后，行情才会来。从技术面看，历史上的底部周线运行，以及大盘连续 4 个月只在 2000 点 ~2170 点这狭窄的 170 多点之间运行，下周应该是一个真正的大变盘时间了，明天只是个反弹。

地产和有色将是本轮下跌结束后的真正王者，但是把握上还是要靠自己。

等待政策明朗

(2012 - 11 - 09)

昨天对大盘的判断完全正确。博客中说是根不足3点的下跌阳线，因为低开高走造成的。收盘正好跌了2.44点，小阳线。

下周才是大变盘的时刻，尤其是新的常委及其施政纲领亮相后，对大盘未来的走势才有指导意义。但是下周热点依然在地产和有色上，多留意吧。

静观其变

(2012 - 11 - 13)

今天大盘暴跌，地产股在利空影响下大跌，券商股也如此。上周我说了本周变盘，而时间应该是周四或者周五。明天大盘企稳，热点依然如故，即地产和有色。尤其今天的下跌正是低位进入的机会，至于什么样的地产股能买可以看看我前面3篇博文。另外看看最近戴理事长、郭主席的讲话，看看宝钢出厂价格涨多少，就明白为什么跌完后会是地产和有色了。

维护市场稳定，新官上任三把火，保证各路国有资金的安全和收益，穿起来理解一下就很清晰了。

明天可以休息，大战在本周后两天。

大盘成交不足，个股独立行情

(2012 - 11 - 14)

大盘今天企稳反弹。有色启动，然而成交量依然不足，这是最致命的。美丽中国概念股分化，小盘高价股被屠杀。业绩良好的股票开始走出独立行情，由于全球货币宽松，因此大宗商品必然持续走强。有色板块就有了上涨的基础，而地方板的十万亿元投资依然投向基本建设和房子上，因此地产股机会也来了。加上地产股和有色股均跌得很厉害，很多跌去了三分之二的股价，不涨才不正常。

明天新班子亮相，大盘应该冲高回落。而2040点很难守住，大盘有再次试探2000点整数关口的要求，但是个股却开始走独立行情了。从盘面上看资金已经开始敢于投入到某板块上多些时间了，这是个好现象。例如，我以前曾很看好的福建金森就走出了相对好的走势，我说的时候好像不足10元，当然现在追就不对了。很多我看好的股票也会很快走出来的，毕竟业绩题材价格都很合适，走出来是必然的。

我继续耐心持有，年底前50%利润就够。现在的市场实际逐渐走出没信心的魔咒，一旦有大的利好出现，恐怕一轮翻倍行情就来了。

资金安好，就是晴天

（2012－11－19）

大盘果然如我上周所说再次探底2000点以下位置，今天再次刷新前低，最低探至1995.72点，随后猛烈反弹。美丽中国概念继续上涨，实际美丽中国概念不单单是环保和林业股，旅游股和物资回收类股票也是其中成员。可以关注一下低价的此类个股，因为有继续延伸的倾向。

上周一直在冰天雪地里玩儿，博客也少写了几篇。实际我觉得现在的行情只要拿住的是好股票，大可以关闭电脑去玩儿。因为点位继续下行也没有太多的空间。下面1950点和1800点就算跌到了，对于个股，尤其是已经被极度低估的个股，并没有太大的下跌空间。今天打压的是以酒鬼酒为首的白酒股，还有就是保险股。如此下跌中，实际很多股票都保持红盘，而指数一旦上行，个股拉得都很快。因此现在不必过于担心大盘的得失。

我一直强调要看清市场，要保护好资金。年初到现在我的博客阐述得很清楚了，可以说今年涨得好的股票基本我都谈及和参与过。回想一下从酒鬼酒、沱牌到青青稞酒、中卫、深深宝、青海明胶、上海本地股，再到卡奴、首航、洽洽、榨菜、加加、博林特、金森、廊坊等等，无一不是上上之选，可是你把握住了多少呢？现在市场的确很弱，新浪组织的股票大赛，5个空仓的选手竟然名列前十，与历年的熊市末期很类似。我记得5年前有人说过："不知道带头大哥777在熊市中如何？"那么事实告诉你了，大哥依然没老，依然可以战胜市场，而且依然可以年收益过200%。股票市场历来胜者王侯败者寇，说什么都不如赚钱有说服力。

短期资金依然集中在3个板块，二三线地产股、有色股以及军工股上。大家要注意了，我的资金流技术从来没失误过。

看好自己的股票，当然前提必须是好股票。只要资金安全，就是晴天，就是未来牛市开始的盈利保障。

高山仰止，迎风驭雪

（2012-11-21）

今日大盘再次走出新低后反弹，收盘大涨21.4点，成交有所放大。而我前天博客提示得很清晰，只要大盘开始反弹，热点就是二三线地产股和有色，今天果然就是这两个板块起到了决定作用，再加上金融证券，构成了反弹的主力军。资金流技术百试百灵。

我继续着自己的操作，这两天基本没看盘。因为我知道就算大盘跌到1800点，我的股票也跌不到哪里去了。最大浮亏的时候也就不足10%，对比外面的操作，年初到现在我手上的利润超过200%，我有足够的资本扛着。反正最先死掉的绝对不是我，如果真的崩盘，最多我就把全年利润减少些而已，这就是我现在的心态。恐怕真的有效跌破2000点的话，坐不住睡不着的就不是散户了。别忘记了，QFII们的钱也在里面，就算他们不断进场，成本也在2050点以上，谁死掉还不一定呢。所以既然大盘已经走到现在的地步，散户根本就不必有任何害怕了，也根本不必割肉，只需要拿时间换空间就可以了。当这个市场彻底失去造血功能后，牛市必然要来，而且一旦要来的话，指数起码是50%以上地上涨，毕竟压抑的时间太长了。还有就是QFII们的资金成本也很高，指数不涨得多些，他们一样无法出局。

今天的成交有所放大，但是依然不足，短期面临一个小反弹，大约要弹到2080点~2100点一线，而主力军依然是二三线地产股和有色股。这个思路我已经谈了快两周了，事实证明也是完全正确的。

从今天的盘面看，市场已经开始回暖，而一些重大的政策，在月底前应该出现，毕竟现在的市场已经完全丧失了再融资的可能，而且当散户逐渐死去的时候，机构基金等也濒临死亡了。救市应该快开始了。

我一直对市场很敬畏，一直仰视着市场的变化，无论我自己站到什么高度，市场永远都是对的，而错误的只能是我们，这句话没一点错误。当市场很好时，我们要大干快干，而市场不好时，需要的就是潜伏和忍耐。别惧怕下跌，做一个坚强不屈的散户，只要技术在手，你完全可以战胜市场，完全可以做一位迎风驭雪的侠客。

十八层是地狱，十九层是股市，二十层是天堂

（2012-11-27）

大盘习惯性下跌，收盘再次走出新低，大盘已经进入“1时代”，个股出现大面积跌停。我的前一篇博客写得很清楚，本月底左右会出现转机。从技术面看，一旦有效击穿2000点后，下面的支撑分别为1980点和1950点。我不认为会跌破1900点甚至1800点，也没作这个准备。

主要的原因是，首先换届还在进行中，很多因素掺杂其中，股市继续暴跌不符合政治特征。其次从数据上看，今年亏损超过50%的股民已经超过四成，这样继续杀下去动能不足。另外QFII不断抄底，也对市场下跌有缓和作用。由于白酒股出现问题，现在100元以上的股票好像只剩下贵州茅台一只，而5元以下股票已经多如牛毛。另外昨天星辉车模1小时40分钟后才有第一笔成交，而很多股票也出现了半小时不成交的情况。这些无疑说明市场的活跃程度已经很低了。还有大盘的成交量连续新低，大盘基本已经到了底部区域，因为反弹不是底，是底不反弹。现在大盘已经基本不反弹了。沪深300指数的市盈率已经只有9倍左右了。可以说现在市场被低估得相当严重，如果跌到1800点的话，市盈率将跌到8倍左右，这个基本是不可能的。

如果十八层是地狱的话，现在的股市就是第十九层。去地狱不过是扒皮抽筋而已，而很多股民现在恐怕连活下去的勇气都没有了。能让一亿三千万股民从中产阶级变成赤贫还不是人间的地狱吗？但是股票市场就这样，被加倍扭曲的，就会被加倍纠正。当你跨越第十九层后，就是天堂了，因为没有只跌不涨的市场。现在机构基金等已经把仓位降低到65%左右，那么大反弹就快开始了。空头已经肆虐了两年了，从股指期货推出以来，空头就一直占据上风。那么一旦政策面发生变化，空头的末日就到了。

我的资金流技术到底如何，我想大家看得很清楚，这轮能涨的就只有钢铁、地产和军工，而且主要还是前两个。我还是以前那句话，只要现在持有的是被低估的股票，就该耐心地持有，坚决不动。因为就算跌到1800点，也不至于毙命。90%以上的人会死在我的前面，那还有什么可怕的？用10%甚至20%的亏损赌市场底部，怎么都值得，因为很多人现在都已经亏掉50%以上了。何况年初跟着我博客的人随便都有一倍以上的利润，那更不该恐惧了。

你是自己的上帝

(2012-11-28)

大盘今天继续杀跌,盘中探至1968点。各板块全部下跌,中小板、创业板跌幅更大,整个市场只剩下哀鸣。2000点已经两天没有被收复,如果明日再不被收复的话,标准的空头陷阱就出现了。很多评论把2000点作为极其重要的位置,实际上2000点并没那么重要。因为当2300点被破后,下面就是1950点~1980点区域有强大支撑。而一旦跌破该区域,我指的是有效跌破,也就是跌破1950点后两个交易日不能收回,那么大盘下面实际只剩下1800点和1664点了。

我给大家计算过,如果跌到1800点沪深300指数的市盈率将不足9倍,那么1800点实际上是看不到的。大盘一旦跌破1950点会出现2种走势:一种是直接打到1900点下,极限为1820点。而只要到达此位置,就是反转的开始。另外一种是连1900点都无法跌破,大盘很可能在1908点~1928点之间就找到1664点后的另外一个绝对底部。这个判断是根据市盈率、估值、资金成本以及外围市场影响,还有就是资金流入速度综合后得出的结论。而如果1950点支撑有效的话,大盘则进入反弹,也就是说今天是个很好的介入时机。

既然我已经说得很清楚了,今天收盘是1973点,距离1908点不过也就是3%左右的下跌,而1820点的话,也不过是不足8%的下跌,大盘只有这么多下跌空间了。那么现在持有或者买进股票有什么可恐惧的?而且这还是非常极端的情况,如果1950点守得住,恐怕下个月反转就开始了。看看银行股的市盈率还有多少?看看地产股的市盈率还有多少?而它们的增长率可是30%以上啊,市盈率却是15倍以下甚至8倍以下,这比把钱存银行可强多了。

我记得年初的时候我让大家坚决抛弃创业板,现在大家可能都明白为什么了,创业板的杀人特征太明显了。现在市场并不缺少资金,缺少的是实实在在的利好和信心,而信心则来自真正的利好。IPO已经被疲弱的市场逼停了,这就是市场自身的纠错能力在发挥作用。明明最该停掉的IPO让市场休养生息,可是停下来就这么难,现在好了,你想发也发不出去了。

大盘已经走成这样,这个市场根本没有上帝,上帝就是你自己。就如我一直坚定地站在这个市场,是因为我知道大盘就在爆发的前夜了,当然也是最黑暗的时刻。

上帝为你关上一扇门,必定会为你打开一扇窗。而每个股市里的人都是自己的上帝,关键看是否背叛自己的判断了。

2012

(2012 - 12 - 03)

有人说2012年12月21日地球毁灭,而中国股市如地震般的下跌就像毁灭前的雪崩。连续5个交易日大盘均不断走出新低,市场如死了般寂静。现在说什么实际都是徒劳的,因为市场完全处于需要救市的状态,靠其自身修复已经很难。

实际上越到现在越应该保持清醒,因为杀跌已经到了最末期,连基金重仓股都开始出逃,IPO也继续不下去了。

1800点肯定不会跌破,乐观点看1900点都很难跌破。这个判断在本月底就能有结论。

如果真的有2012的话,我们还能再看这个市场不过18天。如果没有的话,我们就必须坚强地活下去。任何一个市场出名的投机者,都经历过数次倾家荡产,而现在的新人恐怕并没经历过,那么这轮探寻底部的旅程会给你最好的经历。

奉劝大家关闭电脑,看都不要去看,到月底前反转就会来。现在市场基本没什么可操作的热点,热点基本都集中在我说的地产股上面。我现在就刀枪入库、马放南山,因为现在除了等待没有更好的选择。现在市场经历的就是当年1664点位置最难熬的这几天。本月20号后,一轮上涨就该开始了,而现在潜伏下去就OK了。

需要关注的几个板块

(2012 - 12 - 05)

反弹已经开始,主力介入得并不充分,观望气氛依然比较浓厚。实际这次反弹是可以预料的,因为1950点位置本身就有很强的支撑。现在可以不必太在意短期大盘的走势,因为反弹已经开始,应该对需要关注的板块投入更多的精力。

1. 注意有色金属、钢铁、煤炭,继续关注地产股。这个是我多次强调过的,原因不再重复。

2. 注意中小板股中严重超跌的品种,最好是3个月后没有解禁的品种。002690以后的品种尤其值得注意,如价格被腰斩的002693双城药业、002695煌上煌、002697红旗连锁、002699美盛文化等。这些股票大多生不逢时,如双城药业是国内合成肽排名第二的医药企业，盘小绩优，而且应用于肿瘤和肝胆病中，而盘子大很多的同类公司如翰宇药业、双鹭药业等市盈率都比其高了 50%，双城明显被低估了。煌上煌和红旗连锁也如此，与其同类品种比较价格明显不对。美盛文化是标准的迪斯尼概念加文化传媒概念，可是股价照样被腰斩，这样非理性的杀跌都会被纠正的。同时此类股票都含权，加上起码要 9 个月以后才会有解禁股出来，因此后期必然被炒作。

3.“喝酒吃药”品种。白酒股受塑化剂事件影响很大，而医药股则继续长青。由于新的国家药典品种即将公布，那么一些价格低、品牌时间长的基础药物就有了不错的操作机会。随着老龄化不断加剧，有些医药股将走出起码 5 年以上的牛市。多关注涉及老年病的低价药品公司。

临近年底，业绩成为很重要的一环。没有业绩的股票要坚决抛弃。创业板股票继续放弃。

这段时间很忙，有时间我就写点博客，没时间就不写了。我已经陪着大家走过了最寒冷的股市冬天。当走向春天的时候，我就该逐渐退场了。这轮熊市带给我们的经历，尤其是带给股市新人的经历将是你最大的财富。

热点向有色金属和煤炭转移

（2012 - 12 - 05）

大盘开始上涨，就地卧倒的朋友很快就有利润了。这就是市场，怕没有用，只能面对。我前面说过多次，1800 点不会破，1900 点都不会破，1950 点守得住就开始反弹。

大盘之所以能启动，首先是跌得太多了，已经毫无理性了。其次是 QFII 可以进入股指期货。那么现在估值太低，QFII 无法继续做空，加上手上筹码已经吸纳得差不多了，因此只能做多上去。而大盘跌了快 5 年了，民心思涨，合力就构成了一轮猛烈的上涨。2100 点是第一个目标，终极目标在 3000 点以上。然后再次下跌的时候恐怕 1664 点都守不住了，毕竟 QFII 比国内的操盘手要更强大。

12 月解禁的不少，但是大多集中在中小板和创业板股票上，对主板市场反而影响不大。

资金流显示，前天中国建筑、中国水电等大盘股就开始有资金进入，目的就是要拉动指数。而现在看今天的资金都向有色金属、钢铁和煤炭涌入，注意吧。

地 震

(2012-12-07)

股市这几天开始好转。我12月5日的博客说得很清楚了,1800点不会破,1900点都不会破,1950点守得住就开始反弹。现在看是完全正确的。就地卧倒的朋友的损失应该已经在10%以内了,下周该数银子了。而不断在底部胡乱操作的人,估计已经亏损累累了。

有很多底部大量换手的股票开始飙升,现在看主要特点是价格低、换手充分、流通盘不超过3亿股的品种最吃香。例如我前期一直跟踪的601996丰林集团,15个交易日换手300%,不涨才怪。流通盘不足2亿股,价格启动时期每股5元多。000711天伦置业也是这样的,换手已经是180%多了,启动的时候不足7元/股,流通盘1.61亿股。当然这两个已经开始涨了。那么我们就该选取此类股票,毕竟底部不断放量,风险肯定不大,最好是找那种超跌的。如002611东方精工,换手已超过88%,从7.5元/股一线启动,流通盘为0.7亿股。估计一旦换手超过100%,就该大涨了,其大宗交易还有670万股,实际已经等于换手92%了,而且接手者都是中信建投的席位。002484江海股份,也是换手过100%的品种,只是价格稍微高了点。

另外还需要注意两个板块的动向。12月14日苹果5开始在国内发行,那么以安洁科技为首的苹果概念股将有所表现,但是一定要注意见光死的问题,估计下周启动后,14号就开始跌了,只能短炒,另外尽量找低价格的炒。还有就是安防概念股、美丽中国概念该涨,而安防概念股开始进入炒作区。此板块如卫士通、皖通科技等股票都属于底部放量或者绝对低估状态,可以注意。

还有些极度超跌股,如铁矿石龙头金岭矿业、低价装饰股瑞和股份、合成肽龙头双城药业、商旅预订龙头号百控股等。这些品种都是行业翘楚,而且跌得足够多,业绩又好,未来不可限量。

现在完全可以认为大盘的解放底是1949点,就是1664点后的一个重要底部。从现在开始就看谁更稳健了,一旦大盘冲上2150点后,我会进行短线操作。

我一直陪着大家走完这轮熊市,当市场突破2300点后,我就会逐渐退出市场了。我已经用自己的执着给大家演示了如何对付熊市,也把自己的资金流技术发挥到100%准确,可谓完美。那么上次牛市是我带着全国散户走上去的,而这次我又带着大家走出熊市,我很满足了。很多朋友都很喜欢我的资金流技术,希望能出版这本我最高端技术的图书。但是这门技术的确太难变成文字,涉及到我的23年股市经验以及极好的盘面感觉，很多东西用文字很难表述，我尽力而为尝试一下，如果写不出来，也没办法。另外我可能会教授 1 ~ 2 个学生，毕竟我的年纪越来越大，想休息了。

我记得 2005 年底是我第一个喊牛市来了，大盘要过 5000 点，而后我全部的预测都兑现了。2007 年后，有些人说“带头大哥 777”因为是在牛市，所以很牛，到了熊市他也会失误很多。可是最熊市的这 2 年多，我一路陪着大家走来，风雨虽大，我依然可以是散户的避风港。但是我现在真的老了，连每天在电脑前 4 小时的时间都觉得坐不住了，看来我真的该休息了。

中国股市的地震也快来了，会令大盘不断向上攀升，后面还有很多利好会逐步兑现。但是请记住，一旦这轮反转结束，1664 点就会被击穿了。

上涨趋势形成，关注资金流向

（2012 - 12 - 10）

大盘继续上涨，这个不想多说了。各路资金开始奋勇进场，毕竟估值很低，可操作性特别好。

现在是黎明的开始，股市的天逐渐明亮了起来，但是很多人已经倒在了 1950 点上面，这个很无奈，因为每次行情启动前都会埋葬一批人。这个市场经过一轮反转后，再跌的时候会更残酷，请大家做好准备，中国股市已经不具备长期走牛的趋势。只要规则不变，散户会逐渐被套住。这轮上涨后我们要学会如何利用融资融券和股指期货了，否则将无法继续生存下去。

而我的资金流技术依然强大。5 号谈的股票，到今天基本都上涨了 10% 以上，尤其次新股中的煌上煌今天拉上涨停，红旗连锁也涨了 8 个点。那么涨得稍微慢了点的双城药业和美盛文化也该进入急升了。而昨天我谈及的东方精工和江海股份也纷纷上涨了 8 个点以上。

一些股票龙头股纷纷开始露出水面，现在不必着急，因为板块轮涨刚刚开始。从中线上看，医药股、有色金属股、资源矿产股是持续的热点。而短线则变化比较快。一种是我说的底部持续换手超过 100% 的品种很适合玩。还有一种就是空跌下来的已经跌无可跌的，而且上行压力小，起码做个反弹也有 20 个点以上。这类品种就是我在 5 号提及的无解禁压力的次新股，如双城药业、煌上煌、红旗连锁等。大家可以观察一下，双城制药的压力起码在 20 元以上，煌上煌的压力在 23.7 元一线，红旗连锁已经接近 14.9 元的压力了，美盛文化也接近压力区 16 元一线了。如果用技术衡量双城药业和煌上煌,依然有极大上升的空间。

到现在看热点还是集中在我谈的这类品种上,因此要多关注。一旦资金流发生变化,我会提示大家。我也会在空闲时间尽量写一些关于我技术中最高端的资金流,但是由于无法形成完整的文字,只能想起一段写一段,细心的人多留意些吧。市场不断在变化,很多技术也要求变,否则市场就会淘汰我们。

整理好自己的情绪,别太在意大盘的走势,做好个股就OK了。

有色金属蠢蠢欲动

(2012-12-11)

今天大盘震荡整理,盘中新三板概念股上涨,苹果概念、煤炭股以及三沙概念、包装印刷股等上涨。下午大盘翻红的时候,有色金属股明显蠢蠢欲动,其中精诚铜业甚至拉上涨停,虽然后面跌回一些,但是整体有启动的迹象。

我前面谈及的股票走得都非常好,但是由于都属短线热点,一般有10%的利润都该出局,不能贪心。这个我以前都谈过,这里不多重复,我们只需要赚该赚的钱就是了。我记得2005年底的时候,我曾经预测到上轮牛市的开始,而且推出了2只金股,就是后来上涨了大约30倍的中金黄金和山东黄金。当时我谈的时候它们的价格每股分别只有7元多和11元左右,这个完全可以看我历史博客的记录。而当年的有色金属曾经是牛市不倒的旗帜。

今年从年初到现在,有色金属都是阶段行情,甚至有的时候只是短暂行情。有很多朋友也不断问我有什么中线能翻倍的品种,我觉得有色金属类股票里起码会有几只翻倍或者翻几倍的。是有色金属,既然是金股,那么起码股票名字里该有个“金”字吧。下面我从技术面和基本面谈两只股票,希望给大家一个启示。

奥瑞金002701。这是一只次新股,主营食品饮料金属包装产品的研发、设计、生产和销售,属于有色金属衍生品种,也属于节能和资源再生板块。每股净资产是12.57元,要知道股价90元/股的洋河股份每股净资产也不过12.3元而已,未分配利润和公积金分别为2.73元/股和5.62元/股,可见该股含金量多高了。按照其招股说明分析,其今年业绩为1.28元/股~1.39元/股。按照现在价格只有13倍市盈率,肯定是被极度低估的。另外从其增长性看,基本每年有20%~30%的增速,那么其市盈率可以定位在20~30倍左右,也就是未来可以上涨的位置大约为26~39元一线,而现在的18元肯定是不对的。该股的下游企业分别是红牛功能饮料、加多宝、百事可乐、可口可乐、旺旺、达利集团、哇哈哈、青岛啤酒等。另外白酒由于塑化剂的问题，瓶塞都要改成金属或者陶瓷的。生产陶瓷瓶塞的有长城集团，市盈率现在是30倍。但白酒毕竟用陶瓷瓶塞的不多，基本还是要采用金属瓶塞的，而国内上市公司做金属瓶塞的只有奥瑞金一家，可以说奥瑞金是正宗的塑化剂防御概念股。从技术面看，开盘生逢乱世，不断下跌，一些专用机构大笔卖出，但是很多机构专用席位也不断进入。当股价从24.83元/股跌到16.91元/股后逐渐企稳，主力成本在21元/股附近。主力用的是对敲把股价打低，一旦吃够筹码，就会迅速上涨。该股集次新、短期无解禁压力、绩优、含权等特征，后市可以多关注。

金岭矿业000655，铁矿石龙头股。前面谈过几次，由于该股有融资融券，因此主力不断打压，但是当跌破9元/股后，空头就开始被狙击。由于铁矿石已经上涨了不少，加上铁矿石期货明年推出，还有城镇化建设的不断实施，铁矿石未来价格依然是看涨的。因此该股未来看好。

这是两只“金”股，属于有色金属范畴。从资金流向看，明天，最晚后天，有色金属会启动。而逼空上行的大盘还会继续下去，空头后面会难寻进场机会。让我们拭目以待吧。

该学习的东西太多了

（2012-12-12）

我前阶段写博客曾经说自己要逐渐退休，也想收1～2个学生，很多朋友写信给我争着要当我的学生。但是说实话，基本上都不具备一个操盘手的基本素质。很多人连盘面最简单的东西都看不出来，就算我是神仙，照样也没办法。

不少人问我：“大哥，你怎么就能找出市场的热点，也能找到那些被低估的股票。而我们却不行？”实际这个不难，要仔细观察，抽丝剥茧就能做到。股票的判断大多时候与警察破案差不多，我这么说可能大家又糊涂了，炒股票怎么和破案还有关系呢？我说的就是推断，就是像狄仁杰或者福尔摩斯那样推断，然后用事实和数据去证实。下面我举个例子。

我在7号的博客上告诉大家要注意底部区域大幅换手的股票，当时用丰林集团做样本谈了002611东方精工和002484江海股份。这几天下来都上涨了大约10%～15%，可以说非常成功。其中002611我当时的博客就说过，这只股票有大量的大宗交易，大约是670万股，主力在底部区域大量换手，风险肯定是很小的。另外我还提及大宗交易的接收方是中信建投的席位，可是你们谁注意过，该票的承销方恰恰也是中信建投，我想知道，这个市场的公司除了董事局外，谁最了解它的业绩？肯定是承销机构了。如果连这个都不知道，你还炒什么股票？20倍市盈率，机械设备类加节能环保概念，一路下跌没怎么涨过，底部换手过100%，主力成本大约8元/股，如果认为它连10元/股都过不去的话，我真的没什么话说了。这就是用数据说话，用事实推断出来的结果。而且我谈及的股票都是底部刚启动的品种，大家好好想想年初我谈酒鬼酒、沱牌舍得，后来的青青稞酒、卡奴迪路等等，是不是都处于绝对底部区域？这些好股票我挖掘得出来，可是很多人却都赚不到钱，只能说是自己没本事。

好好学习吧，记得我当时出《操盘之王》的时候，有些人说写得太浅了。后来我在这些人给我写的信中我终于明白了，《操盘之王》前116页能真正读懂的不会超过1万人，这只能说是散户的悲哀。因为浅的不是我的技术，而是这些人的无端自满，就算我把技术中最高端的"资金流"写出来，估计能真正研究明白的人也不会超过1万人。因为很多人带着太多的功利到这个市场了，已经没有几个人是真心学习技术了。

这篇博客我故意留出一个错误，而收到的127封信里只有3个人看出来了，就是002611的大宗交易卖出方才是中信建投，而接手方是华泰成都和光大上海等。从历史上看，实际这几家都是有关联的，这个只需要把这些大宗交易的席位全部调出来仔细分析一下就行了。数据分析是相当重要的，然后做数据统计，看看什么结果。

QE4登场，资源股受益

（2012－12－13）

大盘今天的下跌很正常，涨得多了就调整一下而已。无论是成交量的缩小还是个股的下跌程度，都属于明显的技术调整。盘中最低探至60日线附近，收盘也大约就是此位置。可以说最近大盘走得很离奇，也把一些分析者弄迷糊了。到1950点止跌后，很多人实际没反应过来，以为还要继续跌，随后踏空到2080点一线。当大盘连续3天站上2080点后，这些人开始翻多，让跟随他们的空仓者进场，随即今天大盘就大跌，马上又开始看空或者让大家观望。真的很好笑，你让人2080点进场明显被套在高点，现在出就是亏损，不是在愚弄你的粉丝吗？

这段时间我一直不断在展示我的资金流技术，可以说百战百胜，尤其002690以后的次新股均走出不错的行情。今天市场如此弱，002698竟然拉出涨停，加上前期002695等的涨停都说明，临近年底，这些没有解禁压力的新股已经博得了很多场外资金的关注。我前天提及的002701奥瑞金短短10个交易日换手已经超过70%，这还不叫有大资金介入，那我真的不知道什么叫大资金了。今天晚上其又公布投资3.92亿元瓶盖生产线，其募集的16亿元资金投入到募集项目中的已经超过9亿元，而且其项目都是一至一年半就达产的项目，这样的企业才是真正的企业。而以茅台酒为首的白酒行业由于塑化剂的影响已经跌了很多，换掉塑料瓶盖已经成为必然。那么两市唯一的金属瓶盖公司奥瑞金的业绩提高也成为必然。想想每年我们消耗的白酒都超过20亿瓶，中高端酒都有5亿~8亿瓶了，如果都换盖子的话，这个市场是多么庞大啊？按照奥瑞金毛利30%左右看，哪怕只拿走10%的市场份额，每个瓶盖只赚1元钱，都是上亿的利润了。按照其35%左右的全国市场份额计算的话，仅换瓶盖都可以把业绩增厚1元/股以上，而且还是长期的提高。请再好好回去看看奥瑞金的经营范围，不但能生产易拉罐，还可以把白酒从制瓶到瓶盖以及外包装全部做完。相信该股的塑化剂预防概念很快会被挖掘出来，个人认为其未来配合着送配，走上35元/股甚至40元/股都不是什么很困难的事情，股价翻倍已经成为必然。至于主力，我不想再谈，因为他们已经进入了。

另外要注意大宗商品的走势了，如黄金、铁矿石、钢铁、铝、锌、锡、铜等大金属，因为QE4的推出，以及城镇化的不断推进，再配合货币宽松，不涨都难。所以最近一定要注意有色金属，尤其是大宗金属期货的走向。

市场就是这样，胜者王侯败者寇。大哥说得对不对，资金流有效与否，别看广告看疗效。涨了就是王道，赚钱就是硬道理，说别的都是废话。

双“金”开启幸福路，反“转”攻击两千八

（2012-12-14）

大盘果然开始反转。之所以说是反转，首先，成交量已经放大到1000亿元以上；其次，整体板块向上；另外由于大盘已经跌了太长的时间，所以一旦上行，就是反转。我前面的博客可以说很完美地预测了1950点为继1664点后的又一个绝对底部，现在看是完全正确的。很多朋友在大盘跌破2000点后，在我博客的指引下，就地卧倒，扛住了最残酷的寒冬末期。那么现在春季攻势已经开始，反转行情已经到来，大胆赚钱吧。

无论大盘走得多么弱，我的资金流技术均可以赚钱。实际资金流技术并不是要去抄绝对底部，而是随着主力一起进入即将上涨的股票。其无与伦比的前瞻性在这2年中表现得淋漓尽致。我不想吹嘘什么，看我的历史博客就是了，因为它记

录着我整个操作的心路历程。如果央视采访我问我幸不幸福的话，我觉得我是幸福的，因为我靠毅力和技术，扛住了这轮熊市的最黑暗时期，而很多人恐怕在2000点下失去了对抗市场的最后能力。这是很无奈的事情，因为每次熊市都会淹没无数散户，谁都无法帮助所有的人。

今年的热点板块我全部都进入过，也挖掘了无数好股票，创造了“小金属”“奢侈品”两个全新的板块，现在已经完全被市场所认可，很多股票软件商专门做了设置。这个市场我创造了太多的奇迹，相信这轮牛市也不会例外。我前天的博客写了2只可以翻倍的“金”股，从谈及到现在都涨了不少。而大盘经过今天的普涨后，个股走势将开始分化，好股票会走出独立行情。002701奥瑞金已经开始其翻倍的旅程，而000655金岭矿业则向30元/股以上挺进。奥瑞金是次新股，炒作的就是含权和业绩好。而金岭矿业则受益于城镇化发展以及铁矿石保护及铁矿石期货，加上从30元一线跌下来，就算走反弹都可以见到20元一线。而该股历史上历来探明底部都会出现150%～450%以上的上涨，因此中线看，这2只金股必然有良好的表现。短线看只有10元/股左右的有色金属品种金岭矿业一旦冲过11元/股，就会形成猛烈的上攻走势，而其只有16元一线有些压力，一旦再穿越就直接指向20元/股以上。现在就看这2只金股谁最先翻倍了。

从大盘走势看，下一个压力在2250点一线，当穿越2250点后就会进入调整，但是调整最多再次探到2180点而已，然后大盘会进入缓升。而短期由于一些人已经踏空，加上今天升得比较快，很多人并没来得及进入，因此下周会继续逼空。盘面则是大盘慢慢涨，个股分化，疯狂的极度疯狂，不涨的继续不涨。

大盘的高点应该起码在2800点～3200点之间，而一旦到达3000点以上，就要注意行情结束，这轮行情并没有经济面的支撑，只是超跌以及估值的修复而已，而持续的时间不会超过2013年6月底。一旦再开始走熊，1664点将被击穿。因此，未来我们如果还想在这个市场中存活的话，熟练使用融资融券和股指期货就成为必然。当然，这都是后话了，现在需要的是打起精神，多赚钱。

2800点下完全可以大胆操作。而大盘一旦从2250点一线进入调整，就是我开始打短线的时候。

稳步发展城镇化，紧抓有色金属股

（2012－12－17）

昨天中央经济会议结束。明年的经济主线为发展城镇化、美丽中国以及大农业。从重要程度上看，发展城镇化排在第一位，这也是为什么近期水泥、地产、建筑材料等股票都异动的原因。另外由于会投入更多的货币贷款，因此大宗商品，也就是有色金属股将成为热点。

我前段时间在 9 元/股左右谈及的铁矿石龙头金岭矿业，今天盘中拉出涨停，无论是短线还是中线，操作者均获得非常好的收益。如果连这样的股票都赚不到钱、拿不住的话，你真该自己检讨一下了。短线看 1 天都 10 个点了，中线看已经涨了快 30% 了，而且中线依然看好，我周五的博客也说了这是会翻倍的，过了 11 元就该猛烈冲击 20 元以上位置了。因此，做短线的可随时兑现，做中线的大胆持有，设置好止盈就 OK 了。另外的一只奥瑞金走得也不错，新高不断，继续关注。

下面我说一下短期的热点，我认为是有色金属中的铝业板块。尤其是铝合金类企业，因为只要是基本建设，铝合金用量就极大。铝的库存一直很高，因此短期纯铝类生产企业不会出现业绩大增长。而正因为铝的价格不高，铝合金企业的成本就降低了很多。两市铝合金类企业有 10 家，而从盘子大小、业绩好坏、是否有题材等进行选择的话，我选出 2 只认为不错的，分别是 002578 闽发铝业和 002540 亚太科技。闽发铝业是福建仅有的两家铝型材生产企业，海西概念股。其开盘就一直下跌，而跌到 1949 点时却没有创下新低，股性在 4 月的时候开始很活跃，曾经 5 个交易日上涨 50%，而现在则明显处于底部区域，流通盘只有区区 4300 万股，流通市值不足 5 亿元，无解禁压力，动态市盈率只有不足 20 倍。今天盘中有明显的压盘痕迹，挑战 60 日线后回撤，预计明日开始上冲，短期压力在 12.5 元一线。亚太科技业绩很好，流通盘也不过才 7200 万股，也是刚刚从底部爬起，市盈率只有 20 倍左右，对比其余铝业股明显定位偏低。2 股均直接受益于城镇化，属于标准的城镇化概念股，因此短期可以重点关注。

大盘虽然短期超买了些，但是也要等攻击 2200 点以上才开始调整，因此不必太过于担心，而且就算调整，到 2180 点一线也没太大的调整空间。现在做好个股才是最好的选择。

我说过当大盘冲过 2200 点后进入调整，我会开始短线操作，而现在我是小中线和短线混合操作中。操作上一般有 7 个点以上利润短线完全可以走，而中线操作要设置好止盈点。这个请大家一定要注意。

城镇化成为 2013 年的主流热点，那么我们必须吃透赚够。从资金流看，铝合金类股票有色金属股、钢铁股都有大资金介入，估计明天这类股票该冲锋了。

蛤蟆功起起伏伏，一阳指一箭穿心

（2012 - 12 - 18）

大家都看过射雕英雄传，欧阳锋的蛤蟆功都是上下折腾的，段王爷的一阳指恰恰是其克星。而现在的大盘就如高手过招，多空对峙，使尽手段，煞是好看。

大盘今天波动剧烈，最高时涨了 23 点，而跌的时候跌了 16 点，收盘则一根带上下影的阳线。全天波动很大，尤其是从上涨 23 点到下跌 16 个点是标准的洗盘手法，而且属于相当凶悍的洗法，一般扛不住的就被震荡出去。本周是股指交割日，空方已经快崩溃了。虽然现在大盘 RSI 已经在 80 以上，但是由于很多资金一直踏空，因此多方轻易不会给出进场的机会。如果判断不错大盘应该继续上行，一直冲上 2200 点，高点大约在 2220 点一线。RSI 大约在 85 ~ 90 左右，这样踏空者的忍耐到达极限，开始翻多进场。而此时多方出货，大盘下跌，从 2220 点 ~ 2230 点一线快速杀跌到 2180 点一线，极限在 2150 点，时间大约是 2 ~ 3 个交易日。可以想象这些资金在 2220 点一线进场，两天跌下去 50 点 ~ 80 点必然会斩仓出局。而多方再接货回来，大盘继续上行，月底收盘必然冲到 2220 点以上。这是根据盘面进行的预测，我最能确定的是月底收盘大盘将站在 2220 点以上，如果乐观点的话可以站稳 2250 点。反正时间不长，大家看结果吧。

最近我博客谈及的板块和股票走得都很好，全部盈利超过 10% 。今天有色金属稀土启动，走得相当好，完全脱离大盘。而有些资金开始重新进入次新股，我以前谈过，002690 后的品种大多生不逢时，加上含权，被资金看中是很正常的。对于 002690 后的品种，我前面的博客写过 3 只，分别是 002693 双城药业、002695 煌上煌以及 002701 奥瑞金。这 3 只股票均曾经上涨超过 15%，大家也跟着赚了很多钱，可以说一旦我谈及次新股大家就该注意这 3 只股票了。从盘面看，今天 002693 双城药业再次启动，已经站稳 30 日线，明天该攻击 60 日线 18. 54 元。而其压力在 20 元以上，向上压力很小。加上今天医药股也开始上行，作为历来凶悍的海南股，超跌、含权、合成肽龙头，动态市盈率不足 28 倍、股本为 3000 万的小盘股，现在不足 17 元/股的价格，大涨是必然的。对于散户来说，最重要的是要注意次新股的启动顺序，只要顺序把握好，就可以各个击破获利。

大盘从 1949 点的解放底走到现在，可以说踏空者无数，真正赢了市场的是我这样的坚守者。我的博客就在这里，是非曲直大家都看得清楚，而大盘一触底，我的资金流技术便会表现得淋漓尽致。现在看市场热点短线在次新股、有色金属板块上面，因此一定要多注意我提及的股票。

股票市场浮浮沉沉很正常，股票也是经济学里面最复杂的学科。但是只要能拨开迷雾就可以克敌制胜，一箭穿心。

盘中小提示

（2012－12－18）

热点向次新股转移，尤其002690以后的品种有资金进入，关注。

末日奇迹，从“金”开始

（2012－12－19）

大盘又折腾一天，热点很散乱。汽车、采掘、食品加工等行业涨幅居前。这类品种基本都是一日游行情，因此不必关注过多。次新股今天整体上行，资金进入得比较踊跃，后市会走得更好。玛雅人预言本月21日，即本周五是世界末日。我觉得要是真的发生的话，全地球的人都玩完，反正又不是我一个人被消灭。这种心态就如大盘跌破2000点的时候，我说就算跌到1950点，先承受不住的肯定不是我。生活就是这样，既然我们无法改变，就去选择做能坚持到最后的人。

从最近的盘面看，大盘调整基本结束了，而本周五又是股指期货交割日。从历史上看逢黑色星期四大盘都下跌，而明天如果下跌就是最好的进场机会。我说过大盘要过2200点后才会调整。那么本周五，所谓的世界末日，就是个大奇迹日，大盘会涨势如虹。如果主力耐不住寂寞的话，明天就该涨了。

我前面谈及过2只“金”股，也就是能翻倍的2只股票，000655金岭矿业和002701奥瑞金。其中000655今天已经冲过11.2元的压力，虽然收盘跌回，但是资金继续大量进入中，而且10.8元的重要支撑有效。我以前也说过，只要金岭矿业有效突破11元，就会引发连续涨停。今天试盘基本已经结束，相信最晚周五，该股就该有暴涨的趋势。如果主力强大，明天就该过前期高点11.65元了。其小压力在16.2元,重压力在21元,多加关注吧。而奥瑞金明显昨天调整结束了,今天实际是个很好的买点。其压力在21.2元一线,一旦穿越,将挑战历史高点24.83元区域。可以说这2只未来必然翻倍的“金”票,都已经到了爆发的临界点。同时这2只股票的主力都非常凶悍,换手也充分。就如年初我看好的酒鬼,后来看好的青稞酒以及卡奴迪路一样,都是绝好的翻倍品种。

“资金流”所向披靡,“末日说”灰飞烟灭

(2012-12-20)

大盘今日试探5日线后,平稳上升。收盘小涨6.11点,成交量比昨天放大,短期调整已经结束,明天一根长阳攻击2200点整数关口。在外面的大部分分析者还在纠结是不是底的时候,我的博客已经明确告诉大家1949点是底部,然后无论操作了哪只我谈及的股票,这段时间都有30%~70%的利润。这就是技术的魅力所在了。

看看今天是不是次新股大涨?看看是不是有色金属股大涨?看看我谈及的2只金股都涨成什么样子了?看看铁矿石龙头金岭矿业是否今天创新高后涨停?这一切都是资金流给出的指引。投机市场就这么残酷,过程不重要,结果最重要。只要赢钱,只要不断赢钱,你就是最好的,其余别的东西在这个市场上一分不值。但是过去就是过去,无论你多么辉煌都是过去,重要的是现在。从1949点上来以后,无论大盘还是板块的把握,无论个股还是轮动的操作,可以说我的准确率是100%,这个完全可以去看我历史博客,不需要我多说什么。今天收盘后,一切正确都归于沉寂,现在最需要的是找出资金流明天将去哪个板块,寻找另外的金股。

前面谈及的2只金股000655金岭矿业和002701奥瑞金都走得不错,后市依然会按照我说的走翻倍行情,因此做中线的继续守候,做短线的随时兑现,这里不再重复。

我还看好另外一只股票,就是商旅预订龙头股600640号百商旅。在大家都熟悉携程和艺龙的前提下,后起之秀118114就是该股了。作为中国电信麾下的商旅预订旗舰,2亿股的微小流通盘,不足20倍的动态市盈率,可以不断注入优质资产的价格为7元/股品种,被低估得太过明显了。在美国上市的携程市盈率是29倍,艺龙则高达230倍。从市场占有率看第一名是携程,其次是艺龙,第三就是

118114，也就是600640号百商旅了。下面是2012年前三季度的商旅预订全国占有率图。

2012Q3中国旅行预订市场第三方代理在线酒店营收份额

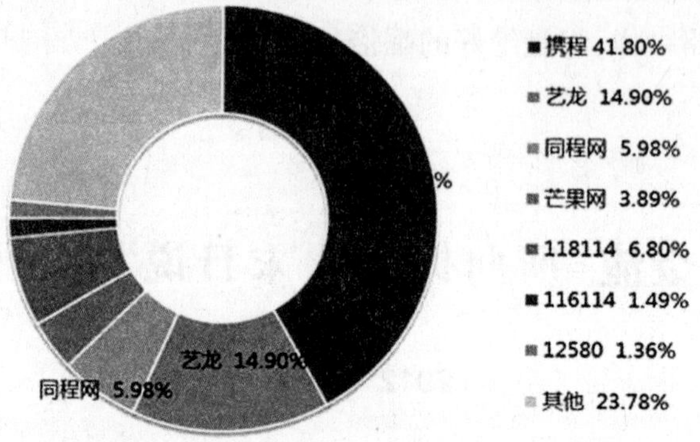

注：营收规模指第三方代理通过呼叫中心和在线预订的酒店佣金收入总和。

来源：易观国际·易观智库 www.eguan.cn

SOURCE: EnfoDesk © Analysys International www.enfodesk.com

从此图上明显看到，600640号百商旅即118114市场占有率为6.8%，很接近排名第二的艺龙。而携程和艺龙均在美国上市，118114是国内两市唯一上市的商旅预订股。按照其今年预测的年底业绩0.4元/股左右，和携程接近的话价格也该在12元一线，现在7元/股肯定是不对的了。如果考虑到其龙头地位和未来发展的向好趋势，以及还包含酒店、地产、投资等项目的收入，估值会更乐观。从技术面看其短期压力在8.6元以上，而中线看翻倍走到14元也不是什么稀奇的事情。多加关注吧。

明日大盘应该继续上涨，攻击2200点区域。而有色金属、铁矿石、次新股会继续上行。市场在2200点上，大约2220点附近就开始进入快速调整，而一旦这个调整开始，我将进入快速操作阶段，跟上跟不上就看个人了。我不会多解释什么，你跟着全国第一的操盘手都赚不到钱只能说你自己无能。

我正试图写一本关于资金流的书，但是写得很费劲，因为想把我最高端的技术写成能让所有人都看得明白的书，太过艰难。后面我会不断用自己的资金流技术为大家进行演示，希望大家尽量跟上我的思路吧。

一念起，万水千山
一念灭，沧海桑田

(2012－12－21)

大盘今天冲击2200点未果，最高冲至2190.4点，随后跌至2148.17点，收盘小跌15.04点，冲高探底一日完成。如果下周的5个交易日不能站上2212点，将出现连续年线3年收阴，这在中国历史上从来没有发生过。因此今天大盘再次调整到2150点下实际已经完成了调整，下周必然是周阳线，预计下周收盘在2220点以上。

次新股今天终于全线爆发，尤其我谈及的002690后品种，涨停4只，其余均在5%以上。而从盘面上看，此种态势已经延续到002500后的全部次新股，只要业绩好、市盈率低、超跌严重、价格足够低都是主力攻击的目标。我前面就谈过，一旦冲高进入调整后，我会开始打快，也就是短线。短期看次新股是热点，另外一个热点就是两市的本地股。前者炒作的是年底业绩浪，后者炒作的是重组等题材。因此我会在以上两个板块中能打多快打多快，除非资金流再发生变化，下周我应该把精力集中在这两个板块上。

今天我谈一只业绩暴增的股票，002509天广消防。该股是国内自动灭火与消防供水领域最具实力的综合供应商之一，也是全国排名前三的拥有系统产品供应能力最强的主要综合性厂商之一。今年全年业绩增长幅度高达162%，预计业绩为0.77元/股，动态市盈率只有17倍。业绩明显已经进入收获期，未来增长稳定。作为大消费概念以及消防供水自动灭火概念股，其立足经常出现火情的南方地区，因此业绩有保障。从技术面看，开盘创出55元高点后一路走低，除权后在8月有一轮上涨，然后随大盘下跌，但是跌至1949点时却没有创出新低，资金进入得相当明显。今天股价进入前期压力区13.5～14.5元区域，收盘站稳日均价线上，相信下周一就该冲击前期高点14.83元了，一旦冲过14.4元就该走填权之路了，其重压力就在20元一线。而就算到达20元，其市盈率也不过才26倍左右而已。

我前面提及的次新股、铁矿石龙头股等继续着其上涨之路，昨天谈及的商旅预订龙头走得也很正常，这里不多陈述。因为该提示的都已经提示了，看不明白的就看我历史博客，阻力位都说得很清楚。

未雨绸缪后，跟着感觉走

（2012－12－24）

大盘强势调整了一整天，苹果概念、地热概念、医药类上涨，次新股开始疯狂。我前面用资金流技术判断的002690后的次新股都出现极度疯狂，短期上涨过猛，有必要调整一下了。例如我前面多次谈到的002701、002693、002696、002699等都涨了很多，因此短期该了结，而中线趋势不改。

由于本周是今年最后1个交易周，因此现在需要对春播行情未雨绸缪，只有这样才能克敌制胜。我前面多次谈及2只必然翻倍的金股，现在看002701奥瑞金有些超买严重了，所以会调整，但是调整后会继续上行。而另外一只金股000655金岭矿业经过2天的调整，已经调整结束了。明天将穿越12元整数关口，继续其翻倍之路。毕竟其压力在16.3元一线，现在位置丝毫没有压力，这也是其为什么只做强势调整的原因。试想主力已经在低位收集完了筹码，怎么可能再给人低位进场的机会呢？

而我上周五看好的自动灭火与消防供水领域股002509天广消防，就是因为考虑到冬季是火灾多发期，一旦出现大的火情，后面都会对消防灭火等设施进行检查和更新，这对002509肯定是最大的利好。而且该股今天全天都在均价线附近运行，与000655的强势整理很类似，启动只是时间问题而已。另外谈一只美丽中国概念股002532新界泵业。其作为大农业概念的泵业龙头，受益于城镇化和美丽中国及大农业。南方在元旦后就开始进入春播时期，水泵的使用较多，其龙头地位以及增长幅度都很不错。技术面看从14元开始启动，上涨幅度不高，但是换手很充分。底部不断提高，一旦爆发会很快攻击19元以上区域。以上2股还是含权股，业绩优良。同时由002690后品种引发的炒作业绩浪行情已经开始蔓延，今天数只中小板002500～002702之间的品种都出现大涨，有明显的蔓延趋势，大家可以持续关注。

从操作上看，完全可以跟着感觉走，对于我谈及的股票本着涨得多就了结，跌得多就关注这样的手法就可以了，跟着感觉走就行，因为我谈及的品种中线都是很安全的。

对于大盘我没什么可说的，继续向2200点以上进发。现在是做个股短线最好的时候，大盘涨幅不大，个股机会多多。

2200点，无知者的终点

大盘冲上2200点，我估计收在2212点以上，个股猛烈上涨。本来想晚上谈几只股票的，都涨停了，也就没啥谈的了。很多人从1949点解放底踏空到现在，我从1949点满仓到现在，孰强孰弱已经很清楚了。

我看好的股票都会继续坚守，该中线的不放弃，该短线的不留恋。现在看2只翻倍的金股依然走得不错，而商旅预订龙头600640号百控股也开始了其翻倍的脚步。一般好股票的特征我以前谈过，大盘猛跌它也可以跌，但是大盘一企稳，它的价格马上就回来。这个从金岭矿业上看得很清楚。这轮被套的人很多，而大盘涨上来200多点，真正解套的没有几只，恰恰我看好的票不但解套还赚上几十个点。中国股市23年，牛市只有5年多，作为经历过整个中国股市变迁的老兵，自然有自己的能耐，否则也混不了这些年。

明天我将对两市本地股动手，我觉得这轮本地股根本没动作过，明显处于滞涨状态，有些股票甚至都没突破60日线，这是很不正常的。我明天上午10点半前会发一篇短博客，让大家尽量跟上我的资金流步伐。我前面说过当大盘超越2300点后我会逐渐退出市场，大盘明年的目标将是2800点~3200点。

圣诞来临，祝愿全国股民身体康健，阖家欢乐。

成功冲过2200点

（2012-12-25）

在无数人喊空中，大盘冲上2200点，牛市露出峥嵘。“带头大哥777”作为牛市坚定的守护者感到很欣慰。

现在需要注意的板块是旅游类股票，如酒店预订、旅游工具等类型的股票。详情见晚上博客，由于今天圣诞节，可能博客写得比较晚，见谅。

树欲静而风不止

（2012－12－26）

大盘继续高歌猛进。个股齐头并进，逼空明显。但是市场依然存在我昨天谈过的情况，就算这么大涨，依然有95%以上的人没有解套。虽然现在大盘指标比较高，但是却跌不下去，按照QFII的一贯打法，今年收出年阳线不成问题。

我昨天之所以没股票可谈，就是因为关注的旅游工具股票是渤海轮渡，继昨天涨停后今天再次涨停，但是量能释放过大该走了。而另外的一只旅游预订股号百商旅已经盈利超过10%，短线的可以了结，中线的继续关注。我昨天博客谈及，深圳本地股有异动，今天早盘又划定了范围，但是我估计还是有人猜测不到，也或者是根本就想我来喂。实际按照我所提示的只能找到3只股票，分别为000019深深宝、000026飞亚达A和000032深桑达A，而我看好的只有深深宝A和深桑达A。那么我们就来谈谈这两只深圳本地股吧。

000019深深宝A，实际流通盘只有不足1.5亿股，属于茶饮料类企业，前海概念股，有被哇哈哈以及农夫山泉收购的传闻。其持有百事可乐深圳公司10%的股权，同时也是中国覆盖整个产业链的唯一茶饮料企业。该股前期出现大量大宗交易，成交均价平均在7.5元一线。该股第一大股东为农产品，但是只持有4012万股，也就是不足18%的股权。而通过大宗交易以及增发过程的股份远远超过其大股东所持有的股权，这就说明该股随时面临被举牌的可能。而今年6月争夺其股权的公司有数家，毕竟该股是覆盖整个茶饮料产业链的唯一企业，争夺是正常的。该股价格不足8.5元/股，市盈率只有17倍，对比饮料类平均35倍的市盈率偏低得太明显了。前期受到塑化剂影响，更使其价格不断下跌，实际上该股的产品是纸质包装的，跟塑化剂一点关系都没有，可是没办法，食品饮料类股票都被打压，该股被错杀。那么我们即使不计算举牌带来的价格上涨，单单按照其基本面看，业绩为每股0.4元多，起码也该站在12元/股才合理。而从技术面看，被打压多时，股价在7元一线止跌，滞涨得厉害。而今天放量通过60日线，启动明显，而前期压力在11元一线，可以说现在位置相当安全，大胆关注。

000032深桑达A，基本面我根本不谈，只告诉大家它的股权已经转让了，受让方是深圳当地最牛的海鲜高档餐厅明香海鲜。可以说该股已经变成餐饮股了，相信深圳的朋友比我更熟悉这个餐厅吃饭多贵了，我不多说。

临近元旦春节,食品饮料、餐饮酒店都是市场热点。这2只股票都是此类股票,价格偏低、业绩不错或者有实质的重组题材,同时都从底部崛起,向上空间很大。我以前谈及的股票都飞上了天,尤其次新股和2只翻倍的金股,都上涨超过30%以上。而现在我尽量挖掘刚刚启动的品种,毕竟安全而且爆发力很强。

对于大盘我依然看好,就算不大涨也跌不下去。现在不但能买,而且完全可以大胆买,但是要买安全的品种。次新股已经涨了很多,短线要注意危险了。而两市本地股的行情才刚刚开始。

树欲静而风不止。很多时候牛市就这么来了,在大家都不相信的时候就来了。很多人害怕,就是熊市思维作怪。难道非要过了2500点,你才敢于入市吗?投机市场就是风险与利润共存的,如果你没有抗御风险的能力,自然也就无法获得更好的利润,这世界只占便宜的事没有。我现在是大胆操作,而且短期我就短线操作,等大盘站上2300点后,我就进入小中线和中线操作。明年6月前风险都不大。

关注深圳本地股

(2012-12-26)

要注意000015到000035之间的,业绩好、流通盘不超过3亿股的,价格在8.5元/股以下的,市盈率低于20倍或者虽然亏损但是有实际重组的深圳本地股。

大盘如期调整,注意底部换手品种

(2012-12-27)

大盘今日进入调整,次新股整体跌幅超过3%,我在昨天和前天的博客都已经说得很清楚了。另外今天上午10点我再次提醒,明确告诉大家,"次新股过于疯狂,我昨天和前天博客都提醒了,现在再提醒一遍。基本90%的次新股RSI都在90以上,这肯定是大调整的前兆。大盘不会深跌,因为大盘股扛着呢。2200点和2180点就是支撑,而明天依然是站上2112点以上。"而大盘和次新股的确是这样走的。

现在相对安全的股票除了我昨天谈及的两只深圳本地股外，有几只次新股还是有关注价值的。我昨天谈及的两只深圳本地股在今天如此恶劣的走势中依然红盘，表现很抢眼，后市依然有机会。而次新股不会调整太久，估计到明天收盘基本就是尾声了。

有两只股票值得关注。一是002645华宏科技，为金属再生资源加工设备供应商。报废汽车作为城市矿山的重要组成部分，不仅蕴含着大量可循环利用的物质，同时也是打造"美丽中国"的重要环节。该股预计今年业绩为0.45～0.5元/股，按照同行业格林美的46倍市盈率计算，现在其只有大约29倍的动态市盈率，处于明显被低估状态。另外该股前期受美丽中国题材影响曾经大涨过，随后从11月12日开始再次启动，今天又创出短期新高。如果复权看的话，实际该股已经突破历史高点27元/股。按照我的技术系统，只要冲过历史高点，就该向上运行20%～25%，那么该股起码要走到18～19元一线。今天已经新高后回踩5日线，明日就该开始冲锋了。换手如此剧烈的股票，游资如此喜欢的股票，上涨力度自然很强，要大胆关注。另外一只是002514宝馨科技。该公司从事精密模具，用于电子专用设备、测试仪器、电力通讯设备等钣金结构件。该股业绩为0.4元/股，市盈率大约45倍。底部换手充分，今日突破除权后的高点，上涨动力十足，短期压力在17元/股。以上2股均属于底部巨量换手，价值被低估而且流通盘微小，适合游资炒作的品种，而且在次新股调整的时候具备很强的上涨能力。因此多加关注吧。

大盘到现在为止，走得很健康，该逼空时逼空，该调整时调整，估计明天上午再调整一下，就该冲上2212点以上了，今年必然收出年阳线。而次新股以及我看好的股票，都将在2013年第一个交易日开始重新上涨，如果快的话，甚至明天下午就开始走强了。

牛市已经开始，因此每次调整都是进货的时候。别理会那些大暴跌、大下挫之类的言论，因为那些人都是踏空的可怜虫。下周开始我会逐渐从短线向小中线靠拢，而一旦大盘站稳2300点，我将进入中线操作。

注意次新股的短期风险

（2012-12-27）

次新股过于疯狂，我昨天和前天的博客都提醒了，现在再提醒一遍。基本

90%的次新股RSI都在90以上,这肯定是大调整的前兆。大盘不会深跌,因为大盘股扛着呢。2200点和2180点就是支撑,而明天依然是站在2112点以上。

现在唯一能关注的就是次新股中002500到002650之间、价格在15元以下(按照昨天收盘价)、流通盘在4000万股以下、RSI在85元以下、市盈率在50倍以下的品种。最好是近期换手高的,因为盘子小滞涨的比较安全。不必在意其业绩是否增长,因为现在只是选择安全性的品种,只要能扛住今天大盘和次新股下跌的就行。短期思路就是如此。

大盘勇者无惧,次新直上云霄

(2012-12-28)

大盘和我预测的完全一致。经过昨天的调整后,今天继续逼空上行,走势如脱缰野马势不可挡。收盘狂涨27.36点,收出短期新高2233.25点。我昨天就说过,由于现在是QFII控盘,所以大盘根本不可能有深跌,都是调整一下继续冲。而现在的大盘就如2005年底一样,逼空上行,不见到2300点以上根本没有级别稍大的调整。我在十几天前就说过,2012年底大盘必然站上2220点,现在大家也看到了,非常准确。

有不少人问我,"大哥,QFII就那几千亿资金,如何能撬动大盘啊?"那我想知道2005~2007年牛市QFII连1000亿资金都没有,不是照样把大盘从1664点打到6124点了吗?大家也看到了当时QFII控盘的有色金属疯狂成什么样子了。而2013年QFII还可以进入股指期货市场,大盘再次疯狂一点都不奇怪。我再举个例子,如果我操盘,给我5000万元我能把一个市值10亿元的股票打高起码7%,而你可能连1%都打不到,这就是差距了。

在盘中我已经多次提醒该重新进入我最看好必然翻倍的2只金股,也就是002701奥瑞金和000655金岭矿业。这2只股票我是在12月11日的博客谈及的,也明确指出必然翻倍,也就是说002701的目标在35元/股以上,000655的目标在18元/股以上。大家也看到了,短短十几个交易日涨幅均超过30%,今天002701再次涨停,已经突破历史高点,就算按照我操作系统中一旦创出历史新高都要继续上涨20%~25%计算,该股短期都要冲到30元/股以上了。而000655已经距离短期高点12.36元/股咫尺之遥了,一旦突破此位置,目标直接指向16.2元/股附近,过去后直接指向21元/股。很多人从我谈及就一直耐心持有，获利巨大。而有些人不断问我还能不能关注，我只回答一遍，不但能继续关注，而且它们的目标价位不变，翻倍是必然的。我估计002701最终的目标可能会在40元/股甚至更高，毕竟三片罐龙头企业，进入两片罐可以抢占市场，而两片罐企业进入三片罐市场基本没可能。加上明年百事可乐、可口可乐等大牌企业开始启用奥瑞金的罐子，出手就是2亿瓶，业绩还会高速增长。那么年底10送10很有可能，而送完后业绩继续大幅增长，恐怕半年内复权价格要过百元了。而000655金岭矿业则直接受益于铁矿石价格的上涨，从年初到现在铁矿石已经上涨超过50%了，城镇化不断，铁矿石的价格就只有大涨一条路了。何况还具备着铁矿石期货股概念，未来再次演绎上涨2倍以上的历史，一点不奇怪。套用2006年初我推荐都上涨了30倍以上的2只黄金股中金和山金时的一句话，“中国股市中只有这两只‘金票’。只要你卖出，后悔在眼前。”时光轮回，当年让我一战成名的2只黄金票，里面都带着“金”字，而即将到来的2013年我首推的又是2只带“金”字的票，真的很奇妙。

对于大盘我继续看多，年底看到2220点已经多次说过，不重复，而2300点下没有什么大战役了。当大盘到达2500点后，开始进入更疯狂的时刻，2013年6月底前大盘将站上2800点~3200点一线。整个过程还要参考QFII如何做，如果QFII延续2005~2007年的思路，恐怕大盘将再次看到3500点甚至4000点以上。但是无论怎样，一旦行情结束再次下跌，大盘都将击破1664点，这就是中国股民的宿命。2300点后我会逐渐淡出这个我为之奋斗23年的市场，希望2015年或2016年我再次出山的时候，依然能看到你们这些曾经追随我的人。

盘中小贴士：分清什么是出货，什么是洗盘

（2012-12-31）

很多朋友一直关注我谈及的2只2013年的翻倍金股，今天其中之一奥瑞金002701调整，我信箱里堆满了信件，大家主要弄不明白是洗盘还是出货。那我就说几点，也给大家谈下资金流结合基本面、量价等的个股运行轨迹。

第一，上周五其历史新高涨停收盘，按照我的操作系统，短期内大约5~15个交易日是要见30元以上位置的，主力强的话也可能速度更快。

第二，周五显示游资奋力买进，机构拼命出货。机构的成本是21.6元/股，如果计算时间成本应该超过22元/股了。上市当天出了不少，后面该股就开始下跌，

而上周五创出历史新高，机构基本把手中的货全部出完了，可以说现在是游资主导盘面。对于次新股实际是好现象，从次新股历史看，机构主导的股票大多涨幅不大，而游资一旦开始接力，价格升得很快。别迷信机构，尤其牛市初期，机构都是低位卖掉了高位买回来的水平。

第三，奥瑞金的题材很好，属塑化剂防护概念、红牛概念、有色金属衍生行业，而且和百事可乐、可口可乐也开始合作，是两市唯一的饮料 3 片罐龙头企业。历来市场炒作的最大就是题材，这么多概念炒哪个都不得了，最给力的是“唯一”，这个市场没有可比性的东西，就是可以随便炒。

第四，从基本面看股价低估明显，到现在才 17 倍市盈率。按照 30 倍算的话，其股价要上到 52 元，就算按 25 倍算都该见到 40 元以上。好股票靠的就是市场挖掘和认可。2005 年谁能想到 10 元多的山东黄金复权最后冲上 300 多元？谁又敢想到那么高的价格？而今天的奥瑞金上到 40 元是完全正常的，根本不需要靠炒作。该股一旦送股后，复权超过 100 元是很正常、很合理的事情。

第五，我记得年初的时候我说酒鬼酒、沱牌舍得，后来说青青稞酒等股票，无一不成为当时翻倍的热点。而当时的市场很弱，现在市场多强啊！好股自然不断上涨，这是很正常的事情。

次新股 002690 后股票中真正具备长牛翻倍的特征的，实际只有 2 只股票。而 002701 奥瑞金是其中一只。

按照资金流和技术面推算，奥瑞金今天上午调整，下午或明天很可能再拉出涨停，最差也大约有 5% 的上涨。我们慢慢看就是了，毕竟强庄股不会走得像小脚老太太一样，大起大落才是其风格。写到这儿的时候，换手已经很慢了，可以说前面进入的都被洗出或者出局了。下午逼空开始。

大盘狂飙开启天路，次新反复沙里淘金

（2012 - 12 - 31）

大盘继续上演逼空好戏，无数空头面临爆仓。忆往昔，这类资金狂妄无比，利用规则和资金优势把散户弄得苦不堪言。看今朝，QFII 携散户精英以令诸侯，逼空上冲 300 多点，空头被打得落花流水。

我记得我前面的博客多次说过年底前大盘必然站上 2220 点 ~2250 点以上，现在看还远超我预测的上限。很多人从 1950 点一线继续喊空，踏空 300 多点，这样的人根本不能存活在这个市场，更不该指点江山。我多次说过，投机市场看的是结果，只要赚钱就是英雄，其余都是废话。

大盘走得如此强势,很多人都看不明白。这个很正常,因为很多人都是从6124点后入场的,没经历过熊市到牛市的过程,因此根本不知道现在市场已经在走反转。从2013年1月1日开始QFII可以参与股指期货,QFII前期大量建仓,为的就是拉高指数。2300点下没有大战役,而2300点以上,有的也只是小幅度调整。正常到了2400点以上才有一个大的调整,随后继续上行,2013年的高点起码在2800点~3200点。关于明年的大盘,我会在下周单独开帖子说明。

次新股今天全面调整,后面次新股将分化,素质好的继续上涨,直至翻倍甚至几倍,而素质不好的品种将缓涨或者下跌。对于002680以后的品种,尤其是那些没有3个月解禁压力的次新股,实际有翻倍潜力的只有2只而已。从今天的调整过程中,就看得很明显了。市盈率低于20倍的品种基本跌幅都在2%以内,而市盈率高些的就跌得比较多。我前期提到的2只必然翻倍的金股,走得非常好,正不断向上攀升中,翻倍只是时间问题。我上午发博客谈了002701奥瑞金是洗盘,很多朋友实际看不明白是洗盘还是出货,我就结合盘面给大家谈了一下。我继续看好2只翻倍金股的未来,也继续看好002701奥瑞金新高不断很快翻倍的走势,毕竟现在低估太明显了。而000655金岭矿业也是新高不断,铁矿石概念股今天已经开始表现了。多余的不说,事实说明一切。按照正常推算,奥瑞金到达35元/股,也就是翻倍,不会超过15个交易日。

我现在开始进入小中线操作,基本一次最少拿下30%以上才会换股操作。大盘上涨的天路已经开启,一切看空言论都会成为笑柄。而现在最需要的就是沙里淘金的慧眼了。

2012年的行情已经结束,祝愿大家元旦快乐,2013年大赚特赚。

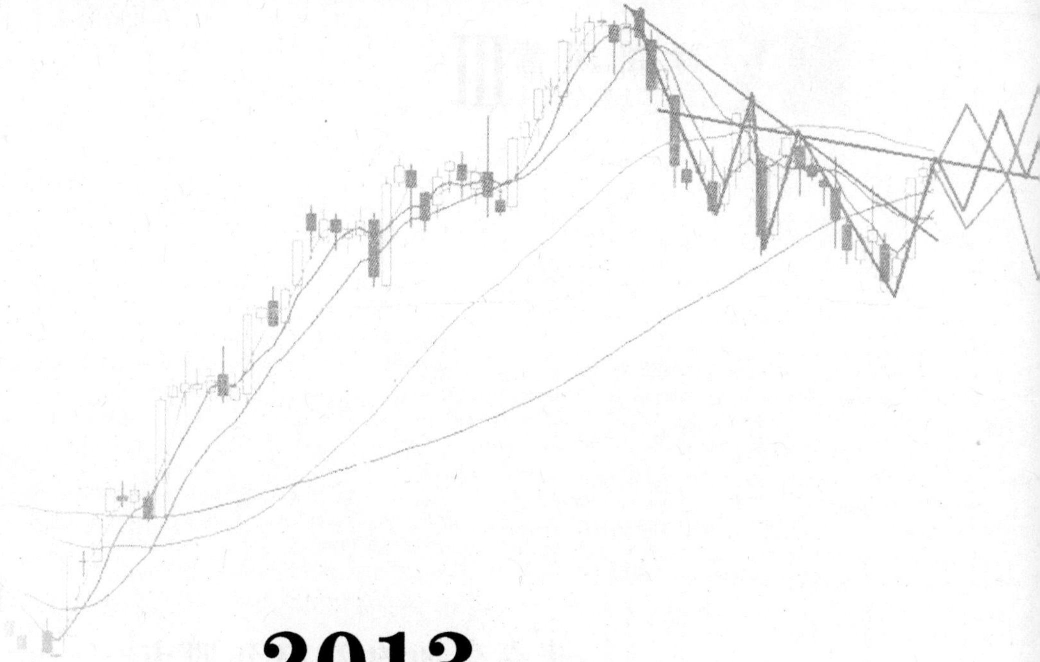

2013

2013 年，大盘狂跌接近 300 点，而我看好的高送转板块、小金属板块等均逆市走强。对于热点板块，我一个都没有落下，市场基本按照我的思路在运行。

股市还在运行，而我依然在路上……

悲喜交加的2013年股市

（2013-01-01）

如果你爱一个人，带着他进股市，让他看着你如何叱咤风云。如果你恨一个人，也带他进股市，因为这里可以葬送人的一生。

今天是2013年元旦，终于可以静下心来写点东西。对于一个在中国股市奋斗了24年的老兵，面对这个残酷的市场依然可以存活至今，必然有我存活的道理。2012年中国股市熊霸全球，而2013年则是悲喜交加的一年。作为一个完全独立的职业炒家来说，中国股市所有的顶尖荣誉我都获得过，而且这些荣誉不是国家给予的，是散户给予的，这是最难能可贵的。20年来我从来没有为机构、私募、券商等各路资金服务过，我的手上从来没沾过散户的血。我的标签有“股神”“散户的保护神”“中国第一博客”“中国股市第一畅销书作者”“中国股市20年最具影响力的人物”“带头大哥777”等，而我最看重的是无数我并不认识的散户叫我“777大哥”，这几个字里面饱含了散户对我的认可和热爱。我一直认为自己是个好人，一个非常好的人，因为我帮助过起码上千万散户。我也是一个很有个性的人，吃了不少亏也获得了很多。

我一直试图把我技术中最高端的“资金流技术”撰写成书，但是写起来真的很艰难。这两年来大家都看着我用“资金流技术”进行市场操作，准确率竟然是100%。实际上这个市场并没有绝对准确的技术，可以说我的资金流无论在熊市还是牛市都具备极高的准确性。可能我的运气好些，至今没出现错误，但是按照我的经验看，资金流技术的准确性大约为92%~95%，这个与2005~2007年牛市中我的准确性接近。很多人，包括机构、私募等顶级操盘手都十分关心我的资金流技术，毕竟中国股市24年中能到达我现在的准确性的人一个都没有，关于这点，可以说我的资金流技术独霸天下。可能有人不服气，那么看完我的全部博客自然就有结果了。随着我逐渐离开市场,会成为中国股市一个永久的传奇,一个活着的传奇。因为以前所谓的传奇都是故去的人,而起码在下是个活生生的人,你看得到,摸得着。我的博客就摆在这里供大家品评。我会尽量写下去,希望能把自己技术中的最高端技术资金流形成文字,以供大家操作。

好了,言归正传,我们谈一下 2013 年的股市。我预测 2012 年年底大盘站上 2220 点,这个已经兑现,不多说了。主要谈的 2 只翻倍金股,已经都上涨超过 40% 了,等涨完后面的 60% 再说。

如果是看着我文章成长起来的散户,就会发现,我以前预测的事情全部被兑现,现在唯一差的就是这轮快牛行情了。可是这些先决条件都具备了,牛市还远吗?我也说过,本轮牛市是 5 年内最大的一场盛宴,也是蓝筹股的狂欢,蓝筹股必然演绎翻倍的行情。再次重复一遍,“我无力保护所有的散户,但是我会看护好真正喜欢我的哥迷和自己的股票。”历史上我做到过无数次,而在最近的 230 多点下跌中我再次做到了这一点。我会一直守护着这轮牛市,直到 3000 点上才会择机离开,因为这是我的责任。而一旦我离开后,可能 2016 年牛市初期我还会回来,也可能永远不会踏足股市。

下面我对 2013 年市场以及板块进行一下预测,对错与否让市场去检验吧。

第一,大盘在今年 6 月底前大概上涨结束,年内大盘最少要升到 2800 点 ~ 3200 点一线。如果 IPO 不快速开闸,另外社保资金等长线资金进场,大盘的极限高度在 4500 点 ~ 5200 点之间。

第二,一旦行情结束,大盘将再次下跌,而 1664 点会在 2016 年 6 月底前被击破。

第三,春节前获利最大的将是次新股板块,这里的次新股指的是市盈率在 20 倍以下的品种,价格不是主要因素,价格高的涨得更高,最重要的是要低于行业市盈率很多的次新股以及市场“唯一”、没有对比性的品种。还有就是要有持续的增长能力。

第四,我谈及的 2 只翻倍金股在 3 月底前应该到达预定目标,其中次新金股应该在春节前率先翻倍。

第五,要关注 QFII 大肆建仓的品种,如稀缺资源、保险股、大消费股。两市本地股有阶段性机会。蓝筹股将在 2800 点后才开始发力,蓝筹股中 60% 以上的品种会翻倍。

第六,大盘的成交量。当沪市大盘日成交到达 3200 亿元左右的时候,大盘再向上运行 5% ~ 8% 就是市场的顶部区域。因此只要沪市单日成交破 3200 亿元,就要注意大盘要见顶了。

这六点就放在这里,我们今年 6 月底时候验证。

而大盘短期走势依然乐观,按照 QFII 历史操作看,现在不足 2300 点,还会继续逼空,大约在 2380 点 ~ 2450 点之间才会有调整,而调整后则继续上行。很多人依然还是熊市思维，这是完全错误的。大盘现在 RSI 看似已经在 85 以上了，如果仔细对比 2005～2007 年大牛市在 1664 点后的翻倍行情走势，得出的结果是大盘的 RSI 最少要 3 次到达 91 以上，也就是说现在大盘指标很正常。如果按照阶段推算，大盘甚至可以直接冲击 2500 点位置，指标虽然也超买，但是却能支撑继续上涨。当牛市来临的时候，胆子要放大些，既然是牛市，就该有牛的特征，绝对不会按照正常指标走。中国股市历来都是跌就跌过头，涨就涨过头，总用定式思维看股市就是头脑简单了。何况逼空已经开始，满仓的不可能给空仓的在仅上升 300 点左右的位置进场的机会。想要筹码，起码 2400 点上再说吧。

另外要注意股指期货的问题，下周开始将有空头开始跳楼，本周已经有这样的预兆了。QFII 在 1 月 4 日就可以进入股指期货，现在国内这些股指期货上的空头必然会爆仓。有朋友会说，"如果 QFII 做空呢?"我告诉你，QFII 既然在 1950 点进场，向下肯定是没有空间了，那么不断吸纳筹码后，也就有了做多的资本，一旦场外资金进入的越来越多，股指期货的空头就非常难受。当场外资金和 QFII 形成统一战线，空头就面临死亡。QFII 做多，既解决了中国股市 5 年走熊的困扰，又给散户带来一个赚钱的机会，当然散户赚的只是小钱，但是这已经足够了。总之，QFII 在 3000 点下肯定是做多的。

2013 年注定是悲喜交加的一年，很可能是上半年赤日炎炎，下半年冰雪连天。而我们需要的是牢牢把握 3000 点下赚钱的机会。我说过，2300 点上我会逐渐离开股市，3000 点上我会彻底退出市场。这轮牛市就是我在这个市场 5 年内的绝唱。

盘中洗盘主力逼死技术派，大幅向上抢钱双雄资金流

（2013－01－04）

今天两市受欧美香港股市影响，大幅高开，出现第二个跳空缺口。随后开始回补，盘中洗盘明显，到收盘依然是逼空走势。个股有明显的分化迹象，含权股开始表演，有色、光电、太阳能股大涨。

我在去年 12 月初一直到今年 1 月 1 日的博客中都多次写道，现在的行情就是逼空。今天最高冲到 2296 点，距离 2300 点一步之遥。而盘中个股虽然分化，但是热点更加集中。我们要学会适应市场，而不是抱残守缺。既然 QFII 已经进入了市场，我们就要熟悉 QFII 的运行轨迹。而作为中国最熟悉牛市的唯一一个人，请注意我的措辞，唯一。如果你觉得我说得太夸张，那就去看看所谓名家们从 1950 点上来都说了什么就是了。我的博客实际就等于在述说 QFII 的操作方法，从 2005 年到 2007 年他们完全按照我的思路在走，当时中国股市的大盘行情和个股走势就

和我自己预先定出来的一样。谁也不可能连续蒙一年半还保持93%的准确率。只能说我太熟悉他们的手法了。

我前面谈及的两只翻倍金股，今天继续着其翻倍之路，这个我不想多说什么，因为熊市中我看好的数只好票都已经翻倍，何况现在是牛市？铁矿石价格继续上涨，金岭矿业就不会停下其上涨的脚步。次新股要送股，奥瑞金就会不断刷新历史高点。可以说它们现在刚刚涨了50%多而已，距离翻倍还有段距离，中线的继续死守，必然翻倍，短线的随时跑都赚钱。请别再写信问我这两只股票，等它们翻倍再来问我，没翻倍前，我坚守。

大家要注意短期含权次新股的走势，因为已经到了炒作它们的时候。还有就是有色金属也逐渐有资金进入，没有一轮大行情有色金属是旁观者的。另外大消费概念股值得关注，尤其是那些趴在底部的。等我把两只翻倍金股做完小中线，再谈几只好股吧。

这轮上涨看似来得突然，实际来得很正常，也正是时候。我1号的博客说过，大盘在6月底前起码要站上2800点~3200点，我借用以前一些人的话“牛市谁都是股神”。很可惜，这些人都踏空了。我以前说过两句话“熊市中保护住自己的资金就等于保护自己的生命”“牛市中不满仓就是犯罪”。而很多人在熊市输了很多，在牛市又踏空了。不是每个人都能战胜市场，我能不代表你也能。2400点下没有更好的进场机会，大盘没有深跌，只有震荡。该进场的尽快，不敢进的继续没底气的给自己打气吧。

现在的主力太强大，调整都是盘中洗盘，指望大盘大幅下跌是不可能的。而我的2只夺命金继续它们的翻倍表演。其实历史上它们都是最少150%以上的上涨，我说翻倍已经是留有余地了的。大牛市就别害怕，很多人现在赚钱反而害怕，亏钱成了习惯，好笑不好笑？

我继续着我的小中线，继续着我的翻倍之旅。我会不断用我百战百胜的资金流技术，给大家进行演示，希望在我退出市场前，能让大家有所受益。

熟读历史，认清形势，因势利导，克敌制胜

（2013-01-07）

今日大盘继续震荡整理，股指期货中空头已经被逼到墙角，虽然不断向外界散布流言，依然无法改变大盘继续向上逼空。2300点就是纸糊的高点，随时可以被捅破，根本没有任何压力而言。

上周我就说过，本周空头会有跳楼的。也说过，我国的这些期货操盘手跟QFII

的操盘手比根本不堪一击。我从来不干抬高别人贬低自己的事情，但是不等于明明有很大差距却不去承认。我们国内的操盘手中能超越我当年的人一个都没有，而当年我处于巅峰的时候，去香港要排在百名以外，去美国要排在千名以外。可见差距有多大了，要知道当年我是一等一的高手，你不承认差距是不行的。今天QFII羽翼已成，我们更难以对付。如果股指期货的主力凝聚起来力求自保，还有一线生机，如果对抗到底就是死路一条。当大盘冲上2300点，甚至2400点的时候，很多空头就彻底爆仓，而这种情况本周就会发生。

可以说那些踏空的评论者比空头更无耻，因为他们的技术有问题，造成了无数人的踏空，而且到现在大盘涨了340点后依然死不改悔。空头起码还是真金对白银，而这些评论者靠一张嘴糊弄散户，连反弹和反转都分辨不出来，连熊市还是牛市都分辨不出来，真该自省一番。这个市场看错行情没什么，只要股票赚钱就OK了，毕竟我们炒的是股票不是大盘。但是一些怂恿别人空仓，自己却建仓的人是最卑鄙的。在下2000点被破告诉大家就地卧倒，1950点守住告诉大家满仓迎接反转。从1949“解放底”到现在，谈了无数好股票，让众多人受益，我很开心。

我继续着自己两只翻倍夺命金的小中线操作。因为这两只翻倍金股，真的夺了主力的命，现在看我分析得完全正确。我说过奥瑞金002701今年必然获得百事可乐和可口可乐的订单。现在看截止到去年底，奥瑞金被两大可乐认证，今年订单不少，按照正常推算起码各两亿罐，业绩保持高增长无疑。其不但具备塑化剂防护概念和有色金属概念，现在又加上巴菲特概念，因为与可口可乐同行的都是巴菲特概念，而国内真正跟可口可乐沾边的股票只有奥瑞金了。加上奥瑞金还有红牛、加多宝、青岛啤酒、旺旺等企业的上游企业又归属大消费行业。另外其巨额公积金和未分配利润，也使其含权，具备了极大的送配可能。即其具有塑化剂防护、有色金属、金属回收、大消费、巴菲特、含权股的特征，那么按照今天收盘价格只有18倍市盈率，玩笑开的足够大，按照任何一个概念都不该是现在的价格，30元、35元、40元，甚至50元，60元未来我们都可以看到。因此大胆关注，耐心等待是取胜之道。金岭矿业我不必说了，看看铁矿石从80美元一吨涨到157美元一吨，看看市盈率220倍的宏达矿业还在猛冲，一个两市唯一的正宗铁矿石概念股不翻倍，就等于否认了中国股市的价值投资，所以其翻倍是必然的，关键看翻几倍而已。

现在场外很多人被大盘折磨得不知如何操作，进场怕被套，空仓又实在受不了大盘不断地上涨。我还是一句话“2380点下别想出现大调整”，现在的大盘已经明显在QFII手上，他们不可能给空头大规模进场的机会。当大盘RSI突破90，甚至到达94以上的时候，那些踏空资金就忍受不住了，就该进场了。而那时候就是大调整的开始，大约点位在2380点~2450点之间。但就算是调整，也最多2天结束，然后大盘继续涨，而这类资金就被套在高位。不是笑话那些人，就算现在大盘跌下去50点，他们依然不敢进场，因为他们怕跌倒100点，随后继续踏空。

也有不少朋友说,现在根本抓不住市场热点,因为转换得太快了。那么大家也看着我从1949点到现在如何用资金流进行有效操作了。我打了大约两周短线后进入小中线操作,谈及的股票一直不断上涨,任何介入的人都盈利满满,我想知道按照你的水平选的会比我好吗?就算被碰到了大牛股你照样会错过的。在中国股市里,有谁比在下更熟悉牛市?有谁比在下操作得更好?我以前说过做短线我是全国操盘手的宗师,历史上的数次操作我不贪心。我只说1949点后。我用两周时间来证明这句话,大家也都看到结果了,我不多说。进入小中线后,两只金股都涨了50%多了,任何位置进入的都赚钱,这还不够说明问题吗?我也说它们必然要翻倍,那么还有起码50%以上的空间呢?你怕什么啊?有些人亏损亏习惯了,赚钱了却害怕了,什么心理啊?我以前也说过,这个市场赚钱的有三种人。第一,自己技术好,完全可以立于不败。第二,自己技术不好,找到一个技术很好的人,跟着操作就是了。第三,有些技术,但是不完善,找一个与自己类型接近的高手学习并实战。也只有这三种人赚了钱。那么你技术不好,又不能马上学明白,还固执已见认为自己最厉害,最后亏损就该你自己承受才对。这也是为什么我说有些人本来就该被套的原因。

我的博客就放在这里,不删不减,也从来没收过你一分钱。喜欢的就来看看,不喜欢的大可不看。喜欢跟着玩的就跟着玩,赚了钱不必说谢谢,亏了钱也该自己去总结错在哪里,不能吃饱了还骂厨子。很多人看着我的博客成长起来,学会对付市场主力,也有些人除了一直徘徊在信与不信之间不断亏损外,就没别的办法了。股票市场胜者王侯败者寇,结果说明一切,既然我可以长盛不衰,自然我有自己的能力。一直试图超越我的人数以万计,但是却都无法做到。“带头大哥777”一直站在散户这边,一直是这个市场散户的避雷针、保护所。不喜欢我的人很多,喜欢我的人更多,这也是为什么我是“中国股市20年最有争议性和影响力的人物”的原因。这个市场每个人都想扬名立万,但是却没有这个本事。好好学习技术吧,毕竟我很快会离开这个市场,未来还得靠你们自己。

大盘会继续上涨,2300点随时被站上,2380点下没有大调整。我们要转变思路,不能还沿用熊市思维。只有因势利导,才能克敌制胜。

下午2点后多空鏖战,降低仓位坐山观虎斗

(2013-01-08)

上午空头已经利用股指期货进行过一次打压,最多打下去20多点,多头有些乏力。2点20分后开始多空大战。现在应该把仓位降低到50%~75%之间,一旦

尾盘跌25点以上则可以逐渐再买回,现在热点依然在次新股上。

稳住"夺命金",追求"高白新"

(2013-01-08)

今日大盘剧烈震荡,盘中股指期货空头已经被逼入绝境,盘中屡次出现5~10分钟股指就跌下去20点以上的情况。收盘小跌9.92点,依然站在全部均线以上。可以说多头也相当给力。但是本周震荡会加剧,多方必然赢得胜利。

今天下午14点前我发出一篇博客,让大家注意风险,现在是多空双方大搏杀的时候,只要手中股票处于相对高位都要减少部分仓位,然后跌下去依然买回。如果不会做短线的,我认为依然可以耐心等待,毕竟市场走牛不变,未来看现在价格谈不上多高。我前面提及的2只翻倍夺命金今天均再次新高,未来依然看好。中线的可以继续稳住,短线的随时兑现利润。我以前也说过次新股中还有1~2只可以翻倍的金股,很多人一直追问,那么下面我给大家谈一下。

002687乔治白,服装类股票、次新含权、年底预计业绩为1元/股,动态市盈率只有20倍。其主要销售的是衬衫、西装等,按照服装类平均市盈率35倍计算,该股低估明显。如果到达平均市盈率位置,其价格应该为35元/股,就算按照衬衫类股票计算,其价格也该为28~30元/股。加上其庞大的公积金和未分配利润,2500万股的小盘子,送股将成为必然。技术面看已经出现标准四平翻红,无论按照牛市还是平衡市计算,其都该到达28元以上位置,高点应该在33~35元。而其上市当天就开始下跌,最高26.6元一直跌到14.36元,期间跌到20元一线的时候,多家机构席位进入,这个可以查询一下历史成交记录,可见该股被低估得太过厉害了。前期滞涨,最近受到新资金关注,11个交易日换手突破130%,主力成本高于19元/股,今天尾盘奋力拉升,创出短期新高,筹码收集已经结束,明天将开始快速拉升,第一目标直接指向历史高点26.6元,第二目标28~32元,也就是新高后20%位置,终极目标在33~35元,股价必然是翻倍的。002702腾新食品,"百年鱼丸世家",1800万股的微小流通盘,大消费以及大农业概念。年底业绩预计为0.98元/股,动态市盈率为29倍,远低于大消费股的40倍以及农业股的平均45倍市盈率。主力拉高建仓,成本在26元/股以上,今天冲出短期高点,距离历史高点一步之遥。而我说过一旦突破历史高点,必然向上延伸20%~25%,那么其未来第一目标位35元/股,也基本就是从最低点翻倍的位置,第二目标为40元/股以上,如果有好的送配,将冲上45~50元区域。以上2股,均属于破发状态,乔治白发行价23元/股,腾新食品发行价29元,这在次新股中很罕见。而短期市场热点也就在含权的次新股上，炒作的就是送股。那么 2 只大消费股加上破发以及建仓完毕，下面只剩下一条路可走，就是不断创造历史新高，可以大胆关注。

夺命金我不再解释了，解释一下高白新。高指的是高价，起码 20 元/股以上；白指的是乔治白，它的广告中央电视台经常播；新指的是腾新食品。牛市中股价没有最高只有更高，现在很多次新股都处于相对低位，一旦启动就是翻倍上涨，而我看好的品种更是凶悍无比。可以说乔治白就是去年卡奴迪路第二，而腾新食品就是历史上的獐子岛。好股我已经发掘出来，就看你守不守得住了。

本周大盘会剧烈波动，因此心脏不好的人可以少量减少仓位，而和我一样大胆的操作者，完全可以追逐高白新，守护夺命金。我看好的品种从来都是逆势而行的，这就是本事。另外我前面谈过的短线票天广消防、深桑达 A 等今天全部涨停，该走就可以走了。

本周多空双方会继续争夺，害怕者可以保持 50% ~75% 的仓位，踏空者在下已经给出另外看好的两只翻倍金股。和我一样的市场老兵就该满仓操作，因为牛市不满仓就是犯罪。别害怕大盘，牛市刚刚开始，85% 的人还在踏空中，大盘 2380 点下没有大跌，只有震荡。

酾酒临江，横槊赋诗

（2013 - 01 - 09）

今日大盘继续震荡，看似 2300 点阻力重重，股指期货翻云覆雨。大盘连续震荡了 4 个交易日，现在是做多的心有余悸，做空的寝食难安。盘面波澜不惊，盘下多空双方抵死相搏，煞是好看。

很多踏空者希望大盘大幅下跌，好让他们有一个进场的机会。而大盘只是每天在上下不足 1.5% 之间震荡，根本没给踏空者任何机会。大盘之所以出现这样的走势，原因很简单。因为空头试图让大盘快速下跌，他们现在已经被逼上绝路，也没试图翻多。盘中动辄十几二十多点的快速下跌，这都由空方主导，然后多头开始反击，再把大盘拉回。经过数次拉锯后，现在空头已经消耗巨大。我上周五的博客写过，本周将是空头跳楼的阶段，因为大盘会在 3 个交易日内站上 2300 点整数关口。很多踏空的评论者罔顾市场已经全面走牛的事实，依然鼓吹所谓的大暴跌。未来这些人只能在 2380 点上追进，而那时候才是大调整的时候，现在是互换筹码的时候。大盘之所以跌不下去，是因为一部分人逢高减仓后，大盘只要跌就补回。大盘就像我昨天说得一样，从昨天到今天累计最多时候正好跌了 26 点，我说的下跌25点后就回补完全准确，分毫不差。很多朋友正是如此操作的。另外一个原因就是一旦市场开始下跌，就有前期部分踏空资金进入，所以大盘根本跌不下去。现在还没到全部踏空者疯狂进入的时候，因此大盘安全得很，2300点就是纸糊的高点，没有多大压力可言。

我昨天谈及的2只高白新走得很好，002687乔治白跳空上攻，全天运行在均线以上，已经洗出大多数不坚定持有者，由于被低估过于明显，资金介入非常坚决，应该在一个交易周内击破历史高点26.6元。002702腾新食品，早盘创出历史高点并超越发行价，随后开始回踩。5日线支撑有效后反身上行，收盘小跌，积聚能量后将穿越30元关口。乔治白由于前期一直滞涨，加上价值被低估，有送股潜力，以及最近12个交易日充分换手，一旦向上就不会再给空方太多的进入机会。而腾新食品这家百年鱼丸、濑尿虾老店，受益于前几天爆发的毒鱼翅事件，无论题材还是业绩都值得中线拥有。对于这两只股票都要保持小中线操作，也就是20%～40%的持有操作。前者28.8元/股为短期目标，后者37.3元/股为短期目标，也就是它们距离低位翻倍的位置。从前期我对两只翻倍夺命金的操作上大家清晰地看到我谈及的股票多么凶悍了，我不多说。这两只高白新如果还操作不好，就真的是你个人问题了。

我每天收到起码上千封来信，提的问题五花八门。有些人甚至还停留在我几周前谈及的股票上，这让我也很无奈。作为中国第一博客的博主，我认为我的文章绝对达到了雅俗共赏的境地，文章中都是大白话、大实话。如果连我的博客都看不明白，无法进行有效操作，我觉得你该去非洲炒股票了。市场一直在变化，我们必须随着市场变化，该做短线的时候坚决做短线，该做中线的时候坚决做中线，很多人没有搞清楚这些。例如前几天有人不断问我深桑达A、天广消防等以前我谈及的短线股，那么实际这几天它们都已经到达了我前面说的预订位置，那么你就该走掉了。没有只涨不跌的股票，不是大哥谈及了就得负责一辈子。还有些朋友基本最高位置进入两只夺命金，调整就害怕，我都无语了。两只夺命金调整后还会继续上涨，如果中线的话没任何问题。那么我已经推出两只新的翻倍高白新了，为什么不在低位介入，难道一定要等它们翻倍了你才进入，然后写信问我它们还能不能涨了？便宜的时候不关注，涨上去就进了，调整就害怕不断地问，涨上去了就没声音了，这就是标准的散户心态和操作。当然还有些朋友跟我谈了不少家里的事情，甚至婚丧嫁娶也有问我的，问未来房价的等。我很感谢你们对我的信任，我也尽力都读一遍，能回多少封就回多少封。对于房价，我去年的博客写得很清楚，今年3月底后国内房价开始重新上涨，后来我发现大嘴任志强也是这样的观点，我觉得他抄袭了我的观点。

另外证监会1月8日召开了关于IPO在审企业2012年财务报告专项检查工作会议，对此前证监会宣布进行的首次公开发行股票公司2012年度财务报告专项检查工作进行了部署和动员。据了解，此次号称“史上最严厉”的财务专项检查工作将分为券商自查、证监会复核以及现场抽查,围绕 IPO 再审企业的财务真实性,重点检查虚构交易、现金收付等,力求挤出企业报告水分,充分披露在审企业的风险。证监会已经将整个 2012 年财务报告专项检查工作的时间安排到了 5 月份,甚至还要往后。由此可见,IPO 在 6 月份之前重启的可能性似乎不大,这对市场无疑是个利好。

大盘走得依然很健康,不必理会那些所谓大暴跌的言论,因为他们已经踏空 300 多点。现在时刻,立足小中线操作。牛市初期,要做的就是"酾酒临江,横槊赋诗"的英雄。

昨天感冒,今晚博客继续

(2013 - 01 - 11)

拿住高白新,下周大爆发。

每一次下跌都会引发更猛烈的上涨

(2013 - 01 - 11)

昨天感冒很严重,刚能爬起来写博客。大盘今天跌了 40.66 点,连续击穿 5 日和 10 日线。利空来自两个方面。第一,日本继续升级钓鱼岛争端。第二,CPI 上涨 2.5%,而这些也只是空头杀跌的利用工具而已。大盘涨了这么久,调整一下很正常。2800 点下我就是坚定的多头,定会满仓操作。

今天一跌,空头松了一口气,踏空者开始等待更低的位置进入。那么我告诉大家,快的话,下周一就收复 2285 点,也就是把今天跌的都涨回来还要涨一些,慢的话最多下周结束站上 2300 点。我更倾向于第一种走势,因为空头的对手是 QFII,不是散户。我要是 QFII 我就那么做,让你一口气没倒腾完我就继续套住你。现在的市场与 2009 年 4 月 8 日和 22 日很相似,而与 2006 年 4 月 13 日更相似。历史重演很正常,我们耐心看就是了。

我继续着自己高白新的小中线,大盘跌了又怎么样?我看好的东西照样一周 5 连阳。这就是技术,这就是本事。很多踏空者恨不得看我倒下,可是哥技术在手,资金流独霸天下,如何能倒下?可能老天也想在下多留下些日子,2300 点数攻不过。既然天意如此，哥就陪着大家冲上2500点再说。哥今年6月底前一定会退出市场的，因为哥一腔热血、一手文章、一等思路、一流操作，阻碍了太多人发财，尤其得罪了太多靠赚散户钱生存的人。我这免费散户却赚大钱，人家那指望坑散户的钱呢，当年在下吃过亏，不可能再吃亏了，也不敢让耄耋之年的老娘受到任何惊吓。

现在市场就是两条主线。第一条，次新含权股，也就是在下谈及的高白新，看看本周这2只翻倍金股，乔治白连续5根阳线，下周开始进入猛攻历史高点。小乔不但走得婀娜多姿，而且一板一眼，颇有风范。腾新食品则不断刷新历史高点，一周收4阳，极度强势，真当百年鱼丸世家是吃干饭的呢？到现在还有人问我，啥叫小中线操作呢？我就再给大家解释一遍，小中线就是指1～3周内，上涨20%～50%的操作，看看去年我对卡奴迪路的操作就知道了。经常看我文章的人自然知道，没仔细看的回去看。第二条主线是军工，由于近期日本不断挑衅，钓鱼岛事件升级，引发军工股上行，但是这只是短期炒作，不具备稳定性，个人建议少参与。

现在的市场是最好的时候，涨跌幅度都不大，大家可以专心在个股上发掘机会。现在就是牛市初期，尤其那些连续几年用股指期货做空坑害散户的家伙，报应已经来了。牛市中每一次下跌都会引发更猛烈的上涨，所以根本不必恐慌。何况“带头大哥777”依然还站在你身边，有什么可怕的？

最后送给空头一段话，也送给心情大好的散户：

喊口号，放空枪，前虎后有狼；天当被，地当床，股市谁称王。

宿　　命

（2013－01－14）

大盘与我上周五博客写得完全一样，直接阳包阴，不但收复失地而且站上2300点整数关口。在1月9日我的博客中就很清晰地写到“现在空头已经消耗巨大。我上周五的博客写过，本周将是空头跳楼的阶段，因为大盘会在3个交易日内站上2300点整数关口。很多踏空的评论者罔顾市场已经全面走牛的事实，依然鼓吹所谓的大暴跌。未来这些人只能在2380点上追进，而那时候才是大调整的时候”。时间刚刚好，正好3个交易日站上2300点，2300点就是纸糊的高点。事实已经证明我说得完全准确，丝毫不差。而上周结束的时候媒体对30家券商的采访看，只有1家看涨，4家看平，25家看跌。外面99%的市场分析者以及踏空者都继续看跌。而市场今天却如此，只能证明一句老话“真理往往掌握在少数人手中”，2300点的穿越是可以预计到的，没什么可吹嘘和兴奋的，只是没想到以这样的形式穿越而已。

次新股主宰着整个市场的资金流。可以说按照现在的成交量,能让市场不断兴奋的只有次新股,大盘今天涨幅如此大,却无法突破 1500 亿元,这就说明大部分资金还是踏空着呢。我的高白新由于上涨涨幅过大,今天有调整的趋势。毕竟指标高了就该调整,而 2 只翻倍夺命金则完全调整结束,再次踏上征途。002701 奥瑞金,由于年底饮料类供应大幅增加,对其业绩会直接提升,而其现在市盈率不过才 18 倍而已,属于次新股中极度低估品种。调整已经结束,本次上涨要过 30 元和 35 元了。000655 金岭矿业也是调整结束,毕竟铁矿石已经涨到了 160 美元一吨,这轮要冲击 18 元以上位置了。另外鸭脖第一股 002695 煌上煌也要关注,该股业绩优良,是江西最著名的酱卤肉制品及佐餐凉菜快捷消费食品的龙头企业,其市场定位独特,短期看要攻击 30 元以上位置了。临近年关,消费类个股自然机会多多。而次新股的行情一般都是从当年 12 月一直延续到次年 3 月,因此,现在次新股的行情只是刚刚过了山脚,连山腰都没到呢。低估的被纠正,然后被高估,我们尽情地享受这个过程吧。

在外界都不看好这轮牛市的时候,我从 1949 点"解放底"满仓杀上来,可以说不但是技术的考验,更是意志的考验。

市场继续保持强势,我说过 2380 点下没有大跌,只有震荡。而我现在继续 2 只翻倍夺命金的小中线操作。现在的市场就如上足发条的机器,只会不断向上运行,而踏空者依然踏空,这个从成交量上就看得出来。一旦这些踏空者不顾一切的进入市场,大的调整就来了。

次新股高唱日不落,夺命金演绎向前冲

(2013 - 01 - 15)

今日大盘继续震荡上行,丝毫没有给踏空者机会。盘中最高见 2332.78 点,收盘上涨 13.94 点,报收 2325.68 点。次新股今天整体回调,环保、地热、美丽中国、农业、食品类股票上涨。大盘继续逼空上行,空头的末日已经到了。今天成交量开始放大,深市强于沪市,牛市从初期向纵深发展。

次新股虽然今天整体回落,但是资金依然不断进入。可以说现在任何题材股都无法撼动次新股板块的领头羊位置。由于成交量一直无法突破 1500 亿元,大量的踏空资金没有进场,今天虽然进来一些,但是依然无法炒动蓝筹股。只是寻找没怎么涨的股票操作,而这样的操作注定是短命的,没有散户的跟风,主力孤掌难鸣,更别奢望越走越强。很多人的思维依然停留在熊市中,因此还是用短线心态衡量市场,这也是为什么一些股票都是一日游行情的原因。而次新股的走强是因为三

个因素存在造成的。第一,这类股票生逢乱世,被低估严重,现在正在走价值回归的路。第二,由于IPO起码要在今年6月后才能再次开启,也给了次新股,尤其是002680后品种极大的炒作空间,毕竟它们没有3个月的限售股,就因为控制所以稀缺,不涨才奇怪呢。第三,由于历史上的含权送配预期,每年12月到次年3月底都是这类股票被炒作的时候,熊市尚且如此,何况现在是牛市,不爆炒才是不合理、不理性呢。从前期市场走向看,大部分次新股都有实力主力介入,而第一轮上涨已经结束,这几天调整基本结束,第二轮上涨即将开始。次新股不但没有结束炒作,而是刚刚开始。

我谈过很多不错的次新股,走得也非常好。但是有些人的思路明显是有问题的,我的博客不看仔细,总是问个不停。我多次说过2只夺命金,002701奥瑞金最少要翻倍,也就是到达34元以上位置。如果有个好的送股,40元/股就是个起步价。一个18倍市盈率的塑化剂防护概念、有色金属、巴菲特概念股、大消费概念、环保概念、两市唯一金属罐类的含权股到35元/股有什么奇怪的?从16.91元/股一路上攻到27.88元/股,涨了这么多调整一下很正常,就算调整连10日线都没破过,只调整到25元一线就翻身向上,还要主力如何强悍?而且上涨中解放了全部套牢盘,可以说是没套过任何股民的善庄,这样的股票都拿不住,有怨言,我真不知该说什么了。对于该股我只说一句"中线的继续等着34元以上位置,短线的随时自己买进卖出",这样的股票你都害怕、都亏钱的话,你根本不适合继续留在这个市场了。000655金岭矿业,今天再次新高后回落整理,这轮的目标就是16.9元/股以上,也就是翻倍的位置,作为两市唯一的正宗铁矿石概念股,17元只是上涨中的山腰而已,未来该股是20元/股甚至30元/股的股票。现在价格就是送钱呢,还有什么喋喋不休的?

还有人问我上周谈及的乔治白,实际我谈的时候价格只有20.3元左右,我认为其未来必然翻倍,超越28元/股。那么我想知道为什么20.3元/股不买?如果是做短线的,3个交易日15%以上的利润,期间还有一天大盘跌了40多点。还要我如何强大?你一定要到23.4元去买,我有什么办法啊?我昨天博客说了它短期要调整,那么早盘你随便22.5元都能出货,也还有起码10%以上利润,而就算没卖的,到收盘依然有10%以上的利润。对于一些人的操作我真的很生气,你到底是做短线还是中线?做短线的话10%利润随时可以走,做中线的话等着翻倍就是了。你自己追高了,就是你自己的问题,怎么还好意思来问我?也有人说"大哥你上周说它要本周爆发,怎么周一又说要调整呢"?股票市场一直是变化的,我们也要随着市场变化,不可能一成不变。昨天冲不上去我就知道要调整了,难道我不提示大家?两只夺命金昨天调整完毕了,难道我不提醒大家?难道今天没给出很好的进入位置吗?再好的股票也有涨有调整,不可能一直向上涨,否则就不正常了。用定式思维衡量动态股市,你如何能战胜市场?人家做短线我一说就买了,到10%以上了,人家出货了,你却高位买进,不套你都没天理。既然那么喜欢追高,怎么不去48元买中石油呢？套上了就开始害怕，都告诉你必然翻倍了，你怕什么啊？

不想多解释什么，能跟上的就跟上，跟不上的你也别跟了。我现在就说一遍，你记住了就跟上，记不住，我也没办法了。我继续着两只翻倍夺命金的小中线，也就是奥瑞金和金岭矿业，不到翻倍我不出局。

大盘走到现在依然健康，之所以跌不下来，是因为现在踏空的资金太多，只要大盘稍微调整就有资金进入换岗。因此2380点下别指望有大调整，都是震荡整理，下跌幅度不会超过2%，而一旦2380点以上才要注意。有些人说量能不足，而现在市场正在补量。很多时候牛市初期向中期变化，价格先上去了，成交量都是后出来的。因为先知先觉的资金为了自己安全，先把价格拉上去再说，你想进来，先给人家抬了轿子，因此说这样话的评论者根本没经历过一轮完整的牛熊转换，所以才这么无知。更有些大嘴评论者还研究大盘技术指标如何，该先跌才能涨什么的。你经历过2005年998点到2007年6124点吗？知道当年的日K线什么样子吗？在下当年从998点一直预测到5500点以上，大盘准确率高达93%，个股准确率是100%。熊市中指标会失真，因为不断有人卖。牛市失真得更厉害，因为无数的钱不断地买，还有更多的钱等着进来，还用基础指标衡量，就是水平问题了。

我依然继续着自己的两只翻倍夺命金的小中线操作。次新股的行情不但没结束，而是会更凶悍更猛烈，日不落说的就是次新股。而两只翻倍的夺命金只会向上冲，不会再调整了。我耐心等待着它们的翻倍。

做势与资金流

(2013-01-16)

感冒一直没好，刚刚去打了吊针。阿奇霉素扩张血管后很疼，现在是“一指禅”右手在打字写博客。要是错别字多了，请大家海涵。

大盘今天震荡得更为剧烈，但是依然和我昨天说过的没什么大变化，我昨天的博客中明确说道：“大盘走到现在依然健康，之所以跌不下来，是因为现在踏空的资金太多，只要大盘稍微调整就有资金进入换岗。因此2380点下别指望有大调整，都是震荡整理，下跌幅度不会超过2%，而一旦2380点以上才要注意。”今天盘中最多杀跌到1.96%，收盘再次站稳全部短期均线，洗盘迹象明显。我可以明确地告诉大家，现在不是下跌的开始，而是新升浪的前奏。大盘本周要见2350点以上位置。

盘中次新股早盘大跌，有些次新股中没有题材和业绩的股票，由于前期跟风炒作，今天早盘纷纷下跌。而题材好且业绩增长的则只是轻微下跌。大盘13:30后重新走强，好的次新股都纷纷上涨，这个时候就是辨别好股票的时候了。昨天光彩闪闪的美丽中国概念今天跌幅第一，昨天进入者全部被套高位，这就是一日游行情。我昨天也说得非常清楚，现在唯一能被不断炒作的只有次新股，其余板块都不堪重任。现在是很多资金进场，不甘心高位接盘次新股，而自己选择所谓的低估品种，但是却忽略了中国股票历史中这个阶段只能炒作次新含权股的铁律。同时次新股散户基础好，由于含权，而且很多刚刚接近历史高点，平均只上涨了不足50%，很多都没超越其发行价，根本不存在泡沫。还有就是由于含权，散户根本不怕被套，甚至主动买黄金套，毕竟这类股票要抢权和填权的，而年报公告才刚刚开始。而历史上含权股的炒作都是翻倍的，现在明显没到达最基本的价值回归位置，如果说蓝筹股安全，那么次新股就是超级安全了。当然次新股中也有好有坏，要找业绩好、市盈率低、增长速度快的品种，而不是什么都可以买的。而后面进场的资金还会继续试探其他所谓的安全品种，当连续失败几次后，就会重新加入到含权次新股的抢权和填权中了，资本市场不疼几次就永远不知道自己的错。这也是为什么我现在极度看好次新股的原因。我是个未雨绸缪的人，我已经把次新股翻倍后需要进入的板块找到，也不断地分析我选出的 8 只股票，当次新股翻倍行情结束后，我就会再次 8 选 2，找出下一个板块中的金股了。而现在我只是跟踪，如果没有这样最基本的思路，也根本不配在这个市场叫“大哥”了。

我继续着自己 2 只翻倍夺命金的小中线之路，不到翻倍我不会离开，也不会换股。今天 002701 奥瑞金也随着大盘震荡一天，收盘小跌一分钱，盘中看已经把前期 27 元一线的获利盘基本洗干净了，一旦日换手低于 10% 后，就该轻松突破 30 元整数关口了，该股短期就要上 35 元，而长期看，2 年内复权后就是一只百元大票。我记得当年我在 60 元一线谈及潍柴动力，我说 3 年内该股是百元股，除权后低点到高点起码 5 倍以上的升幅，当时没有人相信。而 3 年内该股复权价格竟然是 200 元以上，从低点到高点升了接近 8 倍。今天的奥瑞金，如果 10 送 5 以上，该股除权前的价格必然要站上 50 元/股。如果不送股也要定位在 40 元/股以上，而 2015 年的时候该股复权必然要超过 100 元/股。这句话就放在这里，历史会给出答案。到现在为止，我从来没出现过错误。铁矿石龙头 000655 金岭矿业今天走得更强悍，全天大部分时间保持红盘，如此大跌下收盘依然上涨 1.46%，明天又要创新高了，17 元就在不远处等着我们。

很多踏空的人等着大盘暴跌。我告诉你们，别做梦了。这轮上涨的发起者是 QFII，现在位置不可能给你低位进入的机会，也不可能出现 100 点左右的下跌，就算中日关系恶化，单日跌下去 100 点，次日就是大逆转收回。这就是 QFII，你永远都不明白人家怎么玩的。我再给大家说清晰些，如果现在大盘就进入 100 点左右的调整，就等于让踏空者低位进场，那么实际就不是什么调整了，而是行情结束了。从 QFII 进场时间判断，他们的成本大约在 2100 点一线。现在只有 2300 点根本无法完成一个有效的出货。跌下去 100 点的话，踏空资金的成本就是 2200 点，QFII 和踏空资金的成本只有 100 点左右的差距，而正常资金起码要超过 35% 的空间后才有出货的可能性，那么实际按照 QFII 的成本计算，大盘最少要到达 2800 点以上才能完成一次有效出货，这也是为什么我说今年 6 月底前大盘必然站上 2800 点～3200 点的原因。如果 QFII 想让踏空资金进入抬轿子的时候大约就是 15%～17% 的位置，换算成点位就是 2415 点以上。而根据我的精确计算实际 QFII 的成本在 2070 点～2080 点之间，加 15% 后就是 2380 点～2393 点，这也是为什么我说想看到大调整只能是 2380 点以上的时候。因此只要大盘没冲上 2380 点，都不会出现大幅下跌，除非中日开战，这个是我无法用技术衡量的特例。我太了解 QFII，当上周五大盘跌了 40 多点，只有我的博客明确写到本周一必然逆转并且站上 2300 点，大家可以去看看所有市场评论者的观点，除去大部分踏空的，只要当时在场内的全部都认为会继续跌，只有在下一人判断得是完全准确的。这次我再告诉大家，如果我是 QFII，别说 2380 点了，2415 点下都不会有大的下跌了。另外考虑到股指期货的问题，如果空头继续对抗下去，QFII 会直接把大盘拉上 2500 点，彻底逼死空头，这时候空头翻多，大盘就该跌了。

因此现在大盘是很安全的。我奉劝那些踏空的人，现在进场还能分点残羹剩饭，否则就等着 2380 点或者 2415 点上去站岗吧，还有更大的可能性就是 2500 点上站岗。这句话我还是放在这里，反正时间也不长，春节前后就能验证了。

股市有句俗语"低手做股，高手做势"。如果连大盘都没看明白你根本没资格谈股票。我是在做势的基础上利用独霸天下的资金流技术来操作股票，我不赢都没天理。如果总用常态思维分析 QFII，那么你只会不断的输，只能畏首畏尾不知所措。2380 点下没有顶，也没有高点，甚至 2415 点以下都没有短期顶。如果我是 QFII 的话，那些踏空者 2500 点上才有进场的机会，我相信 QFII 会比我做得更漂亮。因为 2005～2007 年的大牛市中只有在下看得明白大盘怎么走，今年的牛市也不会例外。

我继续着我的两只翻倍夺命金的小中线操作，也别问我还买什么。我什么都不买，就慢慢等着它们翻倍，春节前我的目标必然到达。

心灵鸡汤

（2013－01－17）

今天大盘趁我不在，又吓唬我的人。看着点击我知道很多散户害怕了。实际根本没必要害怕，我昨天已经分析得很清楚了。大盘在 2380 点下没有大跌，只有震荡，今天最多又探下去 33 点，依然跌幅不足 2%，而连续 2 天下跌累计为 40 点，只相当于跌了 1.7% 而已。我昨天也谈到了一些后进来的资金肆意攻击所谓的低估股或者是题材股。例如最近的军工题材，今天全部大跌，十几家跌停，这就是风险了。如果说前期推荐过此类股票的人基本都是骗子，因为基本上没给出散户合适的进入位置，有些股开盘就是涨停或者开盘就是8%以上，随后就涨停，散户根本是不敢追的。而一旦犹豫又觉得好的时候，进入就是一个跌停，这是典型的坑杀散户行为。大家都看过我分析股票，可以说我谈过的股票都给出散户足够的进入时间和价格，没有直接就奔涨停，最多也就是开盘涨个1%～3%左右，而这样的股票都不多见，没有一只属于需要散户高位追进的。而随后则进入极度强势，这就是我的技术风格，不坑人不害人。当然如果谈及20元的，谈完你不买一定要去22元甚至23元以上去买，我一再提醒该走了还执迷不悔的人，只能说这人有问题，和我没什么关系。因为早期进入的人已经可以出货了，你却在买进，自己去冒险谁也管不着的。

可以说军工股就如前天的美丽中国概念一样，都是后进资金的短期操作行为，这些资金实际都是亏损的，因为基本上没多少人跟风。我相信此类资金最多再试探1次，就该回归次新股了，因为毕竟次新股才是2个月内的重头戏，其余板块短期都没有这个号召力。所谓水能载舟亦能覆舟，散户一旦聚沙成堆，实际主力是打不过散户的，而现在的散户，尤其是跟随我的散户完全扎根在次新股板块上雷打不动，那么越来越多的散户会发现这样风险最小，都逐渐向次新股靠拢。没有人气的板块进去容易出来难，而有人气的板块进出都容易，因为都看好它们的未来，根本不是短期行为，自然买卖自如了。

我的两只翻倍夺命金，今天一涨一跌。奥瑞金回探5日线后走高，洗盘彻底结束，3个交易日内必然突破30元，而最多两周内将站上35元。其市盈率才19倍，远远低于同类品种30倍平均市盈率，现在看俨然已经成为次新股的龙头。而金岭矿业今天调整，但是依然守在10日线上。看看其同类中的华联矿业和宏达矿业都跌了7%以上，毕竟只有金岭矿业才是正宗的铁矿石概念，六耳猕猴总不会是齐天大圣。同时由于铁矿石涨幅最大的时候是去年10～12月，因此利润早已经锁定。估计金岭矿业全年业绩大约为0.7～0.85元/股，按照现在价格不足20倍市盈率。因此就算到达17元一线，市盈率很可能才刚刚20倍出头，自然有极大的上升空间。另外今天缩量调整，未来将继续其翻倍之路。关于这两只翻倍夺命金我不想再多说，拿住了就是对我最大的回报。

大盘今天之所以继续调整主要是因为三原因。第一，很多亏损累累的空头根据郭主席说的“高抛低吸很容易赚钱”，联想到IPO要开闸，故意制造混乱，随后证监会辟谣。第二，由于中日关系本身就是部分后进的踏空资金找的噱头，一旦没人跟风，自然高位出逃，同时做空指数，以求少亏一些，因此军工及船舶等已经被这些主力拉高，全部打到跌停，依然损失不大；自然就加大跌停力度了。第三，由于明天是股指交割日，周四历来都是分歧最大的时候。而今天一旦下跌，周五将平稳过渡，为下周一大盘再创新高提供了保障。如果主力凶猛，明天就开始上行了。实际上这三个原因都不是多么重要的,最主要的就是由于短期大盘上涨过快,主力适当调整、洗盘。因为这样的洗盘不会引发资金出逃,QFII 相当聪明。所以大家根本不必害怕,耐心点就行。抽丝剥茧看大盘,答案也就在里面了。

我之所以生病还要写博客,就是因为有无数散户等着我的博客,我就是他们的心灵鸡汤,如果我不写,恐怕大家一夜难眠。所以除非我连爬都爬不起来,我都会上来写完博客的。

我继续着两只翻倍夺命金的小中线之旅,不翻倍,不出局。至于大盘,还是以前那句老话,2380 点下没有大跌,只有震荡,放心吧。

晚安,我的朋友们,明天是个艳阳天,明天也是我的生日。

文章发出去不到半小时,信箱和微博收到上千封祝福的信息。在下无以为报,只能说声“谢谢”。我会认真地写自己的博客,力求使更多的人受益。再次感谢大家的关心和爱护。

昨天左手没咋地,今天右手肿得厉害。多亏不是在东北老家,否则又是疼又是冻那可就要命了。

不　惑

(2013 - 01 - 18)

今天是我的生日,很多朋友在一起吃饭聊天,才上来写博客。今天我 40 岁了,已经进入不惑之年。大盘今天如我所料,艳阳天。收盘上涨 32.16 点,收 2317.07 点,重新站上全部均线,强势特征明显。

连续两天的下跌吓破了很多人的苦胆,尤其今天上午割肉盘满天飞。11 点后大盘逐渐向上,一路走高。QFII 的手法尽在我眼中。可以说大盘和我昨天说的完全一样,而下周又该创新高了,2350 点必然见到。原因我说了无数次了,不想再重复。2380 点下,没有大跌,只有调整,相信市场已经给出了答案。

我进入不惑之年,很多人对大盘却疑惑。实际上我一直谈 QFII 的思路,一直准确地把握着市场的脉搏,大家看着我的博客应该很清晰。市场就如此,只有洞晓先机才能使自己立于不败。我依然坚持自己的观点,现在持续的热点依然在次新股上,下周大家就明白我为什么这么说了。有朋友说:“大哥,今天两只夺命金反而走得不好。”实际上很多好股票都如此,会把所有不坚定的人洗走,今天就洗走了很多人。对于奥瑞金我说过,当日换手低于 10% 的时候,就是要攻击 30 元以上的开始。那么今天 002701 换手 9.63% ,我也说了 3 个交易日过 30 元,下周开始该股就该一骑绝尘了。下周二的时候我们就该看到30元以上位置了，两天涨11%并不难，尤其对这样强势的品种。金岭矿业则回档到10日线，下周继续其翻倍之路，我不想再次重复。我现在只看好这两只票的小中线操作，不翻倍，我不动。

很多人被大盘玩得团团转，我也没办法，我只能看好自己的股票和保护好喜欢我的人。我也不是神，我只能做自己力所能及的事情。很多人不理解大盘为什么这么强势，实际很简单。90%以上的人，甚至当一个刚刚入市的新手都觉得大盘有下跌的可能，大盘怎么可能跌呢？只有当数次下跌都被拉回，而所有人都乐观地认为大盘依然可以上涨的时候，危险才会来临。同时我昨天清晰地给大家计算了QFII可以忍受踏空资金进入的点位，就是2380点~2415点之间，那么已经说得很清楚了。2380点之下，你大胆玩就是了。自己吓唬自己何必呢？

昨天博客发出后，我收到起码上万封信，真的很感谢大家。很多时候我也迷茫，不知道自己写博客为了什么。但是我现在知道，很清楚地知道，我写博客是为了那么多喜欢我的人、爱护我的人和关心我的人。我爱你们，就像你们爱我一样。

我知道散户很害怕。别怕，我们并肩战斗。

顺水行舟，大有可为

（2013-01-21）

今日大盘继续上行，深市由于万科公布B股转H股，开盘即大涨。随后补完跳空缺口，稳健上行。两市走得都非常健康，深市强于沪市，已经站稳9500点，将向1万点攻击。而沪指今天缓缓上行，收盘2328.22点，本周2350点将被拿下。

今天摩根大通的首席分析师龚方雄也谈到每次大盘底部均是QFII抄底，这个观点我在1950点就谈过，可以说由于龚本身就是QFII代言人，很熟悉QFII在干什么，而且有很强的抄底经验。这样的观点虽然比在下晚了不少，但是起码说了些实话。而历史上QFII用不足800亿人民币曾经撬动过2005~2007年的大牛市，事实就摆在那里，不服不行的。今年也如此，利用1000多亿人民币又把大盘逼空至此，实力太强了。

现在的大盘走得非常健康，我的2只夺命金走得也不错，我上周就说过奥瑞金已经洗盘结束，两个交易日过30元，今天看已经完成一半了，而且是缩量新高，明天将过30元整数关口了。这只股票我从18元多谈起，一直持有，走得和我预期的完全一致，这就是技术和坚持了。未来如果有个好的送配，起码定位在40~50元，继续关注吧。金岭矿业这几天洗盘，由于这几天铁矿石价格下跌，但是要知道就算下跌其价格依然在150美元以上。而其可是从80美元走上来的,铁矿石价格翻倍了,而金岭矿业股价却没翻倍,这肯定是不正常的,未来调整结束就将冲击17元翻倍关口了。我继续耐心等待着。

市场走到现在,该踏空的依然踏空,而且是大多数人踏空。大盘越走越强,根本不给踏空者任何机会,而这种情况还要持续下去。有朋友问我,如果2380点上开始下跌能跌多少,我估计不会超过80点,也就是说调整的极限就是2300点附近。而更大的可能是2320点~2330点就止跌了。从历史上看,一般从绝对底部上来,23%的上涨位置都会调整,那么按照1949点计算,大约就是2397点附近。与我计算QFII持仓点位得出的结论2380点~2415点之间有很大的契合度。这些都是历史告诉我们的。但是毕竟操盘的是QFII,因此2380点上就该降低仓位操作。只有到了此位置才该操作,宁可不做,也不做错。但是中线看大盘远远没到位,2800点必然要见到的。至于有些无知者说1949是一个点,不可能成为一个重要底部。那么我问你998点和1664点是双底吗?踏空了就是踏空了,别强调理由。1949点就是继1664点后的一个底部,而且大盘还继续单边上扬。

我带着无数散户从1949点满仓杀上来,一直在次新股上寻找机会,可以说是顺水行舟,完全踏对了节拍。这轮反弹以来,次新股是获利最丰厚的板块。这就是技术水平的差异了,一旦冲破2380点我会逐渐减仓,然后等跌破2340点后继续建仓。而2380点下,我一股不卖,耐心等待。

顺水行舟才能大有可为。

大盘宠辱不惊,个股风云变幻

(2013-01-22)

今日大盘继续震荡,收盘依然站稳2300点,下跌13.08点,收2315.14点。次新含权股大跌,除种植、园区、迪斯尼和银行板块上涨外,其余板块全部下跌。

中午郭主席在全国证券期货监管工作会议上说三点:被市场误读为利空,盘中最多跌了接近26点,逼近2300点关口,随后银行股力挺,才守住2300点关口。

下午的时候我感觉到次新股的行情短期见顶了,所以发博客说明,不知道多少人看到并卖出了。毕竟我们要随着市场而变化,而不是墨守成规。而从资金流上看明显流入上海本地股以及二、三线蓝筹股上了。加上临近春节,春运类股票走强。次新股今天跌幅很大,明天反抽时要注意降低仓位。奥瑞金今天没有冲击30元/股位置,很遗憾,该股从每股18元多我一直持有,但是整个次新股板块都开始走弱，要注意减仓了。中线看，调整结束后依然要过30元的，毕竟素质摆在那里。可以说从1949点上来该股起码带给大家超过50%的利润，如此行情，很不错了。同样金岭矿业也要减仓部分，毕竟都获利接近60%了，最高都70%多了。

而今天资金明显开始进入二线蓝筹股。如我前期谈过的603167渤海渡轮，该股集中日韩概念、自贸区概念、游轮概念和春运概念于一身。与其同类的股票只有海峡股份，而海峡股份的市盈率为28倍，渤海渡轮却只有区区14倍，这肯定是不正常的。而其流通盘只有1亿股，又远低于海峡股份的4亿多股。同时该股发行价为11元/股，现在依然在发行价以下运行，按照其预计的年底业绩0.69元/股计算，20倍市盈率的话，其价格应该为13.9元/股以上，而按照海峡股份28倍的市盈率计算，该股价格应该站到19元以上。我上次本来要谈该股，没想到该股连续两个涨停，随后调整，再次走出上行，今天逆势新高，强势特征明显。该股未分配利润1.64元/股，公积金2.21元/股，有极大的股本扩张能力，加上中日关系开始以鸠山访华为契机开始好转，这也是该股今天为什么逆势走强的原因，因为毕竟正宗的中日韩自贸区概念股不多，同时该股兼具山东和大连股的特征，该股2月28日公布年报，短期炒作已经开始，而且是标准的二线蓝筹股，更值得关注，预计短期首先要攻克的就是其发行价11元/股，当然这个没什么压力可言，历史高点12.4元也不是什么压力，其压力在突破历史高点20%～25%的位置，也就是14.8～15元一线，重点关注吧。另外由于春运，要注意我以前提及的600640号百控股，毕竟临近年底，订票的、订酒店的、订饭店的都多，其业绩会提升很多。加上具备上海本地股概念以及唯一的商旅概念，昨天上涨后，今天缩量调整，明天该继续上行了，短期目标依然是每股10元以上。这两只春运概念股都是不错的选择。

大盘今天实际走得并不好，因为个股有明显的恐高情绪，单单靠拉升银行股稳定并不可取。今天呈现的是个股跌而大盘并没跌多少。当然也与今天郭主席的讲话有很大关联，市场一旦放弃炒作次新股，就要迅速地找到一个能持续向上的板块。我个人认为，次新股的行情并未结束，当调整后依然会出现好股票继续涨，不好的小涨。而一般转换期的时候，就是上海和深圳本地股活跃的时候。

市场继续往后演变的话，可能会形成二线蓝筹股带队、次新含权股抢权填权的双轮驱动效果。而现在市场风格正在艰难地转变中。短期次新股还要调整，那么两市本地股和部分小流通盘的二线蓝筹股就该活跃了，大概这样的行情要维持一周左右，然后真正选择板块。大盘依然很正常，2380点下不会有大的变化。

次新股短期风险加大，注意出局

(2013 - 01 - 22)

热点从次新股上有转移迹象，进入上海本地股和春节消费概念。

次新股要注意出局了。

有一种写博叫无奈，有一种操作叫乱来

(2013 - 01 - 23)

今天我不想谈大盘和个股，只想写一下操作。从去年开始很多新股民进入市场，有些可以说去年亏损累累，有些则是今年才进场的。一般情况下只要进入市场90%以上的人都会看我的博客，因为我的知名度就摆在这里。但是散户操作上的差异简直没法说了，有些人看着我的博客操作翻本了，有些赚了大钱，也有操作频频失误的。我有的时候面对无数封信件，真的感觉孤立无援和莫名的无奈。

可以说从1949点“解放底”开始，无论是大盘还是板块，甚至个股，我都保持着基本100%的准确率。我的操作可以用完美去诠释，但是如此精准的判断和操作到了散户手上完全变了样，我真的很无奈也很无语。例如我分别在每股18元多和9元左右谈及的两只夺命金，最高涨幅都超过了60%，可是依然有人喊亏损。我是一直从底部持有上来的，直到昨天下午提示大家后开始出局，而如果你是按照我说的进行操作的，你没有50%以上的利润都是不正常的。有一些人明显是追高买进的，才会出现亏损，而正常情况下就算追高进入，当日跌幅过大或者破掉重要支撑线也该出局规避风险，这在我的技术书《操盘之王》上有明确的记录。而且我的博客提示过多次，你明显没有仔细阅读过。还有高白新，我提示进入的时候只有20.3元附近，随后冲上23.48元/股。连续上涨4天，涨幅超过15%，而提示该出局的时候价格依然在每股22.8元以上。那么这样的提示都能亏损，该怪谁呢？很多人明显没有把我每天的博客全部仔细看完，就凭只言片语进行操作，股票市场中对自己的资金漠视就等于自杀。有的时候面对散户的悲伤我更难受，我觉得自己对散户是干着大哥的活儿，操着你们父母的心。我的博客一直是免费的，提供的思路和资

金流向则是无价宝,实际如果仔细通读完全可以战胜市场,而很多人偏偏就不这样。东北有句俗话"聪明人一点就透",我选择的股票可以说都是好股票,但是有些人的操作可以用乱来去形容。大家可以把我谈过的股票仔细看一遍,看看是否都该赚钱才对?

我谈及的每一只股票,自己都要把其招股说明书看几遍,然后广泛地调查其业绩真实性,甚至找朋友去公司查看,仔细阅读财务报表,对技术指标进行分析,寻找多点契合。我谈及的时候都是其刚刚开始启动的时候,没有一只是处于高位的。而操作过程就是主力进行急拉的起步期,如果这样的股票都无法让你获利,我看你真的不适合在股市混了。

关于操作我说三点。第一,只要我谈及,你第二天就完全可以进入,以5%作为止盈点。如果是短线操作,次日你随时可以兑现,一定要设置止盈点。毕竟市场在变化,我的博客晚上才写,你要有独立的判断能力,哪怕是最简单的判断力。第二,如果是小中线操作,那么我谈及的目标都可以到达,但是一样要设置止盈点,为10%以上,就是说无论如何要保住利润,而不是盲目乐观。第三,再好的股票也要兑现,进入要坚决,兑现也要坚决。

我们现在回到股票上来,例如我谈及深深宝的时候价格不足8.1元/股,那么其重新开盘的时候9.2元/股封不死涨停就该走,接近14%的利润,还少吗?为何不在10%位置设置止盈?就算拿到现在依然还有8个点利润。我的股票不好吗?至于高白新,在14号博客中明确给出该出局的提示,为何不卖?而两只夺命金,按照今天收盘价格都依然有40%以上利润。如果问我未来中线它们的价格还能翻倍吗?我的回答是肯定的,能翻倍。毕竟奥瑞金和金岭矿业的业绩和增长性摆在这呢,短期只是受到次新股下跌影响而已,未来依然要翻倍,它们的定位依然在17元/股和34元/股,这个我可以确定。我之所以降低仓位,是规避短期风险,不代表我中线不看好它们。

而对于我昨天谈及的两只春运概念股,今天走得都很好,603167渤海渡轮上涨4%以上,600640号百控股上涨2%,如果你是真心听话的人,今天8元和10.3元以下完全可以买得到,你一定要等涨到12元以上去买我也没办法,因为人家今天买的到12元/股都有接近15个点利润了,出局很正常的。你高位买进人家出局,你不亏都没天理了。我再说一次,603167的短期压力就是历史高点12.4元,而600640的压力就在10元整数关口,现在它们基本都是刚启动,可以大胆进入,一旦盈利超过10%,就要设置好止盈点。现在的市场正在经历次新股调整后的真空期,热点十分散乱,我基本找不到刚刚启动的板块,因此春运板块现在就是最好的持有对象了。

别考虑大盘。QFII不是国内炒家,他们的能力很强。大盘现在两种走势。第一种,到达2380点以上大调整。第二种,直接在2300点~2350点之间剧烈震荡调整，把指标调整下去，然后继续涨。而中线看2800点下都是该做多的，都是没有大风险的，只是要选择好操作的板块和股票。现在就是牛市，只要90%的人依然踏空，大盘就没有大的调整。

我每天写博客都很累，因为我的博客具备最大的市场容量，可以说没有一篇是糊弄人的文章，我都要求精益求精。如果连我的文章都不好好读，我觉得你真的不必炒股了。

有一种写博叫无奈，有一种操作叫乱来。虽然无奈我还会继续写下去，一直写到2500点上。我也希望散户对自己的资金多关注些，不要乱操作，毕竟没有那么多爱可以重来。

大盘风险加大，注意减仓操作

(2013 - 01 - 24)

社保等踏空资金进场，大盘只拉升民生银行、万科、银行和券商股，大盘攻击到2362点，随后下跌。成交量放大到接近800亿元，个股不涨反跌，风险越来越大。

一定要注意减仓操作，这样的形势2380点没到就进入大调整了，因为一个假突破后资金跟不上来，而且量价线分离。除了点位没到达2380点，基本和我一个月前预计得完全一样。过2350点后猛烈拉升，成交量急剧放大，只拉指数而个股不涨，都是大调整的前兆。

本周可以休息了，下周再战吧。

是非成败转头空，青山依旧在，几度夕阳红

(2013 - 01 - 24)

大盘今天如约下跌，盘中落差高达75点。早盘猛烈拉上银行股和券商股，个股则纷纷下跌。下午银行和券商走软，个股跌幅更大。到收盘跌18.31点，勉强收在2302.6点，成交放大到1356亿元。

90%以上的所谓高手从1949点喊空到现在，踏空到现在，大盘涨了413点，怎么都该调整了，这个调整的到来不是验证了你的正确而是验证了你们的水平一般。

在下从1949点满仓杀上来，2350点上空仓，利润翻倍。同时在1949点的时候就预测到今天的大调整，且距离2380点的误差只有17点。这才是技术和水平。

我明确地告诉大家，行情没有结束，今天和明天的下跌就是大调整而已，不是行情的终结。而调整的点位是2270点～2280点一线，也就是20日线位置。大盘不会去补第一个跳空缺口，因为这个缺口一补，行情就真的结束了。这个缺口是启动缺口，完全可以不补。今天很明显，一些踏空资金开始进场，猛烈拉升银行券商股，这样的拉法不是QFII，也不是社保，应该是部分的机构资金，也是不明智的操作。我之所以上午发博客告诉大家风险加大，减仓操作，就是因为当时只有银行和券商拉升，其余股票都处于下跌中，同时量价线分离运行，部分主力出逃迹象明显，短期高点确立。而下午股指期货的空头加大力度，但是QFII操盘的确一流，如此杀跌还能收回2300点，很不简单了。我下午根本没看盘子，因为我空仓了。而明天如果杀破2280点我会再次进场，目标早就选好了。我清楚地知道下面主力要操作什么。而一旦我开始进场，就是小中线操作，不会进行短线操作，也就是每次要20%左右的利润，时间为3周内。若不破2280点，我就保持空仓。

如果熟读我的技术书的人实际很容易知道下一个热点是什么，今天我不想谈，明天中午收市前我会发一篇博客，告诉大家资金流向何处。请大家明天10点40分后到11点30分前注意观看我的博客。如果依然跟不上，弄不明白，我就真的没办法了。也不必写信问我，因为连我博客都看不明白或者没有看，亏了钱只能怪你自己。我是可以保护喜欢我的人，但是我不保护没有思路和胡乱操作的人。

我依然坚持我的观点，2800点以上位置会在6月底前看到。因此现在的调整就是上涨中的小小驿站而已，市场依然很健康。一旦大盘调整结束，新的上涨会更猛烈、更刺激，因为操盘的是QFII。

能说的我都说了，能做的我都做了，我已经问心无愧了。

刀戟声声，金戈铁马，股场上血泪洒。强者谈笑风生，弱者江河日下，哥是独行侠。这是个英雄辈出的时代，也是胜者为王的天下。看多了大喜大悲，看惯了大起大落。无数股市儿女，血溅沙场。逐鹿中原，虽然感叹不少，更多的则是领悟。市场如歌，岁月如刀。绝顶的对弈，步步惊心。哥重回技术巅峰，独孤求败。哥可义薄云天，肝胆相照者少。都为财者死，不必做清高。明日劫难后，拔锚、拔锚。起航。

“滚滚长江东逝水，浪花淘尽英雄。是非成败转头空，青山依旧在，几度夕阳红”。

关注小金属

(2013 - 01 - 25)

本轮启动的将是小金属。所谓小金属指的是非基础金属,也就是说黄金、铜、铝、铅、锌等都不买。

市场资金主要的目标是钽、镍、铝合金、钼、锡等品种,价格应该在每股15元以下,流通盘不超过5亿股。请注意是流通盘,不是总股本。

大盘没事,最多跌到2270点,这是极限了。而有色金属中的小金属已经开始动作了。

情迷小金属,不走寻常路

(2013 - 01 - 25)

今日大盘继续调整,最低探至2288.26点,收盘小跌11.29点,收2291.30点,成交迅速减少到802.67亿元。依然屹立在主力生命线20日线上。昨天已经说得很清楚了,大盘的极限就在2270点~2280点之间,因此根本不必有任何恐慌。本来以为大盘今天会顺势低开,直接跌到2270点~2280之间,没想到踏空资金相当强大,上午只轻触2292点就被拉起,尾盘靠打压银行股才把大盘指数打下2290点,收盘又收在2290点以上。空头基本占不到任何便宜。

早盘资金流观察,资金进入到小金属中。所谓的小金属指的是非基础金属,一般基础金属包括:铜、铝、锌、铅等等,贵金属则是黄金、铂金、白银。而小金属的范畴则是钽、镍、钛、钼、铌、镁、锂合金属等等。按照正常的板块轮动,一般QFII进场操作,第一轮是次新股,然后就是有色金属了,这个实际我早就知道。而根据我的技术书《操盘之王》上的内容,估计很多朋友也已经预测到了,只是都没预测到启动的却是小金属。早盘本来我是想等大盘跌到2280点一线才开始进场,但是没想到开盘主力就丌始拉升小金属。没办法我上午10点就发博客告诉大家资金向小金属流入了。这个操作绝对是QFII,我可以百分百确认。从他们的思路看,本轮上涨了413点,有色金属却基本没动,而直接拉升大盘的基础金属,市场响应度不高,而且不好控制，拉升小金属则既能吸引人气，能进行有效的控制。因为小金属大多价格被腰斩，甚至跌了70%以上，而且现在价格便宜，大多在每股15元以下，同时动态市盈率都在30倍左右，可操作性相当强。而一旦小金属被拉升起来，不用多少资金价格却可以拉高很多，也为大盘的基础金属拉出了上升的空间，毕竟大金属业绩很好，只是盘子大而已。这完全符合QFII的操作理想。大家好好想想，2005～2007年QFII开始就拼命拉升两只黄金股，把它们分别拉到几十倍，而后引发所有金属狂飙风潮。今年的行情就是当年的翻版，基本一丝不差。

实际上我上午博客提示得很清晰了。大家仔细分析的话会发现，钽、镍、钼等小金属很好找到，例如钽，两市中只有唯一的一只就是东方钽业。镍业的只有吉恩镍业，而钼则需要仔细看看了，因为有3只，那么去除盘子超标的和含H股的，实际也只有1只，就是新华龙。而合金类的很多，但是应用在航天军工上的只有一只，就是亚太科技。就像如果说钛的话只有宝钛股份，说铂金就该是贵研铂业了，而说锡的话只有锡业股份，所以大家要仔细地看。这些小金属的市场价格在2007年都处于最高位置，而现在则都是从底部爬起，同时股价也是从底部爬起。而且这些小金属全部都具备航天军工概念，因为都服务于航天军工企业。QFII选择这样的品种进行操作，可谓老谋深算了。既炒了超跌和价值回归，又炒了中日关系背景的军工概念，两面讨巧的手法太纯熟了。从实战效果看，今天我谈及的小金属2涨停2涨幅超过6%，的确很牛。而此类小金属一定会被超高很多，我估计该涨30%以上，乐观看涨50%也没问题，否则无法带动基础金属走强。春节前如果资金不再进入次新股的话，恐怕就是有色金属一统天下了。对待小金属要以小中线心态操作，一般都是3周内20%以上利润，设置好止盈点就OK了。

我不担心大盘，因为不可能出现大跌了。这次冲击2380点未果随后下跌，但是跌幅不会很大。我前面的博客说得很清楚最多是80点～100点的下跌，也就是说以最高点2362点计算，大盘极限能跌到2262点～2282点之间，不会去封闭第一个跳空缺口。而我个人认为最多也就是在2270点～2280点之间止跌。还有就是QFII并未大举进入银行股，最多也就是进入了几只而已。QFII现在进入的是小金属和基础金属股，外面的评论有明显的误导性，这个从资金流向看得相当清楚。

历史一直在重演，只是方式改变了些而已。虽然QFII现在可以进入股指期货了，很多人就很不客观地认为QFII会砸盘，实际上QFII根本不会砸盘。因为无论是政治或是经济的需要，QFII都不会做中国股市的终结者，何况QFII并没有进入到大蓝筹股中，也不具备砸盘的实力。相反，QFII需要在中国市场树立良好的形象，因此大盘不但不会深跌，反而会大涨。距离春节只有不足10个交易日了，我的判断是，2362点会被穿越，春节前应该可以看到2400点位置。因为一旦调整结束，大盘会迎来更大更猛烈的上涨，毕竟踏空资金已经进场了，不盈利是不可能的。

要乐观些看大盘，牛市刚刚露出牛角而已，牛身子还没露出来，怕什么？等到

6月后才是牛尾的行情。今年6月底前2800点必然见到。而现在看守好小金属，后面看守好基础金属，这才是制胜之道。在中国股市想赢钱，就要能别人所不能。最后一句广告语送给大家，“跟住QFII，跟住大哥，不走寻常路”。

守住小金属，远眺两千五

(2013-01-28)

大盘和我昨天预测得基本一致，上周五回档后引发更猛烈的上涨，收盘大涨55.2点，收2346.51点，成交1169.16亿元，距离前期高点2362点咫尺之遥，距离2400点也并不遥远了。距离春节假期还有8个交易日，2400点是必然要见的，如果31号融资融券股票扩大到500只，因为现在是牛市，融券基本没有可融的，都去融资的话，恐怕大盘在8个交易日攀上2500点都不稀奇，因为现在只差154点而已。牛市什么奇迹都可能发生，我们只需要乐观点就行了。

很多踏空的人还在发表着巨阴、大跌这类的言辞，有的还在数浪，计算跌到2200点。可以说本次调整已经结束，也根本没给踏空资金太多的机会。社保机构等资金已经进场，这也是为什么连2280点都没跌到的原因。而那些看空者的粉丝则再次踏空。我的操作足够漂亮，该空仓就躲过大跌，随后小中线满仓进入小金属，很流畅。从1949点上来，我只空仓一个交易日，其余都是满仓。大牛市的时候技术指标比熊市更失真，能衡量市场的只有资金流向，其余的指标都没用。很多评论者根本没经历过熊牛转换，出现踏空400点以上的大错误也没什么不正常的。而这轮调整过后，再不进场的话，恐怕会再踏空400点，因为2800点下根本没什么压力可言。

我昨天已经明确地提到小金属，昨天钽、合金、镍、钼类4只股票2只涨停2只涨幅过7%，而今天锆、铂金、钛和镁金属又涨幅平均超过5%，可以说小金属已经全线启动了，而它们需要上涨30%以上，只有这样才能带动基础金属走强。这8只分别是东方钽业、东方锆业、亚太科技、吉恩镍业、云海金属、新华龙、宝钛股份、贵研铂业，可以说以上8股都具备做小中线的潜力。东方钽业服务于军工，东方锆业则是军工、核技术双料，亚太也是部分服务军工，云海金属是镁合金，吉恩镍业也有军工概念，新华龙是钼业类，宝钛也部分军工，而贵研铂业则是尾气回收以及阴霾。从题材上看排名前三的是东方锆业、东方钽业以及贵研铂业，从未来预期看也是这3只，而从盘子大小看云海金属和亚太占据优势。从现价低估上看排名前三的是东方锆业、东方钽业和亚太。如果一定让我8选4的话，我选择东方锆业、东方钽业、宝钛股份和云海金属。因为前3个已经到了业绩拐点，2013年的动态市盈率分别只有24倍、26倍、26倍和27倍，而其行业估值则分别是70倍、62倍、60倍和61倍。可以说我的选择是根据低价以及未来上升空间大来判断的。实际上8只股票我很难去说哪个比另外的更出色，我只是凭借经验估值去8选4的。至于大家喜欢哪只，就见仁见智了。8只票的上升空间从上周四收盘计算短期都该有30%，而我选出的4只，东方锆业、东方钽业、宝钛股份和云海金属的上升应该是50%。

从今天市场看，次新股又开始有资金回流，与我前面博客判断的小金属与次新股双轮驱动基本一致，短期看小金属更受到资金青睐，而且形成板块效应。只有小金属大涨才能使基础金属有上升的空间。而次新股良莠不齐，只能靠个人甄别了。短期我会停留在小金属上做小中线。

大盘走得非常健康，可以说现在是先把指数打上去，然后补量，再向上打，继续补量。一直让空头彻底崩溃，让踏空者不断追高买进，这就是QFII一贯的手法了。随后融资融券的逐渐深入以及股指期货的不断变化，我们需要逐渐去适应这个市场，这样的操作。2500点上我开始逐渐脱离市场，这已经是定下的事情了。

小金属一览表

（2013-01-28）

很多朋友弄不清楚什么是小金属，我就罗列一下。

钽：东方钽业

合金：亚太科技

镍：吉恩镍业

钼：新华龙

锆：东方锆业

镁：云海金属

钛：宝钛股份

铂金：贵研铂业

这8只小金属除了合金的亚太科技外，都基本是两市唯一的小金属了，也是主业。

踏浪寻龙，苦尽甘来

（2013-01-29）

我很少上午写博客，因为已经小中线持有小金属了，基本不必看盘子了。另外下午有事，就先写了。

可以说，大盘从1949点"解放底"上来一直走得相当强悍。一直冲了413点才进入调整，很多操作者和评论者却依然用熊市眼光看市场，踏空就成为了必然。而在2362点踏空资金终于引来一次落差百点左右的调整，社保机构等资金进场，使大盘仅仅跌到2288点一线就止跌。而更多的散户以及某些评论者的粉丝却在等待更低的位置，所以他们实际依然是空仓或者仓位不足20%的，这也是市场为什么继续拉升的原因之一。

2005年底，QFII第一次真正意义上进入中国市场，以仅仅不足800亿元资金把中国股市搅个天翻地覆，当年能看明白市场的在下是其中之一。到3000点以上，全国的机构、公募、私募、散户都在追看我的博客。因为我如果不说话，根本没人知道第二天市场如何走、市场热点在哪里。我说这样的话不是乱说，当年"带头大哥777"的粉丝是以亿来做计算的，这个查查历史就知道了。都是过去式的东西，我没必要去说谎，毕竟过去的都过去了，过去不代表今天。市场的繁华又过了6年，现在大家依然看不懂市场，说直接点，依然不知道QFII是怎么玩儿的。这就说不过去了，这只能说中国股市忽悠的人多，有真本事的人少，否则就无法解释为何过了6年，依然是我这个老兵屹立在中国股市的最前沿指挥散户狙击主力了。而且这个市场的参与者越来越浮躁，越来越经受不住打击，越来越"一切向钱看"。而未来的市场则越来越复杂，越来越难做，当然这是对散户来说的。

春节前我依然看好小金属的走势，至于原因我解释了很多。没有小金属的大涨，就没有基础金属上涨的基础。次新股各自为政的多，很难集体启动。而只有小金属盘子不大，业绩不错，有影响力，所以短期小金属依然是上上之选。昨天我对小金属进行了8选4，其中筛选出来000962东方钽业、002167东方锆业、600456宝钛股份和002182云海金属。前3只主要是军工题材以及业绩拐点，最后一只是盘子小好操作。而还有一个方面我昨天没谈，其中000962东方钽业和002167东方锆业这东方两兄弟，明日将进入新的融资融券标的股票中，而从融资融券方面看，由于市场现在进入牛市，融资的概率远远大于融券的，何况散户现在一般只会用融资，因为容易操作，而且一进入牛市，融券根本融不到资金。另外000962是宁夏股，宁夏股与青海股为牛市中市盈率最高的股票，这个地域属性大家要知道，当年我对青青稞酒的判断其中一条就是因为其是青海股。而今天的000962东方钽业则是股价潜伏了3年的宁夏股，加上临近业绩拐点，正常推算也该是每股20元以上的定位，但是具备着宁夏股的血脉，加上军工以及世界第三的桂冠，30元/股也没什么不正常的，未来之路相当畅通。而002167东方锆业历史上市盈率在70倍，同样也是面临业绩拐点，按照正常推算，明年业绩起码0.5元/股，那么推算一下就是每股30元以上位置，毕竟是军工和核能品种。而宝钛则是历史牛股，云海金属则是低价品种。多关注吧。

2500点上我逐渐退出市场，这是早就决定了的，2800点上我就彻底退出市场。而春节前如果2400点能站上，很可能连2500点都已经在多头手中了。龙头板块小金属，我已经给大家挖掘出来了。我的粉丝已经获利多多了，而对于外面依然踏空或者犹豫的散户我也很无奈。踏浪寻龙，龙却在我的博客上；苦尽甘来，不知道能惠及几人。

猛大盘继续逼空上行，小金属演绎完美洗盘

（2013－01－30）

今日大盘继续高开高走，收盘再涨23.5点，收2382.47点，无限接近2400点。我多次说过，如果前几天在2300点没有进场的踏空者，如果还不改弦易辙，你们将面对的是再次踏空400点。我多次阐述过春节前过2400点的论调，现在看春节前拿下2500点也并非不可能完成的事情。还有6个交易日，我们拭目以待吧。

今天小金属集体调整，实际就是借助利空消息洗盘而已。早盘平均跌了3%，我的信箱就被扎满了邮件。我真的很无奈，的确无法回复那么多，就直接发了一篇博客出去。我看好的4只小金属今天1涨3跌，这轮小金属行情本身就由此4股主导，因此一旦它们进入调整，整个板块都呈现调整状态。它们的业绩早就有预告，只是今天以快报的形式告诉大家而已。而且从其快报上看，虽然全年业绩下降，但是第四季度增速明显高于历史同期。我举个例子吧。例如000962东方钽业，去年其业绩为0.65元/股，其去年最高价格为29.43元/股，可以说其市盈率大约为48倍左右，而今年预计其业绩为0.18～0.36元/股。那么其价格波动范围应该在8.64～17.28元/股之间，取中间值大约就是13元/股，而2013年预期则是业绩0.46元/股，那么计算出的结果就是22.08元/股。可以说000962的股价在2013年应该处于13～22.08元的波动范围内。而按照主力从底部9.92元进入开

始计算,主力成本也要在14元/股以上,那么向上延伸35%以上才够出货,则计算的结果就是每股大约19元以上位置才能形成有效出货。同时2010年炒作2011年业绩的时候,其价格到达过32.67元/股,那么按照2011年业绩计算,也就是说000962的历史市盈率大约为48~51倍之间。如果按照2013年预期,以及钽金属的市场走势看,业绩大约为0.46~0.5元/股,也就是说其现在能炒作的价格应该为22.08~25.5元/股之间。再计算刚才出货位置19元左右,那么我能确定的是短期000962的价格应该被炒到22元一线很合理,这是用19元和25.5元均价计算的,而19元则是必然要到达的位置,这其中还未包括其军工概念的估值。同样的计算方法对应到002167东方锆业,只是其市盈率该定位在70倍,大家自己算算就明白了。

小金属的启动有着其重大意义,市场上能形成板块炒作的品种一般有四大块,即为有色金属、煤炭、银行券商、地产,现在则加上一个大消费。那么其余四个板块都被或多或少炒作过,而有色金属却一直趴在底部,就算跟随的话,也该涨30%以上的。而本轮QFII选择小金属动手,就是要用易于控制的小金属去拉动中型金属以及基础大金属,这个操作意图已经被我说得很清晰了。现在沪市资金也就在1200亿元左右,不到1500亿元根本炒不动大金属,更别说银行股了。有些所谓的聪明人从我这了解到QFII的思路,然后贸然进入大金属和中型金属,但是根本没考虑到成交量不能支撑的问题,板块运行肯定是这样的,但是需要量能的配合,这些人根本也拉不动中大金属持续运行,那么只能搬起石头砸自己的脚了。今天盘面上已经很明显了,大金属和中型金属冲了一下就掉下去了,就是资金不足造成的。QFII玩小金属,因为价格低,盘子不大。散户跟风很多,这样容易进出,散户也认可,价格也就水涨船高了。等外面踏空资金看涨到2500点了,实在无法忍受,拼命进场的时候,大金属就该启动了,而现在的量能根本支撑不起来大金属。同时小金属的业绩快报已经陆续出来了,一般都是洗盘一天,然后更疯狂地上涨。

石化双雄的崛起恰到时机。很多人依然保持熊市思维,认为中石油和中石化上涨就是大跌的前兆。回去好好看一下2006年从1100点到2500点是谁拉上去的?我告诉你,尤其主要关口,都是中石化的杰作。当时中石油没上市呢,而今天中石油已经跌了6年了,横盘都5年了。涨一点怎么了?要知道当年中石化可是最高接近50倍市盈率,今天就算其到达20倍市盈率吧,其现在只有11倍,按照这个计算,今年大盘恐怕摸上4000点都不稀奇。总之,我说过6月底见2800点~3200点,那么一旦过去2800点,我就知道大盘要指向哪个高点了。中国股票历史上唯一有文字记载的预测顶部成功的实际只有2007年我预测的深指19550点,其余的都是吹嘘出来的,并没有任何文字记载。有兴趣的朋友去查阅一下我2007年7月1日的博客就明白了。这个市场就怕认真二字,很多东西都要靠历史去验证的,不是完全靠忽悠。

大盘依然很健康，也继续逼空上行，踏空者越来越无奈，而做空者死有余辜。小金属的洗盘已经结束了，明天将继续上行。

耐心点，再耐心点

(2013-01-30)

早盘小金属调整，我信箱里都是信。散户情绪太重了点儿。

说四点：

第一，小金属行情刚刚开始，会维持到春节休市前。平均涨幅会超过30%，此价格是按照上周五收盘价格计算的。

第二，大资金明显被QFII和游资耍了，这轮没跟上小金属，那么就出点利空。否则如何能把股价弄下来呢？散户永远是散户思维。例如发出业绩快报，感觉全年业绩减少，但是第四季度却比去年增加很多，这就是业绩拐点了。炒股票永远炒的是未来，如果你依然拿着2012年的业绩做比较，你的世界永远都停留在过去。

第三，利空出尽是利好，实际一些小金属股的业绩早就预报了，这几天只是出来了而已。当利空兑现，股价一般稍微下跌，随后将迎来主升浪，因为2013年的业绩会爆发性增长。而且小金属大多服务于军工，本身就是当前热点。

第四，有些资金进不去小金属，就开始进入中型或者基础大金属，但是现在的资金根本无法完成操作。所以当拉升一波后，这类资金会被自己套住，然后还是要回归小金属的，板块转换没到，强行介入就失去了借势的巧劲儿。

看我博客的人，应该把自己定位于主力思路，如果你还是散户思路的话，就不应该了。

我今天继续休息，继续我的小金属小中线。出去玩儿了，你若害怕，尽管出局。市场就如此，该赚钱的永远是少数人。晚上博客照旧。

有色金属烽火点燃，关注融资融券标的

(2013-01-31)

有色金属之火已经开始燎原，关注具备融资融券题材的有色金属股。因为全

部都在融资买进，而基本都无融券数量了。

无数资金冲进有色金属，中金岭南、驰宏锌锗、锡业股份均涨停，全部都是融资融券标的。

其余的有色金属融资融券标的的有：江西铜业、东方钽业、东方锆业、吉恩镍业等。

有色金属揭竿而起，融资融券独领风骚

（2013-01-31）

今日地产板块和银行板块受利空打击，大幅下跌。尤其地产股跌幅较大，而银行股更多的是技术调整。此时，有色金属揭竿而起，维持大盘继续稳定向上。

有色金属今天整体启动，尤其是融资融券标的品种涨幅居前。我的思路完全正确，资金流技术独霸天下。大盘就像我预订出来的一样。今天地产股受到征收房产税利空的影响，处于大跌状态，而银行股明显进入回调整理，有色金属的崛起弥补了大盘的下跌趋势，同时煤炭也有异动的迹象。但是由于市场资金不足，现在看只能单独运行有色金属板块。有色金属的行情最少要持续到春节长假前。

从盘面看，小金属的代表为000962东方钽业和002167东方锆业，毕竟这两只票是融资融券标的，我今天多次试验过，两只股均无融券的数量，也就是说没有券可用来做空。而且两股均是利空出尽，加上业绩开始进入拐点，且跌幅巨大，就算反弹也要走出30%～50%以上的上涨。而中盘金属股的代表则是000060中金岭南，由于今天涨停，我不多说，其余的中盘金属002203海亮股份以及600888新疆众和也处于刚启动状态。而大盘的基础金属的代表则是江西铜业、锡业股份等，次新股的代表是新华龙。从盘面的资金分布观察，进入大盘基础金属的资金最少，因为消耗资金过大，而小金属可以说囤积的资金最多，我谈及过的8只小金属波动此起彼伏。但是又都涨得不算多，平均下来也就是15个点左右，未来它们都还有最少20%以上的平均上涨空间，尤其要关注000962和002167，因为它们是小金属的风向标，只要它们继续向上拓展空间，有色金属的行情就没有结束，毕竟小金属不打出上行空间，中金属和基础大金属的上涨也就没有了根基。

融资融券标的股票已经上升到500只，在牛市中融资的人远远多于融券，这也变相增加了市场资金。因此融资融券被炒作很正常，也符合操作规律。现在有色金属是热点，那么具备融资融券概念的有色金属股，就是主力一致看好的目标，这也是为什么有色金属被QFII看中的原因。而大家也看得很清楚，今天和近期涨幅

比较好的恰恰都是融资融券标的的有色金属，它们的行情才刚刚开始而已。000962 东方钽业、002167 东方锆业、000060 中金岭南、000960 锡业股份以及 600597 驰宏锌锗，全部都是融资融券标的股。所以请大家跟住热点，才能获得利润。年初到现在，大盘虽然涨了不少，亏钱的人依然不少，最大的原因就是没有跟对板块。那么我告诉大家，春节收市前小金属起码还有 20% ~40% 的上升空间。中金属也有 15% 左右的上涨空间，最后沪市单日成交过了 1500 亿元才是大金属的天下。现在的热点就集中在小金属和融资融券标的的股票上。

大盘 3 个交易日内将拿下 2400 点，如果猛烈的话 2500 点也会看到。现在是牛市，不能按照熊市思维看待市场。牛市中任何指标都会失真，唯一不失真的就是资金流。这也是为什么我在此时推出我的收山之作——《资金流技术分析》的原因，毕竟 2500 点上我会逐渐脱离市场，2800 点上我彻底退出市场，恐怕到时候没人去管散户的死活了。这话说得可能有些大，但是当年大牛市跟我赚的利润满满的朋友过千万，可是我离开的 3 年里，你们不是照样把跟我赚的钱还给了市场吗？谁有技术都不如自己有，大哥不会永远写博客，早晚要靠你自己对付这个市场。如果你有我一半本事，已经可以稳赚不亏了，那么多学习点技术吧，我的专用信箱等待着你的各路问题，毕竟这是唯一可以和我近距离接触的方式。当我退出后，我可以更专心地和这些喜欢我的人在一起交流股市，现在我真的累了，压力太大。

我继续着自己的小金属小中线操作，不急不躁，春节收市前不会改变操作。因为小金属的涨势才刚刚开始，把它们的周线拿出来好好看看，全部最少趴了 1 年以上，多的甚至是 3 年，股价都被斩掉 70%，这样的股票如果都不能赚钱，我真的无语了。我记得我以前谈两只夺命金的时候都是从底部谈起，当时分别只有 9 元和 18 元，而后分别涨到 14.28 元和 28.46 元。如果你按照我当时说完就买的话，就算调整都有 40% 以上利润，我说让走的时候都有 60% 的利润，至于有些人一定去追高买进，我认为亏了钱活该，因为你根本没听话。

我现在再说最后一遍，小金属按照上周五收盘价格计算，都有平均 30% ~50% 的上升空间，当然指的是我谈过的 8 只小金属。如果等涨到 30% 以上你去追高，你就是第二次愚蠢的操作，该自己打耳光，我不会去骂，因为我觉得跟猪没什么好争执的。举个例子，000962 的上周五收盘价格是 14.37 元/股，那么他该出货的位置最少就是 18.68 元以上，最高位置为 22 元一线，以此类推计算另外 7 只小金属就 OK 了。

大盘继续着牛市的脚步，丝毫没有给踏空者机会。让那些踏空者在 2800 点上站岗吧，因为他们不可救药了。让那些评论者评论强股去吧，因为他们即将再次踏空 400 点。

2013

牛市不言顶,个股尽风流

(2013-02-01)

大盘如期拿下2400点,我前面的所有预测都被验证为准确的,而2500点很可能在春节前仅有的4个交易日内被拿下。这就是QFII,很多评论者和炒家都看不明白的操作手法。

踏空者已经踏空了接近500点,股指期货上空头全线溃败,水平高低已经很清楚了。一些评论者完全踏空,有的人不断找理由,甚至说如果这轮买的不是银行和证券就无法获利。而我的博客从次新股到两市本地股,再到有色金属,只要按照我的博客来,1个多月资金都该翻倍了。不但大盘预测得完全准确,利用我独有的资金流技术,远远跑赢大盘和银行股数倍。从1949点我满仓杀上来,除了一天为了规避风险空仓外,其余时间全部满仓运行,可以说没有出现一丝错误。我无意攻击那些踏空者。

1994年我是职业主操盘手,创造过11个交易日主庄翻倍的奇迹,成为后辈操盘手的偶像。2005年至2007年我带领几千万散户狙击市场主力,从998点走上4000点,十二年间我手持技术利剑站在股市两端。2012年我再次带着散户从熊市走到牛市,这辈子我很知足。中国股市24年,只有5年多的牛市,而我带着大家走了3年。如此辉煌,夫复何求?我的名头不是自己吹嘘出来的,都是散户送给我的。我记得2007年我的头衔像武侠小说里面一样"中国第一博客"散户的保护神"股神带头大哥777王晓"。说实话,我只喜欢你们叫我"777大哥"。我不是什么股神,我只是一个屹立在这个市场24年的老兵,现在虽然年华老去,但是依然有着一颗火热的心的老兵。这个市场你完全可以狂,但是要有狂妄的资本。这个市场不是靠嘴巴去说,而是靠实战。

我说过,这个市场是熊市的时候我绝对不会离开,因为这里有无数喜欢我的人,我就是为牛市而生的。2500点上我开始逐渐脱离市场,2800点上我彻底退出市场。我用了8年时间带着散户走了两轮熊牛转换,已经足够了,毕竟股市不是我的全部。而下次我再出现的时候应该是2016年左右了,我的离开会成为一个永久的传奇,一个真实的、活着的传奇。

回到现在的市场。今天大盘收在2419点以上,距离2500点也很近了。可以说QFII的操盘手法与8年前区别并不大,而国内的操盘手则明显退步了。以前是牛象之争,而现在是猴象之争,恐怕到了2016年就是鼠象之争了,指望国内的那些机构还不如靠自己呢。如果春节休市前大盘冲上 2500 点的话，我可以确定的是今年大盘的高点将不是我前面说的 2800 点 ~ 3200 点，而是 3000 点 ~ 3500 点了，而行情我现在依然只看到 6 月底。大盘一旦冲过 2500 点，就会继续逼空下去，因为 2800 点下没有太多的压力区。

今天除了银行、券商、保险等板块整体上行外，小金属中贵研铂业和云海金属继续上行，小金属的行情还在持续中。而还有部分资金开始炒作春节消费概念，我称为消费礼品卡概念。由于国家严厉打击公款吃喝，因此短期看餐厅类、酒店类股票都会受到影响，看看贵州茅台在禁酒令后的表现大家就明白了。超市类上市公司和熟食品上市公司则是最大的受益者。很多炒股票的朋友身上估计都有几张关系单位送的消费礼品卡吧？从今天盘面看此类股票启动明显。如生产销售鸭脖、酱卤肉制品及佐餐凉菜快捷消费食品的 002695 煌上煌、百年鱼丸世家的 002702 腾新食品、浙江著名超市连锁企业 601116 三江购物等全部开始启动。前两者属于次新股范畴，本身素质好，且调整到位，也就是我以前说过的次新股里有真材实料的。后者则是刚刚从底部启动，短期爆发力很强。请大家注意这类股票一般都是游资控盘，上下都很凶猛。另外要注意传统商业股并非归类此范畴中，只有超市类股票以及连锁消费产品才是主力攻击的目标。它们的炒作最多能持续到正月十五，因为就是炒作的春节购物概念，并非长期炒作概念。

我依然继续着自己小金属的小中线操作，也会适量参与消费礼品卡概念的炒作。对于小金属的炒作我会持续到春节休市前，很多人问我很多问题，实际都是老生常谈。我还是以前那句话，做短线的到 10% 随时了结，做小中线的就等到达预定位置。一定要设置止盈点，这样无论怎样你都是赢家。从小金属的实战效果看，我从 1 月 25 日早盘谈及，所有我说过的小金属涨幅均在 10% 以上，最高的甚至达到 32%，足够震撼了。如果还能亏损，真的是见鬼了。我最希望看到的是小金属和次新股双轮驱动，但是现在看次新股并未再次整体启动，只是业绩好的、有送配的继续上涨，那么我们就要仔细分别了。

牛市不言顶。世界上最大的悲哀，就是你已经身处牛市却不知道它已经来了。银行、券商等股票不是什么拉高出货，看看它们的市盈率才几倍啊？当 QFII 和机构都傻子啊？他们就是不断拉升，吸引更多的资金入场。因此大盘还会继续疯狂下去，直到所有踏空资金都忍受不住，才会进入调整。大家也看到了从 1949 点到现在，大盘基本没有大幅度调整，都是盘中洗盘就继续上行，这就是标准的 QFII 操盘。真厉害啊。可以参考 2006 年初到 2006 年底的整个市场大盘 K 线图，你就明白了。我多次说过，中国股市就是历史重演，只是每次都不太相同而已。不是大哥厉害，而是大哥熟悉整个中国股市的历史。加上自己剥丝抽茧的分析，战胜市场很正常。

大盘会继续其上涨之路，而个股的表演才刚刚开始。继续关注小金属和消费礼品卡概念吧，它们将是春节前最出彩的板块。

QFII 翻云覆雨，国内机构目不识丁

（2013 - 02 - 04）

今天大盘进入调整，早盘跳空高走，随后补完缺口。盘中热点散乱，收盘小涨9.13点，收2428.15点，成交突破1500亿元大关。市场资金向二线蓝筹股转移迹象明显。

我全天在小学生的博客做直播评论，上午10点40分后利用百战百胜的资金流完美地判断出煤炭股将启动，随后30分钟内，煤炭股成为涨幅第一的品种直至收盘，可见资金流的能量有多大了。谁都无法对整个板块造成影响，何况是市值占据整个市场10%以上的煤炭板块，这就是技术的力量了。煤炭雄起后引发有色金属的上涨。今天次新股走得不好，但是企稳迹象明显，估计明天该表现了。现在选择板块是最困难的，因为场外资金虽然多，但是不能引发其共鸣照样无法启动整个板块。QFII在银行等股票上翻云覆雨，目的就是让散户进入银行股。而国内机构资金已经乱套了，像无头苍蝇一样，东撞一下，西撞一下，不得要领。这就是实在的差距了。

大盘到春节前都不会出现大的调整了，2500点很可能在未来的4个交易日被攻克，最差都要过2450点。而春节后第一个交易日要小心了，现在的市场像极了2007年1月4日前的几个交易日。而一旦春节后大盘调整，最大的调整对象就是银行股。现在攻坚的则是银行股，因为春节前和谐稳定最重要。因此现在不必理会大盘，专心做个股最重要。

板块上今天有大资金明显流入到煤炭股中，因为本轮煤炭股也没大涨过，尤其是流通盘5亿股以下、价格每股15元以下、市盈率20倍以下的品种都是主力青睐的品种。从上午大盘成交量看，沪市接近1000亿元，而下午实际只有不足600亿元，这说明场外资金很多，只是对板块的选择无从下手而已。一旦趋势确立，资金会源源不断地进场，市场根本不缺少资金，缺少的是持续拉升的风向标。现在看银行券商是一个，煤炭有色金属是一个。我认为二线蓝筹股也是一个，尤其是那些盘子不大、市盈率不足20倍的品种一定要多注意，个人认为公用事业板块会成为下一个热点。

市场到现在依然很正常，走得抑扬顿挫、一板一眼。因此现在找到合适的板块和个股就是大家需要做的了。

大盘稳定上行，关注二线蓝筹

（2013－02－05）

今天大盘继续震荡整理，收盘小涨4.98点，收2433.13点，成交1270.96亿。煤炭股有些分化，银行保险证券板块下跌。盘中个股开始明显活跃，大盘明日将攻击2450点关口。

我昨天提示过煤炭股有资金进入，当天煤炭股果然大涨，平均涨幅超过7%，而如果能熟悉使用资金流的话，基本上一天10%利润了。我昨天看好的品种是国投新集和昊华能源，因为昨天涨得都很多，所以我就没谈及，基本上1个交易日都获利超过10%了。而昨天博客我说得很清楚，还有一个热点就是公用事业板块，今天该板块中的水务股大涨。如600461洪城水业、601158重庆水务、601199江南水务等，今天都明显启动，由于此类品种超跌，加上业绩良好，市盈率都在15～20倍左右，因此短期有强烈的补涨机会。毕竟重庆水务涉及参股金融、洪城水业涉及环保排水及海军排水系统，而江南水务则涉及提价，可以重点关注。

后期进入的资金带有明显的短线操作性质，现在看此类资金并不相信牛市已经来临，只是踏空后过于郁闷，才进场操作。而社保机构类资金则重点建仓二线蓝筹股，尤其是市盈率20倍以下的品种。所以低市盈率的稳健品种，如水务、煤炭等成为他们选择的目标。现在资金选择的都是流通盘低于6亿股的品种，价格15元/股以下，因为这样的品种易于控制，由于被低估，也具备炒作的空间，散户响应力也高，容易进出。因此请大家多多关注。

还有3个交易日就要过年了。我依然坚持自己的观点，本周最少拿下2450点，如果猛烈的话，2500点也可以拿下。个股方面多关注二线蓝筹股，另外次新股明显开始启动了，而市场的热点还在扩散，现在就是猛做个股的时候。

大盘8连阳，个股频繁动

（2013－02－06）

今日大盘继续高歌猛进，再次创出新高，虽然没有冲上2450点，但是强势特征很明显。盘中医药股、汽车股以及软件股上涨，而煤炭、铁路、房地产股均告下跌，银行及两大油等下跌。

到今天大盘已经走出8连阳，很多人恐慌，实际大可不必。如果我没记错的话，上轮大牛市出现过11连阳，而这次连续走出10连阳的概率非常大。由于还有两个交易日就结束了春节前的行情，因此最后两个交易日收出2阳很正常，那么大盘恐怕就是10连阳了。而春节后开盘的第一天则应该是冲高回落的，而且银行股真正的调整就在那天。而现在我依然满仓操作，直到春节后开盘第一个交易日才进入空仓等待。大盘春节前站上2450点基本无忧了，而在1949点能做出这样判断的人只有我一个。

短期看，资金大多数进入到二线蓝筹股，就是总股本5亿股左右，流通盘2亿股以上的品种。一般价格低于15元，10元以下的更好，市盈率不超过25倍，因为只有这样的品种才比较安全。而一些踏空资金则继续玩儿一日游行情。今天的资金流明显进入的是软件类和汽车技术服务类股票，而由于春节因素，该出局的资金都出局了，留下的资金大多数是要过年的，那么这2个板块的资金会持续到春节后了，因此可以用小中线心态对待。

从1949点“解放底”上来，我的操作可谓精准无比。但是依然很多人无法获得盈利，我很无奈，甚至为此还专门写文章告诉如何看我的博客进行有效操作。我在今年1月23日的文章《有一种写博叫无奈，有一种操作叫乱来》里写得很清楚如何看我的博客，可是照样有人胡乱操作。昨天接到一名散户写的信，我明白了很多。我非常累，每天工作到深夜。但我不是神，我不能控制的东西太多。我不能让一些愚蠢的操作有所改变，因为那些人注定就是被市场终结的人，无论我多么努力都无法拯救他们。按照这位散户的信来看，意思就是，无论我谈过什么股票我都要从头管到底，而且无论是涨了10%还是50%，只要是他买进了，就得让他赚钱，否则就是我不讲究。当大哥的就该等他买完后，然后拉升，等他卖出后，我才出局，否则就是不地道。我当时就笑了，因为我真的很无语。我记得上轮牛市，我带着几千万散户狙击市场主力，而我得到的下场是身陷囹圄，而受过我无数恩惠的人都吓得没有了声音，也从来没人试图去看看我。2010年我重新回归市场，除了我以前的朋友，没有一个受过我恩惠的散户伸出援手，当时我已倾家荡产。一个被投入牢笼，被所有媒体页面报道的人能重新站起来为散户服务，已经是个英雄了，还要我如何？将心比心。我是国内最好的操盘手，没有之一。这个博客收过你们一分钱没有？我每天在电脑前看盘时间超过10小时，我获得的荣誉都沾满我的汗水，没有一丝一毫是从天而降的。多余的话不想再说，2500点后我逐渐退出市场，2800点后我永远退出股市，因为多么心胸广阔的人也无法承受那么多压力。当一些该死的人被机构和其余伪劣高手欺骗得一无所有后，才会想起我的好，可惜，大哥不会再回来管你了。

大盘依然走得很健康，春节收市前不会出现下跌，只会不断地涨，2800点下没有大战事，只有不断的震荡，春节后第一和第二个交易日需要注意银行股的调整。我会每天谈及资金流，但是不会多谈及股票，既然有人有怨言，那就自己玩儿吧，看你是否可以靠自己战胜市场。

银行股主动调整，后市更为乐观

（2013-02-07）

今日大盘在银行股调整的带动下，出现下跌，收盘跌15.95点，成交1093.35亿元，收2418.53点。盘中最多时跌了40点，民生银行领跌，整个银行股跌幅居前。智慧城市、农业、环保、食品类股票上涨。

我昨天刚刚谈及汽车服务类股票，今天油品质量升级就展开。可以说此类股票将成为短期的盘中热点，由于我国一些省份出现了较为严重的空气污染情况，与油品质量有很大的关系，因此油品升级势在必行，且关乎全国有车人，那么市场可谓潜力极大。而我昨天还谈及软件股，今天软件股继续上行，可以说资金流真的是天下无敌了。今天我全天没看盘，手中两只股票，1只涨1只小跌1%，而两天下来的利润则分别是6.6%和3.9%，完全跑赢大盘，其中1只盘中两个交易日超过11%，我暂时都持有，满仓过春节。

实际汽车服务类股票并不多，只要仔细查找很容易找到，符合汽车尾气排放标准的成品油生产商中石化、中石油、上海石化、辽通化工；油品脱硫催化剂生产商三聚环保；汽车质量测试平台龙头的中国汽研；改善汽油车尾气排放的异辛烷生产商海越股份以及改善柴油车尾气排放的车用尿素溶液生产商四川美丰。我相信我没找出前，没几个人做这个基本功课的，市场永远属于未雨绸缪的人。而软件股的崛起是因为软件股到达了业绩拐点，且市盈率从45倍以上滑落到30倍一线，因此可以多加注意，尤其是跌幅巨大的软件股。

今天银行股的主动调整带有两种意味：第一，的确指标过高了，尤其是本轮银行龙头民生银行，从每股不足6元起步到达11.91元，283亿股总股本的巨无霸翻倍了，不调整一下是不可能的。第二，春节前调整，就避免了春节后第一个交易日大盘大幅波动，从历史上看，数次大调整都处于银行股拼命拔高的时候，而此时银行股选择回调，对未来大盘攻克2500点有很强的指导意义。银行股的总体市盈率依然在7倍以下，因此现在就是调整，而不是大盘上涨结束。当银行股市盈率接近10倍的时候，大盘则在2800点以上了。对于大盘还是以前的一句老话：“2800点下没有大战役，只有剧烈震荡。”今天看似最多跌了 40 点，明天可能随时涨 40 点。

如果银行股明日开始横盘小涨，春节后的形势则很乐观，现在应该拿住好股票做一下小中线甚至中线了，毕竟很多股票市盈率都很低，远远低于其增长速度，这肯定是不正常的。现在应该耐心点了，选择出好股票做稍微大些的波段。明天是春节前最后一个交易日，该出局的资金今天都出局了，明天大盘会再次大涨，就看能否突破 2450 点了。

新年快乐

（2013 - 02 - 08）

今天是春节前最后一个交易日，也是股市送红包的时候。跟大家一起奋战了一年，收获很多。感谢大家对我的支持，在新年之际，祝愿大家身体健康，阖家幸福。

闲　聊

（2013 - 02 - 11）

今天是大年初二，终于能休息一下了，上来和大家聊会天。今年的行情的确不好做，虽然大盘涨了接近 500 点，但是很多人不但没赚钱，还亏了不少钱。亏钱的人主要有三种：第一种就是踏空后高位回补，一下跌又出局的，经过几次追高和杀跌，损失不小。第二种则是完全没有踏准节拍。不断追逐热点造成的亏损。第三种则是套得太深了，大盘涨了 494 点，依然没有解套。而从随机抽查的结果看，超过 70% 的是踏空了，而没解套的人占据了 20% 以上，可以说这个市场从 1949 点上来到现在赚钱的人只有 10% 左右。这个结果基本相当于熊市的胜负概率了。

有不少朋友问我：“大哥，银行股走得不错，为什么你不谈呢？”实际上银行股中除了民生银行外，平均涨幅也就是 30%，而如果从 1949 点上来到春节前拿的是次新股，平均涨幅为 50% 以上。其中多只已经翻倍。那么我不可能放弃 50% 以上的去让大家追逐 30% 的吧？还有就是提这样问题的朋友没有去看过我今年 1 月 1 日的博客，实际上我的前瞻性很好，大盘也基本在按照我年初的思路走。银行股还没有到整体大幅启动的时候，那么 2800 点以上就是银行这类大象起舞的时候了，现在还不是时候呢。

今年进入市场的大多数是新散户，普遍没有基本的操作常识，更别说能进行有效的基本操作了，很多人不是追高就是踏空。2005～2007 年曾经跟随过我的老股民从 1949 点跟到现在，受益大多超过 50% 了，这是个很正常的操作。而 2011 年跟上我 2 年博客的人，我看到过最多的是 38 万元到达 180 万元，也就是 2 年 370% 的利润。去年 3 月初跟上我博客的一位朋友资金从 20 万元到达 72 万元，11 个月 260% 的利润。而从 1949 点底部上来的翻倍账户起码我见过超过 20 个，唯一相同的一点都是老股民。这些人我都不认识，完全是参考我的博客后进行操作的。这就说明依靠我这个免费的博客，你完全应该跑赢市场，而不该不断抱怨。我多次说过，这个市场是胜者王侯败者寇的市场。大哥好不好，就看赚不赚钱，不赚钱说什么都没有用，赚钱了说什么都可以。从 1949 点上来，这个免费的博客为你提供了 100% 准确的个股思路、100% 的板块资金流向、100% 的大盘准确率。那你还要我如何呢？至于你的操作我不做评论，因为你赚了钱我既听不到掌声又没给我个回扣，那么你亏了钱我也不愿听到你的谩骂和无助。在当前的社会里，我还能在这里免费的提供对市场的判断，我觉得已经足够了。“己所不欲，勿施于人”的道理大家都懂。

2007 年我红遍中国，当时每天有超过 150 万以上的人浏览我的博客。可以说当年我帮助过的人超过千万，也造就了哥迷千万的奇迹。全世界只要炒中国股票的人就没有不认识“带头大哥 777”的，也没有人不知道在下只有网易这唯一一个博客的。总会有人写信给我说看我的文章怎么样怎么样的，后来我才知道，他看的根本不是我的博客。现在外面用我名字做 QQ 昵称的超过 1 万个，用我名字做 QQ 群名字的起码过千个，用我名字开博客的起码过千。对此我无能为力。

只能重申一遍：本人没有 QQ、QQ 群、圈子等任何牟利的通讯工具。除了带头门人一个小学生外没有所谓的学生、会员，不接受媒体采访，没有任何代客理财项目，不做任何节目嘉宾，不做任何私募或公募基金的基金经理，不为任何性质的资金服务，不为机构或券商服务，本博客不接受任何广告，我不会收散户一分钱。因此只要有人冒充我让你加入，并且进行收费，请你直接报警。本人只有网易这个唯一博客，以及博客左上角的网易和新浪微博，其余任何博客、微博均是假的。而且我的博客由于博友早就超过限制，所以只能是你加我为博友，而我根本无法先加你做我的博友。因此如果出现有人冒充我加你为博友，就一定是假冒的，如果上当请自己负责。

我之所以把自己倾注毕生心血的最高端技术《资金流》写出来，就是因为我要退役了。我做了 24 年股票，真的做够了。随着年纪的增长，越来越感觉力不从心。毕竟这个行业中的主操盘手 35 岁就属于高龄了，而 40 岁的我已经超期服役了。

这个市场早晚是你们的,而不是我的。当我发行《操盘之王》系列技术书的时候,是在教授大家如何去对付这个残酷的市场。而现在的《资金流》则是我技术中的最高端了,我无法保证每个人都能灵活掌握。如果想把《资金流》搞明白,首先要先把《操盘之王》系列全部弄懂。否则没有基础就直接奔高端技术去,是不可能熟练掌握的。有朋友问我:“大哥,资金流光盘和资金流图书,有什么区别?”我觉得区别肯定是有的,毕竟视频是立体的,更直观。而且有我每天对资金流的判断,还有就是随时对你的疑惑进行解答,可以说基本你的思路和我的思路是同步的。大家都知道我的性格,不让你弄明白,我自己都不会罢休。而图书我是无法做到事必躬亲的,只会针对大家都有疑惑的部分进行说明。毕竟一本书几十元钱,更多的要靠你自己去领悟。而限量版光盘虽然价格稍高,但是贴身交流,也是大家最想要的东西。对于5万元以下资金和1年以下股龄的朋友,我建议你买我未来发行的《资金流》图书。而对于资金大些的股民,有1年以上经验的我建议你买光盘,毕竟无论是收藏还是学习技术,都是很值得的。10万元亏一次都上万了,而光盘上的花费只有几千元而已,孰轻孰重自己分辨吧。我的作品历来都不愁卖,也基本不怎么宣传。你随便跟对一次资金流都有上万的利润了。

强力关注次新股的再次发力

(2013-02-18)

大盘依然很健康,该调整调整,该上涨上涨。而且IPO短期没有开闸的风险,市场会继续牛下去。

短线看资金流入很明显在次新股上,尤其是业绩好、低市盈率的0026打头的没有解禁限制的股票上。如002692远程光缆,市盈率不足20倍;002681奋达科技,市盈率不足20倍;002701奥瑞金,市盈率不足19倍;002620瑞和股份,市盈率不足25倍。均远远低于它们的同行业平均市盈率最少30%,而它们却是次新股,含权、盘子小、没有套牢盘和解禁压力,怎么说都不该依然趴在底部,这也是为什么众多资金不断进入的原因。而且此类股票经过前面一轮上涨后,调整全部完毕。今天纷纷开始攻击前期高点,且呈现整个板块上行。

我年前以及初二的文章已经明确告诉大家,资金就在次新股和低价低市盈率股上面,而今天次新股再次启动。3月底前002600后的品种80%以上会从最低价翻倍。我们拭目以待吧。

次新股一枝独秀，普跌中一如继往

（2013－02－19）

公积金政策收紧对地产股是直接打击，变相也影响了地产的相关行业，水泥股大跌、建材股跟风下跌。而股票类基金仓位超过89%，也引发了银行券商的杀跌。加上平安银行和民生银行涨幅均过大，对银行股的杀跌起到了助跌作用。

而次新股则一枝独秀。大盘明显出现再次转换，小盘股经过比较彻底的洗盘后，从昨天开始再次焕发了青春。我昨天博客写得很清楚了，现在资金就在价值低估的次新股上，尤其是0026以后的次新股。由于此类股票上市大多生不逢时，纷纷跌破发行价。而经过上轮普涨后，资金只专门打了几只，因此造成几十只股票没有资金关照。随后第一轮次新股炒作结束，纷纷步入调整。而调整后开始有部分主力再次进入，业绩好有题材的次新股才成为真正的强者。我昨天谈了4只。其中002692远程电缆，市盈率不足20倍，而同行业股票都在30倍以上，肯定是被极度低估了的。另外其还有核电概念和智能电网概念，更使其低估严重。加上该股含权，有3.77元的每股公积金和1.31元每股的未分配利润，当然再加上今年的业绩就是2元多的未分配利润了。一个4500万股的小盘核电智能电网股，现在的价格被低估得过于明显了。002681奋达科技，音响及美发电器行业股，市盈率不足20倍，无论对比小家电的40倍市盈率还是音响类股票35倍市盈率都明显处于被低估状态。再加上3800万股微小流通盘，不到11元的价格，大量的公积金和未分配利润，都显示其未来有更广阔的上升空间。002701奥瑞金，年初的两大夺命金之一，主力一直长线运作。基本面和技术面我分析得已经很清晰了，这里不多说了。目标依然是我以前说过的翻倍，也就是34元以上，而且是3月底前就能到达。002620瑞和股份，室内装修股，对比其众位大哥洪涛股份、江河幕墙等33～50倍的市盈率，其区区24倍市盈率是否低估得太过分了呢？除权后一直趴在底部，一旦启动，必然填权。以上4只股票均属于含权，有送配可能，价值最少被低估30%以上的小盘品种。如果此类股票都不能走出波澜壮阔的大行情来，本轮牛市我看也就别炒什么了。毕竟业绩是永恒的炒作题材，送配是永恒的炒作手法，盘小是永恒的炒作思路。

我前面的文章多次谈过，到现在位置，场内的存量资金占据多数，1000亿～1500亿元日成交的水平根本无法撼动大蓝筹股，甚至连二线蓝筹股都无法整体启动。而次新股则只需要日成交800亿元以上就能走出整体翻倍的行情。同样，只有让次新股,尤其是崭新崭新的次新股,也就是0026以后的品种向上拓展空间,才能让其余二线蓝筹有上升的空间。然后二线蓝筹股上冲后,大蓝筹股才会成为场外更庞大资金的目标。QFII实际一直玩得很好,而国内资金的急功近利除了让自己的资金缩水和技术上自取其辱外,就没有别的了。今天大家也看到了,如果买银行、券商、黄金、有色、地产、水泥等都是大跌,都会亏损。而买的是次新股的话无疑都是赚钱的,起码不亏钱吧。我上午10点41分发出的博客,我谈及的这4只次新股都是今天的绝对低点,可以说只要当时进入到收盘都是赚钱的,这就是水平了,而至于你守不守得住则是你自己的问题了。

大盘走到今天依然是健康的,恐惧大盘下跌的人大多是没本事的人,这样的人熊市会输,牛市也一样输。我多次说过,看对板块做对个股远比看明白大盘要重要。何况国内从1949点满仓杀上来的所谓成名人物只有在下一个,基本大部分的踏空了,其余小部分的买错了股票。市场很公平,你有多大能力就能展现出来多少。熊市中能坚持过来的是好汉,牛市中能大赚特赚的是英雄。

现在的大盘该涨的时候就涨,该调整的时候就调整。但是波动也很大,另外一旦踏错板块就面临大幅亏损,这也是无奈的事情。我只能把自己的观点写在这里,无论你喜欢还是不喜欢,我只能做这么多了。2500点上我会逐渐脱离市场,2800点上我彻底退役。我也说过,今年这轮牛市是我股票生涯的绝唱,我只是希望谢幕的时候能有更多的掌声。至于名誉、地位、财富等等早就是过眼云烟了,我不在乎,也不在意。只有无能的人才不会被议论,有能力的人永远活在风口浪尖。大盘今天跌了,跌了又能怎么样,我的次新股照样一枝独秀。慢慢学吧,技术无止境。

又到进货时

(2013-02-19)

大盘跌得差不多了,别指望跌到20日线。又到了进货的时候了,次新股依然是热点。至于该进什么样的次新股,昨天的博客说得很清楚了。

踩均线重回升途，次新股大放异彩

（2013-02-20）

今日大盘连20日均线都未踩到就开始重新走回上升的趋势。到收盘涨14.26点，收2397.18点。盘中医药、次新股领先，其中我极度看好的002600以后品种大放异彩，数只此类股票突破前期高点，甚至突破历史高点。资金流依然天下无敌。

大盘今日收盘前20日均线一直在2365点，收盘后才上升到2370点，可以说我昨天上午提示的连20日线都无法击穿是完全准确的，而当时提出的介入次新股更是准确无比。今日次新股整体启动，尤其是002600以后走得最凶悍，其中超过10只突破短期高点，还有几只竟然突破历史高点。根据我的技术中一旦突破历史高点，股价向上运行20%～25%的操作规则，此类股票的上升空间已经完全打开。我昨天提及的4只低估次新股，其中002692远程电缆今天突破前期高点，明日将挑战历史高点。002681形成2阴夹1阳的攻击趋势，明日将攻过前期高点。002701奥瑞金昨天竟然没跌，今天则继续上涨，其将继续翻倍之路。002620瑞和股份只回踩了一下5日线，已经确认底部，明日也会挑战前高。可以说以上4股，如果昨天是按照博客发布时间进入，盈利均超过3.5%，这样的行情是非常不错的收益了。毕竟昨天大跌，今天只涨回来不足昨天下跌的一半，而且你只是靠着我这个免费且公开的博客就能赚钱。次新股的第二轮上涨已经开始，小中线对待吧。

很多时候，我也很累，有一些体力不济，更多的是看着一些新手在操作上手足无措感觉到无奈。我每天只要不是因生病爬不起来都会把博客写下去，因为我知道有几十万人等着我的文章，所以不敢有丝毫的懈怠。但是有的时候面对众多无助的散户我真的心有余而力不足，这也是中国股市的悲哀，因为没有长期的牛市，每次大盘开始转暖都有无数毫无操作经验的朋友进场。这肯定是不理性的。而无论这些人多么不理性，只要他们看我的博客，就是我的粉丝，我就有义务去帮助他们。至于能帮助多少，只能看自己的造化了，因为我也有不管的权利。在我的字典里，没有尽力而为，只有全力以赴。这也是为什么我比别的市场评论者更累的原因，我的负责带给了我太多的压力。

我在1949点就说过牛市已经开始，也说过2800点下没有大战役只有不断向上和调整，还说过6月底起码见2800点～3200点。这些都会被市场所验证，反正时间不长，我们慢慢看就是了。当然2800点以上也是我退出股票市场的时候，我只是希望2800点下我的技术能带给大家更多借鉴和收获。

大盘依然健康,个股则完全按照我的判断在走,很多资金进场后多次碰壁,发现还是跟着我的思路是正确的,因此也改弦更张攻击次新股板块。而我在春节前就判断出次新股,在前天和昨天的博客明确指向002600后的次新股,这就是技术的力量了。这个市场先判断出来的叫创造,今天再说就是翻版,而且属于那种马后炮。我无意抨击别人,因为从1949点我是满仓杀上来的,而那些人是踏空的,技术差别已经很明显了。而现在市场热点散乱,只有我这样的快人一步的思路,才能立于不败之地。

抓住次新股的第二轮攻击,因为现在唯一能持续的热点就是次新股,同时也只有次新股才具备整体大涨的能力。

借助利空洗盘

(2013-02-21)

昨天地产"国五条"公布,早盘地产、有色金属、银行、券商、钢铁、煤炭全部大跌,大盘已经跌了40点了,只有次新股走势平稳,其余板块满盘皆墨。地产股招保万金由于是央企,有利空出尽的意思,所以开始上拉。这2天地产股一直有资金出逃,"国五条"应该是提前泄露了。

成交量没有放大迹象,大盘没什么大问题。像"国五条"这样的外界利空对大盘影响很大,也不是技术所能衡量的东西,但是选对板块还是完全可以跑赢大盘的。另外2450点久攻不破,也是散户感觉大盘要见顶而出逃。加上3月初就开"两会",而历史上看大多数大型活动时大盘都下跌。但是大家要注意,这次是换届,我觉得大盘反而会涨。

大盘现在跌40个点,我的次新股四大金刚都是赚钱的,这就是技术差异了。

20日线虽然现在被破掉,但是不会被有效击穿。

最后再说一句,现在最安全的就是次新股,而次新股中002600后的品种就是资金不断进入的品种。现在大盘跌了这么多,002600后品种30%上涨,而两市个股只有10%左右上涨,资金流向已经很明显了。

冷眼旁观

（2013 - 02 - 21）

今日大盘暴跌 71.23 点，收盘 2325.95 点。盘中最低探至 2309.17 点，最多跌了 87 点，跌幅接近 4%。股指期货的空头疯狂杀跌，权重股全线下挫，其中银行、地产、券商、煤炭、有色金属、钢铁等大蓝筹领跌。盘中用风声鹤唳形容并不为过。两市中唯一上涨的板块只有“喝酒吃药”了，另外次新股，尤其是我谈及的 002600 后的次新股以 100 只中 23 只上涨而领先整个市场。

我多次说过，大跌就是股票好坏的试金石。今天上午我在 10 点前发博客，再次提醒大家现在唯一能跑赢大盘的就是 002600 后的次新股。而从实战上看，如果昨天按时进入，今天跌了 71 点依然还有利润，这样的股票就是好股票。逆市拉升的股票并不是多么好的股票，因为会面临补跌。随大盘而动，下跌幅度低于大盘或者接近大盘的，都说明有大主力在场护盘。另外当大盘跌破 20 日和 30 日线时，能坚持站在 5 日、10 日和 20 日线上的股票就是好股票。这个大家要注意。

股指期货的空头今天尽情发泄，借助“国五条”以及券商股的利空，对大蓝筹股进行了垂直打压。点位下得非常快，无论散户还是机构均很难适应。春节过后 4 个交易日跌了 136 点，跌幅超过 5%，调整得相当猛烈。由于看我博客的人大多数持有的是次新股，可以说这 4 天下来保持不亏或者小赚，但是外面已经叫苦连天了。很多煤炭、有色金属等股票 4 天跌幅超过 20%，多的超过 30%，相当恐怖。这也说明能准确的预判资金流向是多么重要的事情啊。时间和事实是检验真理的唯一标准，我的操作是否完美，时间已经给出了答案。市场就是如此，白字黑字，认赌服输。当然这 8 个字对于我和我的粉丝来说就是“一场大跌没咋地”。市场快速向上的时候我要争取最大的利润，市场快速下跌的时候，我要保持好自己的资金和仓位，这才是大家风范。

融资融券品种今天悉数被做空，这也是抛盘为何那么沉重的原因之一。我上午谈到，从历史上看，一旦有重大事件的时候，大盘均大跌。如国庆 60 周年、香港回归、奥运会什么的，而这次我觉得不会出现太大的下跌。因为这次“两会”面临换届，稳定是压倒一切的任务。而且今天的大跌并未出现跌停的股票，成交量也没出现大幅增加。我满手次新股，坐山观虎斗。按照我现在的收益情况看，现在浮盈虽然不多，但是就算明日跌破 2300 点，我也没多大损伤。而经过今天的杀跌后空头却没敢大幅增加空单，那么明天就该反弹了。毕竟现在市场不过才上涨了 400

多点，调整很正常，说行情终结了还为时过早。因为大盘毕竟跌了 5 年了，而且 IPO 开闸到现在也只是传说。另外“两会”换届是否更换证监会的领导人都是不确定的事情，指望大盘现在就是头部无疑是痴人说梦。

我昨天博客谈到，无论大盘如何，选对板块和个股才是盈利之道。大盘就是上了天，你亏了钱也照样是输家。大盘就是入了地，你赚钱的话还是强者。今天大跌 87 点，4 天累计跌了 136 点，次新股却赚钱，这就是能力的体现，也是资金流的能耐了。今天也给了众多踏空者一个很好的进场机会，但是介入板块要小心。我以前的博客实际多次提醒过大家，现在的资金根本无法支撑大蓝筹行情，甚至连二、三线蓝筹行情都无法支撑，而爆炒次新股却完全可以。一个 ST 股鸡犬升天的市场，所谓的价值投资就是个笑话。我会一直短线和小中线投机，而且坚决投机到底。

在股市中，要有快人一步的思路，也要有坐山观虎斗的闲暇，更要有冷眼旁观的心态。放松，才能取得更好的业绩。

转融券击倒大盘，次新股再战江湖

(2013 - 02 - 23)

大盘承继周四下跌，再跌 11.79 点。盘中触及 2308.76 点，成交缩小到 875.8 亿元。收盘 2314.16 点，一周跌了 136 点，跌幅超过 5.5%，食品饮料继续上涨、传媒股上涨，军工股有再起一波的趋势。黄金股有色金属股反弹，次新股远远跑赢大盘。

本周大盘在股指期货空头打压下，跌幅较大，速度也很快。依然属于牛市初级阶段的逼空上涨、快速回调的范畴。次新股在本轮下跌中明显抗跌，跌幅远远低于大盘同期走势，一旦大盘开始继续上行，次新股会表现得更出色。另外转融券于本月 28 日推出，也是本次调整的一个重要原因。标的虽然只有 90 只，做空市场的能力将更强大，而现在必须远离融资融券和转融券标的品种。次新股则恰恰不属于此类品种，而且年报大多集中在 3 月底和 4 月初推出，业绩浪的炒作随时会开始。本次下跌如果选择的是次新股，就算一动不动，损伤大多也就在 1% ~5% 之内，远远低于大盘的跌幅。实际大家仔细观察，超过 30% 的股票一周跌幅分别在 15% ~30% 之间，10% 以上的股票跌幅超过 20%，对于很多投资者来说，基本吞噬掉了从 1949 点“解放底”上来的全部利润，这就是选股的差异了。

大盘跌势已经趋缓，而下周将开始继续上涨。我多次说过本次“两会”不但不会跌，反而会涨，因为面临换届，很多利好会集中推出。另外中日关系一直紧张，对于军工企业和核电能企业会有推动作用。操作上注意此类股票的机会，但是一定要集中在次新股上，而不是蓝筹股。由于转融券对市场做空机制又增加了一个砝码，因此空头手上再添利器，对散户更加不利。但是只要我们不介入转融券标的品种，就不会有太大损伤，也就是说现在只能在中小盘股上寻找机会，任何参与蓝筹股都是错误的操作。本周我满仓小中线操作，坐山观虎斗，冷眼看股市。大盘跌了136点，我的损伤很小，下周大盘一回暖，我的利润马上就上去了，所以我根本不急。现在的我就如2000点下的时候，就地趴下，在很多人损失超过15%的时候，我只有几个点的损失，这账怎么都算得明白。

我坚守自己的小中线，只在次新股上寻找机会。从操作历史上看，我的操作从来没出现大问题，这次也不会例外。下周开始年报纷纷出笼，含权的次新股将风云再起，我耐心等待着。

洗盘基本结束，展望两会行情

（2013-02-25）

大盘今日止跌企稳。盘中我以前提到的水务概念大放异彩，创业板、次新股板块上涨。大盘调整已经完毕。由于“两会”即将召开，而本次“两会”涉及换届，从历史上看，历来换届的年份市场大多出现上涨。我依然坚持大盘在6月底到达2800点~3200点的观点。

早盘两大油拉升，尤其中石化大涨，很多朋友问我是不是出货的前兆，实际仔细分析一下就明白了。大盘跌了136点，本身处于调整低位。而两大油受涨价影响，且大盘本身在调整后的低位，中石化一般在牛市初期本身也是起到冲关和稳定大盘作用的。上一轮牛市中石化市盈率最高达到过30倍一线，而就算现在市值全流通了，那么算成15倍吧，还能涨大约40%才到达所谓的泡沫区。因此中石化现在启动根本不是什么出货前兆，恰恰是大盘再次启动的征兆。而如果大盘冲击到2800点以上的话，实际只需要中石化再涨不足20%就足够了。因此现在位置拉升两大油都不是出货的特征，而是再次上涨的开始。

次新股表现得非常好，大盘下跌抗得住，上涨涨得快，完全跑赢了大盘。今天创业板上涨，但是跟风盘稀少。而一旦次新股启动，凭借其含权、盘小、题材好和价格低等优势，必然是整体启动，而散户也愿意跟进。所以，现在只需要满仓次新股，尤其是买入002600后的品种就OK了。

昨天食品饮料走得不错，今天就跌了下来，一日行情太明显了，这也是现在所有资金都无奈的地方。由于热点过于散乱，且做空机制越来越有利于主力资金，散户无所适从。那么我就再说一次，也只再说这一次，找个 20 倍市盈率以下的、流通盘 8000 万股以下、低于同行业市盈率 20% 以上、16 元/股以下的品种，中线持有，你就可以战胜市场。

大盘走到现在没有任何问题，只要选对板块就可以大胆操作。而新的一轮上涨热点就是次新股。

一个人跳舞

（2013 - 02 - 26）

今日大盘跌破 2300 点，收盘再跌 32.48 点，成交 1059.17 亿元。盘中除了医药和传媒板块上涨，其余均告下跌。很多人开始害怕，有说头肩顶成立的，有说牛市结束的，散户心理跃然纸上。

我不想多说什么，我只想告诉大家，这就是对前期上涨的一次修复，一次股指期货空头导演的杀跌而已。请喊空的人闭嘴，大盘涨了接近 500 点，调整个 150 点有什么稀奇的？你们踏空了 500 点，现在跌下去 150 点你们敢进场吗？大盘的杀跌由大盘股主导，因为转融券的原因，杀跌更为猛烈，但是次新股的跌幅却远远低于大盘的跌幅，很多好股票照样处于上涨状态，很多好股票市盈率依然不足 20 倍，可是它们的增长却是翻倍的，大盘的成交量也没有放大的迹象，可以说害怕的早跑了，像我这样在大牛市中坚守着，根本没准备跑，而且持有的股票也没跌几个点，从 1949 点上来，我的利润翻倍了，现在跌了 150 点，我损失几个点而已。随便涨个二三十点以上，我马上赚钱。有什么好害怕的？我再重复一次，今年 6 月底大盘必然见到 2800 点 ~ 3200 点位置，今年“两会”只会上涨不会下跌，后面会有更多的利好出现，现在才跌了 150 点，你们到底在怕什么？

每次大牛市的初期，都是我一个人的舞台，也只有我一个人在跳舞，我也习惯了如此。投机市场历来真理掌握在少数人的手中，就如我在 1949 点满仓杀上来一样。

大盘最多能跌到 2280 点，本月最后两个交易日必然有一根 30 点以上的大阳线。而从这次调整底部再次冲到 2450 点一线的时候，热点就是次新股，而且是 002600 后的次新股，“两会”以后，次新股的抢权和填权行情开始。

飞云当面化龙蛇，夭矫转空碧

（2013-02-27）

今天的博客标题出自秦观《好事近·梦中作》，大概的意思是只见飞云变幻着各种形态，竟像龙蛇一样，碧空中飞舞。“夭矫”二字，写出龙蛇盘曲而又伸展的动态，极富于形象性。“空碧”即碧空，因押韵而句法倒装。碧空万里，龙蛇飞舞，这个景象煞是壮观，它象征着词人梦境中获得了一刹那的精神解放。

大盘开始反弹，最高涨了31点，收盘涨19.88点，收2313.22点，成交882.63亿元，5日线被收复。昨天证监会连夜推出三大利好。第一，住房公积金准备入市工作启动。第二，增加1000亿元给台湾地区RQFII。第三，放宽券商业务范围。大盘今天应声而涨，不但是政策面的利好，还有本身调整已经结束的原因。个股普涨，其中证券股领先。同时由于“两会”将近，管理层维护市场稳定的意图明显。资金大肆在次新股上建仓，另外由于地产被严控，因此资金有向与房地产调控预期无关或影响较小的行业，如食品饮料、医药、环保、政府订单回暖相关的水利、电网设备等转移的迹象。因此应多加留意。

大盘跌了150点，我死守4只次新股，尤其002600后的品种，今天1只最高冲了接近9个点，收盘也涨了5%以上，另外2只也都跑赢大盘。可以说我完全可以在高位出局，但是我选择坚守，因为这几只票都是不可多得的佳品，远程电缆属于核能及智能电网行业，奋达科技属于小家电及音响行业，奥瑞金属于防塑化剂的食品饮料类股票，瑞和股份属于建筑装修及美丽中国概念。而且它们的共同点就是业绩优良、题材好、远低于它们的同行业平均市盈率30%以上、有送配潜力以及极低的市盈率。如果这类股票的市盈率依然停留在22倍以下，甚至20倍以下的话，指望大盘能不断上涨就是不可能的事情了。连如此优良的小盘股都不能大涨，那些大蓝筹就只能“身未动，人已远了”。同时由于做空的工具越来越多，那么次新股并非融资融券以及转融券的标的物，自然可以不受其束缚，而走出独立上行的走势。同时“两会”期间会有更多的利好出台，而3月开始次新股的年报开始公布，炒作送配的行情就该开始了。由于场内资金不足，无法整体启动大蓝筹，甚至连二线和三线的蓝筹股都无法启动，而拉动次新股翻倍却不是什么大的问题。也只有炒作次新股的抢权和填权更能带动散户进入的冲动，而一旦次新股成了势，场外资金不断涌入，才能带动二、三线蓝筹启动，而后带动大蓝筹动作。一个没有盈利效应的市场，肯定不会吸引资金进入的。市场实际从来都不缺少资金，缺少的只是管理层对市场稳定的呵护和赚钱的示范效应而已，对此我并不担心。由于今年6月底后全流通的时代才开始来临，只要政策做多就势不可挡，我借势就是了。

飞云当面化龙蛇，夭矫转空碧。连龙和蛇都知道有张有弛，难道作为人都不知道吗？大盘猛跌的时候，只需要耐心点就可以了，毕竟我手上的都是好股票，就如从2100点一线，我知道底部已经快到了，就开始不断向下买进金岭矿业，从10元一线一直买到8元多。而大盘也是跌了150点后才确定了“解放底”。大盘开始启动的时候，该股票冲得最快，大盘涨到2300点的时候，该股已经冲上14元。我的坚守换来了65%的利润，这就是个人的能力了。而这次又是150点的下跌，我则死守4只002600后的次新股，从现在看，大盘不过反弹了不足20点，我已经是1只盈利，2只微亏了。当大盘再次冲击2450点的时候，恐怕我的利润要过20%了。很多人总去骂市场，骂主力，实际是最没本事的人了。我敬畏市场，我也清楚地知道如何可以战胜市场。很多时候，扛得住就是盈利的基础。由于在2500点上我开始逐渐退出市场，因此我现在会不断地教授大家一些本领去抵御市场。至于谁能学得会，谁学不会，就不是我能控制的了。

我昨天就说了，大盘的调整结束了，后面的上涨会更猛烈。大盘经过第一轮逼空上涨后，现在应该处于稳定缓缓上涨期间。而过了3月后，第三轮的上涨将更加猛烈。市场好的时候，就该凶猛的操作，获取更多的利润。而市场不好的时候，要扛得住才行。另外选股很重要，选对股票在下跌中的确可以跑赢大盘。选错了的话，本次下跌中跌了20%以上的股票还少吗？

耐心点，兄弟们。1949点都挺过来了，都赚大钱了，现在还有什么可怕的呢？自己吓唬自己就不值得了。拿好你的次新股，等待着它们的大爆发吧。

实践是检验真理的唯一标准

(2013 - 02 - 28)

大盘如我前天说得一样。一根30点以上的长阳，最低也没破2280点。次新股跑赢大盘。今天收2365.59点，大涨52.37点，成交放大到1159亿元。证券股、银行股、次新股、美丽中国概念领先，大盘站上除20日线外的全部短期均线。

我的操作依然完美，扛过150点大跌，今天4只次新股都盈利不少。按照今天收盘指数看，还是跌了80点，我却是盈利的，很多时候就是这样，说什么都没有用，赚钱就是真理，实践就是检验真理的唯一标准。该踏空的人依然踏空，因为他们等着更低的所谓2250点呢，恐慌的依然恐慌，基本都是追高后低位割肉，谁都没办法。现在的市场涨得凶，跌得狠，只要踏错一步，万劫不复。我依然坚持自己次新股的判断，毫不动摇，等待2450点和2500点的到来。

别被银行股和券商股短期走势所迷惑，市场资金现在不足。只要沪市单日不突破1500亿元，二线蓝筹股就不可能整体启动。只要不突破1800亿~2000亿元，大蓝筹启动就是真实的谎言。次新股在本次大跌中表现非常出色，跌幅不足8%，而很多蓝筹股跌幅已经超过25%，连如此强势的民生银行都跌去20%，就别说那些弱势的品种了。因此，一定要坚持在次新股上，尤其是002600以后的品种上，才是正确的选择。

我在前天的博客《一个人跳舞》中明确写道："大盘最多能跌到2280点，本月最后两个交易日必然有一根30点以上的大阳线。而从这次调整底部再次冲到2450点一线的时候，热点就是次新股，而且是002600后的次新股，'两会'之后，次新股的抢权和填权行情开始。"现在看是完全准确的，跟着我博客的朋友相信今天也品尝到了赚钱的甜蜜，这就足够了。

我耐心等待2500点、2800点、3000点的到来，因为该来的一定会来。你可以害怕，但是大哥我是满仓等着第二轮大涨的。这个市场永远属于我这样有准备和有技术的人。

资金流横行天下，次新股逐鹿中原

（2013-03-01）

今日大盘调整一天，盘中最多跌了35点，收盘小跌6.09点，收2359.51点。成交1115.31亿元。沪指依然没有收复20日主力生命线，而深指表现强劲，收盘已经在20日线附近。盘中环保、水务、医药、美丽中国等板块上涨。次新股大放异彩，其中002600后品种90%的股票处于上涨中，次新股抢权和填权在3月的第一个交易日拉开了帷幕。从1949点以来我的判断100%准确，如此行情难能可贵。

大盘现在处于调整后的第二轮冲击开始，而本轮的明星非次新股莫属。我前面的博客文章多次谈过由于场内的资金不足，根本无法撬动大蓝筹股，甚至连二线和三线蓝筹股都无法撼动。那么只有启动次新股板块，让次新股这类有业绩、含权、适合炒作的品种多只翻倍，才能引发场外资金的进入。单单依靠拉抬银行、证券等大蓝筹是不行的。从历史上数次牛市来看，都是权重股搭台，次新股唱戏。当次新股完成50%以上股票翻倍后，二线和三线蓝筹大幅启动，最后是大蓝筹疯狂上涨，行情终结。现在可以说连次新股都没整体启动呢，大盘蓝筹股更是没怎么涨，行情肯定就没有结束的可能。今年与历年都不相同，主要受到三个因素的影响：第一，做空工具除了股指期货和融资融券外又加上个转融券，对权重股的打压过于肆无忌惮，有些时候完全扭曲了这类股票的正常价值。第二，今年6月底后，中国股市变成了真正意义上的全流通市场，市值陡然增加一倍，就算一些大蓝筹股也不可能进行套现，但是增加的市值也起码高达30%左右，换句话说，我们如果与整个外围市场持平市盈率的话，现在沪市实际已经是30倍了，如果只计算30%左右的扩容市值，那么我们的市场现在的市盈率换算成全流通就是22~24倍，还是高于全球正常各国股市的20%~40%，就因为我们现在不是全流通，因此我们现在的15倍左右才有上升空间。可以说按照这个数值去推算的话，6月底我们市场到达30倍，也就是还能上涨大约25%~35%，大约2948点~3184点一线，都属于正常。而超过3200点后就有泡沫存在。这也是我为什么推算6月底我们的市场将到达2800点~3000点之间，后来修正到2900点~3200点之间的原因，完全是市场估值的计算。第三，IPO的重新开闸。IPO排队的已经接近千家，不可能无休止地停下去。管理层昨天辟谣说"短期IPO重启没有时间表"。说实话，我很想知道，什么时候官方承认过停止IPO啊？按照管理层的一贯行为推算，4月份肯定IPO重启动不了，更可能的是7月或者8月启动。那么也为市场主力在7月前疯狂做多提供了有效时间。这也是为什么我极度看好7月前牛市的原因。IPO重启并非不可以，关键是这些排队的企业业绩根本不行，到现在恐怕超过90%的上市公司都是为了圈钱而来，那么如何让股民做长期投资者呢？

我上面说了很多不利因素，同样有利因素也有三点。第一，恰逢换届，新的领导班子最近推行的一系列刺激经济手段都有效果，可以说新的领导班子对经济还是熟悉的。在不断打压房价的基础上，让虚拟经济先动作，走出一轮波澜壮阔的牛市，让大部分股民赚到钱，不但能刺激经济，更能维护稳定。我想大家还记得2005~2007年的大牛市吧，当时很长的时间很多市场参与者都过着鱼翅捞饭的日子，而现在很多人咸菜都快吃不起了。当年有效账户不过才3700万个，现在参与到市场中的超过1亿3千万人，对于全国13亿的人口基数，可以说股市牵动着全国人民的神经。第二，社保、医保、养老保险等资金的被迫入市。很多此类资金现在缺口非常大，如果能进入股市赚取大笔利润，无疑会缩小缺口。同时也只有股市有如此大的资金容量和变现能力。毕竟现在市场经过5年的下跌，刚刚启动而已，现在也是这类资金最好的赚钱机会，从全国一盘棋的角度看，这类资金必然要博取这轮大牛市的盈利。第三，没有全流通前，现在的市场估值的确谈不上高，沪市现在区区15倍市盈率。接近2500只股票，2005年启动大牛市的时候股票不足800只，底部是998点，那么现在股票增加了3倍，底部是1664点和1949点，高吗？可以说1949点实际是低于当年998点的启动位置的，如果换算回去的话。现在的1949点只相当于当年的750点左右，被低估是很明显的。前面我谈及的是全流通后的，也就是今年7月份以后的事情。只要一天没有全流通，我们的市场估值在2800点以下都是被低估的，这也是市场开始向上最主要的原因。

而个股上，次新股由于业绩好、含权、有题材、高增长、因此成为场内资金不断吸纳的品种。毕竟历史上看，此类品种现在大多不足22倍市盈率，无论从盘子小的优势来看还是从业绩增长稳定来看都是不可多得的操作品种。加上此类品种不是融资融券标的股票，完全可以不受大盘打压的影响走出独立行情。其中002600后的次新股，甚至部分创业板股票都已经默默地走出大牛行情。如创业板的蒙草抗旱、长亮科技，如中小板的猛狮股份、新疆浩源、奥瑞金等纷纷走出长牛姿态，而且不温不火。当然我是拒绝创业板股票的，所以我只在远程电缆、奋达科技、奥瑞金、瑞和股份等等中小板次新股上寻找机会。这类股票价格被低估，增长迅猛，加上募集资金都投入到生产经营上了，现在的股价就是地下室的价格，就看谁能拿得住了。我谈及的时候就说过，它们起码低于其行业平均市盈率30%以上，那么它们按照今天收盘价格起码有30%以上的上涨能力，就算上涨了30%也只是达到行业的平均市盈率而已，还是被低估的。这几天有10送5以上高送配的如双城药业等都纷纷展开上攻，未来这类股票会越走越好，我耐心等待就是了。

我昨天的文章写得很清楚，时间和事实是检验真理的唯一标准。大盘跌了150点，我却可以凭借一个免费博客让数以万计的散户赚钱，这就是能耐，这就是铁的事实。市场中任何一个判断都要通过时间去验证，而不是说说就算了，谁都无法避重就轻，谁都无法掩盖事实。1949点我满仓杀上来，全国所谓的名家，只有我一个人做到了。2个月资金翻倍。这段时间大盘跌了150点，我毫发无损，稳定迎战，且做出了利润，也只有我一个人做到了。我自己足够强大，跟随我的散户也领悟到了快乐炒股的真谛。但是距离我退出股市的时间越来越近了。2500点上我逐渐退出，2800点以上我彻底退出，这是中国股市的无奈。

我会不断用我技术中的最高端——资金流对市场大盘、板块以及个股进行演绎。无论散户看得懂多少，我都会坚持下去，一直坚持到我退役。我的资金流独步天下，这个是靠日积月累才有的底气。现在我就在次新股上面，因为资金流横行天下，次新股逐鹿中原的日子刚刚开始。我在，你呢？

处乱不惊

（2013-03-04）

今日大盘在两大利空双重打击下大跌百点，盘中最多跌了101点。收盘依然大跌 86.1 点，成交放大到 1430.46 亿元。地产股整体崩溃，带动地产附属产品如水泥、装饰、建材等股票大跌。

“国五条”的颁布，对地产股构成利空。但是说实话，就算今天跌了 101 点，对我这样的市场老兵根本就是无所谓，我在次新股上面损失不大。而且从 2444 点跌到最低的 2259 点，大盘跌了将近 190 点，我基本没什么损失。而且前面我已经多次提醒大家不要进入地产股以及地产附属品种，这样的话在我 2 月 27 日的博客中就有。今天恐怕很多搏杀在地产股、水泥股、建材股上的人只剩下哭泣了。

今天只有不足一成的股票上涨，而其中含权的，也就是有明确送配的和有可能送股的股票上涨，说明我的操作是完全正确的。次新股就是本轮大跌的避风港，而一旦大盘回暖，次新股会走得最强。

今天两市大盘均试探了 60 日线，但是依然不代表行情已经结束。因为今天受消息面影响最大，而不是完全的技术调整造成的。同时如此大跌依然有 13 只股票涨停，低市盈率股票明显抗跌。成交量虽然放大，但是大多集中在地产股上面，这类资金被杀掉是注定的事情。市场稍作休息后，更多的资金会进入次新股。因为现在的确只有次新股才能赚钱，别的股票真的不行。

大盘已经跌了差不多 190 点了，现在更不该害怕了，无论是调整还是跌够，都已经过分了。我依然乐观地看后市，当然本轮下跌中我毫发无损也有这个资格说这样的话。牛市没有终结，现在只是牛市初期而已。就当又经历了一次“五三〇”而已。我们的市场就这样，涨的时候没理性，跌的时候没人性。请记住，现在社保、养老资金还没怎么进场呢，它们也指望股市能填补它们几十万亿元的亏损呢，中国股市的牛市行情没有结束。

跌到此时，处乱不惊的才是英雄，拿好次新股等待再次上涨的才是高手。

不死行情向纵深发展，银券护航大炒次新股

（2013 - 03 - 06）

今日大盘在昨天暴跌 101 点后开始反弹。盘中个股普涨，次新股遥遥领先，另外银行股、券商股、医药、水务等板块上涨。其中平安银行，也就是以前的深发展拉上涨停。次新股尤其是 002600 后品种几乎没有下跌的。

今天的成交量虽然不足，但是遍地开花却是事实。很多人总用老观点去看现在的大盘，这是完全错误的。就如这类人前期在 1949 点“解放底”的时候依然说能跌破 1800 点一样，也有人把前期高点 2444 点作为顶部，说什么大盘在构筑顶部，

真是可笑之极。我告诉大家，由于股指期货和融券以及转融券的存在，现在的市场很容易出现大幅的暴涨暴跌，因为散户无法参与其中，实际大盘已经成了机构游资等有钱人的游戏。从沪深两市看，由于沪市能被做空的品种太多，反而是深圳的指数更真实些。今天深发展，也就是平安银行的崛起，说明真正的主升浪就要到了。历史上看深发展只要一开始动作，深指就必然开始向上运行，而沪指会被带动，只要是大行情均是深强沪弱的格局。另外要关注两市大盘的周线，只要不出现2连阴的走势，并且不有效击穿10周均线，本轮行情就没有结束。经验需要不断地总结，这是正确的。但是总抱着历史的一部分经验去衡量现在变化了很多的市场，无疑是错误的。

次新股表现的非常好，本轮看尤其是已经公布送股的品种，根本不惧市场的下跌。例如我以前谈过的002693双城药业，由于10送5股，大盘如此暴跌，其涨了10%以上，而且出现短期新高，这就说明市场有很多资金开始进入抢权时刻。另外我以前谈过的水务股601158重庆水务，3天涨了20%以上，其最大的优势就是市盈率低，可以说我的思路是完全正确的，只介入次新股，而且必须是低市盈率的品种。谈这2只票不是让大家介入，而是告诉大家还有很多类似的品种快要启动了，例如我短期看好的002692远程电缆、002701奥瑞金等，此类品种就是未来的双城和水务。既然他们能抵抗住190点的下跌，后市只要大盘稳定，如果有个好送配，股价随时上天，就算没有送股，按照它们自身的素质，也照样可以慢慢上行的。从1949点上来，我谈及的股票哪个没大涨过？至于有人赚了大钱，有人却亏了钱，只能说技术的运用上有问题。有些人的操作本身就是送死，谁也挡不住的，也丝毫不值得可怜。毕竟以后的市场更难做，以后死掉的散户会更多，这都是我无法控制的事情。

大盘到现在依然很健康。我再重复一次，大盘现在根本不是头部的特征，6月底前大盘的目标是2800点~3200点之间。短期1个月至1个半月内获利最多的必然是次新股，尤其002600后的次新股。如果到现在你还疑虑，我劝你也别炒股票了。我的博客从1949点"解放底"上来，无论大盘还是板块还是个股，可曾说错过？对于现在的次新股我完全可以短线操作，奋力追求短线利润。这个我不必证实了，因为大家无数次验证过"我是国内最好的操盘手之一"这句话的含金量了。但是这次我却选择坚守不动，不为别的，只为能让全国散户更清晰地体验我技术中最高端资金流的魅力。2500点上我开始逐渐离开，2800点上我彻底离开，因为我在股市里的时间不多了。所以我只能不断地用我的短线、中线、小中线技术交替展现给大家。希望真正的散户能理解我的苦衷，我也希望你们真正地能学会我的一些技术。

今天有事外出，所以凌晨写博客，40岁的我的确很累，如果不是为了数十万喜欢我的人，我早就放弃写博客了。希望我离开市场的时候，大家能多学会些技术，这样我也会放心很多。晚安,朋友们。

消息面扑朔迷离,次新股高歌猛进

(2013 - 03 - 06)

今日大盘在所有评论者都不看好的情况下,继续上涨,形成阳包阴,成交逐渐放大。个股呈现普涨状态,次新股中很多股票冲击前期高点或者穿越前期高点,市场资金全线进入,次新股格局形成。

我多次用我技术中的最高端技术资金流去判断市场资金流向,尤其是 QFII 参与的品种。下面我们看一些真实的数据:统计显示,QFII 席位在 2012 年 10 月 ~ 2013 年 1 月期间进行的 326 笔买入交易中,涉及银行、能源、有色金属、交通运输、房地产等强周期蓝筹股的操作就达到 271 笔,占比约 83.13%,不过进入蛇年之后,QFII 投资者对强周期蓝筹股的兴趣大降,QFII 席位在节后参与的 29 笔买入操作中,只有 9 笔交易涉及强周期蓝筹股。相反,一些具备较好成长性的题材股则在大宗交易市场上颇得 QFII 席位青睐,QFII 积极买入的个股不是 2012 年业绩大幅预喜便是经营相对稳定。

可以说,我完全摸对了 QFII 的操作脉搏,都是率先用资金流发现了资金动向,尤其是 QFII 的动向。换句话说,主宰中国股市的 QFII 的动向全部被我提前预测和发布出来。这就是一个市场老兵对市场的股感了。我以前多次说过,时间是检验真理的唯一标准,现在时间老人已经给出了答案。

但是现在的消息面变化过大,前面“国五条”和 IPO 是否开闸的相反说法让大盘累计跌了 190 点,而这两天市场刚刚回暖。下午 16 点后上交所理事长桂敏杰谈到三点:第一,IPO 并未暂停,只是放慢了节奏。第二,正在研究“T + 0”制度。第三,推出个股期权。可以说以上 3 点除出了“T + 0”制度外,都是利空的观点。这种不负责任的观点对市场形成了巨大的冲击。总说散户不成熟,可是作为管理层频频释放完全不同的观点,是否变相的操纵了市场呢? 散户赚钱不容易,现在由于不断推出所谓的创新,都是各种的做空工具,而能让散户稍微与主力抗争的 T + 0 交易却迟迟不能成行。个中原因大家都心知肚明,我不想多说什么。恐怕明天大盘又要受到消息面的影响了,刚刚来的反弹不知道还能不能持续。但是市场热点就集中在次新股上,无论市场多艰难。抢权和填权还是要来的,不是你挡就能挡住的。

无论市场面对多么艰难的行军,作为 2 轮牛市唯一的奠基者,我都乐观地看着未来。4 月 15 日前，次新股是不二的热点，而 6 月底前大盘冲到 2800 点 ~ 3200 点的观点不变。

一般只要深发展启动，大盘都会盘整一下后从牛市初期向牛市中期进军。而我依然坚守在次新股上，不离不弃。

传言直线打击大盘，创业板股夺路而逃

（2013 - 03 - 07）

在昨天管理层的一系列表态中，今天大盘一路震荡。中午过后，就 IPO 重启问题，证监会副主席姚刚今日上午接受了媒体采访，对于 IPO 重启时间点问题表述引发市场多种解读。空头利用媒体散布消息说 4 月就开始重新启动 IPO，大盘瞬间狂跌 41 点，随后 1 小时证监会辟谣，说明今年上半年已经不可能重启 IPO，大盘缓缓回升，收盘跌 22.89 点，成交放大到 1260.86 亿元。

我昨天已经提醒过大家市场今天会出现大幅波动，没想到的是剧烈波动是由更多的谣言和辟谣来完成，无奈。前期上涨不错的水务、美丽中国、燃气、环保、军工等股票领跌，创业板中没有实际增长以及被大股东减持的品种封上跌停。大盘波动加剧，个股变幻莫测。现在看没有业绩增长的和没有好送配的股票走得都很弱，毕竟题材和业绩才是这个市场永恒的主题。就算是我看好的次新股大家也要注意区别，必须是要有题材、有增长和有送配的品种才值得进行小中线的操作和持有。

可以说本轮市场的上涨延续了上次牛市的血统、QFII 带路、游资配合、产业资本跟进、机构介入、散户进入这样的格局，但是今年却是很难做的一年。由于股指期货、融资融券、转融券甚至是即将登场的个股期指等无一不是做空的利器。场内资金又不足，大蓝筹股欲涨难行，点位波动非常剧烈。很多资金倒在了 2100 点和 2000 点整数关口，1949 点踏空的数以千万计。而从 1949 点“解放底”上来的人又大部分没赚钱或者完全的踏空了。可以说今年如果操作的不是次新股、银行股、券商股、低价低市盈股票的话，大盘涨了接近 500 点反而是亏损的，可见现在股市的险恶了。散户无法抱团，而市场空头频频发力，投机性为历史最强时期。

我谈及了很多好股票，也参与了很多股票的操作，但是却不知道散户到底操作得如何。我就如塞万提斯笔下的堂吉诃德，独力挑风车。前无掌声后无支援，凭借一腔热血试图唤醒沉睡的散户，但是太过艰难，我只能把自己的思路写在这里。今

年6月底后，市场进入全流通状态，散户会更难把握。因此，请珍惜现在的市场和我还在写的博客吧。上次大牛市，无数散户靠着我的博客获得超过300%以上的利润，在我不在的3年中又都还给了市场，我希望今年大家不要重蹈覆辙。

乐观的对待市场，耐心的等待机会。多学点技术吧。我记得当年我说过"'当带头大哥777'这个股市中最后一个大佬离开后，就真的没人管散户的死活了"。

大盘风雨飘摇，需要沉着应对

(2013 - 03 - 08)

今日大盘继续调整，全天震荡，沪市收盘跌5.68点，成交884.39亿元。深市全天走软，沪指依靠四大银行和两大油勉强收在5日线上。个股普跌，其中昨天涨幅靠前的医药股再现一日游行情。

大盘之所以本周走成这样，完全是消息面不断变化引起的。但是也不必悲观，起码我们知道现在的市场还能维持3个月的上涨，也起码知道我们还有3个月时间可以尽情搏杀，这个时间对于我这样的市场老兵已经足够了。

现在能独立上涨的板块只有次新股了，尤其是已经提前公布10送5甚至10送8股以上的股票最值得关注。从乐通股份的身上就能看到高送转股票的未来，该股从不足8元起步，42个交易日冲上25元。业绩也一般，题材也说不上多么好，可是股价却翻了2倍多，就是因为10转10股的题材。那么我们就该寻找此类股票，尤其是10转8股以上的品种，10转10更好。业绩要增长快，行业要不错，市盈率要低于30倍，价格低于25元，这样的股票是白马股，市场既然要6月底后才开闸，那么还有起码3个多月的时间足够对他们进行炒作了。下面是我统计的10送8以上的股票，大家可以仔细研究一下。

股票	送配	动态市盈率	今日收盘价格
002344 海宁皮具	10转10股送2.5元	31倍	34.38元
002658 雪迪龙	10转10股送1.6元	52倍	27.79元
002641 永高股份	10转8股送1.8元	19倍	23.49元
002540 亚太科技	10转10股送2元	27倍	14.66元
000887 中鼎股份	10转8股送1.6元	18倍	11.94元
002678 珠江钢琴	10转10股送1.2元	35倍	14.35元
601313 江南嘉捷	10转8股送3元	20倍	12.95元

002348 高乐股份	10 转 10 股送 1 元	35 倍	11.92 元
002381 双箭股份	10 转 10 股送 3 元	21 倍	19.15 元
002364 中恒电器	10 转 10 股送 1.5 元	32 倍	22.18 元
002347 泰尔重工	10 转 8 股送 0.5 元	38 倍	15.71 元
002654 万润科技	10 转 10 股送 1 元	31 倍	16.1 元
002531 天顺风能	10 转 10 股送 3 元	19 倍	19.38 元
002355 兴民钢圈	10 转 10 送 0.3 元	55 倍	13.47 元
002501 利源铝业	10 转 8 股	18 倍	21.18 元

以上股票为 2 月 8 日 ~3 月 8 日之间一个月内公布的 10 送 8 股以上的股票，其中创业板自动剔除，价格超过 30 元或者市盈率超过 60 倍的自动剔除。大家可以在这些白马股中仔细研究一下了。

现在的大盘实际依然是不断向上运行的，因为 6 月底后才进入全流通市场，那么可以说剩余的 3 个多月是利润最为丰厚的 3 个多月，把握得好，翻倍很容易，把握不好，亏损也很容易。但是既然我们有进入市场的勇气，就该有战胜市场的能力。我再说一遍，4 月 15 日前就是含权次新股的天下，该我做的我做完了，就看你怎么办了，赚了钱的不必感谢，亏了钱的自己总结错误。

大盘本周受到太多因素的困扰，但是现在的点位无论是 QFII 还是机构，或者是社保等资金都无法完成出货，因此市场只能顶着压力前行。所以我们只要耐心地寻找机会，就能取得胜利。

今天是妇女节，祝愿我们的半边天永远幸福漂亮，节日快乐。

世界如是游乐场，财富就是入场券

（2013 - 03 - 11）

大盘又震荡一天。农业、环保、黄金、水务等上涨，地产股反弹，盘中没有形成极度强势的板块。上周强大的传媒股下跌，可以说现在大部分板块都是一日游行情，非常不好把握。次新含权股则继续独立上行。

昨天收到三封来信，很有意思。第一封是一位妻子写给我的，说他的丈夫放弃工作炒股，可是 3 年下来毫无建树；第二封是一位先生跟我谈关于爱情；第三封是一位大学生写给我关于技术的问题。在这里我逐一回答一下。首先我不建议放弃工作去炒股，毕竟大家都不是专业水平，现在市场越来越难做，我送给这位妻子的丈夫十二个字“活在当下，享受生活，小赌怡情”。而跟我谈他的爱情的张先生，我觉得你那不是爱情，因为当物质充斥你们的生活，爱情就像断了线的风筝。找一个爱你的人吧，这样你会觉得很开心。最后是一位交大的在读学生，关于你问的技术问题，我都给予了答复，你是上午的太阳，机会多多，我也希望我的技术书能让你多获得一些不同于书本上的知识。送给这位大学生一句话：“世界如是游乐场，财富就是入场券。”多学点东西总是没错的。

次新含权股已经走出独立行情，我上周五谈及的数只次新含权股中大部分都上涨，其中盘子小的、市盈率低得走的比较好，现在看其中的亚太科技、珠江钢琴、中恒电气、利源铝业和天顺风能走得最好，可以重点关注一下，毕竟这类股票抢权和填权都在持续中。

多余的话不想说了，只要抓住热点就能战胜市场，而现在的热点就在次新含权股上。

空头轰炸创业板，中小板躺着中枪

（2013－03－12）

今日大盘先跌后涨，由于政协会议闭幕，有部分所谓的维稳资金撤退。加上临近股指交割日，跌23.99点，成交1006.37亿元。收盘跌破2300点整数关口，收2286.61点。大盘直抵60日线。

今天创业板领跌，主要因为中国证监会相关负责人近日在新闻通气会上表示，下一阶段证监会将创新创业板的发行方式，探索建立符合创业板特点的“小额、快速、灵活”的发行融资制度，以同等规模的资金支持更多的中小企业发行上市。这里的“创新发行方式”，在投行圈被普遍解读为集中批量发行，并且有望年内实施。可以说一旦实施对创业板股票是巨大的利空，由于是批量发行，必然拉低创业板股票的整体市盈率。而今天中小板则属于被跟风误杀。高送转股票也在创业板股票的打压下整体下跌，但是我认为这种错杀必然被纠正。我之所以一直放弃创业板，最主要的原因就是其上市的时候监管过松，很多股票根本没有投资价值，完全是圈钱的。而中小板则不同，因为中小板股票上市流程与沪市主板流程基本一致，甚至高于主板，那么本身盘子小，业绩还好，拥有比较高的市盈率很合理。关键是现在高送转的中小板很多市盈率只有18～25倍，而业绩增速则是30%～100%，低估得过于明显，今天缩量下跌，实际是进入的好机会。

很多次新中小板股就是未来的苏宁和洋河，只是还有待挖掘而已。今天中小板高送转股躺着也中枪，但是明天会更猛烈地涨回去，我依然坚守自己的信念。而且大盘从1949点涨到2448点，基本涨了500点，就算回档到2250点一线，正好是上涨的0.618位置，完全符合技术特征。因此，不必太在意短期大盘的震荡。

耐心点吧。190点的大跌我们都经历了，现在看60日线附近要做个小双底了，然后还是要上涨的，毕竟现在位置任何资金都无法完成一个基本的出货动作。

大盘调整已结束，明日开始龙抬头

（2013-03-13）

今日大盘再跌22.64点，收盘2263.97点，成交仅仅为776.89亿元。证券股大跌，现在任何热点均呈现一日游行情，市场相当虚弱。次新高送转股今天企稳。

今天是农历二月二，也是俗称的"龙抬头"，大盘不但没抬头，反而变成了"蛇弯腰"。但是按照我的技术中自由的黄金分割点计算，大盘已经到达了调整的极限位置。看过我技术书《操盘之王》的朋友都知道，我的黄金分割点分别为0.818、0.618、0.5和0.318。而大盘从1949点走到2444点，实际上涨了495点，而495点的0.618位置就是305点，然后用1949点+305点=2254点，也就是说大盘正常调整的极限位置就是2254点。而今天的大盘到达的最低位置是2253.25点，与我的黄金分割点基本是一致的。因为大盘上涨速率过快，0.818肯定是不能止跌的，而0.5就等于要跌到2196点，也就是跌破2200点整数关口，同时也封闭了2233点~2236点的第一个跳空缺口，而从我的操作系统上将一旦把第一个启动缺口封闭了，这轮反弹就结束了。因此我可以确定的是今天就是大盘上涨接近500点后调整的极限位置了，明天大盘必然上涨。

今天创业板继续下跌，而中小板则开始企稳，毕竟中小板不是完全糊弄人的创业板，本身素质就好，而且也创造过一年涨几倍的好股票。创业板开了3年多了，却没有一只长牛股。这本身就说明创业板就是垃圾板，而中小板则出现了走长牛的苏宁电器、洋河股份、东方园林等数十只好股票，这就是差别。作假圈钱的板块和有实质业绩的股票不可以一起涨跌。追本溯源，好股票永远有好的价格，就算短期受到影响，中线看依然是能分辨清楚的。我继续着自己高送转股票的操作，而且是小中线的操作。我不相信任何言论，只相信自己的判断，这也是为什么我可以在如此恶劣的市场中存活23年的原因。

"T+0"交易受到争议,我想知道有什么可争议的?难道让散户和机构站在同一起跑线上就那么难吗?

明日大盘开始大涨,而热点依然是次新高送转股,因为只有此类股票的上涨才能带起无限的人气和场外资金进场的冲动。

第二轮上涨开始

(2013-03-14)

大盘与我昨天预测的完全一致,今天展开反弹。盘中再次跌至2253.31点,并未击破昨天低点,而与我谈及的2254点极限位置只有不足0.7点的误差,随后逐级上行,收盘上涨6.31点,成交缩小到692.19亿元。

在昨天说大盘见底了是需要极大勇气的,因为99%的人等着2210点甚至破掉2200点关口呢。而我昨天用我自己独有的操作系统明确指出2254点为什么是本次调整底部,这个也需要时间去验证,今天收盘我的预测被判断为正确。实际上只要不再出极大的利空,大盘现在就是冲高2444点后调整完毕,而且是双底形态。我无法去左右政策的变化,我只能从技术角度对市场进行分析,然后进场操作。但是我相信具备初中以上文化的人,都能看明白我昨天的博客。

现在市场最大的问题就是无法形成持续的热点,各板块基本都是一日游行情,可以说散户根本无法把握得住。今天我的信箱里很多信件都是对大盘未来抱不看好的情绪,对我昨天说今天大盘开始上涨有疑惑。实际大可不必如此,因为大盘已经从高位跌了190点,现在反而很安全。前面由于政策的原因,消息面不断反复,大盘也随着消息面不断折腾。现在"两会"已经开完,领导班子已经换完,会有新的施政纲领,大盘也会相对迎来一段真空期。这对个股,尤其是高送转次新股的行情很有利。但是现在由于场外资金进入不多,一定要注意止盈。股票永远是要卖出的,现在的市场不具备长线潜力,赚钱就一定要设置好止盈点。

3月15号后很多股票的年报开始大批公布,炒作业绩浪开始,次新高送转股的主升浪来临,而大盘现在的位置就是最好的一个介入点。第二轮上攻即将开始,你准备好了吗?

天路重新开启

（2013-03-16）

多余的话不想说，大盘已经在2254点位置做出双底企稳。这个已经被事实所验证。

下周该大涨了，这是第二轮上涨，目标在2500点以上，而1个月内最炙手可热的就是高送转的次新股。

高层走马换将，大盘跌声再起

（2013-03-18）

昨天晚上证监会公布消息，肖钢接替郭树清执掌证监会帅印，真相以不断辟谣的方式公布出来。今日收盘跌38.38点，收2240.02点，成交814.86亿。

大盘今天击穿2254点平台，可以说股指期货起到了绝对作用。今天跌幅居前的全部是大蓝筹股，如石油、保险、有色、稀土永磁、建筑装饰、煤炭等。沪市大盘跌1.68%，深市则只跌了1.1%，这本身就说明股指期货在沪市疯狂砸盘。另外新主席肖钢的施政纲领还没问世，如此打压大盘有明显的情绪化因素。股指期货加上融资融券，大盘只能被动下跌，如果还不推出“T+0”交易，市场则越来越弱。短期看如果封闭了2233点~2236点的第一个跳空缺口，本轮大反弹就结束了。但是结束不等于市场不能做，因为历年来到4月底前都是高送转股的天下，也就是说一旦2233点~2236缺口被封闭，唯一能独立上行的板块只有高送转股了。而大盘将在2200点~2400点之间维持1~2个月的运行，然后继续下跌。还有一种方式，就是“T+0”推出，那么一旦“T+0”推出，就算2233点~2236点被补上，以我的操作水平，完全可以战胜市场，我依然会不断地短线搏杀。

美国股市从2007年经济危机开始已经创出历史新高，前期更是连续10连阳，日本股市和香港股市也是新高不断，而中国股市，一直丝毫没有回转的现象。

虽然市场依然走得很差，但是很多高送转股却出现了三平翻红的走势，这也说明我的板块判断是正确的,能走出独立行情的板块非高送转次新股莫属了。

多余的话不想说,大盘已经跌破全部短期均线,明天就看 2233 点 ~2236 点是否被封闭了。

缺口补完,反弹对待

(2013 - 03 - 19)

今天前期第一个缺口 2233 点 ~2236 点缺口被回补,可以说本轮接近 500 点的强反弹已经结束。而后的走势更多地要依靠新任主席肖钢的施政纲领。从现在开始,大盘将在 2180 点 ~2444 点之间波动,会维持到 4 月底。如果"T +0"实施,个股会相对活跃很多,就算大盘不理想,依然机会很多。原因很简单,把全部缺口补完,各方都踏实了。

今日拉升大盘的依然是地产、有色金属、银行、券商等板块,而下跌的是这 2 天涨得不错的医药股。次新高送转股这段时间相当抗跌,今天则逆市小跌,这属于正常现象。由于年报逐渐公布,具备良好业绩的、有高送转的自然会上涨,因此依然要把握好热点的趋势。毕竟如果大盘在一个区间不断震荡,个股的机会就会来临。现在看大盘已经停止了逼空的脚步,重新回到一个新的箱体中震荡,那么这个时候,操作好板块就成为最佳选择。

市场一直靠存量资金上行,现在实际缺少的不是资金而是信心,是管理层该给予散户持股的信心。

我昨天博客已经写得很清楚了,很多高送转股出现三平翻红,未来 1 个半月就是它们叱咤风云的时候。

抓紧高送转股的机会

(2013 - 03 - 20)

大盘昨天封闭缺口后,今天开始上涨,收盘大涨 59. 94 点,收 2317. 37 点,成交 1139. 74 亿元。两市纷纷攻占 20 日线。短期调整已经结束,但是本轮逼空上涨也已经结束，下一次上涨应该在新主席公布施政纲领的时候再度启动。

高送转次新股在本轮210多点的下跌中表现突出，今天只涨回不足60点，我已经转亏为盈了。而后面此类股票会越走越强，毕竟大盘处于2200点~2400点之间箱体震荡，个股的机会更多些。今天汽车股受公务采购国产车消息影响大涨，另外风能概念股票大涨，因为国家能源局近日印发“十二五”第三批风电项目核准计划的通知，列入“十二五”第三批风电核准计划的项目共491个，总装机容量2797万千瓦，对风力发电企业及附属企业影响巨大，多关注以上2板块。高送转次新股今天大涨，纷纷突破全部短期均线，强势特征明显，资金流入也最多。今天证券、银行股领涨，但是大盘却没有释放出更大的成交量。这说明依然是存量资金主导，场外进入资金并不多，因此短期消息面更为重要。

大盘跌了212点，我坚守在高送转次新股上不离不弃，时间证明是完全正确的。市场现在是越来越难做，稍有差池损失巨大。我也说过，只要过了3月15日，次新股的年报就开始了，而高送转股的春天就来了，会持续起码一至一个半月的炒作。今年最大的机会也就是这1个多月了，因为IPO随时可以开闸，6月底后市场变成全流通市场，会更不好操作。另外一旦“T+0”推出，对于我这样的市场老兵无疑是利好，而对于市场新人恐怕是更多的灾难，因为以前一天也就最多亏10%，“T+0”后操作不当的话一天亏掉几十个百分点都有可能。市场不断变化，我们要跟上变化才行啊。

大盘只是反弹，会在2200点~2400点之间震荡。而一旦管理层出更多的利好，第二轮上涨才会开始，现在则是最好操作个股的时段，把握好吧。

高送转股每年都是在3月15日~4月30日之间整体启动，相信今年也不会例外，现在牢牢把握住该板块的巨大盈利机会吧。

坚定地走正确的路

（2013-03-21）

今日大盘进入震荡，由于昨天上涨的证券、银行、地产、保险等调整，大盘波澜不惊。环保类股票走强，高送转次新股很多创出短期新高，这就是技术的魅力了。

短期看，环保题材受到追捧，毕竟现在干净的东西越来越少，人们更注重健康。还有包括雾霾天气等，都在政府的治理之中。那么环保类股票，包括清洁类环保题材都是市场追捧的热点。高送转次新股有几只在大盘跌了150点左右反而创出了新高，可见很多资金依然不断活跃，而且逐渐达成共识。今天大盘的成交量上看，调整都有1000亿元以上，说明有场外资金开始介入。由于IPO早晚要开闸，加上证监会人事变动，很有可能开始引发更多的资金进场，意图尽快把大盘拉高，然后IPO推出，要多注意。

我依然坚持我年初的观点，就是6月底前大盘到达2800点~3200点区域。而4月底前最大的盈利板块就是高送转次新股。我说过本轮500点左右的逼空上涨已经结束，现在市场都在等待第二轮上涨的开始，而这轮上涨将是政策、管理层换帅以及政治上的博弈。我不认为今年能走出所谓的跨年度牛市，最多只是一轮指数翻倍的行情而已。最主要的原因就是成交量一直没有迅速放大，没有成交量的市场不可能走出长牛，加上800多家嗷嗷待哺的圈钱企业，还有6月底后的大流通，都不可能走出类似2005年那样的指数涨几倍的牛市，更多的会是小牛市，翻倍的小牛市。而且大家也明显看到，这轮500点的上涨，大部分人踏空，剩余的人亏损。只有买了次新股、银行、券商类股票的人才赚了钱。

我在3月11日文章《世界如是游乐场，财富就是入场券》中谈过5只高送转次新股，我觉得大家可以去看看它们是否抵抗住了210点的下跌，是否在今天依然跌了150点左右的时候都没亏损甚至创出了新高。我说过实践是检验真理的唯一标准，那么无论外界说我技术好还是不好，真相就在那里，谁都无法改变。

坚持走正确的道路，我一直坚守在高送转次新股上，我相信，下周开始它们就要腾空而起了。

笑看风云

（2013-03-22）

大盘今天小涨4.03点，收2328.28点，成交859.51亿元。盘中昨天上涨的板块今天均告下跌，大部分板块都是一日游行情，大盘的成交量也再次萎缩。按照现在的成交，想突破上次高点2444点很困难，现在需要的是证监会新主席的施政方针。

我一直在高送转次新股上，我曾经中长线极度看好的奥瑞金突破30元/股整数关口，我记得当时我谈及的时候只有18元/股，估计已经没有几个人还持有它了。可以说从1949点以来我基本一直战斗在次新股上，很多好股票被我挖掘出来，但是收益上却千差万别。很多人只会埋怨，但是实际回头看看的话，我说过的次新股无一不是赚钱的,很多都是赚了大钱的。包括我后期谈及的高送转次新股,基本也都是新高了。我曾经执着地坚守着,而大多数人都已经远离。大盘涨了接近500点,又跌了210多点,我的高送转次新股却毫发无损。如果这还不是技术过硬,我真的不知道是什么了?

多余的话不想说,因为说得再多也不如让时间去验证它,我的博客就在这里,它本身就能说话,它记录着我的整个操作心路历程。短期看高送转次新股会一直持续到4月底,甚至更长时间,而我看好的5只该类股票,除了002531天顺风能和002540亚太科技没创出短期高点,其余的都已经新高了。不是它们弱,而是下周才到它们启动的时候。炒股,也是天时地利人和。只要是好股票就不可能总被低估。奥瑞金折腾多少次,还不是走出独立行情?好股票也需要好的守护者才行。

有人问我红利税的问题,实际上早就有了,只是很多人不知道而已。那么你只需要规避一下就可以了,要么早进入等过1个月,要么股权登记日前撤退就是了,有什么好纠结的?

大盘短期就在2200点~2444点之间震荡,最能赚钱的就是高送转次新股,这个我说了多次了,现在需要的是笑看风云的心态和坚定的意志。

人生如棋,我为卒子

(2013-03-25)

我很喜欢这段话:"人生如棋,我为卒子。虽然行进缓慢,但是谁见我后退过?"这段话陪伴我走了好多年。无论市场多么孱弱,我都信心满满的屹立不倒。股市如战场,刀刀见血;股市如棋盘,互劫不断。

今日大盘震荡一天,钢铁、稀土、水务、燃气等上涨,美丽中国、证券等下跌。可以说现在的市场相当没有理性。今日大涨的板块,明日就大跌,根本不是散户能玩的东西。而我一直看好的高送转次新股板块则从15号开始就走独立的行情,换句话说,现在市场唯一持续的热点就是高送转次新股。这个观点是我3月初提及的,细心的朋友可以去看看我历史博客,而在3月11日的博客中更明确出5只此类股票。可以说能在现在这样纷乱的市场中找到让散户持续赚钱或者不亏钱的板块相当不容易。很多散户写信给我,都是感谢的,因为他们都一直按照我的思路在操作,的确战胜了市场。他们都是不断在次新股上操作的或者是买了次新股中线持有的,也只有这些听话的散户在大盘如此恶劣下赚了钱。我以前就说过,再厉害的大哥也拯救不了该死的人。“知我者谓我心忧，不知我者，谓我何求！”所以啊，我也不必给自己那么大压力，因为有些人的确不该在这个市场里存活。因为他们既没有战胜市场的能力，又没有相信真理的执着。有很多朋友问我，我谈及的那些股票最终能走到哪里，实际上你们也没读全我的博客，对于我谈过的股票我都给出过目标位置，你只需要把我半年内的博客读一遍，答案就在其中了。我不想误导其他人的思路，所以我不会在博客上写出答案，博中自有黄金屋。

最近我看好的是5只我前面谈及过的高送转次新股，我昨天说过有3只创出了新高，而只有002531天顺风能和002540亚太科技没有走出新高。这2只股票都被低估严重，按照现在价格起码该上升20%～50%，前者属于政策扶持的风电项目，同时具备环保清洁概念，加上市盈率不足20倍，且10送10送3元，低于25元/股肯定是不正常的；而后者属金属加工业以及汽车辅助，估值明显偏低。加上业绩处于上升拐点，无论题材和业绩都不错，也是10送10的高送转次新股。如果在此类股票上都赚不到钱，我劝你也别说看过我的博客。

对于大盘我说过多次，现在就是箱体整理，在2200点～2444点之间来回震荡。可以说IPO开闸的时间与大盘选择下跌的时间是同步的，按照正常看，我认为还是6月底后才会开闸，因为任何一次开闸大盘指数都必须有一个大幅度的上涨，也就是说2444点不会是年内高点。我年初判断的6月底见2800点～3200点是完全可以到达的。而一旦突破2800点不但是我退出股市的时候，也是大盘再次下跌的时候。而现在我则是全力操作，绝对不手软。

这几天用中药调理肠胃，所以有的时候写博客比较晚，请大家谅解。

不是每句“对不起”，都能换来“没关系”

（2013-03-26）

今日大盘跳空下跌，最多跌了46点，收盘依然跌29.05点，收2297.67点，成交918.11亿元。盘中除苹果概念、4G、服装、食品类以及高送转次新股上涨外，其余板块均告下跌。由于前面几个属于大消费类，可以说是防御为主的，不太受经济环境影响。而高送转次新股则逆市逞强，主要炒作的是抢权和填权。

这几天很多朋友问我关于差异红利税的问题，那我就给大家说一下。政策实施前，上市公司股息红利个人所得税的税负为10%。该政策实施后，股息红利所得按持股时间长短确定实际税负。持股超过1年的，税负为5%，税负比政策实施前降低一半；持股1个月至1年的，税负为10%，与政策实施前维持不变；持股1个月以内的，税负为20%，则恢复至法定税负水平。因此，个人投资者持股时间越长，其股息红利所得个人所得税的税负就越低。说简单点，只要是送股或者送现金都是要缴纳的，而利用公积金进行转增的则不适用该税种。说得再明确点，如果一只股票10送10，等于上市公司用自己创造的利润送给你股份和钱，那么必须要交税。而转增是用公积金，这个公积金是指上市公司以前年度留存利润，包括资本公积金和盈余公积金，把这个金额除以公司的总股份数，即得到每股的公积金额，就是“股票公积金”。而公积金实际是股民自己的钱，因此转增并不交税。说道最白的时候就是，如果10送10股就要交税，10送3元也交税，10转增10股不交税。这实际是个很简单的问题，但是我估计国内能回答得像我这么明确的不超过10个人。不信各位去问问自己的券商，看他们能说明白不？对付交税的方法很简单，尽量选择转增的股票，这样不必交税，而一旦选择的是送股的，就在股权登记日前卖出或者持有超过1个月就OK了。

实际上我看好的5只高送转次新股都是转增的，我当时选择的时候已经注意过这个差异化红利税的问题。很多朋友经常是丢了西瓜捡了芝麻，如果你买的股票很好，就算收税你也是赚钱的，就不会这么在意税的问题。现在就是因为赚钱太困难了，所以才会引起大家的关注，这也是市场给大家带来的无奈。

今天市场大跌，主要有三个方面原因：第一，新主席上任一直没有明确IPO的开闸时间，IPO如达摩克利斯之剑，一直悬在散户的头上。第二，昨天钢铁股集体上涨，从历史上看次日均大跌，这次也没例外。第三，平安明天融资，市场用脚投票。我前面已经说过多次，第一轮上涨已经结束了，大盘只能选择箱体运行，也就是2200点~2444点之间的大箱体震荡。第二轮上涨需要新主席的施政纲领出台才行，我估计月底也就出台了，所以第二轮更大的上涨会在4月初开始。这次要过2444点的，估计高度在2800点以上，时间持续到6月份。高送转次新股果然如我所说的一样，整体逆势上涨。一旦4月初第二轮上涨开始，此类股票的翻倍行情就开始了。我们拭目以待就是了，多说无益，让时间检验吧。

股市如爱情。如果不能坚守，必然就要失去。对待每只股票就要像对待自己爱的人一样，给予它关怀，知道它在想什么。顺着它的性格进行操作，多些理解，少些抱怨，这既是爱情之道也是股市之道。我记得数年前我看好的潍柴动力，能连续拿上3年的可能没有几个人，一直到今天我依然还有1000股，而这1000股的成本是-400%，也就是说是白给的4倍。我还记得在18元股时，我谈及奥瑞金，很多人嗤之以鼻，不就是个做罐子的吗？让你说得天上有地下无，那么它现在31元股，我还有。我们看看历史上的大牛股，茅台不就是个做酒的吗？东方园林不就是个修理花木的吗？哪个有科技含量？股票这东西，只要它业绩不断增长，而且有保障，就算行业一般照样也出大牛股。我今年谈及的次新股，现在回头看看，哪只盈利低于50%？可是你把握住了吗？总是去追高，追高后又没有勇气坚持下去，这样的操作如何能不亏呢？就如我昨天谈及的2只高送转次新股，002531天顺风能和002540亚太科技，如果今天进入也就是19.5元股和14.6元股。实际我谈及它们的时候还不足19元股和14元股呢，就算按照今天收盘价格看依然低估20%～50%，当然可以大胆进入。那么有些人现在就是观望，等到了每股25元和19元以上才醒悟，大哥说得对啊，真涨了。你去追高了，而我可能出货了，不套你能套谁呢？在高位你问我该怎么办？我只能告诉你“活该”。你追了高，亏了钱再说“带头大哥777”不讲究，买他看好的股票亏了钱。到底是谁不讲究？到底为什么你亏了钱？这个市场弱肉强食，不可能每个人都是胜利者。股票再好，也不是任何价格都能进入的。有多少爱可以重来，有多少好股票可以重来呢？就如爱情终结的时候，就算再爱一个人也要结束。那个时候就如我标题写的一样，不是每句“对不起”，都能换来“没关系”。珍惜我还在市场的时间吧，也珍惜我千挑万选的好股票吧。

现在的市场不会有大涨也不会有大跌，就是震荡行情，那么坚定地持有高送转次新股就是你最好的选择。

贵在坚持

（2013-03-27）

今天不想说太多，只说几点。

第一，不必理会大盘，因为现在大盘完全被空头所控制，而且已经到了随心所欲的地步。那么参考它的意义已经不大，就是大箱体整理。

第二，坚持在高送转次新股上，事实已经证明我说的是完全正确的，因为它们在走独立行情，纷纷创出短期新高，而大盘现在是跌了140多点的。强者恒强，4月的大升浪中它们会更强，现在只需要守住就行了。

第三，不必问我以前的股票后市如何，因为我都给出过目标价格，仔细看我博客就行了。好股票就算送配不好，也只是短期下跌，毕竟股价体现的是未来，只要业绩继续保持高速上行，就没什么可怕的。

第四，休息，休息一会儿。股票是有生命的，爱护和休息都是必需的，只要你的选择是对的，现在就可以放松地去休息。

银行股反戈一击，高送转毫发无损

（2013 - 03 - 28）

今日大盘在三大利空影响下大跌 64. 96 点，收盘 2236. 30 点，成交 1075. 94 亿元，资金出逃迹象明显。盘中最低到达 2232. 91 点，已经无限接近前期低点。早盘银行股直接低开，带领大盘越走越低。主要因为银监会对银行理财进行清理，引发银行股大跌。其次经济有放缓迹象，同时 IPO 开闸时间引发各方猜测。其实还有一个原因，就是以摩根斯坦利为首的 QFII 开始进入股指期货。

我昨天的文章已经明确指出，不必理会大盘的走向，因为现在是股指期货空头控制市场，怎么跌都正常。今天银行股带着证券股和白酒股杀跌，大盘跌 70 点没什么不正常的，因为都是权重股。而且 IPO 等待开闸，任何资金都力图自保。但是由于他们手上有股指期货和融资融券，做空就能赚钱，既然如此，当然做空了。而散户却只能做多才赚钱，这就是市场最不公平的地方了。

今天 90% 以上的股票均告下跌，板块则无一幸免。我手上的高送转次新股，一赚一微亏。我觉得跌没什么不好，跌得越多对我的操作就越有利。我前面多次强调过第一轮上涨已经结束了，大盘就是在 2200 点 ~2444 点之间震荡。既然我做好了准备，我就不怕下跌。从 1949 点上来，我除了一天空仓外，全部是满仓操作，两个月资金翻倍了，所谓艺高人胆大就是这个道理。有些人说空仓了多牛，是啊，这些人从 1949 点上来一直就踏空了，就算这次蒙对了空仓又能如何？还是总体亏损的。从 1949 点上来满仓的市场评论者，只有我一个人，其余的都踏空了，少部分追高了，如何能获得利润？我在前面的文章也明确告诉大家现在的市场只能操作高送转股，现在看本轮下跌 210 点中此类股票纷纷走出新高，这还不够牛吗？IPO 没开闸前，我都满仓操作，靠的就是技术。至于你买的别的股票，亏掉 30% 以上一点不稀奇，也不必问我怎么办，因为该说的我都说了，你自寻死路，我有什么办法呢？

别失去信心。大盘跌成这样，有比我更急的人，也有早就扛不住的散户和机构。现在才 3 月，今年我现在手握翻倍利润有什么可怕的？有什么可急的呢？想 IPO 开闸也要做一轮行情出来，否则大盘一破 2000 点，还发个什么啊。2200 点区域我就是满仓，就是在高送转股上，而且没有 30% 以上利润我还不走呢。本周我提前休息了，我现在就是坐山观虎斗，看看能多恶劣。

守护好自己的股票，守护好喜欢我的人，对我来说就足够了。

愚人节前的提示

（2013 - 03 - 31）

上周出去玩没写周五的博客。明天就是 4 月 1 日愚人节，写几条，同时深切悼念哥哥张国荣。

1. 周六出消息说“4 月审核企业自查报告，IPO 重启无时间表”。只能解读为 IPO 快了。我年初就说过，6 月底后，现在看时间上差不多了。

2. 第二轮上涨即将开始。因为既然管理层 IPO 重启无时间表，就等于肖主席第一次对市场讲话，谁都不想在现在 2200 点一线 IPO，因为一旦开闸，大盘将跌破 2000 点。从历史上看每轮新开闸都要营造一段上涨的气氛，这次也不会例外。

3. 最后一只 IPO 的股票上市是 2012 年 11 月 2 日，正常看最近几年进行 IPO 的大多为 6 个月后，那么可以说开闸时间最早为 5 月 15 日后，加上一旦开闸还会有 1 个多月的上涨，那么就是 6 月底左右了，这个时间完全做得出一轮行情，而且还是一轮创新高的行情。2444 点不是年内高点，也不会是上半年高点。

4. QFII 等的筹码还不足，现在是 1949 点进场的大资金没出去，后进入的 QFII 等筹码没拿够，无论做多还是做空都有限，因此还需要一轮超越 2500 点的上涨。

5. 大盘的上涨趋势大约为这样，4 月开始涨，一直涨到 5 月 15 号或者 5 月底，点位攻破 2500 点，高点在 2800 点以上。随后 IPO 开闸，再持续到 6 月底大盘开始回落，跌得会很凶猛，跌破 2000 点甚至 1664 点，随后在 1500 点一线止跌，大约 8 月份，一轮翻倍到 3000 点的行情启动。也就是说今年有 2 轮大行情可以做。

6. 第二轮上涨唯一的强势股就是高送转次新股。原因很简单，现在的日成交不足 1500 亿元，根本无法启动蓝筹股，只能用次新股翻倍来刺激场外资金进入，而从 QFII 的进场痕迹看，已经转移到高送转次新股上。

耐心等待第二轮上涨

（2013 - 04 - 01）

今日大盘继续震荡，受 H7N9 禽流感影响，医药类、兽药类、生物制药股狂涨，高送转次新股继续上行。收盘小跌2.23点，收2234.4点，成交669.98亿元。

我上一篇博客写得很清楚，由于IPO开闸已经进入准备动作，那么第二轮上涨很快就会来，今天盘中已经暗流涌动。生物制药股虽然上涨，但是整体并未启动，资金介入不少，但是盈利也很少。由于炒作的是概念，估计除了1~2只能再下一城外，其余的都会烟消云散。市场现在资金明显不足，根本无法炒作如此大的板块。高送转次新股继续上行走势，可以说走得相当独立，资金介入得很积极。市场一旦开始进入第二轮上涨，此类股票就是不二选择。我们耐心看就是了，最多3个交易日，大盘就开始向上第二轮逼空走势，而高送转股则开始进入疯狂直至癫狂状态。

今年应该是两大轮的上涨，前面涨了接近500点随后调整，3个交易日内进行第二轮的上涨，上半年这两轮实际是一大轮，也就是要见2500点以上，我认为是2800点~3200点之间。而后由于IPO开闸，全流通解禁以及股指期货等做空工具的打压，6月底后大盘会击穿2000点，甚至1664点，而一旦跌破1664点，大约在1500点一线会再次引发第二大轮的上涨，也就是1500点到3000点的翻倍修正行情。请记住，这不是基本面发生变化，而完全是股指期货等运作的原因。而在第二大轮运行的时候“T+0”也会出现，这也是散户能参与的原因。只是阶段行情，而不是大牛市起步。

有的朋友说：“大哥，两个月涨600点你认为可能吗？就算空间允许，时间允许吗？”我觉得可能，因为QFII可以进入股指期货了，他们比国内的炒家更强大，也更具备突然性。当他们索要筹码的时候，大盘就不断向上逼空，一旦筹码足够，下跌就肆无忌惮。大盘能走到今天，股指期货和融资融券就是罪魁祸首。

我们现在只需要把握住高送转次新股，等待市场转向。抢权、填权即将开始。

大盘调整到位，多头背水一战

(2013-04-07)

本周小长假出去旅行，少写了一天博客抱歉。由于第二轮上涨即将开始，2500点会被攻破，距离我离开市场的时间也越来越近，我现在也需要不断调整心态，为退出股市后的一些事情做准备。

上周大盘已经走到临界点，4月1日出现地量669亿元，随后不断打压各板块，呈现地量后的地价。4月3日前期极度强势的高送转股补跌，可以说见底信号已经非常明显了。至于为什么还要出现一轮上涨,我前面的博客已经写得很清楚了,首先为 IPO 做铺垫,另外也是让新进入股指期货的国际大投行们获得大量廉价筹码。多方合力,必然要做一轮行情出来,不但要突破短期高点 2444 点,更要冲上 2800 点,让所有的人看到希望,也能使 2000 点一线进场的那些不能输的资金出局。

我记得大盘在 2400 点以上我就说过"未来会有更多的人被套在高岗上"。按照现在市场环境看,也正是如此。因为市场在不断的变化,而很多人却没有适应。就如我 2010 年重新回到市场的时候,也有不适应的一段时间,毕竟脱离市场 3 年多了,很难迅速地适应市场变化,还是按照自己以前的思路看待市场,误差自然就高,而到了 2011 年我的思路开始适应市场,基本就没出过大的误差了。从 2011 年到现在基本上我能保持每年 200% 以上年收益率,这个不必自己说,博客就能体现出来。当本轮上涨结束后,我会休息两个月,仔细研究融资融券和股指期货等新的工具。

我依然坚持高送转次新股是即将到来的这轮大涨的主攻板块,因为按照现在的市场资金看,唯一能被炒作的就是这个板块。就如从 1949 点开始反弹我坚持在次新股上一样。看看 4 月 3 号的高送转补跌吧,只不过损失 3% ~5% 而已,别的板块早就跌下去 20% 以上了,明显有主力看守的板块是很让我感觉踏实的。上半年的第二轮上涨从明天就要开始了,又是一轮起码 500 点的上涨,而我依然坚守在高送转次新股上。

多头已经到了背水一战的境地,虽然 IPO 要开始,虽然朝鲜局势颇为严峻,虽然经济形势依然差强人意,但是该来的一定会来。

空头的末日

(2013 - 04 - 08)

大盘早盘就低开 30 点,随后最多跌了 45 点,空头力量消耗殆尽。

可以确定的是,大盘已经超跌过分了,大反弹随时展开,最晚是明天,最早是今天下午开始第二轮逼空上涨。

目标依然是高送转次新股,每股价格低于 20 元的品种。

高送转持续强悍,有色金属股轻舞飞扬

(2013-04-08)

该说的都说了,明天大盘该上涨了,无论下跌的时间和空间都调整到位了。

高送转股继续其强势,上个交易日下跌的基本都在今天收回了,那么就继续关注吧。

今天有色金属有明显的资金介入。如恒邦股份、东方钽业、亚太科技等都有明显的资金介入和尾盘抢盘的动作,可以说明天将是有色金属带动大盘猛烈上涨。

我上午的博客已经提示过,第二轮上涨即将开始,这里不再重复。因为从今天下跌45点到收盘只跌了13.7点,已经很明显了,估计明天是一根30点以上的长阳了。

上涨的先锋是有色金属,而主帅则是高送转次新股。

命里有时终须有,命里无时莫强求

(2013-04-09)

市场如我昨天所料,开始上涨。果然是有色金属做先锋,证券股、稀土永磁以及高送转股上涨,禽流感概念股陨落。唯一遗憾的是大盘没涨到30个点,最高只涨了22点。收盘涨14.18点,收2225.78点,成交731.35亿元。两市双双站上5日线。

由于IPO基本要在5月底后才能开始,这个时间段跟我前面博客预测得完全一致。也就因为时间被基本确认,主力才敢于在1个半月内做出一轮上升行情来。因为从历史上看,一旦IPO开闸,行情起码还要向上拓展3% ~5%左右的空间,时间上大概延续2周到1个月。也就是说,如果5月底开闸,行情会持续到起码6月中,而点位不会终结在5月底,反而会在新股发行中再涨3%以上。说简单点,如果5月底大盘收盘在2500点,然后6月1号开闸,大盘会涨到2575点以上后,于6月10日左右行情结束。

而我只看好高送转次新股板块，因为这个板块首先短期没有解禁，自然就不会出现抛售。另外没有融资融券标的股，想做空也是不可能的事情，同时都有实力资金进驻抢权和填权，那么这样安全的板块为何不重点关注呢？很多此类股票10送10而市盈率却徘徊在18~28倍之间，这无疑是不正常的。别拿市场平均市盈率做比较，更不要用垃圾银行股的市盈率做比较。因为此类股票流通盘很小，加上股本扩张能力强以及上市募集资金庞大，本身就该大涨，只是行情不好受到了影响。那么一旦市场回暖，就会纷纷走出新高。例如我昨天谈过的3只有色金属股票今天就走得很好，后面随着大盘上行，还有不错的上涨，尤其是高含权的亚太科技。同时要注意我以前谈过的风电行业，因为今年扶持力度比较大，其中代表天顺风能等市盈率都在20倍左右，增长率却高达30%以上，过于被低估了，后面都会体现出内在价值的，重点关注吧。

今年的行情相当不好做，年初1949点踏空无数人，随后260点的下跌更残酷，可以说很多人在这轮下跌中损失惨重，这也是无奈的事情。尤其是那些自认为能战胜市场却被市场玩得团团转的朋友，该多学点技术了。因为以后市场更难做。我40岁了，以前从来不信命，但是现在有点信了。“命里有时终须有，命里无时莫强求”，我亲眼看到我的粉丝利用我的博客用1年时间把资金翻了3倍，也亲眼看见有些朋友的身家从百万跌到仅剩10万，可能这都是命吧。而我只能把自己的博客尽量写好，至于大家能获得多少，我真的无法掌控，我只能不断地提醒大家该注意什么。

总之，第二轮上涨已经开始，又是500点以上的行情。大胆在高送转次新股上操作吧。

杯弓蛇影，大盘欲涨还跌
战事未起，个股殊途同归

（2013-04-11）

今日大盘震荡一天。早盘受惠誉降低中国信用级别影响稍微下跌，随后走稳。下午大盘明显被朝鲜局势所影响，军工股崛起，而前期上涨股票均告下跌。收盘小涨0.35点，沪指依然站在5日线上。

朝鲜半岛风雨突变，不但牵动着美、俄、中、韩、日等国的神经，更牵动着全球股市的神经。

大盘上涨500点后下跌了260多点,实际无论从时间还是空间上都已经足够了,上涨就是水到渠成的事情,但是外界的纷扰影响了市场的运行轨迹。朝鲜局势让大盘如绷着一根紧紧的弦,整个交易日的大盘形态受影响于朝鲜局势的走向。

今天白酒股上涨,因为塑化剂标准要公布。但是从宽松的角度看,等于给癌症病人吃维生素,也就是说长期看白酒行业会受到更大的伤害。因此白酒股只是超跌反弹而已,且未来估值会不断降低。而有色金属股果然如我所料不断上行,如果战争开始,有色金属股和军工股都会涨得很凶。高送转股继续其独立上行的走势,有些品种不断刷新前高。未来的1个多月,只有此类股票才具有很大的上行空间,继续关注吧。

市场就如此,散户想赚钱就得做多,因为他们没有做空的工具,所以只能跟住热点才能获得微薄的利润,那么跟住我博客的脚步吧。

回 忆

(2013-04-12)

今日大盘全天在1%左右震荡,收盘跌6.57点,收2219.55点,成交621.33亿元。为短期地量。可以说大盘现在受到外界因素干扰过多。板块上看,昨天强力反弹品种白酒又是一日游行情,汽车、美丽中国、三沙概念上涨,军工、有色金属回落。到收盘时,两市纷纷跌破5日线。

总说多少资金进场了,看看今天沪市只有621亿元,不是说谎是什么啊?我记得2001年用友软件上市,当天炒到100元股,而随后神州数码在香港上市,当时其副总裁说:“恐怕神码在香港上市,当天要过10港币。”而且怕被爆炒采取了很多措施,甚至怕当天即被收购。当时我在深圳跟一些朋友就说过:“这些人把香港股民当傻子呢?神码第一个交易日换手不会超过30%,价格不会超过5港币/股,而3个月内跌破2港币。”这个当时被很多国内的券商笑话。而实际情况是,神州数码当天只被炒到4元港币,换手不足20%,3个月后跌到1.8元。我说的全部命中。不是我能未卜先知,而是香港股民的素质高,谁会去买接近30倍市盈率的股票呢?而神码如果在国内上市,估计很可能也是百元大股了。说这些只是告诉大家,IPO很快会来,而来的时候,第一批会被爆炒,随后大盘就开始下行。

大盘走到现在,很纠结。很多散户写信给我,我听到了无数抱怨,但是我无能为力。现在做空的工具太多,散户却只能做多。连我这样的市场老兵都觉得操作的压抑。从1949点上来,我是国内唯一满仓上来的操盘手。虽然两个月翻倍,但是却觉得市场越来越难做,而且一个失误就会出现连锁失误。我做股票24年了,今年感觉压力最大。现在很多人已经不为盈利而来,只为能少亏些。市场也的确如此,这轮260点的下跌,损失30%以上的占据50%以上,损失20%的占了70%以上,损失10%的不足20%,盈利或者微亏的占了不到10%,可见市场弱成了什么样子?可就是这样,依然IPO还要开闸,哥只能说“无语”了。起码有上千万散户是看着我博客成长起来的,从2005年至今,已经8年了。我一直指引着散户走在盈利的路上。而现在我也觉得很累,不是身体上,而是面对着越来越多到市场来找亏吃的无知者。不学技术,只想到这个市场来赚钱,可是最近这2年,80%的散户都亏损,巨亏的超过50%,过于残酷了。2007年后已经6年没有大行情出现了,中国股市就如病入膏肓一样。

实际上大盘的涨跌对我这样的市场老兵根本就是无所谓,因为我依靠资金流技术已经走过24年,从来没出现过年度性亏损。这个市场给予了我太多太多,可是到了今天,我也开始厌恶这个市场,但是我们却仍要面带笑容勇敢搏杀,难为大家了。

不多说了,回到市场。由于大盘已经走稳,我依然坚持5月底前能突破前高2444点的判断。原因我也说了多次,不再重复。我依然坚守在高送转次新股上,因为我知道一旦第二轮上涨开始,它们就是最好的获利最多的品种。质疑的人可以继续质疑,事实上却是我持有的股票在大盘跌了260点时却仍盈利,这就足够了。我会慢慢地看着它们突破前期高点,慢慢地获得30%以上的利润。这么多年里,我的胜率一直很高,不是我多聪明,而是我知道坚持正确的选择。大盘已经调整不到哪里去了,一旦朝鲜因素影响殆尽,市场就该再次逼空上行了,我慢慢等着。

下周一根50点的长阳

(2013-04-12)

一周难熬的行情终于结束了。虽然走得不好,但是周线上已经出现止跌迹象,现在看下周大盘该选择方向了。成交量不断缩小,上涨的股票家数不足两成。虽然外界因素对市场影响很大,但是成交上已经出现底部趋势。

大盘处于不反弹的状态,就是见底的特征,日线上看再次下探2180点后升势就该开始了。下周后半周应该出现单日50点以上的长阳,然后第二轮逼空就开始了。由于一直是场内资金做行情，外部资金没有进入迹象，因此大盘跌势一直不够凌厉。而热点板块基本都是一日游，把握起来相当费劲。

这段时间我一直在努力写关于我技术中最高端的资金流技术，所以写博客都比较晚，但是写的过程非常艰难，因为这个技术有定理无定式，而我却希望尽量能让所有人看懂。很多时候随缘吧。

我前面的博客写过，上半年还有一轮上涨，然后开始大幅下跌，跌破2000点甚至1664点，之后再次启动一轮翻倍的行情。之所以看淡这轮反弹后的市场，就是因为股指期货、融资融券以及IPO和全流通这4个大空头一直发难，而现在我们只需要把握住这轮大反弹就OK了。

今天是周末，大家应该去休息。没必要为现在纠结的行情过于闹心，乐观点看股市未来之路。

物极必反，大盘已到临界点

（2013-04-16）

昨天太忙，没上来写博客。由于黄金股不断下跌，空头发挥到了极致，股指期货害人不浅。

今天开盘两市只有不足150家上涨，弱势不言而喻，但是也说明大盘已经到了变盘的时候。

我们耐心等待一根50点的长阳出现。

现在就是想IPO开闸也不可能了。这样的市场，这样的经济环境，我们的股市却如此，真的让人没话说。

我继续坚守着自己的高送转次新股。

当跌得太多的时候，就会出现大涨。何况空头也好，多头也好，都在不断地变换中。

2013

不是偷袭是奇袭

（2013 - 04 - 16）

今日大盘如期反弹，我今天早上的博客很明确地指出大盘已经跌不动了，已经进入反弹的临界点了。盘中最低探至2165.78点，收盘小涨12.9点，成交669.56亿元，比前几日明显放大。尾盘有抢盘动作，其中证券股领先，高送转次新股大涨。

当大盘跌到2165点的时候，实际已经等于上轮上涨接近500点的大反弹被吞噬了大部分了。调整幅度已经到达了56%，也就是跌了279点。正常调整到0.5位置的话，大盘也就是在2195点一线。而这次受到股指期货等做空工具的影响，多调整了30点，属于技术中的钝化再钝化，由于成交不断缩小，所以我在上周的博客中就很肯定地说，本周下半周有一根50点的长阳，看来明天或者后天就要出现了。而且我还说2180点一线被探一下就开始第二轮上涨了。今天早盘高送转次新股明显跌不动了，而且到了2165点的时候此类股票已经开始上涨了，可以说这轮下跌的底部我基本是预测准确的，至于一根50点的长阳很快也会被验证。请大家注意，今天开始的反弹不是小反弹，而是上半年第二轮的大涨，目标在2500点以上，这个我说过多次了。

很多朋友说大盘是在偷袭，实际不是，就是一次完全见底后的奇袭，而且明天大盘的涨幅会很大。盘中看高送转次新股都在动作，毕竟被压抑得太久了。而我谈及过的一些品种，本轮下跌表现出色，在大盘跌成这样的前提下，依然是1赚1微亏，这就是技术的力量了。现在的市场状态下，跌能扛得住，涨就拼命涨，才是上上之选。我的目标很明确，这轮上涨中我要50%的利润，那么我们就耐心地看看1个月左右的时间我是否能做到吧。历史我不想谈，因为我过于辉煌，2007年我不说，去年也不说，年初的1949点行情我依然不提，因为总去看历史没啥意思。股市是动态的，有本事没本事，就看现在。现在看，跟随我的朋友在279点的下跌中毫发无损，这就足矣了。还是我以前的那句老话，大哥厉害不厉害，时间自然去检验，没必要多说话。

大盘从明天开始进入快车道，请把握好上半年这轮唯一的50%利润的行情吧。我依然在高送转次新股上坚守，不离不弃。

享受第二轮高潮

（2013-04-17）

大盘今日震荡一天，成交缩小。深市明显强于沪市，两市超过六成半的股票上涨。银行、黄金、有色金属调整，苹果概念、生物制药等上涨。高送转次新股纷纷走高，在大盘依然跌了270点的前提下，逼近前期或者突破了前期高点。

我已经多次说过，现在是第二轮上涨的开始，本周有一根50点的长阳出现。底部的判断在2180点一线已经被证实，热点在高送转次新股上也被证实，因为本轮大跌270多点，只有高送转次新股保持盈利和微亏，其余板块均跌了20%以上。现在唯一需要证实的就是这根50点左右的长阳了。从这两个交易日中的尾盘抢盘看，应该这根阳线快来了，而来的时候也就正式拉开了第二轮上涨的序幕。这轮上涨也是上半年最后一次大涨了，请大家把握好吧。

今天我的技术中最高端技术书“资金流”在当当网预售，本周五正式上市销售。无数喜欢技术的朋友写信给我，询问买书事宜以及现在到底该买哪类股票，那我就仔细说一下。我前面的博客写得很清楚，先锋是有色金属，高送转是主帅。这个有色金属指的是小金属类股票，我一直回避黄金股，就是因为我不看好它，就如我从来不操作ST股和创业板股一样，因为我知道它们的业绩都是虚假的，相信这2年被创业板重创的朋友不少吧。有色金属中我比较看好价格低、行业特殊的股票，例如002540亚太科技，铝金属、轻合金及海水淡化行业，业绩好市盈率低，加上10转10送2元的含权题材，现价不足15元，如果10转10后，只有7元多，盘子也不过才1.4亿股，加上第一季度增长20%～50%，这样的股票只会不断上涨。再如002340格林美，废弃钴镍资源与电子废弃物的循环利用股，属于有色金属及环保行业，城市化在推进，两市唯一的“城市矿山”股，却只有11元钱，肯定也是不正常的，按照其今年业绩推算，现价动态市盈率不足30倍，而从历史上看此类股票没有低于50倍的，那么可以说，其未来该定位在15元以上才合理。000962东方钽业，国内最大的钽铌企业，今年业绩业绩0.5～0.7元/股，按照现在价格动态市盈率不足25倍，小金属中40倍以下市盈率的股票谁见过？另外002130沃尔核材以及002182云海金属也值得关注。此类股票均归类于小金属，都已经完全调整到位，同时每股价格都低于15元，属于盘小绩优或者市值微小的企业，在第二轮上涨中必然占据优势。

再说一下高送转次新股，前面已经谈及的002540亚太科技是一个，002531天顺风能也很好，今年大力发展风电，该股市盈率只有22倍左右，远低于风能行业25倍以上的平均值。加上其第一季度业绩增长20%，动态市盈率更低了。另外该股存在股权纠纷，第一大股东从第二大股东手中买走了37%的股权。第二大股东英属维尔京群岛乐顺控股有限公司，第二大股东和第三大股东新疆利能股权投资管理合伙企业（有限合伙）属于同系，共占据了32%的股权。37对32，业绩又那么好，后面两位大股东如果在二级市场买进5%左右的股票，大股东的地位就不保了。一只10转10送3元的高送转股票，动态市盈率不足20倍，未来只会涨不会跌的。另外，我以前谈及的大牛股002701奥瑞金、002702腾新食品都可以重点关注。

我们都是股市人，都试图从市场中夺得一些资产，但是很多朋友却是亏损累累。现在如果出去说自己是股民，都被人笑话，这很无奈。我写书也是为了能更好地帮助散户，起码等我离开市场的时候，你依然可以独自对抗主力，这就是我最真实的想法。

最后把扎西拉姆多多的一首诗送给大家。这首诗一直被认为是仓央嘉措写的。

你见，或者不见我
我就在那里　不悲不喜
你念，或者不念我
情就在那里　不来不去
你爱，或者不爱我
爱就在那里　不增不减
你跟，或者不跟我
我的手就在你手里　不舍不弃
来我的怀里，或者
让我住进你的心里
黯然　相爱
寂静　欢喜

小金属卷土重来，高送转风云再起

（2013－04－18）

今日大盘小幅上涨，收盘2197.6点，成交618.88亿元。形成2阴夹1阳攻击形态。由于明日是股指期货交割日，按照正常运行看，我上周说的一根50点长阳将在未来2个交易日出现。由于股指交割日一般都是平稳过渡，那么最快明天10点半后大盘开始飙升，最慢则是下周一的时候大盘拉出这个长阳。如果今天收盘站上2200点的话，我就能十分肯定地说明天是长阳，但是很遗憾，今天收盘差了2个多点。现在的市场被融资融券和股指期货折腾得过分了。我还是以前的一句话，该来的一定要来。

我昨天谈了好几只股票，因为很多朋友根本不把我的博客读完整，经常是看了一天不看前几天的，这实际是对自己资金极大的不负责任。所以我没办法才多说了几句，今天看我谈及的股票全部走得很好。其中两只高含权的股票002540和002531均在攻击前期高点，拿下是必然的。而且请注意以上两股均是转增，不缴税。看看最近刚除权的002501吧，逆市新高了，对于以上两股有指导作用。而小金属中002340一马当先，但是我反而觉得002130沃尔核材以及000962东方钽业更具备黑马相，因为它们价格太低了。至于奥瑞金等也很厉害，送配不好依然强势。可以说002600后的次新股是我今年发掘的涨幅最大的品种。一定让我做选择的话，我会重点关注小金属中的002130和000962，高送转中我重点关注002540和002531。该说的我都说了，也不必一个劲儿发问了。

大盘现在看似很弱，但是却有资金不断进入，小金属和高送转股票已经率先开始动作。盘中虽然个股涨幅不大，但是却涨得很踏实。我已经多次强调过本次上涨是上半年最后一次大涨，目标就是击破前期高点2444点，而且上涨时间可能延续到6月中旬。主要是考虑到IPO起码要在一个宽松的环境中出现，然后计算可能推出的时间，现在看很可能在6月底后。

我的坚守换来盈利，不是我多么强大，而是我技术在手，同时相信自己的判断。输并不可怕，关键要知道怎么输的才行。失败是成功之母，希望每个股民都能多学习点技术，毕竟还有两个多月我就要退出市场了，不会有人再这样苦口婆心地劝导你了。